DIE JUDEN IN BABYLONIEN, 200-500

❋ ❋ ❋ ❋ ❋ ❋ ❋

Einleitung.

Pfeilschnell, wie schon der Name) andeutet, eilt der Tigris dahin, still und langsam treibt der majestätisch düstere Euphrat seine trüben Wellen. Beide im armenischen Hochgebirgslande entsprungen, strömen sie bald in weitem Bogen von einander abweichend, bald parallel, dann convergierend bis sie sich bei Korna vereinigen und unter dem Namen Shatt el Arab dem persischen Meerbusen zueilen.

Die Bevölkerung, die im fünften Jahrhundert vor Chr. auf dem weiten 12000 geogr. Q Meilen umfassenden Stromgebiete) dieser grossen Zwillingsströme sich regte, kam aus vieler Herren Länder zusammen; die verschiedensten und mannigfaltigsten Rassen angehörenden Stämme, Chaldäer, Assyrer, Perser, Syrer, Araber, Juden, Armenier, — in späterer Zeit — Hellenen und Römer, schoben sich da überund durcheinander. Die Zentrale dieses Gebietes, das alte Babel, glich einem grossen Völkermeere. Von allen Seiten ergiessen sich Völkerströme, rollen noch eine Weile im Meere unvermischt mit der unermesslichen Meeresflut fort, gegen Sterben und Vergehen ankämpfend bis sie dann in den tiefen Schoss des Oceans niedertauchen.

Nur ein Volksstrom hat sich einen Weg durchs Meer gebahnt und sich unvermischt erhalten: das Volk der Juden.) Das Zendwort tigbri bedeutet Pfeil, Geschoss; (de Lagarde gesammelte Abhandl., S. 201) ebenso tighris im Altbaktrischen (Spiegel Eran Altertbumsk. I, 172. Anm.). Vgl. Targum zu Genes. II 14, Berarhot 59 b und Bereschit rabba Sect. 16.) Ritter, Erdkunde X S. 5.

Nach den Stürmen, die sein Heimatland verwüsteten, war es der damaligen Kriegssitte gemäss in des Siegers Land geführt worden, erst die Angehörigen des 10 StämmeReiches nach Chalach, Chabor, Gosan und Medien), Gegenden, die sich um das nördliche Nisibis gruppirten, dann die des Reiches Juda nach dem eigentlichen Babylonien, dessen Mittelpunkt Nehardea bildete). Dort an „den Strömen Babels" trauerten die Söhne Judas um Zion und Jerusalem. Zu ihrem Glücke besassen sie die zur angetretenen Wanderung durch die Jahrtausende so nothwendige Lebensweisheit, sich das Gegebene, wo es nicht mehr zu ändern war, so gut als möglich zurecht zu legen und fanden sich auch bald in ihre Lage. Sie bebauten Felder), bauten wohl auch Häuser und pflanzten Gärten nach dem Rathe ihres Propheten. Allzu rosig dürfen wir uns aber ihre Lage unter den Chaldäern nicht vorstellen. Die Zwingherren schienen ihnen ihr Leben durch Gelderpressungen und andere Bedrückungen schwer gemacht zu haben).Selbst die Erhebung des Gefangenen Joachim durch Evilmerodach (Amil marduk) zum Fürsten, womit das Königsbuch so trostreich abschliesst, scheint nur von persönlichen Motiven veranlasst worden zu sein, und hatte für die Exulanten keinerlei Folgen). Sie begrüssten daher Kyros, den Eroberer Babels, als den Gesalbten des Herrn und athmeten nach dem Sturze Babels völlig auf.

„Wie ruht der Dränger nun — ruft der Prophet in seiner Begeisterung — wie feiert jetzt der Golderpresser. Zerbrochen hat der Herr der Wütheriche Stab, das Scepter der Tyrannen, das Völker schlug im Grimme mit Streichen ohne Zahl und wüthend herrschte über Nationen, verfolgend ohne Widerstand. Nun ruht und rastet alle Welt, Alles bricht in Jubel aus. Jes. cap. 14.

) Ueber die geographische Lage dieser

Städte, vgl. Herzfeld, Gesch. d. Volkes Israel I, S. 356; Kidduschin 72a und Note 1.) Vgl. Schürer, Gesch. des jüd. Volkes im Zeitalter Chr. Bd. II. S. 498, Anm. 14.
') Esra II, 59; Jeremia 29, 5.
) Vgl. Jes. 14, 4.) E. Mayer, Entstehung des Judenthums. Halle 1896. S. 78.

Das Jahr 538 bezeichnet einen Wendepunkt in der Geschichte der menschlichen Entwickelung überhaupt und in der Geschichte der Juden insbesondere. Mit dem Siege des Kyros über Nabunahid, den König der Babyloner brach für das Judenthum eine grosse Zeit an, eine Zeit der Verjüngung, der nationalen Wiedergeburt. Fand sie auch ein kleines Geschlecht, war es auch nur eine verhältnissmässig geringe Anzahl — 42.000 Familien etwa 200.000 Seelen — die von der Erlaubnis des Kyros heimzukehren, und den Tempel wieder aufzubauen, Gebrauch machte, so war sie doch immerhin genügend um dem Erbe der Väter, der Lehre, auf altgeweihtem Boden eine gesicherte Heimstätte zu errichten. Das jüdische Volk ist ein Volk der Idee; Ideen wurden aber immer nur von wenigen vorgeschrieben. Das nachexilische Judenthum gruppirte sich auch folgerichtig nicht um grosse bevölkerte Städte, sondern um geistige Zentren, um Zentren, in welchen seine grössten Geistesheroen lebten und lehrten. Und so ward Jerusalem eine Hauptstadt, nicht wegen der zahlreichen Bevölkerung, nicht weil der Nassi des Landes in ihr residirte, und auch nicht wegen der Opferfeuer, die dort wieder aufloderten, sondern weil von Zion die Lehre ausgieng und das Wort Gottes aus Jerusalem). Das Jahr 538 wurde epochemachend, weil Zion in demselben wieder mit einer schützenden Mauer umgeben wurde und der Baum der Erkenntnis, der einst mit seinen Aesten die ganze Welt umschatten sollte, tiefe Wurzel schlagen und neue Blätter und Blüten treiben konnte.

Die Rückwirkung dieses Ereignisses auf die Lage der Juden, auch der in Babylon Zurückgebliebenen, muss eine äusserst günstige gewesen sein — da deren Tragweite auch von den Heiden anerkannt wurde.

„Da. hiess es bei den Heiden: „Grosses hat Gott an Ihnen gethan! Ja Grosses hat Gott an uns gethan!" jubelte Israel.)"
') Vgl. Sifre ed. Friedmann, Wien 1864, S. 104b., Vom Sanhedrin geht die Thora aus für ganz Israel".) »F 126.

Sie durften nun wieder auch in Babylon, wo ja der weitaus grösste Theil zurückgeblieben war, ihr Haupt erheben.

Durch die gewährte Rückkehr wurden sie von Kyros thatsächlich als Nation anerkannt, sie waren nicht mehr ein Haufen Verpflanzter, die zum Aufgehen in eine fremde Nation bestimmt waren. Sie hatten ein nationales Heiligthum, eine Heimat, einen Nassi aus dem Hause Dawids, in dessen Glanze sie sich sonnen konnten, dem Kyros selbst die heiligen Gefässe ihres Tempels ausfolgte.)

Auch sonst gieng es ihnen gut, sie wurden wohlhabend und konnten von ihrem Reichthume ihren palästinensischen Brüdern abgeben.) Die alte Heimat vergassen sie aber nie, auf diese war stets ihr Auge gerichtet. Gemäss den Verordnungen ihrer Propheten schickten sie willig ihren Zehnten den Leviten,) die Hebe den Priestern und ihre halben Schekel zur Erhaltung des Cultus.) Einzelne führten auch die Erstgeburten nach Jerusalem, die aber nicht angenommen wurden. (Challa III, 2.) Sie richteten nicht, wie die egyptischen Juden, einen selbstständigen Cultus ein, wollten nicht wie diese, in der Ausübung der Religionsgesetze einen eigenen Weg einschlagen; die heilige Schrift und die Bestimmungen des Sanhedrin, des obersten Gerichtshofes in Jerusalem war auch für sie, wie für ihre Brüder im Stammlande, in Allem und Jedem massgebend.

Die treue Gefolgschaft, die die Babyloner dem Sanhedrin geleistet, hatte den Vortheil, dass sie fromme, überzeugungstreue Juden blieben. Sie bewahrten die Reinheit ihres Familienlebens,) schlossen keine Mischehen und traten muthig für ihren Glauben ein. Den schönsten Beweis ihrer Ueberzeugungstreue liefert die nicht hoch genug anzuschlagende Thatsache, dass sie selbst einem Alexander d. Gr. gegenüber ihre religiöse Ueberzeugung nicht verleug-

neten.
') Esra 1, 7.
2) Zacharias VI, 8. 3) Jadajim 4, 3. Vgl. Meyer Ents. d. Judenth. S. 238 und Schürer Gesch. Bd. II, S. 497. 4) Zur Aufnahme der Abgaben gab es in den Städten Nahardea und Nisibis Schatzkammern, aus welchen sie zu bestimmten Zeiten nach Jerusalem überführt wurden. (Schürer II, S. 547 nach Joseph. Ant. XVIII, 9, 1.

Als nämlich dieser den verwüsteten Baaltempel zu Babylon wieder herstellen lassen wollte, waren die Juden die Einzigen, die dem gewaltigen Machthaber zu trotzen und ihre Mithilfe zu verweigern wagten, und lieber Schläge und sonstige Strafen erduldeten, bis Alexander von dem religiösen Grunde ihrer Weigerung erfuhr und auf ihre Mitarbeit verzichtete). Anderseits übte diese Abhängigkeit von Palästina einen äusserst nachtheiligen Einfluss auf das geistige Leben der babylonischen Juden aus. Sie hemmte die geistige Thätigkeit und war die Ursache des vollständigen Stillstandes, der auf dem Gebiete der Wissenschaft herrschte. Wohl hatten die Babyloner am Euphrath und am Chabur unmittelbar nach der Zerstörung Jerusalems den abgerissenen Faden der Prophetie wieder aufgenommen und einzelne unsterbliche Werke hervorgebracht, aber mit Esra und Nehemia scheinen die Männer der Lehre und der That erschöpft zu sein und kam dann während eines Zeitraums von mehreren Jahrhunderten kein einziges literarisches Werk zu Stande. Es war ein schöner aber kurzer Tag auf den eine Jahrhunderte lange Nacht folgte.

Die Geschichte dieser Zeit erzählt zwar so manchen schönen Zug von ihrer Ueberzeugungstreue, von ihrem mannhaften Auftreten; wir hören, dass sie das Schwert zu führen verstanden und wegen ihrer Kriegstüchtigkeit auch von
') Mit besonderer Strenge wurde auf die Reinheit der Priesterfamilien geachtet, so, dass das Ertheilen des Priestersegens in Babel auch von den Palästinensern als genügender Beweis für die priesterliche Abstammung und Makellosigkeit erachtet wurde. Vgl. Tosephta Pea IV; Ketub. 25a; Kidduschin 71a.

) Herzfeld, Gesch. d. Volkes Isr. II, 433 nach Hekatäus bei Joseph. contra Apion I, 22 u. Strabo 16 p. 508. fremden Machthabern zur Niederhaltung wilder Stämme verwendet wurden).

Der kriegerische Sinn, der den spätem Nachkommen in der dumpfen Mauerluft der Ghetti abhanden gekommen, war in ihnen noch rege. Zwei Männer aus der niedersten Volksschichte, die Brüder Asinai und Anilai schwangen sich sogar zu kleinen Staatsgründern empor, die freilich bald wieder von der Schaubühne der Geschichte verschwanden).

Allein auf dem ureigenen Gebiete des Judenthums lag es trüb und grau und war während einer Zeit von Jahrhunderten kein einziger Lichtstrahl wahrzunehmen.

Sie scheinen eben die Waffen Judas, die Waffen des Geistes mit dem Schwerte verwechselt zu haben; die ersteren lagen unbenützt und die geistige Thätigkeit der letzten vorchristlichen Jahrhunderte war gleich null. Die babylonischen Juden bildeten darin einen schroffen Gegensatz zu ihren Brüdern in Egypten, die die Gotteslehre übersetzten, erläuterten und sie in unsterblichen Werken gegen alle Angriffe vertheidigten. Doch besserten sich die Zustände allmählich auch in dieser Beziehung. Durch heftige Stürme, die im ersten nachchristlichen Jahrhundert über Palästina hereinbrachen, wurden einzelne Gelehrte veranlasst, nach dem ruhigeren Babylon auszuwandern.

Zur Zeit der Zerstörung des zweiten Tempels finden wir einen berühmten Gelehrten Rabbi Juda ben Batyra in Nisibis); in Nehardea der Centrale des jüdischen Babylons

') Von Antiochus dem Grossen in Phrygien u. Lydien (Jos. Ant. XII, 3, 4) u. von Herodes in Trachonitis (Jos. Ant. XVII, 2, 1—3 und Vita 11). Vgl. Schärer, Gesch. d. jüd. Volkes im Zeitalter Chr. II, S. 4 und S. 498.

) Der Partherkönig Artalan III. übertrug ihnen sogar die Verwaltung Babyloniens, die sie 15 Jahre hindurch bis zum Jahre 35 oder 36 n. Chr. leiteten. S. Joseph. Arch. XVIII, 16, Spiegel Eran. Alterthumskunde III, S. 138:

Gutschmied, Gesch, Irans S. 120; Justi, Gesch. d. alten Persiens S. 166; vgl. noch Joseph. Arch. XVIII, 17, 1. Megillat Taanit cap. 14 und Kappaport in Haschachar Jhrg. V, S. 492.

») Pesachim 3 b und Sanhedrin 32 b. lebte ein Schüler des Rabbi Gamliel namens Nehemia aus Beth Deli, mit dem sich der berühmte Rabbi Akiba über wichtige Gesetzeslehren unterredete).

Auch sonst gab es einzelne wissenschaftlich hochstehende Lehrer — an solchen hat's nie gefehlt — die mit Muth und Opferwilligkeit sich dem Lehramte widmeten. Allein die besten der Jünger, wollten sie nicht für immer auf einen weiteren Wirkungskreis verzichten, mussten wie zuvor die Heimat verlassen, um die Hochschulen in Palästina, die alt bewährten Pflanzstätten der Tradition aufzusuchen).

In der Heimat fehlte es an einer geistigen Centrale, an einem Sammelpunkte anerkannter Autoritäten, deren Beschlüsse den Lehren der Gesetzeslehrer gleich denen des Sanhedrin und des Patriarchen in Palästina Gesetzeskraft hätte verleihen können.) Auf geistigem Gebiete war und blieb Judäa Selbstherrscherin.

Es fehlte nicht an Versuchen, Babylon unabhängig zu machen, die freilich neben den Vortheilen auch grosse Gefahren für das religiöse Leben der babylonischen Juden und für die Einheit des jüdischen Volkes in sich bargen. Als Anlauf hiezu kann schon die Aufforderung des Volkes an Hyrkan, in Babylon ein eigenes Hohepriesterthum zu bilden, gelten.)

In späterer Zeit unternahm der hervorragende Gelehrte Chananja, Neffe des R. Josua einen solchen. Er gründete eine berühmte Hochschule in Pum Baditha und wollte im Vereine mit dem damaligen Exilarchen, Achija auch die Bestimmungen des Festkalenders in Babylonien, deren Regelung während der traurigen Zeit, die der Aufstand Bar Kochbas für Palästina zur Folge hatte und das

') Jebamot 122 a. Ueber altbabylonische Traditionen. Vgl. Note 2.

3) Wie Hillel, Juda b. Batyra, Jose b. Jehuda aus Huzel u. A. Vgl. Jalkut I, §

885 und Sifre zur Pericope ntn.

»») "p.i3 mn xb pTTUO TOTID ttni 3K. Scherira im Sendschreiben. Vgl. Note II.

4) Joseph. Alterthümer 15, 2. Cassel, Art. Juden im Ersch. u Gruber S. 175. selbe von Gelehrten entblösst war, ihm, als „dem Grössten seiner Zeit" bereitwillig überlassen worden war, auch nach eingetretener Ruhe und nachdem Palästina wieder die hervorragendsten Gelehrten vereinigt, wie zuvor ohne Rücksicht auf Palästina regeln, wovon er nur durch die dringenden Vorstellungen der Palästinenser und durch das Eingreifen R. Judas (b, Batyra) abzubringen war.) Mehr Glück scheint er mit seiner Lehrthätigkeit gehabt zu haben. In Folge seiner Wirksamkeit fand die Lehre bald eine solche Verbreitung, dass die in diesem Lande herangebildeten Lehrer auch in Palästina als Grössen ersten Ranges betrachtet wurden. Rabbi Nathan der Sohn des Exilarchen, der am Hofe seines Vaters Gelegenheit hatte, sich eine tiefe Kunde des jüdischen Rechtes anzueignen und im Palästina zum Oberrichter ernannt wurde,) R. Joschija „der Grosse" und dessen Sohn R. Achi, Rabbi Chija aus Kafri, den die Palästinenser gleich Esra und Hillel als Neubegründer der jüdischen Religions-Wissenschaft feierten,) Rabbi Jose der Babyloner und andere hervorragende Männer, noch mehr aber der für das damalige Babylon überaus charakteristische Spruch R. Judas, des Patriarchen: „den babylonischen Juden gehts gut, weil sie sich mit der Thora beschäftigen") zeugen von dem geistigen Aufschwunge, den das jüdische Babylon am Ende des zweiten Jahrhunderts genommen. Nichtdestoweniger muss der Versuch Chananjas, Babylon selbstständig zu machen, als gescheitert, bezeichnet werden. Palästina war bereits das Land der Halacha xar' εcox?W, und der Umstand, dass die hervorragendsten Geistesgrössen nach Palästina auswandern mussten, wo sie mit ihren zahlreichen Heimatsgenossen die Lehrhäuser füllten,) beweist, dass die jüdische Wissenschaft in ihrer engeren Heimat noch immer nicht festen Fuss fassen konnte.

') Berachoth 63 a, Jerusch. Nedarim VI,

8, edit. Krotoschin III. Th. S. 40; Sanhedr. das. IV, 40 Vgl. noch Sukka 20b u.
Raschi das. Die Berechtigung Chananjas zur Vornahme der Bestimmung der
Neumonde in früherer, wie das Sündhafte seines Vorgehens in späterer Zeit
geht aus den drei Sendschreiben der Palästinenser — mjn *TWilpb* A an5"ri *tVyi*
nrWiW nij B jerusal. Sanhedr. und Nedarim VI, 8 hervor. Letzteres wird aber
ausdrücklich betont in jerusi. Ketuh. II,
6, was Halewy Dor. harischonim IIa
198—205 übersehen hat. irn« oder pinj
(so in jerus.) ist nicht Nachum Nr. 14
des Seder 0. s. wie Lazarus (Brülls Jhrb.
f. jüd. Gesch. X, S. 65) annimmt, da die
angeführten Gelehrten seines Hofes, R.
Huna, R. Matna u. R. Chananel jüngere Zeitgenossen Rabs sind. S. Note 4.,
) Horajot Ende; Baba k. 53a u. Parallelst. Scherira zählt ihn zu den Palästinensern, weil er in Palästina gelebt, im
Gegensatze zu R. Joschija, der in Babylon geblieben ist. Vgl. hingegen Halewy
Dor. har. ibid. S. 181.
) Sukka 20a. Zu beachten, dass der Ausspruch von R. Simon b. Lakisch her-
rührt, dessen unfreundliche Gesinnung
gegen die Babylonier bekannt ist. (Vgl.
Schir haschirim rabba zu VIII, 9). Ueber
R. Joschija, Tgl. Scheriras Sendschreiben;
Sanhedr. 19a; Gittin 61a; über R.
Achi Kidduschin 72a und Dorot harischonim IIa S. 181.
Wollte man sich eine gründliche Kenntnis der als Gesetz anerkannten Traditionen aneignen, musste man sich noch
immer in das Land ihrer Entstehung be-
geben, in das Land, wo ihnen selbst die
Atmosphäre mit Weisheit geschwängert
schien.3) Es war dies aber keine Hyper-
bel. Wo die grossen Lehrer des Judenthums, die Soferim und Tannaim gelebt
und gewirkt, wo ihr Andenken noch so
lebhaft im Volke lebte, wo selbst die
eingebürgerten Sitten und Gebräuche,
die Gesetze und Verordnungen den Ge
') Sabbat 119a; über R. Jizehak u.
R. Sutra (Dor. harischonim das. 184—
189).
) Erech Miliin, S. 217. Vgl. jerus. Berach. V, 1. ibid. Maas, scheni V, 5,
Chullin 86 a u. a. St. Halewy (Dorot harischonim II b S. 291) geht aber entschieden zu weit, wenn er die meisten

Schüler R. Judas aus Babyl. einwandern
lässt, OS3 'OSD pJD 3111 3 S11) um
die Lücken, die in Palästina nach dem
Falle Betars durch die blutigen Verfolgungen entstanden, auszufüllen; dies
war bereits z. Z. Chananjas geschehen.
(8. oben S. 8 Anm. 1, jerus. Sanhed.
I, 2). Dagegen spricht ja auch, dass die
hervorragendsten Schüler nach ihrer
Heimath zurückgekehrt sind. Das grosse Verdienst R. Chijas um die Verbreitung der Lehre bestand in der Gründung
von Volksschulen und in der Pflege des
Elementarunterrichtes. S. Ketub. 103b,
jerus. ibid. II, 3.
») Baba bat. 158 b.
danken und Lehren der verstorbenen
Geistesheroen so nahe standen, da
musste der Strom der Tradition in der
That reichlicher fliessen, da musste er
auch am reinsten von Zusätzen erhalten
geblieben sein. „Wo der Baum gefallt
wurde", sagten sich die Gesetzeslehrer,
muss auch seine Frucht zu finden sein".
)
Und es war gut so. Wer weiss, ob nicht
durch eine hervorragende, der palästinensischen Hochschule gleichgestellte
und gleichbefugte Lehrstätte in Babylon
das Judenthum in zwei feindliche Lager
getheilt worden wäre!
Palästina sollte darum für immer das
Land der Tradition bleiben; Babylon
aber war es beschieden, diese Tradition
zu erklären und auszulegen.
Rabbi Juda Hanassi musste nach dem
Rathe der Vorsehung mit seiner Mischna die Grundlage schaffen, auf welcher
der babylonische Riesenbau sich erheben konnte, jener Bau, in dessen Schatten, das Judenthum Jahrtausende hindurch Erfrischung und Stärkung fand,
wenn sein Geist durch seelische und
körperliche Kämpfe des Tages zu er-
schlaffen und zu verkümmern drohte.
') Aboda sara 31 a (Mit Bezug auf
Koheleth 11, 3.)
Erstes Capitel.
Culturverhältnisse.
Im Jahre 189 n. ü. Z., 22 Jahre vor
dem Tode des berühmten Rabbi Juda
Hanassi standen die zwei Oberrichter
Babylons,Karna und Samuel am Ufer
des grossen Königskanals und sahen an
den stürmisch bewegten Wellen dessel-

ben das Nahen des Schiffes, welches
den grossen Sohn der Heimat Abba Ari-
cha heimbrachte). Es war ein für die
Geschichte der Juden höchstbedeuten-
der Moment, als dieser grosse Mann die
Heimat betrat, um sich einen Wirkungskreis zu schaffen, denn mit diesem Mo-
mente trat Babylon in den Vordergrund
der jüdischen Geschichte und übernahm
die geistige Führung des Judenthums.
Babylon wurde nun der Mittelpunkt
des jüdischen Geisteslebens. Es wurde
ein zweites Land Israel; wurde ein heili-
ges Land zweiten Ranges nicht nur wegen des regen geistigen Lebens und der
grossen Anzahl der Juden),
') Sabbat 108 a. Wie aus dieser Stelle
hervorgeht, hat Rab bei dieser Rückkehr
die Bekanntschaft Karnas und Samuels
gemacht; es war demnach die erste, die
letzte erfolgte im Jahre 219. Vgl. Note
III.
) Ausser den Nachkommen der nach
Babel deportirten Angehörigen des 10
Stämme-Reiches die überhaupt niemals
aus dem Exil zurückgekehrt (vgl. Sanhedrin Mischna X, 3 u. Jos. Ant. XI,
5, 4, IV, Era. 13, 39—47, Schürer II,
496) lebten daselbst noch die von den
Stämmen Juda u. Benjamin Zurückgebliebenen, die sich ohne Zweifel durch
freiwilligen Zuzug noch vermehrt haben. Sie erhielten noch einen bedeutenden Zuwachs zur Zeit des Königs Arta-
xerxes Ochos, der um 340 vor Chr. bei
der Rückkehr von seinem egyptischen
Feldzuge jüdische Gefangene mitführ-
te und in Hyrkanien, nach Syncellus ed.
Dindorf I, 486 auch in Babylonien an-
siedelte. „Wenn wir noch die Freigelas-
senen die in diesen alten Culturländern
den Acker bearbeiteten und den Handel zwischen Ost und West vermittel-
ten, sondern auch wegen des Vorzuges,
dass in diesen von Juden äusserst dicht
bewohnten Gegenden die Reinheit der
jüdischen Rasse sich am lautersten erhalten, in welcher Beziehung es sogar
das Stammland Judäa übertroffen haben
soll. Geschlechtliche Reinheit „Jichus"
war die erste An forderung, die man an
das Volk stellte, welches an Stelle der
Priester treten, ein „Reich von Priestern" werden sollte. Reinheit des ge-
schlechtlichen Lebens galt daher als

erste und höchste Tugend, die das Volk zum Volke und Babylon zum Lande Israel machte. Diesem Umstande danken wir es auch, dass uns in den Geschichtsquellen die Fixirung der Grenzpunkte des eigentlichen Babyloniens erhalten geblieben. Die Ostgrenze bildete nach Rab der Ganzaka), nach Samuel der Strom Naharwan); der südlichste Grenzpunkt war Apamea (Koma) am Zusammenflusse des Tigris und des Euphrat; den nördlichen Grenzpunkt am oberen Tigris bildeten nach Rab die Städte Okbara und Awana, nach Samuel, das nahe dabeiliegende Maskan, welches von Awana durch ein in späterer Zeit berühmt gewordenes Schlachtfeld getrennt war j) am obern Euphrat die Stadt Ihi da-Kira ((jetzt Hit)), nach einigen etwas weiter bis Akra de Talbakena) und nach dem Palästinenser Jochanan noch weiter bis zur ersten Perserbrücke. u. die zahlreichen Proselyten hinzurechnen, werden wir wohl der Angabe des Jos. zustimmen, nach welcher die Juden in jenen Provinzen nicht nach Tausenden, sondern nach Millionen zählen". (Vgl. Jos. Antt. XI, 5, 2; Antt. XV, 2, 2 und Schürer II, S. 496-497.

') Nach der Lesart des Aruch Ganzak ist keineswegs Ganzaka am Ostufer des entlegenen Urmia-Sees (s. Ritter IX, S. 774). Dieser konnte unmöglich zur Grenzbestimmung des engeren Babylons herangezogen werden. Er musste nahe zum Naharvan, vermuthl. bei d. Dorfe el Gausak, (unweit v. Maskan) fliessen Es wird ein gleichnam. Kanal gewesen sein. (Vgl. Jäcüt Reisen in der Z. D. M. G. Bd. 18, S. 427); Theophyl. 5, 10; Theophanes p. 488, die einen Ort Ganzak in der Nähe des Tigris erwähnen und Nöldeke Tabari S. 100, Anm. 1.)) Ein Nebenfluss des Tigris (vgl. Tabari Nöld. S. 239, Anm. 5 u. S. 502). Nach Rawlinsohn floss er ungef. 11 englische Meilen an Ktesiphon vorbei, an welcher Stelle derselbe dem Tigris an Breite gleich kommt. S. Spiegel, Eran. Alterthumskunde III, S. 520, Anm. 2) Durch den Kampf zwischen Abd el Malik b. Marvan u. Maeab b. el Zubeir im Jahre 71 nach mahom. Zeitr. Vgl. Jacut's Eeisen von Wüstenfeld in d. Z. D. M. G. Bd. 18, S. 427.

Im Westen bildete der Euphrat die natürliche Grenze, doch ist jener alte Euphratarm gemeint, den noch die Araber für den eigentlichen Euphrat hielten, welchen die alten Historiker Naarsäres (Ptolem.) oder Marses (Ammian XXIII) R. Papa den Euphrat(arm) von Borsippa nennen,) und jetzt Nahr Hindije heisst.

Dieser trat bei Ambar aus, und vereinigte sich in der Nähe von Borsippa (Semaue) — daher auch die Bezeichnung R. Papas — mit dem Mutterstrome.) Wegen der zahlreichen Seen, die dieser Kanal bildete, wurde dieser Landstrich auch „Chabil Jamma" Küstenstrich genannt, — die Araber nennen ihn noch immer El Buheire „der See" — und da er das eigentliche Babel umfasste, wurde derselbe auch als Kernpunkt des Exiles angesehen und in sittlicher Beziehung als Zierde Babels bezeichnet.) Ausser diesem von den bezeichneten Ortschaften umgrenzten Lande wurde noch ein schmaler Stielten nördlich von der Perserbrücke, in welchem Samosata lag-, zu Babel gerechnet.

') Vgl. Eappaport Erech Miliin S. 33.) Telbakni der Lage nach ohne Zweifel das Thilaticonium der Alten oder Tillacama der Not. Imp. Til.tu.axwa7)V bei Theodoret. Mannert V, S. 275 u. Eitter 10, S. 997. Uebrigens ist es auch noch lautlich wenn wir statt des persischen b ein m setzen in "OpD *bft* zu erkennen. Diese Verwechslung kommt häufig vor. Vgl. Mekka einst Bekka; Balbek syr. Malbek. Es wäre demnach wahrscheinlich das Dorf und die kleine Bergfestung Scharmely, welche nach Tavernier zwischen Orfa und dem heutigen El-Bir liegen und einen Knotenpunkt der verschiedenen Strassen bilden, die gegen den Euphrat hin zusammenlaufen. Mannert das.) Vgl. Kidduschin 72a; Nöldeke, Zur oiientalischen Geographie i. d. Z. D. M. G. Bd, 28, S. 93; Spiegel, Eran. Alterthumskunde I, S. 170.) Vgl. Ritter X, S. 44—40 u. Mannert V, S. 415, Kidd. 72 a.) Kidduschin ibid. Ueberdie verschiedenen theils natürlichen theils künstlichen Seen; vgl. Forbiger, Handb. d. alten Geogr. II, S. 617. Die Stätte wo einst Babylon, die grosse Weltstadt gestanden, sah schon Julianus in einen Sumpf verwandelt, ibid. 622.

Dies herrliche Land, das heutzutage in Folge der ewigen Kämpfe und der Verarmung, die der Islam in das Leben seiner Bekenner gebracht, so trübselig geworden ist, stand im vierten Jahrhundert in seiner höchsten Blüte. Es war sehr bevölkert, mit Städten und grossen Dörfern bedeckt und in allen seinen Theilen sorgfältig bebaut. Die Nähe der zwei Ströme und die zahlreichen Flüsschen und Kanäle, Teiche und Seen, aus welchen man das befruchtende Nass auf die Felder leitete, brachten eine an Ueppigkeit und Ergiebigkeit geradezu wunderbare Cultur von Getreide, Früchten und Wein hervor. „Babylon besass stets gefüllte Getreidemagazine, weil man den Regen entbehren konnte". (Taanit 10). Man musste nicht erst den im Sommer glühenden Himmel, wie in Palästina, durch Fasten und Gebet erweichen, aber um so öfter Gebete gegen Ueberschwemmungen anordnen. Die wichtigste Production war ausser Getreide und Wein, die Sesampflanze, aus welcher man Oel bereitete,) vor allem aber die Dattelpalme,) die Speise, Honig und Wein lieferte. Zur Zeit Julians war ganz Mesene bis zu dem grossen Meere, wie mit einem Palmenwalde bedeckt. Ueberall fand man Honig und Wein von Palmen und Trauben in Ueberfluss. „Selbst wo man kein Gebäude wahrnahm — berichtet der Geschichtschreiber Zosimus — breiteten sich doch Palmenwälder aus, von Weinreben umschlungen, deren hängende Trauben die Kronen der Palmenbäume umkränzten".)) Pflanzen werden in 30 Tagen durch mich gross, geringe Kräuter in 3 Tagen, lässt der Midrasch (Genes, rabba cap. 5) den Euphrat von sich sagen.

) Sabbat 26 a, Nedarim 53 a, Ker r. cap. 37.) Vgl. Mannert V, S. 378; Erubin 26 a; Forbiger, Handb. II, S. 617, Anm. 98;) das Holz wurde als Bauholz, die Rinde zu Seilen benutzt, und auch der Kern war als Viehfutter geschätzt.) Ritter X, 151, Ammian XXIV, 3, 12. Bier wurde wol auch aus Gerste gebraut; aber nur zu festlichen Anlässen. Die nichtjüdische Bevölkerung trank es bei Hochzeiten. Vgl. Ruscbi zu Aboda sara 8 b. Gegen

Aber dieser Segen kam nur wenigen reichen Lehensherrn zu Gute. Die Regierung scheint es nämlich vorgezogen zu haben, ihre Lehen an kapitalskräftige Grosspächter abzugeben, die es dann in kleinen Parzellen den Bauern verpachteten. In der Regel gab der Gutsherr den Boden und die zum Graben der Kanäle nöthigen Geräthe,) während der Landmann /s bis / des gesammten Ertrages — je nachdem das Feld drei oder viermal getränkt werden musste,) oder ein bestimmtes Maas Getreide 4—6 Kor) für die überlassene Parzelle dem Besitzer abzugeben hatte. Man sieht wie wenig dem Landmann übrig blieb.

Dazu herrschte noch in Babylon die Unsitte, dass die Besitzer das zur Viehzucht so nothwendige Stroh für sich in Anspruch nahmen,) obgleich dies gegen eine ausdrückliche Verordnung der Mischnah verstiess. Der Landmann lebte daher in Armut. Nur wenige konnten sich um 1000 Sus ein kleines Anliegen kaufen,) und viele wären gar oft dem Hunger preisgegeben,) wenn nicht die gütige Natur durch die wildwachsenden Palmbäume) und die Gemeinden durch ihre wohl organisirten Armenverwaltungen hilfreich eingegriffen hätten. Diese Art der Verpachtung war der Ruin der orientalischen Bodencultur. Der Besitzer betrachtete den Pächter und den Taglöhner als blosse Werkzeuge

Tosaph. z. St. sprechen die Stellen Moed katan 12b, Sabbat 139 b und Baba bat. 96 b wo ausdrücklich omyc "iV erwähnt wird.

') Baba m. 103 b.
) Gittin 74 b. Gewöhnlich 3/.) Baba m. 73 a. Im ersten Falle zwangen aber die Besitzer die Pächter schon in Nissan im halbreifen Zustande zu ernten, wodurch die letzteren geschädigt wurden.) Baba m. 103 b. 5) Baba m. 77 b.) Namentlich in Nehardea herrschte häufig Hungersnoth. Ketubot 97 a.) Die einzelnen Palmen wurden mit keiner Steuer belastet, — wie in der Anweisung Alis (des 4. Chalifen) bemerkt wird, — »weil von denselben jeder Vorübergehende esse". Dies war auch in der Sassanidenzeit so. Vgl. Nöld. Tabari S. 245 und Anm. 4; Gittin 61a. zur Vergrösserung seines Vermögens, sie ihn, als Unterdrücker und Feind, was denn auch

die Letzteren veranlasste, so viel wie möglich zu ihrem Vortheile herauszuschlagen, ohne Rücksicht auf die Entkräftung und Entwerthung des Bodens. Ihr Wahlspruch lautete: „Das Feld werde mager, nicht der Mensch".) Wir begreifen daher das strenge Verbot, welches Mohamed gegen diese Art der Verpachtung Mukhabarä erliess.)

Neben den Lehnsherrn gab es auch, obschon von den Reichen abhängig, viele kleine Besitzer, die selbst ihren Boden bearbeiteten. Oft bildeten die Bewohner einer Landschaft eine grössere Gesellschaft, um von der Regierung einen grösseren Besitz zu pachten, den sie dann gemeinschaftlich bearbeiteten.3)

Aber auch diese hatten kein glänzendes Loos. Wer ein Stück Feld für 100 Sus besass — und in Babylonien war der Boden billiger als in Palästina) — musste sich mit der unre'.fen Saat nähren und auf harter Erde schlafen, wozu noch die ewigen Plagereien, Zwist und Streitigkeiten mit den Nachbarn und Steuerbehörden kamen.) Der mächtige Nachbar oder die Nachbargemeinden brauchten blos in der Nähe des befeuchtenden Kanals einen etwas tieferen Stollen zu graben, oder ihnen auf andere Weise das Wasser zu entziehen, so wurden die Felder eines Dorfes plötzlich der Vegetation beraubt, und die Bewohner mussten Haus und Hof verlassen, um sich eine neue Existenz zu suchen.) Darum mussten auch Juden, die ihr Grundstück an Heiden verkauften, den Besitzern der angrenzenden Felder für jeden durch den neuen Nachbar verursachten) Baba mez. 104 b.

) Goldzieher der Islam. Bpest 1881 S. 114.) Vgl. Gitlin 14 a, 58 b. 4) Baba b. 12 a. Siehe Commentar des R. Gerschon.) Jebamot, 63 b.) Vgl. Den Process der Bewohner von Be-Harmach am Kanal Fchanwasa, Gittin 60 b.

Schaden haften.) Erschwert wurde die Bodencultur durch die harten und drückenden Steuerlasten, die ihnen auferlegt wurden. Sie hatten zunächst eine Kopfsteuer und eine Grundsteuer zu bezahlen, die bis zur Regierung des Chosrau Anosarvän (531) zwischen einem Drittel und einem Sechstel des Ertrages schwankte) und mit aller Strenge

eingetrieben wurde. Die persische Regierung betrachtete sich nämlich als Eigenthümerin des gesammten Grundes und Bodens, die Bauern als Pächter. Wenn nun ein Bauer die Steuer zum Schlusse des Jahres nicht entrichtete, so nahm man ihm die Felder und gab sie einem zahlungsfähigeren Pächter.) Die Abgaben waren aber so bedeutend, dass die Einwohner oft gezwungen waren, den gepachteten Boden zu verlassen und sich den Chikanen der Steuerbehörden durch Flucht zu entziehen.) Noch strenger wurde die Einkassirung der Kopfsteuer betrieben. Es fanden oft Zwangsverkäufe statt, und um den strengen Steuereinnehmer zu befriedigen, wich man von der sonstigen Norm ab, nach welcher Zwangsverkäufe nur nach einer Frist von 30 Tagen nach Erfolg der Kundmachung vorgenommen werden sollten) und nahm dieselben sofort vor. Der Besitzlose wurde, wenn er die Kopfsteuer nicht entrichten konnte, vogelfrei erklärt, so dass der Erstbeste, der die Kopfsteuer für ihn erlegte, denselben wie einen Sklaven zur Arbeit zwingen konnte.) Es gab aber ausser diesen regelrechten Steuern noch viele andere Abgaben, so die Angaria. Die Bewohner mussten nämlich den reisenden Regierungsbeamten Last-und Reitthiere zur Verfügung stellen, die sie mitunter nie mehr wiedersahen.)-,) Nöld Tabari. S. 241 und Anm. 1.

) Baba m. 73a, 108a u. Kaschi /...St.: JJp1pn,Trl D"D1Bfl W2» 'tmpn bzb ipeio.

4) Ibid 39 b.) Baba m. 108 b.) ibid. 69 a, Jeb. 4S a.) ibid. 78b. .

Ebenso war es ihre Pflicht, dieselben und deren Gefolge mit Speise und Trank zu versehen.) Drückender wurden noch diese Steuerlasten durch die Ungerechtigkeit der Steuerpächter und Steuereinnehmer. Da die Bewohner einer Stadt dem Staate gegenüber für einander hafteten, waren die Behörden berechtigt von einem ihnen unsympathischen Bürger die Steuer für alle Städteinwohner einzutreiben und ihn mit seiner Forderung auf Eintreibung der bezahlten Summe von seinen Stadtgenossen, auf den gerichtlichen Weg zu verweisen.) Wurde eine Brücke gebaut, so nahmen die Behörden das Baumaterial nicht nach der Anordnung der Regierung von allen Interessenten, sondern von einem ihnen missliebigen Bürger,) wahrscheinlich von den Aermern. Der Reiche fand wohl Mittel und Wege, sich mit dem Steuerboten zu verständigen. Die Ueberschreitungen der Steuereinnehmer machte sie zu einer Classe verhasster Menschen), denen gegenüber auch unerlaubte Mittel als Waffe der Nothwehr gebraucht und zeitweilig von den Lehrern gebilligt wurden. Es genügte aber, sich als einen Anhänger der Feuerreligion zu erklären, um von der Kopfsteuer befreit zu werden, was denn auch viele thaten.)

Viel besser standen die Professionisten und Kaufleute. Erstere hatten nie über Noth zu klagen. — „Sieben Jahre Hungersnoth und der Professionist hat noch immer Brod" — war ein vielverbreiteter Spruch im Volksmunde.) Sie flochten Körbe, verfertigten die verschiedenartigsten Geräthe, buntgewirkte, mit eingewebten Pfeilen und Korbfiguren geschmückte Teppiche und Stoffe,) Persische Pluderhosen, bunte Kleidungsstücke; bearbeiteten kostbare Perlen — ein sehr geschätztes Handwerk — und verschmähten auch die minder geachteten nicht, wie die Gärberei und die Weberei.) Die Kaufleute wohnten in Städten, bauten sich Paläste, hielten Sklaven und Diener, hielten viel auf schöne Kleidung und schmückten ihre Frauen mit Diademen, Juwelen und Edelsteinen.) Sie hatten einen sehr ausgebreiteten Handel. Auf den Strömen) und grossen Kanälen führten sie ihren Ueberfluss an Brodfrüchten, Sesam und Wein, nach weniger gesegneten Landen. In grossen Karawanen durchzogen sie die Steppen mit ihren gewerblichen Erzeugnissen, mit Kleidungsstücken aus Leinen, Hanf und babylonischem Purpur.) Sie besuchten grosse Märkte, den Weizenmarkt zu Hini und Schili,) den Weinmarkt in Balaschfad,) den Wollmarkt in Pum-Nahara und Be-Husa.) Der Suk (Markt) bildete überhaupt den Mittelpunkt des orientalischen Lebens. Dahin brachten zur Marktzeit Kaufleute aus aller Herren Ländern ihre Waren zum Verkauf. Aber auch an den Wochenmärkten, die gewöhnlich an den Freitagen abgehalten wurden, herrschte reges Leben. Zu diesen kamen die Landleute aus den umliegenden Dörfern scharenweise herbei, um ihren Bedarf für die Woche zu decken.) Der Verkehr wickelte sich in grösster Ordnung ab.

Wie noch heute in den orientalischen Bazaren, hatten die einzelnen Gewerbetreibenden ihre eigenen Abtheilungen. So gab es auf dem Markte der reichbevölkerten Stadt Nehardea eine Abtheilung der Fleischer, Gärber, Schuster u. s. w.) Ein Marktaufseher wachte über « die Ordnung, über Masse und Gewichte, und schlichtete die vorgefallenen Streitigkeiten. Sie hatten ein ausgebildetes Marktund Handelsrecht. Man traf Vorrichtungen, um den unredlichen Wettbewerbe vorzubeugen. Es war untersagt, Kunden anzulocken durch die Anwendung von Mitteln. welche nicht aus der Sache des Verkehrs sich ergaben.) Der Gewinn durfte nicht einen bestimmten Theil des Wertes übersteigen, welcher je nach der Verschiedenheit der Gegenstände und der Umstände zwischen einem Sechstel, einem Drittel und dem doppelten des Wertes schwankte,). Hanfcommissionäre hatten ausser den Barauslagen nur einen Anspruch auf eine Provision von 4/).

') Das. und AI Naharot Babel von Gezow, Warschau 1S88, S. 58 u. Anmerkungen das.
) ibid S. 60 und 62.) Vgl. Baba b. 22 a. Gittin 73 a u. a. St. Von Seefahrern ist die Bede in Sabbat 20 b, 21 a; 90 a, wo sie von einer Art Perlsand berichten; Baba mez. 85a; Nidda 10b; Kosch hasch. 21a und a. St.) Jebam. 122a; (nach Antiochia). Baba Eama 112 b, nach Be Husa.) Baba mez. 63 b; 72 b.
) Baba mez. 73 b; Baba bat. 98 a. Vologesia, Ueber d. Lage s. Anhang..
') Baba b. 22 a.
) Baba mez. 72 b.
') Cholin 48 b u. Baba mez. 24 b für Sklaven das. 100a.

Geregelt war auch das Fuhrwesen; sie hatten einen regelrechten Zonentarif für die Benützung der Lastthiere, der nach Strecken von 10 Parasangen eingetheilt war). Ja der Exilsfürst wollte sogar die Preise der Brodfrüchte behördlich überwachen, um der Spekulation aut Kosten der ärmeren Klasse einen Riegel vorzuschieben). Da nun die Kaufleute überall ihr Recht fanden und naturgemäss auch von der Regierung weniger chikanirt werden konnten, lebten sie im Grossen und Ganzen viel ruhiger und glücklicher als ihre Ackerbau treibenden Brüder. Während der Bauer, der ein Anliegen im Werte von 100 Sus sein Eigen nannte, ein elendes Leben führen musste, konnte ein Kaufmann, der über ein gleiches Capital verfügte, sich täglich bei Wein und Fleisch zu gute thun).

') Baba bat. 89a, Jerusch. das. V, Enda.
) Aus den Controversen Baba m. S. 60 a u. b, gebt hervor, dass die Halacha der Mischna IV, 12 ibid. in Babylonien als Norm galt. Lazarus Ethik S. 3p3 und Arfbang Nr. 41.) Vgl. Baba mez. 40 a u. Baba bat. 90 a. An Lebensmittel durfte nur Ve verdient werden. Ueber den Gewinn an Schriftrollen, Perlen, Thieren u. s..w. Baba mez. 58b u. a. St. Diese Gesetze scheinen schon zur Zeit R. Juda b. Batyras bestanden zu haben", da er Kriegs waffen in kriegerischen Zeiten als Ausnahme statuirt. (ibid). .) Baba mez. 51b. Lehrsat» R. Papas der als Norm angenommen wurde.) Chagiga 9 b. Die Besitzer der Lastthiere hatten ein Gewohnheitsrecht (Minhag Chamarin) ebenso die Schiffbesitzer (Baba k. 116 b). Beide Berufsgenossenschaften hatten auch Versieherungsvereine; der Verein der ersteren, ähnlich den Kuhladen oder Kuhgilden in Deutschland, war wol der älteste dieser Vereinigungen. Baba k. ibid. Vgl. deutsche Versicherungszeitung Jahrg. 1375.) Baba bat. 89 a.

Nicht destoweniger widmete sich der überwiegende Theil der babylonischen Juden dem Ackerbaue). „Besser auf dem Düngerhaufen Suras, als in den Palästen Pum Baditas" war das Losungswort der damaligen Zeit).

„Es w äre ein grosser Fehler — können wir auch von dieser Periode der jüdischen Geschichte mit Renan sagen — wenn man glauben wollte, dass dieselben Ursachen, wqlche die Juden im

Mittelalter zwangen, sich in ein ausschliesslich den Geldgeschäften ergebenes Volk zu verwandeln, bereits in dieser Zeit existirt hätten"..

„Die Juden sind dann erst reich geworden, als die

Christen sie dazu gezwungen haben, durch das Verbot

Landbesitz zu erwerben und das Drängen auf das Gebiet der

Geldgeschäfte, für die gerade die Juden durch ihre falsche

Auffassung des Zinswesens am allerwenigsten passten"4).

In der damaligen Zeit, war es der grösste Schimpf, den man einem Juden anthun konnte, wenn man ihn Wucherer nannte). Dabei kannte man keinen Unterschied zwischen jüdischen und heidnischen Schuldnern.

„Wenn ein Jude einem Heiden auf Zins leiht, so wird ihn der Himmel strafen, als wenn er einem Israeliten geliehen hätte", tradirt Rab Nachman im Namen R. Hunas). Nicht minder verhasst und verpönt waren die Getreidespekulanten; sie wurden den Massfälschern gleichgestellt). Aber auch dem Handel waren sie abgeneigt. Conservativ, wie sie in diesen Jahrhunderten waren, waren sie gegen die Freizügigkeit, gegen die Bewegung, die dazumal mit dem Handel verbunden war, da sie nur zu gut wussten, dass man auf Reisen in fremden Ländern mehr der Versuchung, auf Irrwege zu gerathen, ausgesetzt ist, als in der Heimat, wo das Leben vor den Augen der Freunde und Verwandten abläuft, ganz abgesehen davon, dass der handelnde Kaufmann auch sonst eher in die Lage kommt, seinen Mitmenschen zu übervortheilen, als der Landmann).

') Jebamoth 63 a.
J Dies geht schon aus dem Umstände hervor, dass im Monate Nissan und Tischri, in den Monaten der Ernte und Weinlese die Gerichte feiern mussten. Baba k. 113 a.) Horajoth 12 a u. Keiitut 6a. Ueber die hohe Achtung, in welcher der Ackerbau bei den babylon. Juden stand, vgl. noch die Sprüche:„Wer keinen Acker hat, ist kein Mensch" Jebam. 63 a; „Wer seinen Acker bestellt, wird des Brodes satt" Sanhedrin 58b. 4) Renan, Geschichte Bd. IV, 176.) Nedarim

49 b.) Baba mez. 70 b.
Fromme Väter, wieRab,riethen darum, ihren Söhnen,.bei dem Ackerbaue zu bleiben „denn besser ein Mass Ackerland als ein grosses Warenlager") — oder wenn sie ein Handwerk betrieben — b.ei dem Handwerk der Väter zu bleiben).

Uebrigens waren diese 'Professionisten, Arbeiter und Bauern trotz ihrer Armut die glücklichsten Menschen auf Erden, denn sie waren fast bedürfnislos. Nach dem Massstabe ihrer minimalen Bedürfnisse waren sie sogar reich. Heiter und frohgemuth verrichteten sie ihr Tagewerk. „Das Volkslied erscholl in Babylon eben so lieblich wie bei uns"; Schiffer, Weber und Hirten sangen ihre schwermüthigen oder lustigen Weisen auch an den Ufern des Euphrat und des Tigris und auf den grünen Matten der weiten Tiefebene). Sie hatten ihren Sabbath, ihren Freuden-und Ruhetag in der Woche, an welchem es auch in den ärmlichsten Hütten hoch herging. Da wurde nichts gespart; am Rüsttage des Sabbaths fand man keinen Pfenning in den Taschen), und wenn am Abend desselben feierliche Posaunentöne den

») Vgl. Makot 24 a; Baba bat. 90 b.
) Vgl. Kidduschin 82 a. Raschi niOiKn-B1B 'OUn. Dieser Spruch charakterisirt die Denkart der damaligen Jahrhunderte.) Pesaehim 113 a.
) Erachin 15 b.
) Sota48a. Gegen die Lieder der Schiffer und Hirten hatte selbst der strenge Rabbi Huna nichts einzuwenden, wohl aber gegen die der Weber.) Erubin 49 a.
Anbruch des Ruhetages ankündeten), zog der Landmann in seine hellbeleuchtete Hütte, um den Tag Gottes fröhlich im Kreise seiner Lieben zu feiern. „Der Sabbath mit seinem Lichterglanz und Lichtersegen, seinem ob auch bescheidenen, doch immer auserwählten Mahle, mit seiner energischen, muth-und hoffnungsfrohen Beschwichtigung aller Sorgen, wie auch die Beobachtung der zahlreichen Religionsgesetze, welche von den Jüngern der neugegründeten Hochschule überall gelehrt und verbreitet wurden, verschaffte ihnen die ungetrübteste Glückseligkeit.

Eine besonders angenehme Unterbrechung in dem Leben der Dorfbewohner war die Feier der religiösen Feste. Da zogen sie scharenweise über Berg und Thal zwischen blühenden Gefilden und Palmwäldern, oft auch auf leichten Barken über klare Gewässer dahineilend), nach den grösseren Städten) zum gemeinschaftlichen Gottesdienste, oder wo möglich nach der Residenz des Exilarchen, wo sie sich an der Prachtentfaltung des fürstlichen Hofes und seiner Gelehrten ergötzten). Der Vormittag gehörte dann den Vorträgen und dem Gottesdienste, die andere Hälfte des Tages widmeten sie der unschuldigen Freude. Es wurde getanzt, gehüpft, in die Hände geklatscht und gejubelt). Besonders freudig scheint das Laubhüttenfest gefeiert worden zu sein. An dieser Feier betheiligten sich auch die angesehensten Männer und Würdenträger, und wurde dieselbe zuweilen auch durch die Anwesenheit persischer Könige ausgezeichnet). Mit grossen Belustigungen für die Jugend war das Purimfest verbunden). In nicht minder freudiger Stimmung

') Sabbat 35 b.
2) Vgl. Joma 77 b.
») Vgl. Bezah 38 b, Kidduschin 81a u. Kaschi z. St. Wie aus der letzteren Stelle hervorgeht, betheiligten sich auch die Frauen an diesen Wallfahrten.
) Sanhedrin 2 b, Beza 25 b. 5) Beza 30 a.
C) Sukka 53 a.
7) Sanhedr. 64 b, Raschi z. St. und Aruch TllB Eine Figur die den Haman vorstellte, wurde verbrannt, wobei die Jugend um die Flamme herumsprang. wurden auch die Familienfeste von der ganzen Gemeinde gefeiert. Dies gilt namentlich von den Hochzeitsfesten, die uns ausführlich beschrieben wurden. Die Bedeutung der Hochzeitsfeier war mit der Wertschätzung der Frau gestiegen. Vielweiberei kam fast nie vor, obgleich sie gesetzlich nicht verboten war). Die Stellung der Frau bei den babylonischen Juden war überhaupt eine äusserst achtungsvolle. Sie wurden zu angesehenen Stellen zugelassen. Wir hören von Frauen, die zu Vormunden für unmündige Waisenkinder und zu

Armenvorsteherinnen ernannt wurden). Sie walteten aber gewöhnlich nur im stillen Kreise, lebten zurückgezogen in ihrem Frauengemache), verrichteten die häuslichen Arbeiten und befassten sich zumeist mit der Erziehung der Kinder). Zur Feldarbeit wurden sie nie herangezogen) und nur selten bethätigten sie sich geschäftlich, obgleich sie in dieser Beziehung als tüchtig gelobt wurden). Die Achtung, die man dem Frauengeschlechte, den Müttern und Erzieherinnen der kommenden Generationen bezeigte, kam auch bei der Hochzeitsfeier zum Ausdrucke. Im prunkvollen Hochzeitszuge wurde die Braut unter Trommelschlag und Schellengeläute dem Manne zugeführt, der sie in einem von Myrten und Palmzweigen geflochtenen Brautgemache erwartete). Hiebei wurden der Braut grosse Ovationen gebracht, und die grössten Persönlichkeiten hielten es nicht unter ihrer Würde, die Eigenschaften und Tugenden der Braut zu feiern).

») Vgl Jebam. 65 a, Ketubot 80 b, AI Nah. Babel S. 63.
) Cholin 84b, Baba mez. 59a, Jebamot 62b, Gittin 90b u. a. St. 3) Gittin 52 a, Sabbat 62a. An letzt. Stelle JVC12 IWX. Vermuthlieh hatte diese für kranke und sterbende Frauen zu sorgen, wie die Mutter der Synagoge oder Pfcteressa in der römischen Judengemeinde. Vgl. Berliner, Gesch. der Juden in Rom I, S. 69 u. 76.) Menachot 33 a, Erubin 48 a. 5) Sota 21a, Berach. 17 b: „Ihr Verdienst besteht darin, dass sie für den Unterricht der Kinder in der Bibel in der Synagoge sorgen."
«) Berach. 3b, Baba k. 113a.
) Vgl. Pesach. 15 b, Aboda sara 70b, AI Nahar. Babel S. 62.
«) Sabbat 110b, o) Ketubot 17 a.

Wohlhabende Leute wiesen den Söhnen ein Hochzeitshaus an, in welchem sie die Flitterwochen zubrachten, und welches dann auch in deren ewigen Besitz ubergieng).

In der Ungebundenheit ihrer Freude bildeten sie einen Gegensatz zu ihren palästinensischen Brüdern, die seit der Zerstörung ihres Heiligthums das jubelnde Glück, die laute Freude nicht mehr kannten. Seit dem Verluste der na-tionalen Freiheit lag stets etwas ganz eigenartig schwermütig Ernstes, ewig Hoffendes über der Seele der Palästinenser. Sie freuten sich wohl auch an den Festen, aber ihre Freude war ernst; sie hatte etwas von der stillen, feierlichen Art eines mondhellen Frühlingsabends unter grünen Palmenkronen. Anders in Babylon! Da sprudelte die Quelle unschuldiger Freude in alter Kraft und Frische. Das Wort des Propheten, meinte der grosse Palästinenser Rabbi Jochanan: „Und ich mache all ihrer Freude ein Ende, ihrem Feste, ihrem Neumonde, ihrem Sabbat und all ihren Feiertagen", das sich in Palästina in so trauriger Weise erfüllte, war auf Babylon nie gesagt worden).

Wie in der Freude, so unterschieden sich die babylonischen Juden von ihren palästinensischen Brüdern auch in der Trauer um Verstorbene. Es fehlte ihnen die völlige Hingebung an Gott, die stille Ergebenheit, die das traurige Geschick als göttliche Fügung hinnimmt, jenes Gefühl der stillen Dulder, welches nur durch Leid und Kummer erworben wird.

„Was habe ich mit den Tröstungen der Babyloner zu schaffen, die da sagen, was ist dagegen zu thun? Als wenn sie bereit wären, gegen Gottes Bestimmung zu handeln, wenn sie nicht zur Ohnmacht gegen die göttliche Gewalt verurtheilt wären," rief einst ein Palästinenser unmuthig, als man ihn aufforderte, einen leidtragenden Babyloner zu trösten).

In der Freude wie in der Trauer zeigte sich die noch ungebrochene Volksseele der alten Babylonier; sie waren noch nicht die stillen Dulder, kannten noch nicht das Lied vom ewigen Entsagen und Entbehren. Sie waren noch gleichberechtigte freie Bürger, die Freud und Leid tiefer empfanden, tiefer fühlten, als ihre unter dem römischen Joche gebeugten Zeitgenossen und Mitbtüder.

») Gittin 14 a.
) Sabbat 145 b.) Baba kamma 38 a.
Ihr Hang zur geselligen Freude führte sie oft auch in nichtjüdische Kreise. Die Juden im Exil lebten bei weitem nicht so abgeschlossen von ihren nichtjüdischen Mitbürgern als ihre Brüder in der Hei-mat. Bei aller Strenge, mit der sie die Gesetze ihrer Väter beobachteten, konnten sie es sich nicht versagen, an den Familienfesten der Heiden theilzunehmen. Schon Rabbi Ismael tadelte es, dass die Israeliten im Exil an den Festmahlzeiten theilnahmen, obgleich wie er selbst bemerkt — sie nur rituell zubereitete Speisen und Getränke genössen und von Glaubensgenossen bedient würden).

In späterer Zeit wurden die Verfolgungen der Magier ebenfalls dieser Sünde zugeschrieben). Ein besonders freundliches Verhältnis verband sie mit den Aramäern, die den Kern der Bevölkerung im engern Babylon ausmachten'. Gefördert wurde dieses Verhältnis durch die sprichwörtlich gewordene Gutmüthigkeit der Aramäer4), durch ihre dem Hebräischen verwandte Volkssprache, die seit Jahrhunderten auch die der Juden war. Auf nicht minder freundlichem Fusse lebten sie mit der persischen und arabischen Nachbarbevölkerung, die in ihrer unmittelbaren Nähe), namentlich in den neben der Stadt Nehardea gelegenen Ortschaften Ambar und Hira wohnten). Nur auf die nomadisirenden Araber waren sie nicht gut zu sprechen). Von diesen Räuberhorden hatten sie wohl oft zu leiden.

Das freundliche Verhältnis und die regen Geschäftsbeziehungen der Juden zu den Heiden hatten zur Folge, dass sich viele von den letzteren zum Judenthume bekehrten.

Nach den Andeutungen, die wir in den Geschichtsquellen darüber finden, darf angenommen werden, dass die Zahl der Proselyten in den ersten nachchristlichen Jahrhunderten eine sehr bedeutende war)..

Der offizielle Polytheismus erschien bereits ernsteren Seelen ungenügend, und viele Tausende, darunter Familien wie « die Königsfamilie von Adiabene wandten sich dem Judenthume zu. Ob die Juden für ihren Glauben Propaganda gemacht, ist eumindest sehr zweifelhaft. Die Behauptung, dass die Juden das Judenthum in einer für Heiden annehmbaren Form darstellten, indem sie nur auf solche Punkte, für welche man auch von Seite der Heiden auf sympathisches Verständniss rechnen konnte, Gewicht legten, kann kaum bewiesen werden).

Keineswegs darf der babylonische Kaufmann Ananias, der den König Izates von der Beschneidung mit der Bemerkung abrieth, dass man auch ohne Beschneidung Gott verehren könnte, wenn man nur im Allgemeinen die jüdischen Satzungen beobachtet, als Beweis für die Denkweise des damaligen officiellen Judenthums anführen).

Es gab ja ohne Zweifel, wie zu jeder Zeit, eingeborene Juden, die auch wichtige Gesetze übertraten, aber diese werden wohl nicht so eifrige Diener Gottes gewesen sein, um Andere zum Judenthume zu bekehren.

Einem glaubenstreuen Juden ist es aber gewiss nie in den Sinn gekommen, einen Ungläubigen für das Judenthum dadurch zu gewinnen, dass er ihm den Anschluss an das selbe durch die Milderung des Gesetzes erleichterte. Für ihn galt vielmehr das Gesetz: Keinen aufzunehmen, der auch nur das kleinste Gebot zu übertreten beabsichtigt). Sicher ist aber, dass die Abneigung gegen Neubekehrte erst in den nachchristlichen Jahrhunderten entstand und zwar in Folge der vielfach bewiesenen Thatsache, dass viele Bekehrte nicht die zum Judenthume erforderliche Standhaftigkeit und Energie besessen) und später in das christliche Lager übergegangen sind.

„Es waren die neugekommenen Leute — bemerkt Renan — die kaum unterrichtet waren, da sie nicht in den grossen Schulen gewesen, frei von jeder Einschulung und nicht in die heilige Sprache eingeweiht, welche das Ohr ihren Aposteln (der Christen) und ihren Schülern liehen." Immer sind es die jungen und frisch gewonnenen Theile einer Gemeinschalt, welche sich am wenigsten um die Ueberlieferungkümmern, und die sich am meisten hingezogen fühlen zu neuen Dingen).

In Babylon, wo die Entwicklung des Christenthumes langsamere Fortschritte machte und in Folge der häufigen Verfolgungen oft gehemmt wurde, kam diese Abneigung nie völlig zum Durchbruche).

Was die Form des Anschlusses an das Judenthum anbelangt, so war dieselbe auch im Osten wie im Westen sehr ver-

schieden. Wir sehen zunächst Mitglieder der sogenannten besseren Gesellschaft, königliche Beamte und kleine Machthaber, die von ihren Götzen abfielen, ohne das Judenthum angenommen zu haben). Andere giengen weiter und schlössen sich in mehr oder minder enger Form dem Judenthume an. Wie im Westen drangen auch in diesen östlichen Ländern zunächst das Gebot der Sabbathruhe und die Speisegesetze durch. Wie aus einer Stelle des Talmuds hervorgeht, lebten damals gar viele sabbathfeiernde Heiden;) ebenso scheinen die Speisegesetze viele Anhänger gehabt zu haben). Andere brachten dem jüdischen Gottesdienst und der jüdischen Lehre Interesse entgegen. Einzelne Heiden zogen schon vor der Zerstörung des zweiten Tempels mit den Israeliten nach Jerusalem, um daselbst zu opfern. (Pesachim 3 b). Wir hören von Arabern, dass sie Kerzen dem jüdischen Gottesdienste weihten, (Erachin 6 b) jüdische Gottes-und Lehrhäuser besuchten und sich zuweilen mit jüdischen Gelehrten in religiöse Disputationen einliessen. Wenigstens für die spätere Zeit ist dies durch Mohammed), der wohl nicht allein dies gethan haben wird, bewiesen. „Alle Thatsachen beweisen, dass das Judenthum den Arabern zusagte)", und selbst der nicht bedeutende Einfluss, den das Christenthum auf Mohammed geübt, ist ihm nach Nöldeke) durch jüdische Vermittlung geworden. Fast scheint es, dass die Halbproselyten und gottesfürchtigen Gemeinden zeitweilig eigene Gotteshäuser hatten. An einer Stelle wird nämlich von einem Gotteshause der Heiden gesprochen)

') Berachot 30 b, Erachin 29 b und Mainion. Jad chasakah, Issure biah 14, 8. Die Aufnahme von Ger tosab (Halbproselyten) war nur zur Zeit des ersten Tempels gestattet. Erachin u. Maimon. ibid. und Jobel X, 8, 9.

) Schon Josephus (contra Apion II, 10) sagt: «Die Einen sind dabei geblieben (beim Gesetze). Andere, welche der Standhaftigkeit nicht fähig waren, sind wieder abgefallen. Vgl. damit Maimon. Jad chasaka Issure biah XIII, 18: "hKW nK pyôoi... pllin 31W..) Renan, Apostel, deutsche Uebersetzung 1866, Seite

152. Auch im Talmud wird häufig über die Proselyten geklagt, dass sie in der Autübung der Gesetze nachlässig seien. Vgl. Nidda, Mischna VII, 3; Jebam. 47 b u. a. St.) Vgl. das freundliche Entgegenkommen Kabas im vierten Jahrhundert. Nach R. Aschi, dem Talmudredactor wurde auch mit Proselyten der Bund am Sinai geschlossen (Sabbat 146).

') Aboda sara 64 b u. 65 a.
) Nedarim üla. Vgl. Commentare, namentlich Tos. z. St.) Diese scheinen auch in christlichen Kreisen nicht selten gewesen zu sein. „Gar sehr werden beunruhigt die Gemüther unerfahrener und beschränkter Menschen über das, was zum Munde eingeht, schreibt der Bischof Aphraates an seinen Schüler Hom XV, § 1. Ueber Aphraates weiter unten.) S. Nöldeke, das Leben Mohameds, S. 59. ') Sprenger Z. D. M. G. 1858, S. 16—17.
C) Ibid. S. 699.

7) Baba mez. 24 a. (Beth Hakneset schel K'nänijim). Dieser Ausdruck findet sich aber immer nur bei geweihten Stätten. Werden doch die Unwissenden bitter getadelt, wenn sie den Tempel als ein Volkshaus bezeichnen. (Sabbat 32 a). Es ist aber sehr wahrscheinlich, dass diese kaum gewonnenen Halbproselyten auch in Babylon wie in Palästina sich theils dem Christenthum, theils — in späterer Zeit — dem Islam zuwandten). So scheint das Judenthum auch in diesen Ländern dem Christenthum und der christlichen Cultur vorgearbeitet zu haben.

Indem der jüdische Kaufmann wie Chananja seine Geschäfte an den Höfen der kleinen Fürsten und in den Hütten des Armen besorgte, besorgte er auch, ohne es zu wollen, oft ganz unbewusst die Geschäfte der Cultur. Die mächtigen Stürme, die mit dem Christenthum und dem Islam ins Land kamen, haben die Spuren dieser Culturarbeit vielfach verwischt. Wie die segenbringenden Bäche und Kanäle, die einst diese Länder in ein herrliches Eiland verwandelt, nun versandet und ausgetrocknet, dem Wanderer entgegenstarren und nur die grossen 2 Ströme als alte Zeugen einstiger Grösse erhalten blieben, so sehen wir auch nur die gewaltigen Ströme des

Christenthums und des

') Nur so ist der Hass einzelner Amoräer gegen die Halbproselyten zu erklären. Vgl. Sanhedrim 58b u. 59a u. hiozu die vortreffliche Erklärugn des Maimon. Jad chas. Melachim 10, 9: m BHil1? pITJD p« »Von

Edessaaus, sagen die syrischenAnnalen, verbreitete sich gleich anfangs die christliche Lehre nach Cardu (bei Syrern Gozarta, die Bezabde der Byzantiner, Jezire b. Omar d. Benj. v. Tud. eine Insel am Tigris) oder Bezabde." Vgl. Eitter X, S. 253. Es verdient noch bemerkt zu werden — sagt derselbe — dass die starke Zahl jüd. Ansiedlung in dieser Gegend wohl wahrscheinlich mit dem Schutz der jüdisch gewordenen Adiabenerfürsten, in Verbindung stehen mag, weshalb eben auch hieher unter die Judenbevölkerung die Christenbekehrung, wie in Edessa so auch in Bezabde frühzeitig eindrang. Die jüdische Bevölkerung wird aber dort durch die zum Judenthum bekehrten Fürsten einen grossen Zuwachs von Proselyten erhalten haben, was auch das frühe Eindringen der christlichen Lehre erklärt. In dieser Tigrisgegend mag dann Rab gebetet haben (Moed 1-atan 25 bt: irjtt1 DrT11 JVHS TOT (Taufe) CDl (Isr.) *nvbv* 311 1X3 nty:

Islams, die aber ihre Gewässer zum grossen Theile den Geistesströmen zu verdanken haben, die das Judenthum ihnen in altersgrauer Zeit zugeführt hat.

Zweites Capitel.

Verfassung.

Der oberste jüdische Verwaltungsbeamte und Richter in Babylon war der Exilsfürst. Allem Anscheine nach reicht diese Institution ins hohe Alterthum hinauf. Schon der Verfasser des Königsbuches scheint mit dem uns zunächst wunderbar erscheinenden Abschlusse des Königsbuches, mit der Erhebung des seit 36 Jahren gefangen gehaltenen Jojachin,s zum Könige, auf die Wichtigkeit dieses Ereignisses hindeuten zu wollen. Er wäre demnach der Stammvater der Exilsfürsten gewesen; ihm folgte sein Sohn Sinbalusur und nach dessen Tod Serubabel).

Die Vermuthung Renans, dass die Schilderung des Nassi bei Ezechiel, 36,

23. 37, 24, nach einem lebenden Vorbild in Babel geschrieben wurde,) gewinnt dadurch an Wahrscheinlichkeit. Demnach durften die Exilsfürsten in alter Zeit besondere Landstücke ihr Eigen nennen und auch ihren Kindern Güter verleihen. Bei allen feierlichen Cultusacten gebürte ihm ein Ehrenplatz, und er betrat den Tempel durch eine besondere Thür. Vgl. Ez. 44, 3; 45, 7; 46, 7.

Ob das Exilarchat auch unter den altpersischen und griechischen Dynastien fortbestanden, ist nicht genügend bewiesen. Eine alte Chronik zählt 15 Geschlechter namentlich auf, die von Serubabel bis zurri dritten Jahrhundert regiert haben), und zur Zeit des Juda-hanassi am Ende des

') Dieser ist identisch mit dem Scheschbasar (Esra 1, 8) und mit dem Sinasar der Chronik I, 3, 18. Vgl. E. Meyer die Entstehung des Judenthums, Halle 1890. S. 77.
) Renan, Gesch. III, deutsche Uebers. S. 400.) Seder olam sutta. Ueher die Genealogio der Exilarehen s. Note IV. Das Schweigen des Joseph, kann keineswegs als Gegenbeweis gegen zweiten Jahrhunderts sprach man von den Häusern der palästinensischen Patriarchen und den' babylonischen Exilfürsten, als von zwei alten Herrscher-Dynastien.) Um diese Zeit tritt auch der erste theologisch gebildete Resch Galuta, R. Huna aus dem Dunkel der Geschichte hervor. Er führte den Gelehrtentitel „Rab", und es hätte ihm selbst der berühmte Rabbi Juda „der Heilige" seine Patriarchenwürde abgetreten, wenn er nach Palästina übersiedelt wäre.

Er kam jedoch nur als Leiche in das Land seiner Väter, um im geweihten Boden Palästinas die ewige Ruhe zu finden.) Erwähnt wird ferner, dass ein gelehrter Zeitgenosse dieses Resch Galutha R. Nathan der Babyloner seine Ernennung zum Oberrichter Palästinas seiner fürstlichen Abstammung zu verdanken hatte.)

Die Stellung des Resch Galutha im persischen Reiche war eine äusserst angesehene und einflussreiche. Als Kronbeamter gehörte er zu den Beamten der

vierten Rangstufe nach dem König. Höher gestellt war nur die Rangklasse der Argabed (Reichskriegsminister), — eine Würde, die auf die königliche Familie beschränkt war — und die der Reichsfeldherrn.) Dieser Würde entsprechend, führte er auch den alten Ursprung der R. G. Würde gelten. (Vgl. Lazarus Brülls Jahrb. I. 62).

') Vgl. Sanhedrin 5a und den Ausspruch der Söhne Chija,s Sanliedr. 38a.
) Vgl. Grätz Bd. IV. S. 309.) Horajot 14b. Die Exilarchen standen sogar in höherem Ansehen als die Patriarchen, weil sie ihren Stammbaum in männlicher Linie auf David zurückführten, während die letzteren nur in weiblicher Linie von der Davidischen, Dynastie abstammten. Jerasch. Kilaim IX, 3. Weinberg (Monatsschr. 1897, S. 596) irrt aber, wenn eu ihnen in Bezug auf religiöse Angelegenheiten eine grossere Autorität als den Patriarchen zuschreibt. In religiösen Sachen war ihnen das» Patriarchenhaus überlegen. S. Pesach. 51a und Tosaphot zu Sanhedrin 5 a Stichw. E3B; Rapop. Erech M. 221.) Schebuoth 6b; jarus. Talm. ibid. 1, 2 ed. Krotosch. IV, S. 32::m Xvbi1 «nEpiKi "pD richtiger im jerus. Talm.: XB3p1K = Argabed (Befehlshaber des Distriets „eine auf die königliche Familie beschränkte Würde. Nöldeke zu Tabari S. 111, Anm. 2 und S. 5, Anm. 3) und 31 « gleich den andern Würdenträgern von gleichem Range, den aramäischen Titel „Rabbana",) Hingegen hatte er am Neujahrsfeste (Nauruz) der Perser, wenn dasselbe auf Samstag fiel, eine bestimmte Summe als Toleranzsteuer — oder wahrscheinlich nach persischer Sitte als festgesetztes Neujahrsgeschenk für den König — zu entrichten, die zur Zeit des Chosrus (530) 4000 Dirhem = 2000 Mark betrug. rp'rn (wol der Reichsfeldherr pers. Artestärän-sAlär, Nöld. das.). Es handelt sich wie Raschi z. St. richtig bemerkt um die Hofetikette bei Empfängen: nt 1nx nt p3taotPS. R. Chija denkt sogar darüber nach ob der Argabed oder der Resch Gal. den Vortritt beim König habe. S. jerus. Berach. II, 4. Zwischen dem König und der Kategorie „der Grossen" zu welcher der Exilarch zählte, waren nur „die Söhne d. Häu-

ser und der (Vasallen) Fürsten". Diese gehörten den höchsten Adolsgeschichtern an, in welchen auch die höchsten Reichsämter, auch das der Feldherren — erblich waren. (Vgl. Nöld. z. Tab. S. 442 u. Prbcop Pers. 1, 6 und S. 71, Amn. 1). Die Erklärung Raschis scheint demnach richtig zusein. (Vgl. hing. Lazarus Br. Jhrb. X, S. 134 u. 135, Nöld. ibid. 69). Gegen die Erklärung die Lazarus ibid. S. 135, Anm. 2 zu je». Berachot giebt, spricht der Zusammenhang. Unrichtig ist auch die Annahme, dass der R. G. als Kronbeamter für die richtige Einlieferung der Steuer 'zu sorgen hatte. (Lazarus ibid. S. 132). Dies gehörte — wenigstens in talmud. Zeit zu den Obliegenheiten der Communalbehörden und der an ihrer Spitze stehenden Gelehrten. (Vgl. Balia b. 8 a u. a St. S. auch w. u.

») Cholin 92a: Baba bat. 55a. Vgl. Nöld. Tab. S. 71, Anm. 1-. „In der Inschrift von Hägiäbäd folgen „die Grossen" K3"l hinter „den Söhnen der Häuser &TPZ 13" — vermuthlich den allerhöchsten AdelsgeBchlechtern, deren es nur 7 gab — und den Vasallenfürsten". Wollte man daher einen Exilarchen besonders ehren, schrieb man im Titel: TITC 133,T? vnb, dessen Herrlichkeit der der Söhne der Häuser gleicht, wie die Palästinenser an Mar Ukba II schrieben. (Sanhedrir. 31b. Ueber Mar Ukba s. Note 4), -) Nach einer Notiz in einer Abhandlung über das Noru/.fest im Wiener Cod. Mixt. Nr. 94 Bl. 137 b mitgetheilt von Goldziher im Jeschurun Jahrg. 1872, S. 77, Anm. 3. (Vgl. Polläk Persien. Lpz. 1885 S. 369—371). Dieses Fest wird auch im Jerusalem. Talm. Aboda sara I., 2. Edit. Krotosch. S. 39 erwähnt. In der modischen Provinz nannte man es 'iglj = Nau-sard = Neujahr. Es ist eine andere Bezeichnung für Dtu, welches aber in Medien um 18 Tage später gefeiert wurde. (Vgl. hingegen Kohut im Jeschurun 1872, S. 50—53). Ueber Nau-sard s. Nöld. Tabari s, 408, Anm.

Als äusseres Abzeichen seiner Würde trug er ein seidenes Obergewand und einen goldenen Gürtel.) Reich an Ländereien, wie sie waren, hielten sie einen fürstlichen Hofstaat und stets eine zahl-

reiche Dienerschaft, die aber durch ihr unreligiöses Verhalten oft den Tadel der frommen Gelehrten herausforderten.)

In gleicher Weise wurden auch die musikalischen Unterhaltungen, die sie nach der Art orientalischer Fürsten beim Schlafengehen und Aufstehen genossen, obgleich dieselben ohne Zweifel zu den Prärogativen der Fürsten gehörten, von den Gelehrten Palästinas getadelt). Als Kreisbeamte verkehrten sie viel und freundschaftlich mit Heiden, luden sie zu Tisch und waren stets bestrebt, das Verhältnis zwischen denselben und den Juden immer freundlicher zu gestalten).

Dem Volke gegenüber waren sie allmächtig; ihr Wille war Gesetz, und ihre Befehle wurden von Allen.befolgt.) Im Gotteshause wurde ihnen die königliche Ehre zu Theil, dass man die Thorarolle zu ihrem Sitze trug, (jerus. Sota, VII, 6 ed. Krotosch. p. 22 a). Ihre Residenz war stets von einer grossen Volksmenge umlagert, die mit ihren Anliegen zum Exilfürsten kamen.') Namentlich an den Festund Feiertagen strömte das Volk von allen Seiten herbei, um dem Oberhaupte seine Huldigung darzubringen. (Sukka 10b u. Raschi; 26a, Sanhedrin Ib.) In späterer Zeit wurde ein besonderer Sabbat als Huldigungssabbat bestimmt.)

An ihrer Tafel sassen Hunderte von Beamten und Theologen,) wie das im persischen Reich durchweg Brauch war — es war die Form, in der die Letztern ihre Bezahlung oder vielmehr statt dieser Naturverpflegung erhielten.) Es waren dies theils theologisch gebildete Männer seines Gefolges, theils arme Talmudjünger, die wohl auch im Interesse ihrer eigenen Ausbildung am Hofe des Exilsürsten weilten. Erstere mussten als Zeichen ihrer Hörigkeit gewisse Abzeichen an ihren Kleidern tragen.) Eine besondere Stellung hatten die Rektoren der Hochschulen, deren Verhältnis zum Exilsfürsten im Laufe der Jahrhunderte so manchen Wechsel erlitten hat. In der ersten Zeit waren sie seine höheren Rathgeber. Mitunter arbeiteten sie ihnen die halachischen Vorträge — die damaligen Thronreden — aus, die sie bei öffentlichen Festversammlungen

zu halten pflegten.)) Sabliatli 20 b; Horajot 13 b. Nach Scherira eigentlich eine Art Schurz Ciisn) S. Aruch v. 1DS. Das Obergewand scheint aber ein Abzeichen der ganzen Exilarchen t'amilie gewesen zu sein, wie dor grüne Turban für die Familie Mohammeds. Vgl. Sabb. das. Lazar. S. 138.
2) Pesachim 40 b, Sabbat 55 a.) Gittin 7 a; jerus. Megilla III, 2: Grätz IV, 300. Ueber d. Sitte s. Pollak Persien S. 381.
4) Berachot 46h; Aboda sara 72a; Beza 21b u. a. St.
5) Sabbat 54 b.
) Erubin 59 a.
i) Vgl. Note 7.
In den spätem Jahrhunderten überliessen sie diese Vorträge den Schulhäuptern von Sura.) In gleicher Weise scheinen sie das Recht der Uebermittlung der Bestimmung von Monatsanfängen und Schaltjahren, welches zu den Prärogativen des Exilarchats gehört, (Vgl. Rosch hasch. 19 a jerus. Megilla 1,5) im vierten Jahrh. n. Chr. an die Schulhäupter abgetreten zu haben. (Vgl. Sanhedr. 12 a).

Als Oberrichter übten sie die Jurisdiction in sehr weitem.Umfange. Sie übten Amts-und Strafgewalt, liessen Widerspenstige ins Gefängnis werfen und verhängten auch schwere körperliche Strafen.) Einzelne nahmen bei der i Berach. 60 a.
) Vgl. Nehem. 5, 17 u. Meyer Entstehung des Judenthums. S. 132 u. 133. Zu diesen gehörten auch die "'J1113K, Moed k. 12a, nach der Lesart R. Chananels. (Neupers. Chwarna verw. mit Cbawarnak (Lustschloss) das auch im Talmud an 3 Stellen vorkommt. Vgl. Nöld. zu Tabari S. 79, Anm. 3). Vgl. hing. Raschi z. St. Der Zusammenhang spricht für die Lesart des R. Chan.
») Sabbat 58 a, Moed katan 12 a.
4) Vgl. Pesach. 115 b, Beza 21b und 29 b nach der richtigen Erklärung des R. Chananel z. 1. 8t. So ist wol auch das i"P"0IK im Seder Olam zu verstehen.) Bericht Nathans des Babyloniers in Jochasin.
») Vgl. Baba kamma 56b, Erubin IIb, Sanhedrin 27a.

Rechtsprechung auch auf das persische Recht Rücksicht, wogegen die Parteien Einsprache erheben durften.) Auch der Exilsfürst stand unter dem Gesetz; er durfte nur nach üdischem Gesetze entscheiden.

Gleich den andern Würdenträgern, welche in ihren Gebieten das Recht der Jurisdiction übten, hielt der Exils fürst Oberrichter, die alle Rechtsstreitigkeiten, die ihm zustanden, schlichteten.) (Dajjane Gola). Für die Provinz ernannte er oder autorisirte solche, die vorher von den Bewohnern der Provinzstädte gewählt wurden. Civilprozesse konnte zwar jeder Gelehrte auch ohne landeshäuptliche Autorisation vornehmen; er setzte sich aber der Gefahr aus, die Partei entschädigen zu müssen, die er irrthümlich verurtheilt hatte. In der Regel suchte man daher, eine solche zu erlangen).

Wie es Mobeds (Priester der Feuerreligion) bestimmter Kreise gab, (Nöld. Tabari 45l), so hatten auch die jüdischen Richter ihre Gerichtssprengel, die sich um gewisse Provinzstädte gruppirten. Die Bewohner des Kreises kamen an jedem Montag und Donnerstag in die Stadt, an welchen Tagen die Richter Recht sprachen.) Der Gerichtshof bestand in der Regel aus drei Richtern; in Civilsachen durfte auch ein rechtskundiger Einzelrichter Urtheile fällen.) Das Richteramt war ein Ehrenamt. Die Richter empfiengen weder von der Stadt, noch von den Parteien eine Belohnung; sie beschäftigten sich mit ihren Berufsarbeiten, waren Ackerbauer, Handwerker, Lastträger u. s. w. Nur aui Schadenersatz für die versäumte Zeit konnten sie Anspruch erheben.)

') Baba k. 58b: HXD1B1 XJH 'Kn JH. Die richtige Erklärung hat Raschi z. St. Sie pflegten jedoch den Vorsitz dem Oberrichter zu überlassen. Nur Mar Ukba I und Mar Ukba II scheinen persönlich den Vorsitz geführt zu haben. Vgl. Moed k. 16 b, Lazarus Br. Jhrb. X, S. 143 und 144.
) Sanhedrin 17 b. 3) Man that dies umso eher, da einer Autorisation vom Exilarchen auch für Palästina Gültigkeit besass. Sanhedrin 5 a.) Baba kamma 82 a. j Sanhedrin 3a, 5a; Maimon. Jad. chas. Sanhedr. V, 8.
Als Strafen wurden körperliche Züch-

tigung, Gefängnisstrafen, zumeist aber die Verhängung des Bannes angewendet.) Den Strafen entsprechend waren auch die richterlichen Machtzeichen, die Manche von den Dienern sich vorantragen liessen: das Hörn, welches bei der Bannverhängung verwendet wurde, der Stock und der Riemen.3) Eine Art höhere Tribunale waren die von den berühmten Gelehrten geleiteten Akademien, vor welche der Geklagte auf Wunsch des Klägers erscheinen musste.)

Da die religiöse Verfassung mit der bürgerlichen un zertrennlich verbunden war, waren die geistlichen Lehrer zugleich Richter und oberste Verwaltungsbeamte in einer Person.

Zur Verwaltung der Gemeinde wurde ihm ein Beirath von 7 von der Gemeinde gewählten Männern beigestellt,) die aber wohl selten oder nie ihrem Lehrer und Meister zu opponiren wagten. Sie waren die ausführenden Organe, führten die Geschäfte, schlössen Verträge, mit Ausnahme von grösseren Aktionen, die nur im Beisein der Gemeinde vorgenommen werden durften.) Aber die Seele des Ganzen war der Chacham oder Chabar hair,) der Vertreter des allmächtigen Gesetzes.

) Ketubot 105 a.) Pesach. 91a, Sanhediin 5 a. Der Bann nahm in Babyl. mildere Formen an. Moed katan 16 u. 17. Nur Geldbussen durften sie nicht auferlegen, dazu musste man in Palästina durch die Auflegung der Uände autorisirt sein. Ketub. 41b.) Sanhedriu 7 b.) Scheriras Sendschr. Gittin 36 a, Sanhedrin 31b. 5) Megilla 26a (s. Kaba's Ausspr.).) Megilla ibid. und 27 a.) Dieser war nicht minder einflussreich als der Chacham. (Vgl. Cholin 94a, Megilla 27b). War derselbe auch nicht offiziell zum Oberhaupte gewählt (Kidduschin 33 b) so war er doch die erste und geachtetste Persönlichkeit in seiner Gemeinde, dem sich die Bürger freiwillig unterwarfen. Vgl. Weinberg, Monatsschrift 1897, S. 653.

„Das religiöse Oberhaupt, dem man in geistlichen Dingen einen unbedingten Glauben geschenkt hatte, ward auch zur Lenkung weltlicher Angelegenheiten angerufen und seine Entscheidung, so-

wohl was die Verwaltung im ganzen, als auch was jeden Einzelnen bestimmen sollte, mit Ergebenheit vernommen". Sein Wort war ebenso massgebend in Bezug auf Veräusserung der Plätze und Strassen, wie des Tempels, des heiligen Schrankes und des Bades, die gleichmässig zum Vermögen der Gemeinde gehörten.) Er hatte die Oberaufsicht über die Einnahmen, über die Auftheilung der Staatssteuer, der städtischen Umlagen, der Beiträge zu den Ringmauern und Wällen, mit welchen die Städte zum Schutze gegen feindliche Ueberfälle umgeben werden mussten, über Marktplätze, Gewichte und Masse, über Gotteshäuser und den Cultus.)

Und diese Frommen besassen oft bedeutende administrative Fähigkeiten. Sie hatten ausgedehnte Rechte und Befugnisse, von welchen sie auch Gebrauch machten. In Gemeinschaft mit den 7 Beiräthen sorgten sie dafür, dass die Bewohner nicht durch die Concurrenz fremder umherziehender Kaufleute und Hausierer geschädigt werden; wiesen den Professionisten bestimmte Strassen zu), bestimmten das Verhältnis zwischen Arbeitgeber und Arbeiter4) und schützten die niedrigen Volksschichten gegen Ausbeutung der Getreidespeculanten, indem sie die Preise für die wichtigsten Nährmittel, für Weizen und Wein feststellten.)

Da aber das geistliche Oberhaupt und seine Beiräthe durch die zahlreichen Agenden der politischen und geist liehen Verwaltung allzusehr überbürdet worden wären, mussten für einzelne Verwaltungszweige besondere Commissionen gebildet werden. So wurden für die Armenpflege 2 Kassiere (D'S3J) und 3 Almosenvertheiler npTif 'j&no ernannt.) Die ersteren hatten Geld für ortsansässige nBip und Materialien für durchreisende Arme, Pinofl) oft wohl auch für andere Zwecke, wie für Bekleidung, Beerdigung armer Glaubensgenossen, Ausstattung armer Bräute, Erziehung armer Kinder, Auslösung gefangener Glaubensbrüder u. s. w. zu sammeln. Letzteren Jag es ob, die gesammelten Gelder zu vertheilen. Die Vertheilung der Kuppa (Kasse für Ortsarme) fand jeden Freitag, der Tamchuj (Speisen, die in Schüsseln gesammelt wurden) täglich statt.)

') Nedarim 48 a.
) Vgl. Baba bat. 8b, 55 a u. a. St. 3) Baba bat. 22 a.) Baba b. 8 b. Zunächst die Lohnverhältnisse.) Ibid. Dieses Gesetz war vielumstritten. Karna der Oberrichter dtr Exilarchen entschied jedoch in diesem Sinne. Vgl. Baba bat. 8 b; 89 a u. Maimon. Jad chas. h. Mechilta. Zu den letzten zwei Bestimmungen scheint die Zustimmung der Tjn 3 nothwendig gewesen zu sein. S. das.

Zur Leitung des öffentlichen Gottesdienstes ernannte man einen Tempelvorsteher, (Rosch hakneset)) dem der Gemeinde-und Tempeldiener zur Seite stand (Chasan hakneset).

Von politischen Beamten werden erwähnt: der Stadtsekretär, Lehrer, Zisternen-und Marktaufseher.4) Letztere wurden zeitweilig vom Exilarchen ernannt.) Oft wurden mehrere Aemter einer Person übertragen, wie das namentlich bei dem Armenvater-und Tempelvorsteheramte öfter geschah.") In kleineren Städten genügte eine Zweitheilung der Agenden, in politische und cultuelle, mit deren Leitung zwei Männer betraut wurden.)

Alle diese Beamten waren aber an die Weisung des geistlichen Oberhauptes gebunden, der über die Rechte und Pflichten der einzelnen Bürger zu entscheiden hatte. Für gewöhnlich wurde Jeder, der sich 12 Monate in einer Stadt aufgehalten, als Vollbürger mit allen Pflichten und Rechten der TJH »33 angesehen. Der Aufenthalt von 30 Tagen verpflichtete aber schon zum Beitrag zur Tamchuj, von 3 Monaten zur Kuppa, von 6 Monaten zur Bekleidung und von 9 Monaten zur Beerdigung armer Genossen. Befreit von der Armensteuer waren nur Frauen und Waisen.)

Nicht so genau, wie-die Pflichten, sind die Rechte der Bürger präzisirt. Ihre Mitbetheiligung bestand, wie bereits erwähnt, in der Wahl der 7 Beiräthe und in der Abgabe ihres Votums bei Fragen von besonderer Wichtigkeit, zu deren Beschlussfassung die Zustimmung der gesammten' Bürgerschaft erforderlich war.) Solche Beschlüsse waren inapellabel, und mussten von allen Bürgern respektirt werden.

„Die Communen, die in Unseren Staaten nichts als ein Stück des Staates sind, waren im Alterthume Alles. Sie bildeten kleine Republiken' die die Lösung der socialen Frage, jede nach ihrer Art suchten und fanden". So kam es, dass sie in öconomischer und cultureller Hinsicht die erheblichste Verschiedenheit aufwiesen. „Jeder Bürger war in jeder Nachbarschaft, in jedem Nachbarkreise ein Fremder, dem manchmal Zollschranken, Verschiedenheit von Mass, Münze und Gewicht entgegenstanten".)

Dies mag wohl den geschäftlichen Verkehr gehindert, die rasche Anhäufung grosser Vermögen erschwert haben, aber die Gelehrten hatten auch nicht die Absicht, den Capitalismus zu fördern. Als treue Schüler der Propheten strebten sie vielmehr nach der möglichen Ausgleichung der sozialen Verhältnisse. Sie waren im gewissen Sinne ein Bindeglied zwischen den Propheten und den modernen Sozialpolitikern. Und wenn die Sekte der Levelers (Gleichmacher) Zur Zeit Cromvells, die sich mit Ackerbau beschäftigten und die mögliche Gleichheit zwischen den einzelnen Schichten anstrebten, sich als directe Abkömmlinge der Juden betrachteten, so hatten sie so ganz Unrecht nicht. Die Verwaltung der kleinen Communen waren in der That die ersten, die die sozialen Theorien zu verwirklichen und in der Praxis durchzuführen suchten.

Drittes Capitel.
Die Lehre und ihre Träger.

Als Vespasian dem Gelehrten Jochanan ben Sakkai vor der Zerstörung Jerusalems die Gewährung einer Bitte versprach, bat dieser um die Erlaubnis, in Jabneh ein Lehrhaus errichten zu dürfen. Vespasian gewährte diese ihm geringfügig erscheinende Bitte und ahnte nicht, dass er damit den Uebergang der jüdischen Volksseele aus dem morschen Leib des jüdischen Staatskörpers in eine rein geistige und daher unangreifbare ewige Gemeinschaft anbahnte. Jabneh trat nun an Stelle Jerusalems, die religiöse Wissenschaft als neue Daseinsform für die Gesammtheit an Stelle des einigenden und verbindenden Staatslebens. In Jabneh wurde das ewige Feuer der Lehre entzündet, welches nie mehr erlöschen sollte. Jabneh wurde dann von Sepphoris, dieses von Uscha abgelöst, und als die Sonne der Wissenschaft in Palästina ihren Höhepunkt überschritten hatte und ihrem Untergange entgegeneilte, zeigte sich der erste Lichtstreifen am Himmel des Ostens, der erste lichte Bote des anbrechenden Tages.

„Land der Finsternis" hatten es die Palästinenser genannt, jenes uralte Culturland, in welchem die Juden über ein halbes Jahrtausend eine gastliche Heimstätte gefunden. Nicht etwa, dass es an Gesetzeslehrern gefehlt hätte. Lebten doch daselbst am Anfange des dritten Jahrhunderts Männer wie Mar Ukba, der gelehrte Exilarch, Karna," Oberrichter und Verfasser eines Tractats Nesikin, R. Achi b. Joschija, Abba b. Abba, R. Schila und andere hervorragende Männer, die das heilige Feuer der Religionswissenschaft mit Eifer pflegten; aber der matte Lichtschein, der aus den Lehrsälen ausstrahlte, vermochte nicht das Dunkel, das die Geister umfing, zu erhellen), und wenn wir den Stand der Bildung bei den babyl. Juden nach dem Niederschlage derselben im täglichen Leben messen, können wir das Urtheil der Palästinenser als nicht zu hart bezeichnen. Das Volk, namentlich auf dem Lande war jedes Wissens bar und vernachlässigte aus Unwissenheit die wichtigsten Religionsgesetze (Cholin lila, Erubin 6a, 110b). Wie tief das Volk gesunken und welche Verwilderung im religiösen Leben Platz gegriffen, zeigt uns der Vorgang in der nicht unbedeutenden Stadt Birtha. Ihre Bewohner hatten sich nämlich über das Gebot der Sabbatheiligung hinweggesetzt, und als sie von R. Achi b. Joschija in den Bann gethan wurden, fielen sie vom Judenthume ganz ab. (Kidd. 72 a.) Da kam das Licht. Zwei Männer entzündeten die Fackel der Gotteslehre: Rab und Samuel. Beide von den gleichen Gefühlen für ihr Volk beseelt, der Eine wie der Andere hochbegabt und von unbestechlicher Liebe zur Wahrheit und zum Glauben, streuten sie mit reichspendender Hand goldenen Samen in die Furchen der jüdischen Volksseele, der bald zur herrlichen Saat emporsprosste.

Rab mit dem eigentlichen Namen Abba Arika) aus einer angesehenen babylonischen Gelehrtenfamilie stammend,) Wo hervorragende Männer gelebt, scheint zwar auch das Volk nicht so unwissend gewesen zu sein, so /. B. in Huzol wo R. Joschija gewirkt, aber auch dort scheint nur die Rechtswissenschaft gepflegt worden zu sein. S. Gittin Cla.
) Arika wurde er wegen seiner hohen Statur genannt. Nidda 24 b, Cholin 137b. Es wird aber auch als Epitheton ornans in der Bedeutung von „der grosse'' gebraucht. Sabbat 59a. Es ist dann gleichbedeutend mit „Arioch" welches Targ. Jon. mit «Havja p"w mm „der Vornehmste unter den Helden" wiedergiebt (Gen. 14, 1). Diesen Ehrennamen führte bekanntlich Samuel. Im Cholin ist es aber gewiss nur im Sinne von „der Stattliche" gemeint. Vgl. noch Miihlfelder Rab Lpz. 1871, S. 1 und die Erklärungen Anderer das. war in Kafri ungefähr um das Jahr 160 geboren; erhielt die erste Unterweisung in der göttlichen Lehre von seinem Vater Aibu bar Abba), der ein Bruder des durch seine Gelehrsamkeit berühmten R. Chija und auch selber in der Gesetzeslehre bewandert war. Nach dessen Tode verliess der frühverwaiste Jüngling den heimatlichen Boden, zog nach Palästina, wo er unter der geistigen und leiblichen Vormundschaft seines gelehrten Onkels Chija die verschiedenen Disciplinen sich aneignete). Jahrzehnte hindurch hörte er die Vorträge des Patriarchen R. Juda in Sepphoris, forschte und sammelte emsig, um sich würdig für seinen Beruf vorzubereiten. Kein Wissenszweig blieb ihm unbekannt. Alles, was einst grosse Geister ersonnen, was die Mischnalehrer gelehrt, Schrift und mündliche Lehre, Halacha und Hagada, babylonische und geheim verzeichnete Traditionen) hatte in seinem empfänglichen Geiste jene harmonische Vereinigung gefunden, die für die selbständige Entwicklung des jüdischen Geis-

teslebens in Babylonien von ausserordentlicher Wichtigkeit werden sollten. Man sagte von ihm: „Geber schehakol bo" Rab sei ein Mann, der alle Wissenszweige vereinigt). Bald stieg er so sehr im Ansehen, dass er von seinem grossen Lehrer R. Juda ha-Nassi bei Einführung gesetzlicher Normen gleich den älteren Tannaim herangezogen wurde), welchem Umstande er wohl auch den Titel und die Rechte eines Tanna zu verdanken hatte). Die jüngeren Schüler sahen mit Bewunderung auf den scharfsinnigen Babylonier, der sich sowohl durch die Fülle der Kenntnisse, wie durch die Schärfe des Geistes auszeichnete, und noch im späten Alter erinnerte sich der Gelehrte Rabbi Jochanan — ein jüngerer Zeitgenosse und Mitschüler Rabs
— der eifrigen Gesetzesdiscussionen zwischen demselben und seinem Meister, in welcher Feuerfunken von Beweisen und Gegenbeweisen gesprüht haben sollen).
Nachdem er Jahrzehnte in der Schule zu Sepphoris verweilt und durch Vermittlung seines Onkels eine etwas beschränkte Ordination erlangt hatte), kehrte er in seine Heimat zurück, um seine weit über das Durchschnittsmaass erhöhte Individualität in den Dienst seiner Nation und seiner Glaubensgenossen im engeren Vaterlande zu stellen. Vorübergehend scheint er es mit dem Amte eines Amoras, eines Erklärers an der Hochschule des R. Schila in Nehardea versucht zu haben), welches aber dem unabhängigen thatkräftigen Manne nicht behagen konnte. Als Mann der That strebte er nach einem Wirkungskreise. Zunächst recognoscirte er die Situation. Er bereiste das Land nach allen Richtungen, wozu ihm das Amt eines Marktaufsehers, welches ihm der Exilsfürst Mar Ukba übertragen hatte, Gelegenheit gab. Wohin er kommt, findet er trostlose Zustände, Unwissenheit in den Hütten der Armen und Willkür in den Palästen der Reichen. Bald sollte er Gelegenheit haben, die Folgen der Willküi herrschaft des ersten Babyloniers, des Exilsfürsten, am eigenen Leibe zu fühlen.
Als Marktaufseher hatte er nämlich

nebst der Aufsicht über richtiges Mass und Gewichte auch die Marktpreise zu überwachen. Der Exilsfürst verlangte nun, dass er die Marktpreise niederhalte und die Vertheuerung der Lebensmittel verhindere, und als er sich zur Ausführung dieses Befehles, welcher sich nach seiner Ansicht gegen eine marktpolizeiliche Halacha verstiess, nicht entschliessen konnte, wurde er ins Gefängniss geworfen, aus welchem er erst durch Vermittlung des Oberrichters Karna befreit

') Cholin 137 b.
) Sanhedrin 5ä, jer. Chagiga V, 8. 3) Joma 20b. In diesen Jahren scheint er auch den Gelehrten im Lehrhause R. Achis, Lehren ertheilt zu haben. Vgl. jerusal. Sukka IV, 2, ibid. Aboda sara 4, 1, ibid. Kidd. I, 7-und Dorot hatischonim IIa, S. 182 und 183.. wurde.) Selbstverständlich konnte er sich in dieser Sphäre nicht behaglich fühlen; sein edler Männerstolz, seine Willensstärke, seine Unbiegsamkeit und Charakterfestigkeit vertrugen sich schlecht mit den Wünschen des Exilarchen. Dies mag ihn wohl auch mit bewogen haben, die ihm nach dem Tode Rabbi Schilas angebotene Leitung der Hochschule in der fürstlichen Residenz Nehardea zu Gunsten des Jüngern, sanftem und biegsamem Collegen Samuel abzulehnen. Er selbst beschloss, in dem fernen Sura eine neue Hochschule zu gründen.) Es ist mehr als wahrscheinlich, dass er hiebei, wenigstens in Bezug auf die Wahl des Ortes und der Zeit der Ausführung dieses seines Planes, auch von der politischen Verhältnissen seiner Zeit beeinflusst wurde. In der Herrschaft über Babylon hatten sich nämlich im letzten Jahrzehnt der Arsacidendynastie die zwei Brüder Artaban IV und Volagases V getheilt. Wie weit die Macht des Einen oder Andern reichte,, ist zwar nicht mehr festzustellen; nachdem aber bewiesen ist, dass Artaban um 216 im Besitze der Reichshauptstadt und ihrer Umgebung gewesen), und die Juden dieser Gegend der Jurisdiction Rabs unterworfen waren), so sind wir wol zu der Annahme berechtigt, dass der ganze Kreis, der Babel im engeren Sinne genannt wurde, und dessen Mittelpunkt Sura als Hauptsitz

des gesetzgebenden Oberhauptes bilde-te, zur Herrschaft Artabans, im Gegen-satze zu Nehardea, welches zur Herr-schaft des Volagases gehörte. Nur so ist es zu begreifen, dass weder der Exilarch noch dessen Oberrichter Samuel, son-dern Rab zum Hofe Artabans freundli-che Beziehungen hatte, und von letzte-rem auch durch ein kostbares Geschenk ausgezeichnet wurde), und nur so ist es) Baba b. 89 a; jerusal. Baba b. V. Karna scheint aber doch iu der Sache mit dem Exilsfürsten übereingestimmt zu haben.) Scherira's Sendschreiben.) Gutschmied, Gesch. Irans S. 154, Justi S. 176.) Vgl. Rapap. Erech Miliin S. 196, Gittin 6 a u. a. St. »») Vgl. Aboda sara 10 b wo pB!K zu le-sen ist und jerusal. Peah 1, 1 wo wol 3i gemeint ist. S. Grätz IV, S. 351. Ueber Volagases u. seine Herrschaft w. u.

zu begreifen, dass Rab ohne Autorisa-tion vom Exilarchen und unbekümmert um die Entscheidungen seiner Ober-richter, Recht sprechen, für seinen Be-zirk neue Gesetze schaffen, und dass sein Gerichtshof dem des Oberrichters in Nehardea gleichgestellt werden konnte).

Bevor er seinen Entscnluss ausführte, besuchte er noch den Patriarchen von Palästina, um seine Autorisation die er von R. Jehuda hanassi — wie bereits er-wähnt — mit einer Einschränkung er-halten hatte, ergänzen zu lassen. Er that dies vermuthlich um dem Exilarchen-von welchem er sich nicht autorisiren lassen wollte) — kräftiger entgegen tre-ten zu können. Nachdem ihm aber dies verweigert wurde, kehrte er heim und schritt muthig an die Ausführung seines Vorhabens. Diese letzte Heimkehr mit der gleichzeitigen Niederlassung in Sura fiel in das Jahr 219).

Sura, ein armseliges Dorf, war durch seine Entfernung von Nehardea, von dem geistigen Verkehr, den diese Stadt mit Palästina unterhielt, fast ganz ab-geschlossen. Die Abgeschlossenheit, in der die ärmliche, ausschliesslich Acker-bau treibende Bevölkerung lebte, be-wirkte, dass es im Gegensatze zu Ne-hardea, welches durch den Zufluss pa-lästinensischer Einwanderer ganz unter dem Einflusse des Heimatslandes stand,

in vielen Beziehungen, namentlich in gottesdienstlichen Einrichtungen, so auch in Bezug auf den Schrifttext und das Targum den babylonischer Charak-ter reiner bewahrte).
) Vgl. Gittin 36b und den Ausspr. Kab-bas (b. Huna).Sanhedrin 5 a. In dieser Zeit scheint Bal, auch B. Huna ordinirt zu haben. Nach dem Sturze der Arsaci-den scheint jedoch wieder das alte Ver-hältnis zwischen Schule und Exilarchat geherrscht zu haben und Rab forderte selber seine Schüler auf sich vom Exi-larchen autorisiren zu lassen, ibid.) Sanhedrin 5 a.
) Note III.
4) Berliner in der Vorrede zur Massora zum Targum Onkelos und in der kri-tischen Targumausgabe Th. II, S. GS. Vgl. auch seine Beiträge zur Geogra-phie Babylons S. 51, Anni. 2. lieber die Armut der Bevölkerung s. Baba kamma Ende und Kapop. Erech Miliin S. 142 u. 281.
Anderseits hatte die Abgeschlossenheit naturgemäss einen Stillstand in der re-ligiösen Entwicklung zur Folge, welche zur vollständigen Verwahrlosung füh-ren musste. Um dem religiösen Verfalle entgegenzuarbeiten, oder wie der Tal-mud sagt, „das öde Thal zu umzäu-nen", legte der geniale Lehrer in dieser Stadt ein Lehrhaus an, damit die Geset-zeskenntnis durch die herbeiströmenden Schüler verbreitet werde.

Das Werk gelang. Sura wurde bald als eine Centralstelle jüdischen Geistes-lebens bekannt; viele Hunderte von Schülern strömten von allen Seiten her-bei, und das früher so unbedeutende Dorf schwang sich zu einer wahren Ma-tha Mechatja empor, zu einer Burg der Gotteserkenntnis), — wie sie in späterer Zeit genannt wurde — in welcher die Gotteslehre nahe an acht Jahrhunderte gepflegt wurde. Um es auch den in der Ferne wohnenden Gelehrten zu ermög-lichen, an den wichtigeren Lehrkursen theilzunehmen, traf er die weise Einth-eilung, dass die Schüler nur in den Monaten Adar und Elul sich um ihn ver-sammelten, die andern zehn Monate aber zum Zwecke des Unterrichtes und der Rechtsprechung zerstreut im Lande lebten. Für Schüler, die in der Nähe

wohnten und tagsüber in den herumlie-genden Dörfern Ackerbau trieben, hielt er früh morgens Vorträge, wodurch er es ihnen ermöglichte, das Thorastudium ohne Beeinträchtigung des bürgerlichen Berufes zu pflegen). Sie konnten ihren Acker bestellen, ihren Garten pflegen und dabei ihren Studien obliegen. Er wollte eben freie, unabhängige, selbst-ständige und willensstarke
') Cbolin 110 a. Vgl. jerusal. Talra. Schekalim V, ed. Krotosehin S. 50.
) Eigentlich „Zuflucht Gottes" (ähnlich w. Tiberias, TTJ?D genannt). Siehe Le-brecht, Kritische Lese u. s. w. zum Tal-mud S. 18. Berliner, Beiträge zur Geo-graphie Babylons, S. 46, Anm. 2 und 55Machasjah wird aber die Judenstadt Sura,s gewesen sein, oder der Name ei-nes Stadtviertels, in welchem die Hoch-schule z. Z. R. Aschis erbaut wurde. Vgl. hing. Dor harischonim IIb. 3) Pe-sachim 8 b.
Männer erziehen, Leute, die auch in be-scheidenen Verhältnissen lebend, mit dem Capital eines grossen Wissens-schatzes ausgestattet, die Juden für das Judenthum zurückerobern können. Er wollte, dass seine Schüler aus seinem eigenen Missgeschick lernen und sich die Erfahrungen zunutze machen, die er im Umgange mit den Grossen und in seiner Stellung am Hofe der Exilsfürs-ten gesammelt. „Ein finsteres Los ist dem zutheil geworden — pflegte er zu sagen — der seine Speisung vom Tische Anderer erwartet"). „Darum — rief er seinen Schülern zu — die niedrigste Ar-beit und unabhängig sein!")

Ausser den Lehrvorträgen für die Schüler, hielt er populärwissenschaftli-che Vorträge für das Volk, wobei ihm sein Rednertalent, sein schönes Organ zustatten kam. Welcher Beliebtheit sich diese erfreuten, geht aus den Berichten hervor, nach welchen die von allen Sei-ten herbeigeströmten Wissbegierigen in den Häusern kein Unterkommen fanden und an den Ufern des Surasees sich auf-halten mussten. Diese Vorträge wurden eine Woche vor den Hauptfesttagen ge-halten und darum auch Rigle (Festvor-träge) genannt. So sorgte Rab für die weitere Ausbildung der Lehre, wie auch für die Belehrung des unwissenden Volkes.

Was die Lehrmethode Rab's betrifft, so kann nicht behauptet werden, dass Rab neue Bahnen gebrochen habe. Er erläuterte die Mischna, gab Wort-) und Sacherklärungen, tradirte oft alte, palästinensische, von der einheimischen abweichende Erklärungen) und Correcturen, die der Ordner derselben vorgenommen, aber nicht mehr in den Mischnatext aufgenommen wurden) und zog auch andere Traditionen und halachische Midraschim zur Erklärung derselben heran. Zahlreiche Gesetze verdankt man auch ganz seiner Urheberschaft. Solche neugeschaffene Gesetze, die er in reinhebräischer Sprache vortrug und der Erklärer ins Aramäische übersetzte, bilden einen bedeutenden Bestandtheil des Talmuds. Sie erhielten auch, mit Ausnahme derjenigen, die das Civilrecht betrafen und von Samuel, der ihm in der bürgerlichen Gesetzgebung überlegen war, bekämpft wurden — Gesetzeskraft). Einige dieser Lehren wurden sogar gleich den Lehren der Tannaim in die Tosefta aufgenommen.) Manche dieser neugeschaffenen Gesetze waren auch für die Fortexistenz der babylonischen Juden von grosser Bedeutung. So erklärte er behufs Erleichterung des geschäftlichen Verkehres einen Kauf, der in Gegenwart dreier Personen geschlossen wurde, für giltig, obgleich der Gegenstand des Kaufes nicht vorhanden war, ein Gesetz, welches der Talmud selbst als eine in der Bibel nicht zu begründende Halacha bezeichnet, aber ohne Zweifel behufs Erleichterung des Verkehres eingeführt wurde).

') ibid. 113 a, Baba b. 110.
) Beza 32 b. 3) Sukka 26 a.) Er bediente sich zeitweilig zur Erklärung schwieriger Ausdrücke auch persischer Wörter. S. Bacher, Aggada der babyl. Amoräer S. 32, Anm. 205, Pesach. 41a, Aboda sara 24 b. Das bibl. Zim erklärte er mit ieo» ps Ritterlegio. Sanhedr. 106 a. S. ßapap. Erecb Milin und Kohut zu diesem Worte. Ursprünglich lautete es Waspur-Magnat. Nöld. Tab. S. 501. Ebenso heisst die armenische Landschaft Waspurakan im Talmud Aspurk. Temura 30b.

Rab scheint es auch gewesen zu sein,

der die Ackerbau treibende Bevölkerung, da dieselbe von staatlichen und communalen Lasten ohnehin überbürdet war, von den Abgaben und Heben, die sie bis zu seiner Ankunft nach

') So giebt Kab zu Joma 20 b eine Erklärung, die einer paläst. Tradition entspricht, im Gegensätze zu Rab Schila, dessen Erklärung durch eine gut babylonische, von K. Joschija herrührende Tradition gestützt wird. Vgl. Ketub. 94 b, wo Rab wie die Chachamim im Gegensatze zu Samuel, der wie die Babylonier nax k31 (s. Easchis Erklär.) entscheidet; Pesachim 8 b. Rab wie R. Chija, Samuel wie die anderen Tannaim.) Vgl. Jebam. 52b, Erachin 29b, Dor. harischon. IIa, S. 134.
») Nidda 24 b.
) S. Aruch Art. Rab.
») Gittin 14 a u. Tosaph. z. St. Dieser Beweggrund scheint in früherer Zeit auch den babylon. Tanna K. Natan veranlasst zu haben, das Recht der Pfändung auch auf ausstehende Forderungen auszudehnen. Vgl. Pesach. 31a; Gittin 37 a; Ketub. 19 a, 82 a; Kidd. 15 a.

Palästina geschickt hatten, befreite.) Andere noch wichtigere Massregeln schuf er, die er zur Hebung des sittlichen Lebens für geeignet hielt. Dieses hatte in einzelnen Provinzen einen gar tiefen Stand. Es herrschte die Unsitte, dass Verlobungen ohne vorhergegangene Verständigung des Brautpaares erfolgten, oder auch, dass der Bräutigam seine Braut erst vor der Eheverbindung zu sehen bekam. Gegen diese Unsitten verhängte er Geisseistrafen).

Ehescheidungen suchte er auf jede Weise zu erschweren. Nur, wenn an ein friedliches Eheleben durchaus nicht zu denken war, sollte eine solche erfolgen. Ehescheidungen auf bestimmte Zeit, wie sie dazumal vorkamen, erklärte er für ungiltig.) So verfolgte er in gar vielen Gesetzen einen hochethischen Zweck nach dem von ihm aufgestellten Principe: „Die Gebote wurden gegeben, um die Menschen zu läutern«).

Grosse Verdienste erwarb sich Rab auch um das Gerichtswesen. Als er heimkam, gab es wohl nur wenige gebildete Richter, und ihr Ansehen scheint nicht besonders hoch bei dem Volke ge-

wesen zu sein. Er sah sich darum bei der Handhabung des Rechtes zur schonungslosen Strenge genöthigt. Er verhängte den Bann, der in Babylonien eine strengere Form hatte und wirkungsvoller war als körperliche Strafen, über Parteien, die den gerichtlichen Vorladungen binnen 30 Tagen nicht Folge geleistet und machte die Gerichtsdiener zu gefürchteten Amtspersonen, deren Geringschätzung mit Strafen belegt wurde).

') Jerus. Challa IV. Abschn. Ueber das Wort psH. Vgl. Rapap. Erech Miliin Art. Amora u. Frankel. Einleitung in den jerus. Talmud S. 123. Da es aber R. Jochanan ist, der sich so äusserte und von einer bereits vollzogenen Sache spricht, unterliegt es keinem Zweifel, dass Rab und seine Collegen gemeint sind.
) Jebamot 52 a, Kiduschin 12 b, 41a.) Gittin 85b, die richtige Leseart hat Alfasi „Rab" statt Raba. S. Dünner Scholien z. St. 4) Genes, rabba cap. 44 und Levit. rabba cap. 13.) Baba k. 117a, Jebamot 52a, Kiduschin 12b, Mühlfelder Rab 8. 15.

Anderseits suchte er die Zahl der rechtswissenschaftlich gebildeten Richter durch Heranbildung junger Theologen zu vermehren und dadurch das Ansehen des ganzen Standes auf ein höheres Niveau zu bringen. Im Gegensatze zu seinem Lehrer Rabbi Juda hanassi, der streng darauf sah, dass Gelehrte, die von ihm nicht ordinirt waren, kein Richteramt übernahmen,) was ja für Palästina, wo es an Gelehrte nie gefehlt, berechtigt gewesen, erklärte es Rab für sündhaft, wenn ein mit genügenden Kenntnissen ausgestatteter Gelehrter sich dem öffentlichen Leben und dem Richteramte entziehe).

Uebrigens scheint er selber eine Art Promotion in Babel eingeführt zu haben, die aber nur zur Führung des Titels »Rab« berechtigte); die Autorisation musste der Exilsfürst ertheilen.

Ausser der Schule und der Familie wendete Rab auch dem Gottesdienste seine volle Aufmerksamkeit zu. Er verlangte ehrfurchtsvolle Andacht beim Gebet, empfahl besondere Dankgebete den aus Gefahren Entronnenen, wie

Seefahrern, Wüstenreisenden, von schwerer Krankheit Genesenen und aus Kerkerhaft Befreiten.)

Er selbst zeichnete sich als religiöser Dichter aus. Er verfasste kurze Gebete für die aussersynagogale Andacht) und Festgebete für den öffentlichen Gottesdienst. In den Festgebeten tritt bei ihm die persönliche Empfindung ganz zurück. Nur was die Volksseele bewegt, worin alle zur Andacht versammelten Juden einig sind, lässt er die Gemeinde aussprechen: Die Sehnsucht nach der Wiederver

') Sanhedrin 5 b, jerusch. Schebiit VI.) Aboda sara 19 b. i Vgl.Pesachim 86 b und den Commeut. des K. Chanael das., ("S1 *TTipb* '3B3 TDDDJ.) Aruch Aitikel Abaji und Frankls Monatsschrift Jahrg. I, S. 360. *4)* Berachot S. 54 b.) Das schöne Gebetstück 1X1 T, welches in späterer Zeit für den Sabbat, in welchem der Neumond angekündet wird bestimmt wurde; Berach. 16 b. Die am Sabbat Neumond und Festtagen in das Tischgebet einzuschaltende Stücke; Berach. 44, 49 u. A. einigung seines Volkes, die Hoffnung auf Gottes Hilfe, auf Erlösung aus dem Lande der Verbannung.) In diesen Gebeten ist noch etwas von dem Geiste der Propheten; es sind Töne, die des Menschen Seele mit heiligem Schauer erfüllen und sie emporheben zu den erhabenen Höhen. Wer kann die schönen Gebete, die er für die hohen Festtage verfasst, wenn sie mit Herz und Sinn vorgetragen werden, ohne tiefe Bewegung hören! Wie Posaunenschall klingt es in den Worten: „In majestätischer Wolke offenbartest du dich furchtbar redend. Vom Himmel liessest du deine Donnerstimme vernehmen und erschienest im lichtumflossenen Nebel. Das Weltall erdröhnte. Es bebten die Geschöpfe alle, als du dich offenbartest am Sinai." Zuweilen wird ihm der Tempel zu eng; die bewegte Seele strebt höher als die Pfeiler der Synagogen und sein Geist umfasst die weite Welt. Er betet dann: „So lasse denn kommen, Ewiger unser Gott, deine Furcht über alle deine Geschöpfe und ehrfürchtiges Bangen vor dir über alles, was du geschaffen, dass dich fürchten alle Geschöpfe, und vor dir sich bücken

alle Wesen und sie alle werden ein Bund, deinen Willen zu thun mit ganzem Herzen," Oder: „Gott und Gott unserer Väter! entfalte deine Herrschaft über die ganze Welt in deiner Herrlichkeit, und erhebe dich über die ganze Erde in deinem Glanze, und erstrahle in der Pracht deiner glorreichen Majestät über alle Bewohner deiner Erdenwelt, damit jedes Geschöpf erkenne, dass du es geschaffen und jedes Wesen einsehe, dass du es gebildet und alles, was Odem hat, ausrufe: „Der Ewige der Gott Israels, ist König und sein Reich erstreckt sich über Alles"). Wie seine Neujahrsgebete durch den männlichen, zeichnen sich seine Gebete vom Versöhnungstag durch

') Im grossen Mussafgebet für die drei Festtage WKBn 'JCDI s. Mekor Beracha S. 467. Fürst, Kultur und Literaturgeschichte der Juden in Asien S. 56.).Neujahrgebete. Vgl. Rosch haschana 27 und jerusch. das. c. 1, 5. Mekor Beracha S. 458, 464—465. Fürst, Kultur u. Literat, d. Juden in Asien S. 56—57. einen herrlich weichen, harmonischen Ton aus, der die Gemüther tröstet, beruhigt und erhebt. Dies gilt namentlich von dem Schlussgebete am Versöhnungstage, in welchem die Versöhnung mit Gott, alle Worte und alle Gedanken in ein sanftes Klingen aufzulösen scheint, in ein Rauschen, das uns umtönt wie das milde Säuseln der Baumwipfel, die vom Abendwinde leise bewegt werden. „Du reichst die Hand dem Sünder dar, und deine Rechte dem Reuevollen.")

Neben seiner Fürsorge für das Gebet, pflegte er auch den andern, nicht minder wichtigen Theil des öffentlichen Gottesdienstes, die Regelung und Eintheilung des Pentateuch's und der Schriftlektionen aus den Propheten, (Haftara) die allsabbatlich zur Verlesung kamen. Er bestimmte die Theile, die an Sabbaten, welche mit Neumonden oder Festtagen zusammenfielen, zur Verlesung kommen sollten.)

Im Anschlusse an die Vorlesung hielt er populäre Vorträge, die einen wichtigen Bestandtheil des Gottesdienstes ausmachten. In diesen Vorträgen zeigte er seine Meisterschaft in der Hagada. Er

bediente sich nicht des unterhaltenden Gleichnisses wie die Palästinenser; seine Reden waren schneidend und streng. Mit besonderer Vorliebe führte er ihnen die Gestalten der Urzeit als Musterbilder edler Menschen vor; er sprach von Abraham, Moses und David, von Salomo, Chiskia, Josia, Jerobeam und Hosea; aus der späteren Zeit rühmte er die Verdienste Chananjas ben Chiskia um die Rettung des Buches Ezechiel, des hohen Priesters Josua ben Gamla um die Volksschule und rühmte den Jehuda ben Baba, welcher mit Gefährdung des eigenen Lebens durch die geheime Ordination die fernere Uebung des Strafrechtes ermöglicht hatte.) Dass er sich auch zu diesen Männern, an welchen Andere gedankenlos vorüber giengen, hingezogen fühlte, hat darin seinen Grund, dass er selber seine höchste und heiligste Lebensaufgabe in der

Fürsorge für die Schule), in der Erhaltung und Fortbildung der Literatur und des tradirten Lehrstoffes erblickte. Die geistigen Fähigkeiten zu steigern, die Errungenschaften früherer Generationen möglichst vielen zu übermitteln und einzuprägen, erschien ja auch ihm als das Höchste, Heiligste und Erstrebenswertheste. „Ein grosser Mann sieht seine Vorgänger — bemerkt mit Recht der grosse deutsche Dichter, den der jüdische Stamm hervorgebracht — weit deutlicher als Andere, aus einzelnen Funken ihrer irdischen Laufbahn erkennt er ihr geheimstes Thun; aus einer einzigen hinterlassenen That er kennt er alle Falten ihres Herzens". Durch seine erfolgreiche Thätigkeit auf allen Gebieten des öffentlichen und privaten Lebens erhob er das Judenthum in seinem Vaterlande auf eine nie geahnte Höhe. Die Hochschule zu Sura „das kleine Heiligthum" wie es in Palästina genannt wurde,) wurde ein Zentrum, das den ganzen Verkehr beeinflusste; ganze Karavanen von Schülern zogen von und nach Sura, überall den Samen geistiger Frucht ausstreuend, der auf fruchtbarem Boden gar bald zur herrlichen Saat heranreifte. Mehr als Eisenbahnen und Dampfschiffe vermochte dieser einzelne Mann den Abstand zwischen den einzelnen Brandtheilen zu verringern.

Während in früherer Zeit die Bewohner der Städte in völliger Abgeschlossenheit vor einander lebten, nahm nunmehr der Verkehr einen solchen Aufschwung, dass man stets die Echtheit der Unterschriften auf Scheidebriefen und anderen Documenten durch anwesende Zeugen aus allen Provinzen und Städten Babylons prüfen konnte — was zur Folge hatte, dass Babylon in Bezug auf die Art der Uebermittlung von Scheidebriefen Palästina gleichgestellt wurde.) Auch in anderer Beziehung nahm Babylon den Rang eines heiligen Landes ein[4]). Sein Boden wurde mit der Zeit für geweiht erklärt, und all die Schätze und grossen Summen, die früher nach Palästina geschickt wurden, blieben im

') Baba batra 21 a.
) Megilla S. 29 a.
») Gittin 6a.
) Vgl. Baba k. 80 und Genes. rabba cap. 16, wo Rab Babylon *bxlW* pK nennt. S. auch Cassel Art. „Juden" in Ersch u. Gruber S. 177 Lande. So hat Rab nicht nur dem Judenthume, sondern auch seinem Vaterlande gedient. Und dieser um den Staat und um seine Glaubensgenossenschaft so hoch verdiente Gelehrte war in seinem Privatleben der einfachste und bescheidenste Mann. Während er hunderte von Schülern speiste, erzog er seine Kinder zur Demuth und Sparsamkeit, so dass er von seinem Sohn Chanina sagen konnte: „Chanina begnüge sich mit einem Mass Johannisbrod.) An der Seite einer vom Talmud nicht besonders gerühmten, ihm nicht besonders zugethanen Frau, der vermuthlich seine grosse Freigiebigkeit und sein vollständiges Aufgehen in den Dienst der Gesammtheit nicht recht war, lebte er stets friedlich und versöhnlich.) Friedfertigkeit und Versöhnlichkeit bildeten den Grundzug seines Charakters. Er bekundete diese Tugenden nicht nur seiner Frau, sondern auch den Collegen und selbst den niedrigsten Schichten des Volkes gegenüber. So wird erzählt, dass er einen Fleischer, den er beleidigt zu haben glaubte, am Vorabende des Versöhnungstages persönlich aufsuchte, um denselben zu versöhnen! Besonders Entgegenkommen und Wohlwollen bekundete er der ärmeren, namentlich der

arbeitenden Volksklasse gegenüber. Dieser gegenüber liess Rab stets Gnade für Recht ergehen. Dafür nur ein Beispiel: Einst liessen Taglöhner dem mit ihm verwandten Rabba b, Chana unvorsichtiger Weise ein Fass Wein zu Grunde gehen. Da sie dies durch ihre Unvorsichtigkeit verschuldeten, war der Beschädigte berechtigt, Schadenersatz zu verlangen. Rabba machte auch seine Rechte geltend und pfändete die Kleider der Arbeiter. Rab jedoch entschied, dass den Arbeitern nicht nur die Kleider zurückgegeben, sondern auch der Lohn voll ausgezahlt werden müsse. Auf die Frage Rabba's, ob denn das Recht so spreche, verwies er ihn auf den Schriftvers: „Du sollst wandeln auf dem Wege der Guten". (Baba m. 83 a). Kein Wunder daher, dass er trotz seiner Strenge in religiösen Fragen sich auch beim Volke einer ausserordentlichen Beliebtheit erfreute. Wohin er auch auf seinen Inspectionsreisen — die er öfter zu machen pflegte) — kam, strömte das Volk von allen Seiten herbei, um den geliebten, geistigen Führer begrüssen zu können.) Ueberwältigend kam diese Liebe bei seinem Tode zum Ausdrucke. Tausende Schüler und Freunde strömten herbei, um dem grossen Manne, dessen Lehre und Beredsamkeit das geistige Brod ihrer Armuth gewesen, den letzten Scheidegruss zu bringen. Es trauerten um ihn Alle, die im Leben seiner Führung willig gefolgt. Ganz Babel — bis auf einen Bar Kascha — trauerte ein ganzes Jahr hindurch über den Heimgang seines ersten und grössten Lehrers.)

Seine Berühmtheit endete nicht mit dem Tode. Seine Grabstätte ist unbekannt. Zeigt aber auch kein Stein den Hügel, unter welchem der grosse Kämpfer schläft, so steht festgefügt der Bau, zu welchem er die grössten Steine lieferte, und jeder Baustein erzählt von den grossen Kämpfen und Ringen seiner Meister.

Weniger angesehen, aber vielseitiger als Rab war dessen Freund und halachischer Gegner Samuel, auch „Arioch der Grosse" genannt, (geb. 165, gest. 257). Als Sohn eines wohlhabenden und gelehrten Vaters, hatte er das Glück, früh-

zeitig von bedeutenden Lehrern in das Studium der heiligen Schrift eingeführt zu werden. Ausser seinem Vater, der zugleich sein Lehrer war, hatte Levi ben Sisi, ein hervorragender Schüler des Patriarchen Rabbi Juda, den grössten Einfluss auf seine Ausbildung in der Gesetzeslehre.;

') Vgl. Joma 18 b; Jebam. 37 b; Kidd. 25 b und Rapap. Erech Miliin S. 196.
) Vgl. Sanhedr. 7b; Joma 87 b, Griitz IV, 320.) Berachot 42b, Sabbat 110a.) Arioch und Arika sind Ehrentitel. Siehe Seite 42, Anm. 2.) Sabbat 108 b. Vgl. die lichtvolle Note C. in Hoffmanns Mar Samuel S. 70. Der Vater S.'s wird gewöhnlich Abbu di-Schmuel, an einigen Stellen aber auch mit seinem Namen Abba b. Abba erwähnt. So in Berach. 18 b, Kidd. 44b u. Cholin 111 b. Es wurden rituelle Fragen im ihn gerichtet; (Eosch. hasch. 28 a; Jebam. 104 b) und seine Gelehrsamkeit wurde auch von Rab anerkannt. Ob er aber mit dem K. Abba des Seder Tannaim, der vor Rab in Babylon eine führende Rolle inne gehabt haben soll, ist zumindest fraglich. Dieser scheint vielmehr mit R. Abba dem Vater R. Jirmejahus identisch zu sein. Vgl. Sabbat 56 b

In Palästina scheint er sich nur im reifern Alter, und auch nur flüchtig aufgehalten zu haben, bei welcher Gelegenheit er den Patriarchen von einem Augenübel befreit haben soll. Nach Angaben Anderer soll er auch daselbst die Vorträge Chaninans, des späteren Schuloberhauptes von Sepphoris, gehört und auch die Arzneikunde gelernt haben, was aber nicht genügend bewiesen ist.)

Ohne von Rabbi Juda ordinirt worden zu sein, kehrte er in seine Heimat zurück, wo er vom Exilarchen zum Richter über ganz Babylon ernannt wurde, welches Amt er mit seinem scharfsinnigen Collegen Karna theilte!)

In Nehardea, der Residenz des Exilarchen und seiner Beamten,) hatte Samuel Gelegenheit, sich in der Kunde des Civilrechtes auszubilden und sich eine so tiefe Kenntnis desselben anzueignen, dass er auf diesem Gebiete bald allseitig als erste und höchste Autorität anerkannt wurde, und seine civilrechtlichen Entscheidungen selbst gegen Rab Gesetzeskraft erlangten.

Als Oberrichter entwickelte Samuel eine ins Leben tief einschneidende Thätigkeit. Von ganz besonderer Wichtigkeit für die Juden im Exil war der von Samuel zur allgemeinen Anerkennung gebrachte Grundsatz, dass man auch auf die jeweiligen Landesgesetze Rücksicht zu nehmen habe.) Seine diesbezüglichen Lehren und Entscheidungen scheinen den besonderen Beifall der Exilsund Beza 8 b, wo K3l (.nach einer Leseart in Dikduke Soffr. zu Schekalim S. 80) als halach. Gegner des Erstgenannten erwähnt wird.

') Hoffmann das. S. 71. Dass Beide die Entstehnng vieler Krankheiten dem schädlichen Einflusse der Luft zuschreiben, beweist noch nicht, dass der Eine der Lehrer des Anderen gewesen; ebenso wenig beweist, dass Beide einen Palmzweig als Unterschrift gebrauchten, da derselbe, wie Hoffmann selbst bemerkt, als ärztliches Signum galt. Irrthümlich wurde Samuel auch zum Schüler des Exilarchen K. Huna gemacht. Zu Cholin 13 a, vgl. Hoffmann das. Die Frage, die nach Gittin 5 a Samuel an den letzteren gerichtet haben soll, wird das. 16 b von it. Juda, einem Schüler S.'s, an Raba b. Chana gestellt. Vgl. Dünner Scholien z. St.

) Sanhedrin 17 b nach der Leseart des R. S. b. M. in Baba bat. 70 a. 3) Baba bat. 36 a, Gittin 14 a.

4) Baba Kamma 113 b.

forsten geerntet zu haben, und es ist nicht ohne Bedeutung, dass die wichtigsten Gesetze nach dieser Richtung) von einem Exilsfürsten der Nachweit überliefert wurden. Nach dem Tode Rabbi Schilas, des Oberhauptes der einzigen Hochschule, wurde er, nachdem Rab die Wahl zu seinem Gunsten abgelehnt, zum Oberhaupte dieser" Schule gewählt). Er lehrte an dieser Hochschule ausser den theologischen Disciplinen noch Medicin und Astronomie. Für letztere scheint er eine besondere Vorliebe besessen zu haben.

Babylonien mit seinem ewig klaren Himmel war schon in uralter Zeit der Hauptsitz der Sternkunde gewesen. Nach Plinius war Nehardea, welches

mit Hipparenum identisch sein soll, der Sitz einer berühmten Secte der chaldäischen Weisen.) Samuel, der viel und freundschaftlich mit nicht jüdischen Gelehrten verkehrte und sich nicht scheute, selbst von den verhassten Magiern zu lernen,) mochte wohl auch Manches von diesem, für das Kalenderwesen so wichtigem Fache von nichtjüdischen Gelehrten gelernt haben. Wird doch ausdrücklich im Talmud erzählt, dass er mit einem heidnischen Astrologen. Namens Ablat, sehr freundschaftlich verkehrte).

Wie weit er es in der Kenntnis der Weltkörper und ihrer Bewegung gebracht, zeigt der gethane Ausspruch: „Die Himmelsbahnen sind mir so bekannt wie die Strassen Nehardeas.") Besonderes Interesse hatte er naturgemäss) ßaba bat. 55 a. So das Verjährungsrecht und 40 Jahren; Zwangsverkauf wegen Grundsteuer. Vgl. noch das. 54 b u. a. St. j Scheriras Sendschreiben.

) Plinius Historia naturalis 6, 30; Hoffmann S. 17. 4) Sabbat 75 a. 5) Sabbat 129 a: Aboda sara 30 a. Nach den erst in neuester Zeit entzifferten Keilschrifttafeln des britisch. Museums kannte auch der chaldäische Kalender gleich dem jüdischen Mond-Sonnenjahre zu 29 oder 30 Tagen. Die Chaldäer rechneten — wie aus diesen Tafeln hervorgeht — mit einem bis auf einen Bruchtheil der Secunde richtigen Werth der mittlerer Zwischenzeit von einem Neumonde zum andern. Vgl die Arbeiten der Jesuiten P. J. N. Strassmaier, P. Epping und P. F. X. Kugler auf diesem Gebiete.

) ßerachot 58 b. für die Bewegungen des Mondes, von welchem die Bestimmungen der jüdischen Neumonde, Feste und Feiertage abhingen, und hätte er, wie er sich vor seinen Collegen äusserte, den Monatsanfang jedesmal anzuzeigen und demnach auch die Feste wie in Palästina bestimmen können.) Er that dies jedoch nicht, da er nicht das" einzige Band, durch welches die babylonischen Juden an das Heimatsland geknüpft waren, zerreissen wollte. Auch den sechzigjährigen Kalender, den er dem angesehensten Lehrer Palästinas Rabbi Jochauan überschickt hatte, war nicht für die Oeffentlichkeit bestimmt.

) Ueberhaupt scheint er nicht schriftstellerisch auf diesem Gebiete thätig gewesen zu sein. An seiner Hochschule lehrte er jedoch auch diese Disciplin; so lehrte er die Festsetzung der Dauer eines Sonnenjahres auf 365 Tage und 6 Stunden.) Und auch dieses erschien den frommen Palästinensern, welche die Kalenderkunde als Geheimlehre, nur ordinirten Lehrern anvertraut wissen wollten, als Sünde, und als die Töchter Samuels in die Gefangenschaft geführt wurden, wurde es der Sünde Chananjas, der Bestimmung der Monate ausserhalb Palästinas, also einem ähnlichen Vergehen, zugeschrieben). Nebst der Astronomie pflegte er mit besonderer Vorliebe die Arzneikunde. Diese Wissenschaft erfreute sich bei den Juden seit uralten Zeiten einer besonderen Beliebtheit, sie war früher mit dem priesterlichen Amte, nach der Zerstörung des Tempels mit dem Richter-und Lehramte unauflöslich verbunden. Sie bildete einen Zweig der allgemeinen Wissenschaft, die in den Hochschulen gelehrt wurde. Die Bemerkung Haesers, „dass wie aus den medicinischen Abschnitten des Talmuds hervorgeht, die jüdischen Schulen in Syrien und Mesopotanien, besonders die zu Sura, Pum Badita. Nehardea, (Mata) Machasja und Nisibis ') Rosch ha-schana 20 b.

) Cholin 95 b.

) Erubin 56 a. Diese Bestimmung führte darum den Namen Tekufa de Mar Samuel Hoffm. S. 22.

4) Ketubot, 23 a, Jerus. Das. II, 6. mit Indien, Persien, mit Griechen, Römern und Arabern, besonders aber mit den Alexandrinischen Juden in innigem Verkehr standen",) ist auf keine dieser Schulen so zutreffend wie auf die Hochschule von Nehardea. Zu diesem Verkehre hatte auch keiner seiner Collegen die Gelegenheit wie Samuel, da Nehardea, sein Wohnsitz, an einem Canal in der Nähe des Euphrat's gelegen, ein Ort des Zusammenflusses seefahrender Kaufleute war. Wir hören in der That von manchen Controversen, die er mit Seefahrern hat, und ohne Zweifel hatte er auch manche medicinische Tradition diesen zu verdanken. (Sabbat 20 b, 21a, UOa). Allein Samuel begnügte sich

nicht mit den überkommenen Traditionen, sondern arbeitete auch selbstständig an der Entwicklung seiner medicinischen Kenntnisse.) Ohne Zweifel ist er auch der Urheber zahlreicher medicinischen und astronomischen Lehren, die nicht in seinem Namen tradirt werden. Wird doch unter den Amoräern weder vor, noch nach ihm, eine auch in diesen Wissenschaften hervorragende Persönlichkeit genannt, und auch von den Grössen der späteren Epochen kann ihm an Vielseitigkeit nur Maimonides gleichgestellt werden. Obgleich Samuel seinen medicinischen und astronomischen Studien oblag, vernachlässigte er nicht das Studium der Getzeslehre und gelang es ihm, durch seinen imensen Fleiss eine hohe Stufe im Ansehen der gelehrten Kreise zu erklimmen; ja sogar die höchste Achtung der palästinensischen Lehrer, die ihn in jungen Jahren nicht besonders schätzten, zu erzwingen.) Haeser, Gesch. der Medizin 1 S. 60; Nossig Socialhygiene der Juden S. 73.) So sezierte er den Phötus hingerichteter Sklavinnen: (Nidda 25) erfand eine sehr gesuchte Augensalbe, erklärte aber, dass Waschungen des Auges mit kaltem Wasser am Morgen und das Baden in warmen Wasser heilsamer wirkten als jede Augensalbe (Sabbat 78a, 108b, 151b). Er legte überhaupt grosses Gewicht auf die Reinhaltung des Körpers und der Kleidung (Nedarim 81a). Den schädlichen Organismus schrieb er der Einwirkung der Luft zu, die selbst den Tod auf dem Schlachtfelde herbeiführe (durch ihre unmittlbare Berührung mit den blosgelegten inneren Organen). (Vgl. Baba mez. 107b. Jerusch. Sabbat XIV, 3. Hoffmann Mar Samuel S. 13—14)

Nach einem Berichte soll zwar schon der Patriarch Rabbi Juda die Absicht gehabt haben, ihn zu ordiniren, aber durch unbekannte Umstände daran verhindert, von Samuel selbst ersucht worden sein, davon abzustehen, da im Buche Adams geschrieben stehe: „Samuel soll nur Chakim, aber nicht Rabbi genannt werden." Was ihm aber in seiner Jugend vom Patriarchen verweigert wurde oder werden musste, hatte ihm im Alter ein ganzes Volk in ehrenhaftester Weise

gewährt.

Selbst der grosse Rabbi Jochanan, sein bedeutendster Zeitgenosse und grösster Lehrer Palästinas, der ihn in früheren Jahren als einen mit ihm auf gleicher Stufe Stehenden betrachtet hatte, nannte ihn, nachdem er sich von dessen Gelehrsamkeit überzeugt, „Rabbi" und nahm keinen Anstand, selbst halachische Fragen an ihn zu richten-)

Als Gesetzeslehrer hat Samuel — ganz abgesehen von den zahlreichen Worterklärungen, die er zur Mischna gegeben) sich um die Mischna durch ihre Verbreitung, namentlich aber durch die Anwendung der in der Mischna und in den externen Traditionen — enthaltenen Lehren auf das praktische Leben grosse Verdienste erworben. Mit der ihm eigenen Gründlichkeit nach dem Ursprunge der Lehren forschend, fand er, dass die Mischna oder die Baraita die Ansichten einzelner, wenn auch hervorragender Gelehrten wiedergegeben und daher die endgültige Entscheidung im Sinne der Majorität gegen die Mischna gefällt werden müsse; (So z. B. Beza 12b; 14b; 31a; Sebachin 28a; Pesachim 101a ferner vgl. auch jerusal. z. St.; Baba batr. 139b u. a. St.) dass viele Lehren nur auf gewisse Fälle beschränkt) oder nur den palästinensischen

') Man nannte ihn „Schoked", der Wachende, Fleissige. Jerusch. Ketub. IV, 2. Babli ibid. 43b, Hoffmann Mar Samuel 15. Vgl. die Stellen Baba mez. 86a" Cholin 95b; Moed Eatan 24a; Hoffmann S. 49 uad Griitz IV S. 326.
) Sabbat 104b; Pesachim 119b; Koseh haschana 18a; Baba mez. 23b; Aboda sara 8b, 32a; Kiddusch. 76b. Gittin 67b. Vgl. Hoffm. Mar Samuel S. 29.) Pesachim 45a; 76a; Baba mez. 102b. Hoffm. ibid. S. 30.

Verhältnissen entsprechen und auf babylonische Verhältnisse überhaupt nicht anwendbar seien.) Im letzten Falle kam ihm seine umfassende Kenntniss der babylonischen Lehren zu statten, die für solche Fälle besondere Bestimmungen enthielten. Aus solchen bestand wohl auch die Sammlung, die als „Baraita di be Samuel" bekannt, und von welcher Bruchstücke erhalten geblie-

ben, die im Talmud unter „Tanna di be Samuel" angeführt werden.) Dass bei diesen Forschungen zwischen ihm und Rab, manche Differenz entstehen musste, ist selbstverständlich. Bald handelte es sich um uralte Textvarianten in der Mischna), bald um Lösungen neu aufgeworfener Fragen oder um endgültige Entscheidungen über ungelöste "Probleme. Bei diesen Controversen liess Samuel sich stets von den Gesetzen der Logik leiten. (Haasif II. Jahrgang 18S5, S. 262—274).

Nach dem Tode Rabs fiel ihm die geistige Leitung seines Volkes zu, mit der er sich auch gut abfand4). Er besass zwar nicht die mächtig hinreissende Persönlichkeit wie Rab; er gehörte nicht zu jenen impulsiven leidenschaftlichen Naturen, deren Persönlichkeit fast noch aufrüttelnder wirkt) Baba b. 26a; Berachot 12a.

) Sabbat 54a; Erubin 70b, 86a, 89b; Pesach. 3a, 39a, 39b; Beza 29a u. a. St. Alle bis auf eine in Sebacbim 22a, wo es vielleicht bxytW heissen soll, zur Ordnung Moed.) Vgl, Erubin 53a, der eine liest piSKD mit x der andere mit y. Dass diese Variante schon R. Juda, dem Redactor der Mischna, bekannt war, geht aus seiner Frage an die Gelehrten Judäas hervor (nach der richtigen Leseart YK s. Dikduke Soferim z. St. und Scherira Sendschreiben der ‚'y 1Dk1" liest). Rab entschied sich nach jerus. Berachot VIII für die erste, Samuel für die letzte Leseart. So wird es sich auch mit den andern das. erwähnten Varianten verhalten. 4) Scheriras Sendschreiben. Die Schüler Rabs blieben zwar ausser den Kallamonaten in Sura, wo während des Interregnums R. Hammuna den Vorsitz führte, (vgl. jerus. Kidd. I, 7; Sukka IV, 2. Halewy Dorot harischonim IIb. S. 410) schickten aber wichtigere Fragen an Samuel stets mit der einleitenden Formel „irm Uia'r". Gittin 66b, 89b; Sanhedr. 24 u. a. St. Dieser R. Hammuna wird darum auch mit 31 '2 identifizirt, Sanhedr. S 17 b, wie dies in späterer Zeit mit xjir; "1 geschieht. Vgl. Tosaph. das. u. Jebam. 83 b. als ihre Lehren; der Umkreis seiner Thätigkeit erstreckte sich zumeist nur auf die stille Mitarbeitserchaft, auf die geräuschlose Mitwirkung an der Seite seines grösseren Zeitgenossen. Charakteristisch für Beide sind die Antworten, die sie ertheilten, als einst die Frage aufgeworfen wurde: Was hat Gott bei dem Tode Moses, seines treuen Dieners gesprochen? Rab lässt Gott sagen: Wer wird für mich gegen die Frevler einstehen, wer für mich gegen die Uebelthäter in die Schranken treten (Ps. 94). Nach Samuel hingegen sprach Gott mit Koheleth t Wer ist wie der Weise, der versteht die Dinge auszugleichen). Rab war ein Kämpfer; Samuel ein Weiser, der die Dinge auszugleichen verstand. In seinem Naturell war ein Hang zu gelassener Zurückhaltung, die merkwürdige Neigung, sich in den Schatten zu stellen. Aber diese Neigung war seine Stärke. Sie kam ihm zunächst beim Verkehre mit dem Exilarchen Mar Ukba zu gute. Mar Ukba, on dem bereits oben die Rede war, war ein Mann von ungewöhnlicher Energie und Willenstärke, der von Seiten seiner Untergebenen keinen Widerspruch vertrug. Es wurde auch bereits hervorgehoben, dass er selbst Rab, als sich dieser weigerte, seinen Willen auszuführen und als Marktcommissär die Preise der Brodfrüchte festzusetzen — allerdings in einer Frage von grosser Tragweite — ins Gefängniss werfen liess. Die Zugehörigkeit zu der Umgebung eines so gearteten, vielleicht bedeutenden aber launenhaften Fürsten ist gleichbedeutend mit dem Verzichte auf ein gut Theil seiner Individualität, wozu sich vielleicht ein Mann wie Rab nie und nimmer hätte verstehen können. Ohne Zweifel konnte auch Samuel nicht alle Handlungen des Exilarchen gutheissen. Als ihm einst eine Frau ihre Klage, mit der sie abgewiesen worden war, vortrug, und auch Samuel im Bewusstsein, ihr zu ihrem Rechte nicht verhelfen zu können, keine befriedigende Antwort gab, da entschuldigte er sein Vorgehen seinem grossen Schüler R. Juda gegenüber mit den charakteristischen Worten: „Nicht dein Meister, sondern der Meister deines Meisters wird es dereinst zu verantworten haben, nämlich der Exilarch Mar Ukba und sein Gerichtshof.) Aber Samuel zog es doch im Interesse der Sa-

che, die er vertrat, vor, die mächtigen Gewalthaber nicht zu provoziren, und ihnen womöglich freundlich entgegen zu kommen. So hielt er sich bei den Gerichtssitzungen — obgleich er der Lehrer Mar Ukbas war — von demselben, der als Exilarch den Vorsitz führte, in angemessener Entfernung, um dadurch, seine Hochachtung vor dem politischen Oberhaupte öffentlich zu bekunden.) Durch sein bescheidenes Wesen und sein freundliches Verhalten erwarb er sich die innige Freundschaft seines Vorgesetzten), und unterliegt es keinem Zweifel, dass das freundliche Verhältniss zwischen dem Exilarchenhause und dem weisen Schulhaupte die religiöse Bewegung, deren Miturheber er war, mächtig gefördert hat. Dass Samuel, dieser weise und weltkluge Mann, der doch schon als Oberrichter der Juden, als Arzt und vielseitig gebildeter Mann nicht unbeachtet hätte bleiben können, sich nicht gleich seinem halachischen Gegner Rab der Gunst des judendfreundlichen Königs Artabans erfreute, kann nur mit der auch anderweitig bestätigten Thatsache erklärt werden, dass Artaban über diese Gegend Babyloniens überhaupt nicht herrschte. Um Nehardea scheint der Bruder Artabans Volagases, V. geherrscht zu haben, der ja, wie seine bis 222 fortlaufende Reihe von Münzen bekundet, in den griechischen Städten Babyloniens noch in den letzten Jahren der Arsaeiden als König anerkannt wurde.) Unter diesem

') Sabbat 55a. Nach Scherira ist in JV31 xapij? 1D zu lesen. Vgl. Hoffm. Mar Samuel Note D.
3) Moed Katan 16b. ') Ibid.
«) Gutschmied Gesch. Irans S. 154. Die freundliche Gesinnung Artabans gegen Rab beweist noch nicht, dass es Artaban „gelungen sein muss, seinen Bruder um 222 gänzlich zu verdrängen", wie Gutschm. (S. 156) annimmt, sie beweist nur, dass er um diese Zeit im Besitz jenes Kreises war, der zu Sura und zu welchem bekanntlich auch die Reichshauptstadt gehörte. (Vgl, Rapap. Kroch Milliu. S. 196 nach Jebain. 37b, schwachen, von dem mächtigeren Bruder stets bedrängten Könige, konnte Samuel nicht zur Geltung kommen. Die Tugen-

den seiner Persönlichkeit, seine menschenfreundliche Gesinnung, seine Weltklugheit und hohe Kunst drohende Gefahren abzuwenden, sollten sich erst in der stürmischen Zeit, die mit dem Regierungsantritte der Sassaniden über das jüdische Volk hereinbrach, bewähren. Diese muss erst dargestellt werden, ehe wir an die Würdigung der Verdienste dieses merkwürdigen Mannes um sein Volk gehen können; sie bildet den dunklen Hintergrund, von welchem das lichte Lebensbild Samuels sich wirksam abhebt.

u. Gittin 6a). Diese muss er aber schon um 216 erobert haben, da im nahen Dorfe Manlinu z. d. Zeit nach Artabans Regierangsjahren datiert wurde. (Gutschm. S. 154).

Viertes Capitel.

Politische Verhältnisse.

„Religiöse und ethische Revolutionen haben gewöhnlich einen realen Hintergrund und gehen oft Hand in Hand mit grossen völkergeschichtlichen Ereignissen und Veränderungen, die durch verheerende Schlachten eingeleitet werden und blutige Verfolgungen und Unterdrückungen im Gefolge haben". Auch die religiöse Revolution im Leben der babylonischen Juden, obgleich sie ohne Zweifel durch das thatkräftige Eingreifen Rabs und Samuels hervorgerufen wurde, wäre kaum in so kurzer Zeit zum siegreichen Durchbruche gekommen, wenn sie nicht in den damaligen Zeitverhältnissen eine mächtige Stütze gefunden hätte. Es war das eine Zeit der politischen Katastrophen, in Europa wie in Asien, in Rom wie in Persien. Wie bereits erwähnt, ist im Jahre 226 die judenfreundliche Dynastie der Arsaziden gestürzt worden. Ein den Juden freundliches Kapitel der Weltgeschichte hatte seinen Abschluss gefunden, um von einem andern abgelöst zu werden, das einsweilen zwar noch ein tiefes Geheimniss barg, aber durch die Rolle, die in demselben die fanatische Priesterschaft — die Hauptstütze der neuen Dynastie — voraussichtlich spielen sollte, das Schlimmste befürchten liess.

Die Juden wurden von bangen Ahnungen gequält, man fürchtete die neue

Dynastie; in Palästina fragte man ängstlich nach dem regierenden Volksstamme und wie dumpfes Rollen des nahenden Entscheidungskampfes nicht etwa zwischen den um die Krone ringenden Dynastien, sondern zwischen den Feueranbetern und den Anhängern anderer Religionen hatte sich das Getöse der klirrenden Waffen angehört, das das Schlachtfeld in der Ebene von Hormizdagan erfüllte. Welchen Eindruck die schreckliche Nachricht von der Niederlage und dem Tode des judenfreundlichen Aratabans, des letzten Partherkönigs, auf die Juden gemacht, geht am deutlichsten aus dem Schreckensrufe Rabs hervor, die er bei der Nachricht des unglücksvollen Ereignisses ausstiess: „Das Band ist gelöst!")

Die Feueranbeter, die von den Juden schlechtweg Zauberer genannt wurden, waren bei denselben von jeher übel berüchtigt und den Engeln des Verderbens gleichgestellt.

„Unter der Gewalt eines Arabers und nicht eines Römers, aber noch lieber unter einem Römer als unter einem Magier, äusserte sich Rab) in seiner Furcht von der Grausamkeit und dem masslosen Fanatismus des nun herrschenden Volksstammes). Die befürchteten bösen Tage liessen auch nicht lange auf sich warten. Die siegestrunkenen Perser und ihr König Ardeschir, in welchem noch die späteren Priester weit mehr den Eiferer für ihre Religion als den Reichsgründer feierten4), wütheten mit fanatischer Grausamkeit gegen die Andersgläubigen, wobei auch die Juden hart mitgenommen wurden. Ihre Synagogen wurden zerstört, die Friedhöfe entweiht), der Genuss des Fleisches, wie auch die Benützung der rituellen Bäder verboten). Die Juden mussten es sich sogar gefallen lassen dass in der durch ihr hohes Alter besonders ehrwürdigen Synagoge, in der Nähe von Nehardea, ein Standbild des Königs aufgestellt wurde), dem nur aus dem Grunde ein

') Aboda sara 10 b.
) Cbabbäre bedeutet Zauberer nicht Gebr. Vgl. Nöld. zu Tab. S. 68, Anm. 1. 3) Sabbat IIa. j Nöldeke zu Tabori S. 21, Anm. 4, i Joina 10 a; Jebam. 63 b. Die Feueranbeter setzen die Leichen

den Raubvögeln zum Trasse aus. Spiegel, Avesta, die heiligen Schriften der Parsen I, S. 12. 6) Jebam. das. Die Perser opferten Kinnbacken, Zunge und linkes Auge; sonst war das Tödten eines reinen Thieres sündhaft (Justi, Gesch. d. alten l'ers. S. 81 u. 200). Die Juden, die sich zu diesen Opfergaben nicht verstehen konnten, mussten auf den Fleischgenuss verzichten. Das fl1Jnon ytD lip3ri by VHS, s. Kaschi z. St. wird dadurch erst verständlich. J Aboda sara 43b. solch harter Widerstand nicht entgegengesetzt wurde, wie zur Zeit Caligulas), weil, — wie schon Hoffmann richtig bemerkt — die Perser, die selbst den Bilderdienst verabscheuten, auch von Andersgläubigen eine göttliche Verehrung der Könige nicht beanspruchten. Es war nur als sichtbares Zeichen hingestellt, dass nun alle Angelegenheiten der Juden unmittelbar dem obersten Landesherrn untergeordnet seien. Im Gegensatze zu den parthischen Herrschern, die sich mit der pünktlichen Bezahlung der Steuern zufrieden gegeben und die Verwaltung, wie auch die Gerichtsbarkeit ganz dem Exilsfürsten und seinen Richtern überlassen hatten, nahm ihnen Ardeschir zunächst die peinliche Gerichtsbarkeit) und verordnete neue Staatsgesetze, die er von allen seinen Unterthanen befolgt haben wollte4). Weit mehr aber als vom Herrscher hatten sie von den fanatischen Priestern zu leiden, da die altiranische Feuerreligion und ihre Hierarchie den Hauptstützpunkt der neuen Dynastie bildete und diese daher ihren Ausschreitungen nicht entgegentreten durfte. Die Magier drangen in ihrem Verfolgungseifer an gewissen Tagen in jüdische Häuser ein und nahmen brennende Kohlen oder Kerzen, die sie vorfanden, in ihre heiligen Feuerbecken, um sie in ihrem Tempel als Opfer darzubringen). Die verhängten Verfolgungen hatten eine Zunahme des religiösen Gefühls zur Folge.
Wie immer bei grossen Bedrängnissen wurde von den Strafrednern auf die Sünden verwiesen, die die Verfolgungen heraufbeschworen haben. „Die Ruhe der Todten wird gestört," — bemerkt ein Weiser jener Zeit, — weil sie (die

Israeliten) an den Festen der Heiden theilgenommen; der Genuss des Fleisches untersagt, weil sie die vorgeschriebenen heiligen Abgaben verweigerten; die rituellen Bäder, weil sie dieselben nicht nach ritueller Vorschrift benützten"). Und die Juden, die stets stark in sich gekehrt und einen heftigen Drang hatten, sich Rechenschaft abzulegen, hielten ohne Zweifel wie immer nach Verfolgungen Einkehr und wurden religiöser.

') Vgl. Joseph Ant. XVIII, 8.
) Hoffmann, Mar Samuel, S. 41 und Anm. 3.) Baba kama 117 a.) So das Gesetz, dass gefundene Gegenstände dem König gehören. S. Baba mez. 28 b. Ein Heide sagte zu R. Ami; „Wir sind keine Perser, die sagen, gefundene Gegenstände gehören dem König.) Sanhedrin 74b und Scheltot di R. Acha c. 42 Ende.
Wir begreifen daher den geradezu wunderbaren Erfolg der ersten Amoräer; wir begreifen, dass es ihnen gelang in verhältnissmässig kurzer Zeit sich in den vollständigen Besitz der Herrschaft über die Geister zu setzen. Die Verfolgungen wirkten eben mit; die Thaten eines Haman waren wieder einmal wirksamer als die flammenden Strafreden der Propheten.

Andererseits sahen sich die geistigen Führer durch die Gewalt der Verhältnisse gezwungen, bei manchen Gesetzeseinrichtungen auf die Zeitverhältnisse Rücksicht zu nehmen.

Um bei der herrschenden Priesterclasse keinen Anstoss zu erregen, sah sich selbst der strenge Rab veranlasst, zu erlauben, das Chanukalicht am Sabbath von der Gasse ins Haus zu bringen). Namentlich aber Samuel, der Oberrichter, bot alles auf, um das Judenthum mit dem herrschenden Volksstamme zu versöhnen und seinen Bestand im feindlichen Lande zu ermöglichen.

Durch Lehre und Beispiel, durch Wort und That suchte er auf das Volk einzuwirken, damit es durch seine Friedfertigkeit und durch freundliches Entgegenkommen den Feind entwaffne.

Gestützt auf alte Traditionen, nach welchen die Heiden ausserhalb Palästinas nicht als eigene Götzendienei, son-

dern als unbewusste Nachahmer der väterlichen Sitten zu betrachten seien), lehrte er, dass manche rabbinische Einführung, die auf Absonderung von Heiden hinzielte, nur) Jebam. 63 b.
2) Sabbat 45 a.
»⁾ Cholin 13 b, Hoffmann S. 40.
für Palästina bestimmt worden sei. So beschränkte er das Verbot des geschäftlichen Verkehres in den drei Tagen vor den heidnischen Festen auf den Feiertag selbst).

Aus demselben Grunde wurde wohl auch das Verbot, Grossvieh an Heiden zu verkaufen, in Babylon nicht so strenge gehandhabt, wie in Palästina, wo selbst der Zwischenhandel mit einer Strafe bis zum zweifachen Werte geahndet wurde).

Im Gegensatze zu Rab, der die Absonderung von den Heiden so streng durchgeführt wissen wollte, dass er selbst den Genuss von Wasser bei Heiden untersagte, trank er selber bei Heiden) und beeilte sich auch, die Aufhebung des Verbotes gegen heidnisches Oel zur allgemeinen Anerkennung zu bringen und bewog auch den widerstrebenden Rab, diese Neuerung in seinem Kreise einzuführen).

Die Reinheitsgesetze, durch welche in Palästina die Trennung zwischen Juden und Heiden ungemein verschärft wurden, wurden in Babylon nie so strenge gehalten), wodurch der Verkehr sich freundlicher gestaltete. Die Gelehrten kamen den Heiden sogar mit dem Friedensgrusse zuvor, was in Palästina verboten war). Das wichtigste und folgenreichste Gesetz aber, welches Samuel in dieser Richtung schuf, war der bereits angedeutete Lehrgrundsatz: „Dina d'malchuta dina". Das Landesgesetz sei auch für die Juden giltig;. Diese Lehre, für welche Samuel einen Stützpunkt in einer alten Mischnah vorgefunden und welche er im Vereine mit dem Exilsfürsten Ukba zur allgemeinen

»⁾ Aboda sara 7 b, Grätz IV, 330.
) Vgl. b. Aboda sara 15 a und b mit jer. Pesachim c. IV citirt im Commentar des R. Chananel zur ersten Stelle.) Aboda sara 30a nach der ersten daselbst angeführten Ueberlieferung. 4) Jerusch. Aboda sara II, 6, Hoffmann S. 43.) Vgl.

Aboda sara 8a, Ohalot VIII, 7, Act. 11, 3. Gal. 2, 12, Schürer, Gesch. II, S. 47.) Gittin 62 a und Tosaph. i) Baba b. 50 a, 54 b.

Anerkennung gebracht, hatte zur Folge, dass bei zivilrechtlichen Entscheidungen auf das geltende persische Recht Rücksicht genommen werden musste, was er als Oberrichter wohl auch oft genug that.

Die menschenfreundlichen Bemühungen Samuels blieben nicht ohne Erfolg. Nach und nach milderte sich der Fanatismus der Feueranbeter, und ihr Verhältnis zu den Juden wurde ein freundschaftliches. Ob schon unter Ardeschir das Verhältnis der gegenseitigen Duldung eingetreten, ist aus den Quellen nicht ersichtlich. Keineswegs hat er dies Verhalten und patriotische Wirken des jüdischen Lehrers gewürdigt. Abgesehen von den fortwährenden Kämpfen mit inneren und äusseren Feinden, die ihm kaum Zeit Hessen auf das segensreiche, aber stille und geräuschlose Wirken des jüdischen Lehrers zu achten, war er auch bis ans Ende seiner Tage zu viel zu überzeugter und eifriger Anhänger der Feuerreligion, um gegen Andersgläubige duldsamer geworden zu sein. Er soll sich nach arabischen Berichten nach der Krönung seines Sohnes Saburs zum König, zu Andachtsübungen zurückgezogen und ganz der Religion gelebt haben). Eine Besserung in der Lage der Juden trat vermuthlich erst nach dem Regierungsantritte seines Sohnes Saburs ein.

Sabur, ein kräftiger, gewaltiger Herrscher, auch äusserlich von gewaltigem Körperbau, verstand es, sich den hohen Adel und die Magier unterwürfig zu machen. Kraft und männlicher Muth waren die ersten Vorbedingungen, die jeder persische König besitzen musste, wenn er auch zu Andersgläubigen auf gutem Fusse stehen wollte. Da er nun bei seinem Regierungsantritte den Krieg mit Rom schon vorgefunden, und der persische Staat auch in seinen besten Zeiten an Schwäche der Geldmittel litt,) scheint er wie aus einer Unterredung zwischen ihm und Samuel hervorgeht, auf eine kräftige Unterstützung der Juden gerechnet

') Nüldeke Tabari S. 19, Anm. 1. Masudi Goldwiesen (ed. Barbier de Meynard II, 160.
) Nöld. Tab. S. 31, Anm. 1, Syncell p. 681, Zonaras 12, 18. zu haben), was ihn wohl zunächst bewogen haben mag, sich diesen zu nähern. Um sich die Juden zu verbinden, zeigte er Interesse für ihren Glauben, für ihre Sitten und Gebräuche und wohnte ihren fröhlichen Spielen am Hüttenfeste bei). Er verkehrte freundschaftlich mit ihrem geistigen Führer Samuel, den er auch zu Zeiten um seinen Rath anging). Es ist charakteristisch für die Denkweise Saburs, wie für die der Grossen überhaupt, dass sie jede Kraft an ihrem Platze zu schätzen und zu verwenden wissen.

Die freundlichen Gefühle des persischen Königs wurden von den Juden aufs innigste erwidert, Namentlich Samuel bestrebte sich, den Herrscher und seine Dynastie auf jede Weise ins schönste Licht zu stellen. In einem merkwürdigen Ausspruche zeigte er die Vortheile, die Sabur gerade wegen seiner dunklen Abstammung seinen Völkern bot.

Ein König, behauptete er, an dessen Abstammung gar kein Mackel haftet, wird oft durch Stolz und Ueberhebung zum tyrannischen Herrscher seines Volkes, was auch die Ursache war, dass die gütige Vorsehung der saulischen Dynastie eine kurze Dauer gewährte, während ein Monarch von nicht ganz mackelloser Herkunft wie David, mit Rücksicht auf seinen Ursprung stets bescheiden bleibt und sich die Liebe des Volkes zu erringen strebt). Es scheint dies eine Nachricht zu bestätigen, die arabische Schriftsteller berichten, nach welcher Saburs Mutter aus dem Stamme der Asakanier abgestammt sei, — aus jenem Stamme, welchen auszurotten die Nachkommen der Sassaniten durch einen furchtbaren Eid ihres Urahnes verpflichtet worden wären — und sie, die schöne Prinzessin, die mit ihrer Schönheit den Vater Saburs, Ardeschir bezauberte, nur dadurch dem sicheren Tode entgangen sei, dass sie sich für die Dienerin einer

Hofdame ausgab, worauf sie dann Ardaschir zur Frau nahm).

Samuel verglich nun Sabur mit David, dessen Mutter bekanntlich aus dem Volke der Moabiter abstammte, deren männliche Mitglieder wegen des feindlichen Benehmens der Ahnen nicht in die Gemeinde Gottes kommen durften. Es waren das die politischen Hagadot, die geistreichen Leitartikel der damaligen Zeit. Sie hatten den Zweck, den Patriotismus zu züchten und die Liebe zur Dynastie zu pflegen. Er gieng aber darin auch mit dem Beispiele seinem Volke voran.

Seine Hingabe an König und Vaterland gieng so weit, dass er selbst das brüderliche Gefühl für seine Glaubensgenossen zurückdrängte und bei der Nachricht, dass die Perser bei der Eroberung von Mazaka Cäsarea in Kapadozien 12.000 Juden, die ihnen einen hartnäckigen Widerstand entgegen gesetzt, niedergemetzelt hatten, es unterliess, über die Gefallenen seine Kleider zu zerreissen).

Samuel zeigte hiemit, dass man Judenthum-und Vaterlandsliebe nicht nur gut vereinigen könne, sondern dass das erstere das letztere geradezu bedingt. Mit seinem perserfreundlichen Verhalten entwaffnete er den fanatischen Feind seines Volkes und errang sich die Freundschaft seines Königs. Dieser liess ihm die ausserordentlich hohe Auszeichnung zu Theil werden, dass er ihm gestattete, den königlichen Namen zu führen). Aber nicht nur für sich,

-) Nöldeke Tabari S. 26 u. 27. Anders erzählt die Sache Firdausi im Königsbuche. S. Spiegel Eran. Altert. 3 S. 245. Hoffm. (S. 47, Anm. 2) bezieht dies auf Angabe des Agathias, (ed. Bonn p. 123, 124) nach welcher Ardeschir der Hefe des Pöbels entsprossen und im Ehebruch erzeugt wurde. Nachdem schon De Sacy p. 32 und 167 dieselbe für eine Fabel erklärt, ist kaum anzunehmen, dass Samuel, der Zeitgenosse und Freund Saburs, derselben — wenn sie auch schon damals verbreitet gewesen wäre — Glauben geschenkt hätte.
-) Moed katan 26 a, Hoffmann S. 48. Griitz in Frankeis Monatsschrift Jhrg. 1852 S. 512.) „Eine besondere Auszeichnung lag — bemerkt Nöldeke Tabari S. 443, Anm. 1 — wie es scheint,

darin, dass jemand den Namen des sondern auch für sein Volk scheint er Grosses erwirkt zu haben. Sabur versicherte ihn, dass er ausser den bereits erwähnten 12000 Juden keinen einzigen seiner Glaubensgenossen getödtet habe). Diese Versicherung hatte aus dem Munde eines starken Königs wie Saburs einen umso höheren Wert, da er nicht nur ehrlich, sondern auch kräftig genug war, sein Wort einzulösen. Das Wort eines Königs, sagte Samuel, wohl mit Rücksicht auf seinen mächtigen königlichen Freund, ist heilig, und er bricht es nicht, wenn er auch Berge entwurzeln müsste).

So war es ein besonderes Glück für die Juden Babylons, es war eine göttliche Fügung, dass in den Jahren des Sturmes, Samuel, ein Mann des Friedens, an der Spitze seines Volkes gestanden. Er zeigte ihm den Weg, die Richtung, die es in der stürmischen Zeit einzuschlagen hatte und erwarb sich dadurch grosse, unverwelkliche Verdienste, nicht nur um die jüdischen Glaubensgenossen seiner Zeit, sondern um die Juden aller Zeiten. Indem er die toleranten Gesetze schuf, entwaffnete er nicht nur die Judenfeinde seiner Zeit, sondern aller Zeiten.

Man konnte ihnen gegenüber auf den Vorwurf der Fremden und Vaterlandsfeindschaft auf den jüdischen Gesetzgeber Samuel verweisen, welcher mit seinem Verhalten und mit dem Gesetze Dina d'malchuta Dina alle Vorwürfe der Völker entkräftete. Er starb im Jahr 254, fünf Jahre vor der Zerstörung seiner Vaterstadt.

Mit dem Tode Samuels hörte das freundschaftliche Verhältnis zwischen der Dynastie und dem Volke der Juden nicht auf. Bei dem Ausbruche des römisch-persischen Krieges stellten sich die letzteren ganz auf die Seite der Perser und knüpften die weitgehendsten Hoffnungen an den Sieg der persischen Fahnen. Sie scheinen von Saburs Gunst und Freundschaft für die Juden im Falle des Sieges regierenden Königs mit vorgesetztem tahm „stark" führen durfte." An Stelle des persischen tahm tritt im Aramäischen das hinzugefügte jobD.
') Moed katan 26 a.

) Baba batra 3 b, Hoffmann S. 47. die Erlaubnis zum Wiederaufbau des Tempels erwartet zu haben, und hätte nicht Odenat, der muthige Bürger von Palmyra, dem Siegeszuge Saburs ein Ziel gesetzt, wer weiss, ob dieser nicht ein zweiter Cyrus geworden wäre)'
Die Hoffnung auf die Wiederherstellung des jüdischen Reiches. die sie keinen Augenblick aufgegeben hatten, mag wohl unter dem judenfreundlichen Könige die Geister im erhöhten Masse beschäftigt haben. Man sah darum dem Ausgange des blutigen Dramas, das sich zwischen den zwei Völkerriesen abspielte, mit grösster Spannung entgegen.

Sabur hatte bereits die Römer besiegt, ihren Kaiser Valerianus gefangen genommen; Syrien, Kilikien und Kapadozien erobert. Da erhob sich Odenat, ein tapferer Bürger Palmyras, halb König, halb Räuberhauptmann. wie ihn der Talmud charakterisirt, und drängte die Sieger zurück. Durch den Sieg Palmyras sahen nun die Juden um die so sehnsüchtig erwartete Erfüllung ihrer schönsten Hoffnungen gebracht. Wir begreifen daher die feindselige Gesinnung, von welcher die Gelehrten gegen diese Stadt erfüllt waren, und begreifen auch die merkwürdige Begründung eines späteren Lehrers: „Palmyra habe die Zerstörung des Tempels gefördert" J.

Die Freundschaft der Juden und ihre offenkundige Sympathie für Sabur kam den ersteren theuer zu stehen. Papa bar Nasor (Odenat selbst wie manche behaupteten), aber ohne Zweifel ein Mitglied der palmyrenischen Königsfamilie, wahrscheinlich, wie schon Nöldeke bemerkt, ein Bruder desselben) zerstörte die uralte JudenStadt Nehardea (259), deren Bewohner die Armee Saburs freundlich aufgenommen hatten). Zahlreiche Israeliten wurden in Gefangenschaft geführt). Die Hochschule, deren Leitung Rab Nachman, ein Schüler Samuels, übernommen hatte, löste sich auf, und das Schuloberhaupt, wie auch sein Schwiegervater, Rabba b. Abahu, ein Verwandter des Exilsfürsten, mussten gleich den zahlreichen Gelehrten nach den östlichen Gegenden auswandern).

') Jebam. 16 b, Hoffmanti Mar Samu-el S. 46.
) Justi, Geschichte des alten Persiens S. 182. Vgl. Ketubot 51 b.) Jebam. 16 b.) Vgl. Grätz IV, 332, 334, Cassel in Ersch u. Gruber 185, Lewy Z. D. M. G. XVIII, 97. 5) Nöldeke Tabari S. 22, Anm. 2. Vgl. Grätz IV, Seite 333. Die Jahres-zahl 259 hat Seder Tannaim in Kerem Chemed IV, 185 und Schema im Send-schreiben.

Odenat hatte den Römern mit seinem thatkräftigen Eingreifen einen grossen Dienst erwiesen und wurde dafür mit der Würde des Mitkaiserthums belohnt, die er jedoch nicht lange geniessen konnte, da er bald von einen Verwand-ten ermordet wurde. Nach einem Ge-rüchte, welches aber nicht so ganz un-glaubhaft klingt, soll dies auf Antrieb seiner Gattin Zenobia geschehen sein). Dieses Gerücht findet eine Stütze in ei-ner Talmudstelle, die schon Grätz citiert ohne sie mit diesem Gerüchte in Ver-bindung gebracht zu haben. Es wird nämlich erzählt: Einst wurde ein Ge-lehrter namens Seira b." Chanina von den Leuten Zenobias, der Königin von Palmyra, gefangen genommen. Als nun seine Collegen Rabbi Ammi und Rabbi Samuel sich für dessen Befreiung ver-wenden wollten und in dieser Sache vor der Königin, die sie ungnädig aufnahm, vorsprachen, da trat ein Saracene mit ei-nem blutigen Schwerte ein und brach-te die Meldung: „Mit diesem Schwerte hat Ben Nasor seinen Bruder getödtet"; durch diesen Zwischenfall schenkte Zenobia den Angeklagten das Leben). Aller Wahrscheinlichkeit nach war das die Meldung von dem Tode ihres Man-nes. Die arabischen Geschichtsschrei-ber erwähnen einen Adi bar Nasor als Vater Amr's, des Gründers des persi-schen Kleinstaates Hira). Dieser Adi wird wohl ein Bruder Papa b. Nasors und mit Odenat identisch gewesen sein). Sein Sohn »Bar Adi«, der auch zeitweilig gegen die Juden gewaltthätig auftrat, soll nach arabischen Berichten mit seiner Mutter Zenobia in Conflict gerathen sein, was die Richtigkeit des damals verbreiteten Gerüchtes, dass Zenobia den Mord ihres Mannes veran-lasst haben sollte, nur bestätigen wür-

de). Wir würden dann die Ursache des Confliktes zwischen Mutter und Sohn kennen. gabe oder von den Tannaim der Hochschulen, den bereits erwähnten Vortragsmeistern, in kurzen hebräi-schen Sätzen gleich der Mischna — mitunter von den Lehrern beider Kate-gorien in beiden Formen zugleich) — der Nachwelt überliefert. Die Lehren der Letzteren wurden wegen ihrer der Mischna ähnlichen Fassung als „Misch-na chizona", aramäisch „Baraita", aus-geschlossene Mischna bezeichnet. Ein Theil derselben wurde dann mit den äl-teren Halachot, die schon in anderen Schulen ihre feste Form erhalten hatten, von den Schülern und jüngeren Zeitge-nossen R. Judas in grösseren oder klei-neren Sammlungen zusammengefasst und geordnet.

') Erubin 34b. Vgl. Cassel Juden S. 185 und Lebrecht Allgem. Zeit. d. Jud. 1849, Nr. 40.
) Vgl. Baba mez. 38b, Gitiin 3Sb. (Ein Palmyrener löste eino Gefangene aus. nKTlDin).).KJHTU3 DnJ "1 'TDn lim Schemas Sendschr. K. Nachman war ein hervorragender Schüler Samuels, wie w. u. bewiesen werden wird. Hale-wy (Dorot harischonim 414—416) will ihn irrthümlich noch in Schakan Zib zum Schüler machen. Er war der Leiter dieser Hochschule, wie aus Joma 71 hervorgeht, 3'JJ2B3 cnj "1 '3D p31 1BBD '3, welche Stolle Halewy über-sehen hat. S. weitere Belege w. u.) S. Grätz, Gesch. Bd. IV, T. 331. 5) Jerus. Terumot VIII Ende, Grätz das. 338.
Zenobia wird von einem christlichen Schriftsteller für eine Jüdin ausgegeben; die jüdischen Quellen sprechen dage-gen. Es wird an mehreren Stellen von jüdischen Gefangenen bei Zenobia er-zählt, was darauf hindeutet, dass die Ju-den gegen sie gekämpft haben, was sie wohl nicht gethan hätten, wenn sie ihre Glaubensgenossin gewesen wäre. Un-verständlich wären dann auch die be-reits erwähnte gehässige Gesinnung der späteren jüdischen Lehrer gegen Palmy-ra, die bei Rab Juda, dem Schüler Sa-muels, zum schärfsten Ausdrucke kam. „Israel'' — sagte er — „werde einen neuen Festtag einführen am Tage, am welchem Palmyra untergehen wird").

Dieser Tag kam rascher, als es R. Juda und seine Zeitgenossen erwarteten. Schon nach siebenjähriger Regierung kehrte sich das undankbare Rom gegen die Stadt, aus der ihm vor einigen Jah-ren ein Retter in der Noth erstanden. Aurelian's Sieg machte der siebenjäh-rigen ruhmreichen Regierung Zenobia's ein Ende. Die Kaiserin, die von Grätz mit Recht eine zweite Kleopatra ge-nannt, wurde in goldenen Ketten gefes-selt nach Rom geführt; Palmyra, die herrliche Hauptstadt, die den Mittel-punkt des kaiserlichen Glanzes bildete, wurde zerstört, und wenn sie auch, wie aus einer talmudischen Quelle hervor-geht, zwar bald wieder aufgebaut wur-de, (Jebam. 17 a), die frühere Bedeu-tung konnte sie nie mehr erlangen, und heute künden nur noch Trümmerhaufen inmitten der weiten Sandwüste von ih-rer einstigen Grösse und Herrlichkeit.
Fünftes Capitel.
Schule und Gotteshaus.
Rab und Samuel waren todt; Nehardea, die älteste Heimstätte jüdischer Wissen-schaft in Babylon, zerstört; Lehrer und Schüler nach allen Seiten zerstreut, aber die geistige Bewegung, die die zwei grossen Lehrer des Exils entfesselt, war mit ihrem Tode nicht zum Stillstande gekommen, sie behielt vielmehr die auf-steigende Richtung. An Stelle Nehar-dea's traten drei andere, in Pum-Badita, Schekan Zib und Silhi entstanden neue Lehrstätten. Als wollten sie das in fünf Jahrhunderten Versäumte nachholen, arbeiteten nun die Juden in Babylon mit einem Feuereifer an den Ausbau des Gesetzes, der bald die Bewunderung der Palästinenser erregte.
    Bauern, Handwerker und Kaufleute drängten sich in die neugegründete Hochschule und wurden Apostel der Lehre. Die Wissenschaft wurde Zweck und Ziel des Lebens, sie wurde die Hauptsache im menschlichen Dasein, neben ihr verschwand alles als neben-sächlich. Handel und Gewerbe, Hand-werk und Landwirthschaft wurden in ihren Dienst gestellt. Es ist geradezu rührend, wie Arbeiter sich erbötig ma-chen, am Tage die Felder der Lehrer zu bearbeiten, damit sie von denselben des Nachts unterrichtet würden). Sie gingen

in ihrem Eifer für das Studium so weit, dass sie oft an die nothwendigsten Lebensbedingungen vergassen und von den Lehrern an ihre Pflichten der Familie gegenüber erinnert Averden mussten, „Ich bitte Euch — rief ein Lehrer seinem Schüler zu — kommet nicht in den Frühlings-und Herbstmonaten (Zeit der Ernte und der Aussaat) damit ihr nicht das ganze Jahr hindurch von Nahrungssorgen gequält seit." (Berachot 35 b; s. auch Gittin 6 b). Mitunter blieben die Männer Jahre hindurch dem Hause fern, um sich dem Studium ganz widmen zu können) (Ketub.

') Gittin 60 b.

) Die Männer in Babylonien heiratheten im Alter von 16—18 Jahren und widmeten sich dann dem Studium. 3TIK1 "IBK DlK JWU min IID Kidd. 29 b. Vgl. Aruch v. DT!" l und Kapap. Erech Miliin S. 226. 63 a). Die Frauen, die ihren Stolz darin setzten, gelehrten Männern anzugehören, verzichteten gerne auf die Freuden der Ehe. Ihr Verdienst bestand — nach Rab — darin, dass sie ihre Kinder ins Gotteshaus führten, ihre Männer im Lehrhause studiren Hessen und ihrer Heimkunft geduldig entgegensahen. (Berach. 17 a Sota 21a). Die Bewegung wurde von allen massgebenden Faktoren begünstigt — die Exilsfürsten wetteiferten mit Communalbehörden in der Unterstützung der Gelehrten und in der Förderung der Wissenschaft. Man verschonte sie bei öffentlichen Arbeiten, befreite sie von Gemeindeabgaben, von den Beiträgen zur Errichtung der Stadtmauern, zur Erhaltung der Schutzwache und ihrer Waffenrüstung, von der Kopfsteuer, wo sie von den Gemeinden in Pauschalsummen bezahlt wurden).

Auch sonst besassen sie viele Privilegien. Ein Gottesgelehrter fand überall offene Thore, durfte sich überall niederlassen, sein Geschäft errichten, ungeachtet der Concurrenz, die er den Einheimischen machte, was einem Unwissenden keineswegs gestattet worden wäre. Brachte ein Gelehrter sein Product zu Markt, war es ihm gestattet, seine Ware zuerst zu verkaufen, damit er einen höheren Preis erziele4). Selbst die vielgeschmähten Zöllner bezeugten der

Wissenschaft ihre Reverenz, indem sie :hren Vertretern die Zölle und Mauthgelder erliessen). Sie wurden aber auch durch Spenden und Legate reichlich unterstützt). Zu den angeführten Vortheilen, die die Gelehrten genossen, sind noch die äusserst günstigen Nährverhältnisse Babylons in Betracht zu ziehen, die zur Förderung der Wissenschaft ohne Zweifel viel beitrugen.„Ein Mass Datteln um einen

Sus, und sie sollen nicht dem Studium obliegen?" sagte der Palästinenser Ulla).

Die Natur sorgte so reichlich für die Menschen, und diese waren genügsam. Nahrung und Kleidung war Alles, was sie vom Leben verlangten. Bedürfnisse, die wie in unserer Zeit den Menschen zum Sklaven der Arbeit machen, kannte man noch nicht. Und so hatten sie genügend Musse, sich einige Stunden im Tage dem Studium zu widmen.

Bis in unserer Zeit erhielt sich noch eine solche altjüdische studirende Gemeinde in dem nördlich von Mossul gelegenen Dorfe Bar-Tanura, welches erst vor einigen Jahren von den kurdischen Bergbewohnern zerstört wurde. Sie zählte etwa hundert Familienhäupter, darunter 30 Weber, 20 Gärber, und die anderen 50 betrieben Kleinhandel. Alle diese Handwerker waren zu gleicher Zeit Männer des Studiums, und wie in talmudischen Zeiten sammelten sie sich, nachdem sie ihren Geschäften obgelegen, zum Studium der Schrift und des Gesetzes.

„Wir sind nicht reich, — erzählte ein Mann Namens Jakob ibn Jeschaja aus diesem Dorfe — aber auch nicht in Elend. Da das Leben nicht theuer ist, verdienen wir genug um unsere Frauen und Kinder zu ernähren, und es bleibt uns viel Zeit übrig, um sie dem Studium des Gesetzes und des Talmuds zu widmen"). So ungefähr haben wir uns das Leben der Juden in den grösseren babylonischen Gemeinden zu denken. Ihr Leben, halb der Arbeit und halb dem Studium der Gesetzeslehre und der Beobachtung der religiösen Gebote gewidmet, vergieng, wenn nicht Kriegsheere ihre Ruhe störten, im schönsten Frieden und in glücklichster Harmonie. Die

Lehre Gottes verschaffte ihnen die vollkommenste Ruhe; sie war die Trösterin und Glückspenderin ihres Lebens, die treue Gefährtin, die sie) Pesachim 87 b.) Bericht der Alliance Israelit 1893. Vgl. Oesterreichs Wochenschrift 1897, Nr. 27. begleitet von der frühesten Jugend bis zum späten Alter, von der Wiege zum Grabe.

Den ersten Elementarunterricht im Lesen ertheilte der Chasan (Gemeindediener) in der Synagoge), den Unterricht in Bibel und Commentaren der Sofer, der eigentliche Lehrer in der Gemeindeschule oder in seiner Privatwohnung). Man begann mit Lewiticus, weil in diesem Buche die wichtigsten Gesetze (Sitten-und Speisegesetze) enthalten sind). Dieses wurde darum auch Siphra de Be-Rab genannt, welche Benennung von den spätem Gelehrten auf den Commentar übertragen wurde. Nach Beendigung des Lewiticus kamen die Bücher Exodus, Numeri und Deuteronomium mit den tradirten Commentaren an die Reihe, welche „Schear Sifre di Be-Rab", die anderen Bücher der Schule, wie auch die alten Midraschim zu diesen Büchern bezeichnet wurden). Neben dem Pentateuch wurden die Propheten und Hagiografen und auch die nothwendigen Halachas, die Religionsgesetze gelehrt). Es waren dies aber nur die allgemein anerkannten Resultate der theologischen Forschung, die in der Praxis anzuwendende Norm). Es waren die Chajje Adam der damaligen Zeit, deren Kenntnis nur für die eigene Lebensführung, nicht aber zur Entscheidung ritueller Fragen genügten. Folgerichtig wurden auch Männer, die blos Sifra und Halachot studirt hatten,

') Sabbat 11 n. Vgl. Jebam. 21a, Berashot 17a.

) Baba c. 21 a. In einer Classe wurden 25 Schüler unterrichtet. Zu 40 nahm man noch einen Hilfslehrer. ; Wajikra rabba VII. Pesikta sutr. Pericope Zaw. Berachot 18b Hoffmann Mar Samuel Note B.) Joma 74 a, Baba b. 124 b, Hoffmann das. Dieselben wurden, wie M. L. Malbim beweist, von R. Chija, dem Onkel Rabs, redigirt, Rab selbst hat sich aber um die Verbreitung derselben durch die babylon. Schulen grosse

Verdienste erworben. S. Malbim in der Vorrede zu seinem Commentar hatora wehamizwa u. Berach. IIa. Vgl. Kidduscbin 12a ein Citat mit »j'oji,) Aboda s. 40 b u. Erubin 28 b.) Erubin 28b; 2b; IIa 14b. Dünner Scholien z. St. Stw. 'Jim, u. Aboda sara 40 b. als Arne haarez, als Laien betrachtet, mit welchen die Theologen von Beruf nicht einmal das gemeinschaftliche Tischgebet verrichten wollten).

Die genannten Disciplinen bildeten den Lehrstoff der Elementarschulen, und wir werden uns das ungebildete Bürgerthum jener Zeit, mit dieser Bildung ausgestattet, zu denken haben. Ihre Schulbildung befähigte sie, an dem Gottesdienst mit Verständnis theilzunehmen, den populär gehaltenen halachischen und hagadischen Vorträgen zu folgen und hagadische Bücher zu lesen. Sie erfuhren von den gelehrten Dingen» wie das Publikum in unserer Zeit durch populär wissenschaftliche Vorträge und Zeitungsartikel unter der Zeile von den wissenschaftliche» Errungenschaften der Zeit erfährt.

Die eigentlichen Theologen erhielten ihre höhere Ausbildung im Bet Hamidrasch, im eigentlichen Lehrhause. Solche gab es wohl nur in den grösseren Gemeinden. Gewöhnlich wurden dieselben ausserhalb der Stadt erbaut, womöglich an einem Mittelpunkte, wohin die Bewohner der umliegenden Dörfer auch an Sabbat und Feiertagen kommen konnten. Sie hiessen darum auch Techuma). Diese standen unter der Leitung des geistlichen Oberhauptes, welcher Chacham oder auch Chabar hair genannt wurde). Manche scheinen auch Nebengebäuden zur Aufnahme von Hörern gehabt zu haben. Es waren dies die oft erwänten Tarbizot. Die B'ne Tarbiza, Innwohner der Vorgebäuden, verlebten ihre schulfreie Zeit in diesen Nebenräumen. Wahrscheinlich wurden auch viele von denselben daselbst verpflegt).

') Berachot 47 b.
) Baba b. 51a u. Rschbm das., Sanhedr. 15 a.) Megilla 27 a, Cholin 94 a. In Berach. 30a u. b. ist "On zu lesen. Gemeint ist eine Versammlung von 10 erwachsenen Personen, die iura öffentliche Got-

tesdienste nothwendig sind, keineswegs eine politische oder bürgerliche Gemeinde wie Schürer Gesch. II S. 360 meint. Diese hätte mit dem Cultus nicht zu schaffen. Vgl. noch Rosch haschana 34 b.) Die Ueberlieferungen dieser Hörer wurden, da dieselben von den

Die bedeutendsten Hochschulen, die abwechselnd die Hegemonie über ganz Babylon führten, waren die Amoräerschulen in Nehardea, Sura und Pum Badita. Machosa trat nur vorübergehend an Stelle der Letzteren. Den ersten Platz als die älteste Hochschule Babylons nahm die von Nehar' dea ein, verlor aber durch die Zerstörung Odenats (258) ihre Bedeutung, und wenn auch nach dem Wiederaufbaue der Stadt zeitweilig wieder hervorragende Gelehrte an derselben lehrten, die Führerrolle konnte sie nie mehr wieder erlangen. An ihre Stelle trat die Hochschule zu Pum Badita.

Pum Badita lag südlicher, im Lande der Seen und Kanäle zwischen dem grossen Canal Naresch und dem Euphrat. An der Stelle der alten Stadt Babylon, in der nächsten Nähe von Hini, dem heutigen Hila, gelegen, bildete sie den Kern und Mittelpunkt des jüdischen Exils. Ihre Schule, die nach der Zerstörung Nehardeas gegründet wurde, zeichnete sich durch scharfsinnige Dialectik und kritische Behandlung des Lehrstoffes aus.

Einen Gegensatz zu dieser bildete gewissermassen die Hochschule von Sura), die in Bezug auf die Lehrmethode den palästinensischen Hochschulen am nächsten stand. Wie jene bevorzugte auch diese die einfache Schriftauslegung und die Kenntnis einer Fülle von Traditionen.

Die Einrichtung dieser Hochschulen war in allen drei Städten dieselbe und hatte viel Aehnlichkeit mit der mohamedanischen in Kairo). massgebenden Autoritäten nicht auf ihre Richtigkeit geprüft, als minderwerthig und für die Halacha als nicht massgebend angesehen. Vgl. Menach. 82 b, Raschi zu Sebachim 104 a. An interne Schüler scheint auch der Talm. gedacht zu haben, wenn er von 1200 Schüler Rabs (Ketub. 106a) spricht, die

bei ihm zurückgeblieben und, wie aus dem Zusammenbange hervorgeht, auch "unbv SIK. waren. Vgl. hingegen Doroth hariscüonim III, S. 224—229. Ueber eine ähnliche Einrichtung in der Hochschule v. Kairo, Goldzieher Az Islam, Bpst. S. 315.
') Ueber die geograph. Lage und Geschichte dieser Städte. Vgl. d. Anhang.
) Siehe Goldzieher „Az Islam", Budapest 1881, S. 303.
An der Spitze derselben stand der Resch Metibta, (Rector) der zugleich Oberrichter und geistliches Oberhaupt seines Kreises war. Ihm zur Seite standen die Amoräer, die die zweifache Aufgabe hatten, den Schülern die vorgetragenen Lehren zu erklären und dieselben in den öffentlichen Vorträgen in der Landessprache zu erläutern. Die Zahl dieser Amoräer war nicht bestimmt. Vermuthlich stand sie in einem gewissen Verhältnis zur Anzahl der Schüler, so hatte Rabbi Huna 13 Amoräer zu 800 Schülern). Lehrer und Schüler sassen auf dem Boden, der mit Matten bedeckt war). Schüler trugen die Traditionen vor, welche der Lehrer erklärte. Es thaten dies wohl zumeist die „Tannaiten" der Amoräerschulen, die Vortragsmeister, die man auch Baale Mischna nannte. Diese hatten in den Schulen der Amoräer nur den Wortlaut der Traditionen vorzutragen und waren Handlanger der Wissenschaft; sie schleppten die Steine herbei, — wie der Talmud bemerkt — welche andere formten und zum Baue verwendeten).

Den Vorträgen wurde zunächst die von R. Juda nach älteren Sammlungen redigirte Mischna zu Grunde gelegt. Dieselbe besteht aus sechs Ordnungen. Die erste (Seraim) enthält agrarische Gesetze und Bestimmungen über Abgaben an Priester, Leviten und Arme und beginnt mit einem Traktate über das Gebet und die Segenssprüche; die zweite (Moed) handelt vom Sabbat, Fast-und Feiertagen;die dritte (Naschim) vom Eherecht und von Vorschriften über Gelübden; die vierte Ordnung (Nesikin) umfasst die Civil-und Strafgesetze, die fünfte (Kodaschim) enthält Vorschriften über Opfer und
) Ketub. 105 a, Kapap. Artikel Amo-

ra in Erech Millin.

i Berachot 25 a.) Sanhedrin 100b, Sabbat 106 a, 121b, Joma 43b, Beza 12a, 17a'; Bloch, Einblicke in die Entstehungsgeschichte der talmud. Literatur, S. 70. Vgl. Sota 22 a und Cholin 64b. Es waren dies auch die lebenden Protokolle „der grossen Versammlungen in den Schulen der Tannaim, oder die Bücherschränke", wie sie der Talmud bezeichnete (Megilla 28b, Moed katan 24b). Irrig ist aber die Ansicht ha-LewysDor. harisch. IIa 88, der ihnen einen besonderen Platz 'fin, anweisen lässt. "fin KXi« ist das "JJ plB Baba m. 28 b, 20, des bab. Talmuds. endlich die sechste (Taharot) über die levitischen und anderen Reinheitsgesetzen. Die Ordnungen sind in Traktate, diese in Abschnitte eingetheilt.

Die Lehrer gaben Wort-und Sacherklärungen zu der vorgetragenen Mischna, eigene und traditionelle, verglichen ihre Lehren mit den Lehren anderer Gesetzessammlungen und lösten die Widersprüche, wenn sich solche ergaben. Es war das eine schwierige Aufgabe, da es ausser der Mischna noch eine Menge solcher Sammlungen von älteren und jüngeren Zeitgenossen R. Juda's gab. Die Mischna war auch keineswegs ein abschliessender Gesetzcodex, welcher das Studium der anderen Sammlungen überflüssig gemacht hätte; ihr Redactor hatte nicht die Absicht, den breiten Fluss der Ueberlieferung in das enge Bett einer verhältnissmässig kleinen Sammlung einzudämmen oder ihn zur Erstarrung zu bringen. Hatte doch R. Juda, der Redactor selber, seine eigenen Lehren, ja, selbst seine den Mischnalehren widersprechenden, diese ergänzenden oder richtigstellenden Ansichten nicht der Mischna einverleibt, sondern ausser und neben der Mischna als Erklärung zu derselben gelehrt). In der Mischna wollte er nur dem riesig angewachsenen Lehrstoffe der Tradition eine einheitliche Grundlage schaffen, einen feststehenden unverrückbaren Grundstock errichten, um welchen sich all die verschiedenen Erklärungen, Erörterungen, Controversen und Discussionen ranken sollten. In den Wegen seines) Vgl. Kotub. 93 a: JU "H njlPD

1!; Jobatn. 52 b: jn *r2lb:* Gittin 27 b: - *Tbxb xbv* lHPK u. a. St. Die Ordnungen Moed, Nesikin und Taharot enthalten von R. *J.* nur je eine Mischna. Vgl. Dorot harischonim IIa, S. 77—79. Dass viele Mischnajot mit den Lehren R. Judas nicht übereinstimmen, ist bekannt. (Vgl. p'VID § 182). Auch die Thatsache, dass ausser R. Juda die grosse Gelehrtenversemmlung ijHl. (Vgl. Note II, Dor. harisch. IIa 8. 45) bei dor Redaction der Mischna mitgewirkt, und diese sich in manchen Fällen gegen R. Juda erklärt haben mag, genügt nicht zur Erklärung dieser auffallenden Erscheinung. Bei dem dominirenden Einflusse, den R. Juda, der Patriarch, besessen, wäre es ihm nicht schwer gefallen, die Aufnahme seiner Lehren oder seiner Erklärungen — wenn er dieselbe angestrebt hätte, durchzusetzen. grossen Lehrerp, R. Meirs, wandelnd, jenes grossen Meisters, der die Halachot, d. i. die trockene Mittheilung des überlieferten Halachastofifes ohne jede Erklärung als den eigentlichen Kernpunkt der Mischna bezeichnet hatte), schuf R. Juda eine Halachasammlung im engeren Sinne, eine Mischna im Sinne seines Lehrers. Von den Erklärungen der älteren Schulen nahm er nur einen geringen Theil auf), den weitaus grösseren Theil derselben und die Commentare der jüngeren Generationen überliess er dem freien Vortrage. Im freien Vortrage, der im Anschluss an die Mischna gehalten wurde, kamen auch die ausgeschlossenen Lehren aller Zeiten und Generationen zum Worte. Er wurde zum Meere, in welchen alle Ströme der Ueberlieferung einmündeten, zum „Jamhatalmud", wie er von der Nachwelt bezeichnet wurde) Von der Mischnasammlung ausgeschlossen und dem Talmud einverleibt wurden: All die Traditionen, die den Lehrstoff der Mischna in einer von der Schule R. Meirs nicht rezipirten Form überlieferten; (Tosephta) die Ableitung der Gesetze aus Schriftversen, wie die Lehren der babylonischen Tannaim des Tanna di be R. Ismael und der halachischen Midraschim; zahlreiche Erklärungen der jüngeren Tannaim und viele Zusätze des Redactors und seiner Zeitgenossen).

Diese bildeten die grosse Schatzkammer, welcher die Amoräer, die Epigonen der Tannaim, ihr Rüstzeug entnahmen. Viele Lehren und Erklärungen, ja, selbst Lesearten zur Mischna, die im Namen hervorragender Amoräer überliefert werden, sind dem Talmud der Tannaim, dieser uralten Schatzkammer, entnommen), und wenn der Talmud behauptet, dass schon dem alten R. Jochanan b. Sakkai, dem grossen Schüler Hillels, die Lehren und Lehrmethoden der späteren Amoräer nicht unbekannt geblieben), so wird dies dem tiefer Blickenden keineswegs gewagt erscheinen. Denn schon die Lehrsätze der ältesten Schulen, der Schulen Schammais und Hilleis, stellen sich uns mitunter als Erklärungen zu älteren Halachot dar), und R. Josua musste schon jene Tannaim strenge tadeln, die auf Grund der überlieferten Halachot ihre Entscheidungen fällen und die Erklärungen, die zum Verständnisse derselben so notwendig sind, ausser Acht lassen). Manche Erklärung mag daher in der That von Jochnnan b. Sakkai herrühren.

Die äussere Form, in welcher diese von der Mischna ausgeschlossenen Lehren vorgetragen wurden, war verschieden. Sie wurden entweder von den Hörern R. Judas — den späteren Lehrern —-in ungezwungener Form, als einfache Memra), ohne Anspruch auf wortgetreue Wieder

Als hervorragende Baraitasammler werden genannt: R. Chija, R. Oschia, Bar Kappara, Lewy, Samuel, R. Huna u. A. Von Baraitasammlungen werden angeführt: die Tosephta, welche den Lehrstoff der Mischna in jener Form überliefert, wie ihn R. Nechemia ein Zeitgenosse R. Meirs gelehrt hatte); die halachischen Commentare zum II., III., IV. u. V. Buch des Pentateuch, Mechilta, Safra und Sifrd; eine Sammlung zum Traktate Nesikin von Karna. zum

Lehreu frei vorgetragen werden, und welcher die überlieferten Lehren frei vorträgt, im Gegensatze zum Tanna, der die Ueberlieferungen wortgetreu tradirt. lDK bed. frei vortragen, nie erklären, wie Rapap Erech Miliin S. 116 meint. So auch in der in der. angeführten Stelle Sabbat 21 a. Auch die gegebene Erklärung Kamis war Ueberlieferung. S. das. 20 a u. Easchi. Kami lehrt die Halacha als Baraita, die Erklärung als Memra.

') Ketubot 87 a u. Kaschi Stw. "noin K3'Kl.. Daher häufig: "lDK Kjn MrpjflCS *b* 1DK1.... "1. Die Tradition wurde als Baraita und als Memra überliefert. Dorot harischonim II a S. 138—140. Ueber erklärende Baraitot vgl. Raschi zu Ketub. 41a: JOB" Bm 'nlSI kin TPjnD1 Beisp. in Frankeis Darke hamischna S. 304. Sie werden eingeleitet mit "rIPK,, Tosephta Terum. I, 1, Ketub. I, 10, Kidduschin I, 3. 8; V, 3; "VI, 11; in Baraitot Aboda sara 43 a, Gittin 27 b, Nidda 146. Mit 11DK HD JBd. Toseph. Ketub. I, 1; Gittin III, 9, 10; 11DKP3 *rmb,* nax *xb* ... u. s. w.

) Vgl, Sanhedrin 86 a; Erankel, Darke hamischna S. 304—307 und Einleit. in den jerusal. Talmud S. 25. Hoffmann die Halach. Midraschim, Bloch Einblicke in die Entstehungsgeschichte der talmud. Liter. S. 53.

Traktate Ketubot von R. Chija, zum Traktate Kidduschin von Lewy); Specialsammlungen über das Verbot auf Zinsen zu borgen, von R. Chija und Karna, eine Sammlung von Gemeindegesetzen, eine Sammlung über Gesetze, die beim Schlachten zu beobachten sind u. a.

Ausserdem gab es Erklärungen zu sämmtlichen Traktaten, welche von allen Schulen rezipirt, im babylonischen Talmud anonym, DflD — an einer Stelle im Jerusalem. Talmud wird eine solche als Erklärung der Sehule *21 2i* bezeichnet — angeführt werden). Es waren dies unbedingt notwendige Sacherklärungen, die gleichzeitig mit der commentirten Mischna entstanden, mit derselben eng verknüpft die geistige Werkstatt auch zu gleicher Zeit verliessen.

Alle diese Traditionen und Erklärungen wurden gleich der Mischna mündlich vorgetragen, da es in älterer Zeit nicht gestattet war, dieselben niederzuschreiben. Nur vereinzelt kamen geschriebene Halacharollen vor), die geheim gehalten wurden.

Das menschliche Erinnerungsvermögen war aber bereits an der Grenze seiner Leistungsfähigkeit angelangt; es war die Zeit gekommen, in der es für

verdienstlich galt, das strenge Verbot des Niederschreibens der mündlichen Lehre zu mildern und es blos auf den Vortrag aus geschriebenen Büchern zu beschränken. Dies geschah auch in der zweiten Amoräerepoche). Nun machte man aus den geschriebenen Rollen kein Geheimnis mehr. Schüler fordern einander ganz ungescheut auf, die Baraitasammlung nachzusehen und nach einer Halacha zu forschen, mit welcher man die bevorstehende Frage des Lehrers beantworten könnte). Die einen schrieben sie an die Wände, andere auf Tafeln oder in Büchern wie Lewi und R. Sera). Nur aus dem Lehrhause waren die Schriftwerke verbannt.

') Sanhedr. 30 b u. Baba k. 47 b kJip '31 ppTJ. Vgl. Aruch v. p?: 'pp'UI KrDDD". So wurden z. Zeit der Tannaim die 3 Babot (Pforten) genannt; letztere bezeichneten 3 Untorabltilungen derselben. Vgl. jer. Baba k. 1, 1; Kidd. I, 6; bab. Berach. 10 a; Sabbat 31a; Baba k. 47 b; Baba mez. 10 a u. a. St. bei Lewy Interpret, d. paläst. Talmud-Trakt. Nesikin S. 22. Ebenso *h* '21 ptPITp Baba bat. 52b. Vgl. don Comm. d. K. Gerson das. „'l *bv* D7133 pBMVB '3DD3". Es waren dies tannaitische Commentare, wie sie in den genannten Schulen gelehrt worden. Zu den anderen Sammlungen, vgl. die Belege hei Weiss Dor Dor wedorschow III, 239-242.

) Vgl. Ketub. 20 b und 21a mit jerusal. Talm. z. St. (Ketub. II, 3) wo diese Erklärung aus 3i '31 m3iro zitirt wird. 31 '3l ist hiev nicht die Schule Kabs, wie Dor. harisch. IIa S. 120 meint, sondern „der Schule" vielleicht Volksschule, wie im Safra debe-Rah. Vgl. Hoffmann Mar Samuel S. 08. So verhält es sich auch mit den Fragen: fKQ Mfl. S. Tosaph. Moed k. S. 2 a v. xjn KD. 3) Sabbat 6 b, 96 b: DnnD nJD. Vgl. Raschi z. St.

Die geschriebenen Halachasammlungen boten aber keineswegs einen authentischen Text der Autoren oder Sammler und genossen daher fast weniger Vertrauen als die mündlichen Ueberlieferungen.

„Ist denn die Authentizität durch die Unterschrift des Autors verbürgt?) frag-

te man geringschätzig, während den mündlichen Ueberlieferungen höhere Glaubwürdigkeit zugemessen wurde. Bei diesen mussten die Namen der Ueberlieferer die Richtigkeit derselben verbürgen. Nur anerkannten hervorragenden Autoritäten brachte man Vertrauen entgegen und nur von solchen durfte man Traditionen annehmen und überliefern). Es wurde darum nicht nur auf die wortgetreue Wiedergabe des Textes, sondern auch auf die gewissenhafte Angabe der Tradenten gedrungen, und ist es geradezu staunenswert, wie gewissenhaft einzelne Lehrer, namentlich die Vertreter der Schule von Pum Bedita, darin vorgiengen. Schon Rab Juda, der Gründer dieser Hochschule, beobachtete eine solche Genauigkeit in der Angabe der Namen, dass er in zweifelhaften Fällen auch den Zweifel in Bezug auf dieselben angab).

) Temura 14 b, Gittin 60. *R.* Juda lehrte mit Bezug auf Exod. 24, 27 die mündliche Lehre darf nicht aus geschriebenen Büchern vorgetragen werden. S. Bloch, Einblicke, S. 99.) S. K. Chisda den Mitschüler Rabba. Baba m. 18 b, 20 b, Baba bat. 172 b, Gittin 27 u. a. St.) Sabbat 156 a, Menachot 70 a.) Jebam. 22 a. Bloch, Einblicke S. 9. Auch das Mnemotechnika 1T3D1 13113 Dfflp Ketub. S. 50 a scheint einen leisen Tadel gegen nachlässige Abschreiber gewisser Einführungen (mJpn) zu enthalten.) Vgl. Jebam. 64 b, Abin ist verlässlich, Isak sumka nicht und die S. 92, Anm. 4 angef. St.

Noch weiter giengen einzelne Schüler dieses Lehrers, die nur Traditionen aus den Sammlungen R. Chijas und R. Oschias zur Erörterung im Lehrhause zuliessen). Nicht selten mussten die Baraitas erst durch die Uebereinstimmung mit der Mischna oder durch die Zustimmung einer lebenden Autorität gestützt werden).

Diese Vorsicht war umso angezeigter, da es Lehrer gab, die in den Verdacht standen, auch unechte Traditionen zu lehren. Man brauchte aber bloss in den Verdacht zu kommen, auch von minder angesehenen Lehrern Traditionen angenommen oder bei der Wiederholung des Lehrstoffes im Lehrhause gefehlt zu haben, und es war um den guten Ruf des Lehrers und um seine Autorität geschehen).

Andererseits wurde aber das Halachastudium immer schwerer. Der Strom der Ueberlieferung wurde immer grösser; er erhielt täglich neue Zuflüsse. Auch in der Methode trat in den ersten Jahrzehnten des vierten Jahrhunderts eine wichtige Aenderung ein. Während nämlich in früheren Zeiten nur bei der Ueberlieferung halachischer Gesetze auf wortgetreue Wiedergabe des Textes gesehen wurde, während noch R. Chisda (st. 209) seinen Schülern die Erläuterung der Gesetze (S13D; von mehreren Lehrern zu hören empfahl, ungeachtet der Verwirrung, die dadurch selbst bei gleichen Erklärungen in sprachlicher Beziehung entstehen musste, — und dies im Gegensatze zur Sibj zum eigentlichen Lehrstoffe, der, um Textverschiedenheiten vorzubeugen, i"wb JIE NH '371 '3.) nur von einem Lehrer

') Cholin 18 b. Ueber K. Juda s. v. u. j Cholin 148 a. Die andern wurden nicht berücksichtigt. Es kommt daher auch oft vor, dass Fragen aufgeworfen werden, die bereits in Baraita's entschieden. (Vgl. R. Ascher zu Cholin 30 b, Joma 77 b u Dünner Scholien zu Ketub. 3 b u. 10 a.) Pesachim 100 a, Chagiga 2 b. 4) Berachot 38b, Beza 26b u. Kaschi z. St.; (A.da b. Uchma) Cholin 18 a, Jebam' 64 b, u. a. St. gehört werden sollte), — machte sich bei der jüngeren Generation das Bestreben geltend, auch die „Sebara", die Erörterung der Gesetze, wortgetreu wiederzugeben). Erst vereinzelt, dann aber immer mehr und mehr. Man begann auch dem Talmud das redacüonelle Gepräge zu geben). CTBJO jnip).

Die wortgetreue Wiedergabe der Halachot, der Erklärungen und namentlich der Namen der Tradenten, die mitunter eine ziemlich lange Kette bildeten, stellten ungeheuere Ansprüche an die Aufnahmsfähigkeit der Schüler. Einigermassen erleichtert wurde es ihnen durch die Maxime, nach welcher man die Mittelglieder in der Kette der Tradenten weglassen durfte und nur den ersten und letzten anführen musste) und durch die verschiedenen Hilfsmittel, welche die

Lehrer anwendeten. Eine solche war die Melodie. Sie trugen die Lehren singend vor, wodurch sie sich leichter dem Gedächtnisse einprägten). Ein anderes äusserst nützliches Hilfsmittel war das "JD'D» (sviu.s'tov) das mnemotechnische Zeichen. Man wählte einzelne Worte aus den vorgetragenen Halachas und bildete daraus kurze

Sätze, die mit bekannten Bibelversen, Sprüchwörtern identisch, leicht in Erinnerung zu behalten waren), oder man wählte einzelne Consonanten aus einzelnen Worten der Halacha, aus den Namen der Tradenten und formte aus denselben ein oder mehrere Worte, welche stets irgend einen Gedanken ausdrückten oder an bekannte historische Ereignisse, Orts-oder Zeitumstände erinnerten und leicht erlernt wurden, um das kostbare geistige Gut zu schützen oder auch um die Namen der Tradenten auseinander zu halten). Diese Art mnemonischer Zeichen war sehr beliebt und wurde namentlich von den Resche Kalla, den Repetitoren in den Schlussmonaten mit Vorliebe angewendet).

Die Erklärung und Commentirung der überlieferten Traditionen war aber keineswegs die einzige Beschäftigung der Amoräer; ihre Hauptaufgabe war vielmehr, allgemein anerkannte Gesetze zu schaffen und sie auf die Praxis anzuwenden. Es gab Fälle, in welchen die Mischna noch die andern Halachasammlungen endgiltige Dezisionen enthielten, sondern nur die Meinungen einzelner Lehrer oder die Controversen verschiedener Gesetzeslehrer wiedergaben. Die Amoräer mussten nun Regeln aufstellen, nach welchen bei Meinungsverschiedenheiten entschieden werden sollte. Anderseits war in den Traditionen trotz ihrer

') Vgl. die Mnemotechnik» des Talmuds v. Jaliob Brüll, Wien 1864; Berachot 31b, Sabbbat 90 b. Sprüchwürter: Beza 92 b, Sabbat 66 b; Ortsumstände: Taanith 10 a, Joma 21 b und die Stellen bei Bloch Einbl. S. 75.) Cholin 42 a, Kidd. 54 a, EruHn IIa. Interessant ist die Stelle Sanhedrin 61 h — WVüb mlnB 12$ — die Christen nannten sich 12)1. Oft haben die Zeichen nur durch einen gewissen Gleichklang mit

andern Worten, wie schon Bloch Ibid. bemerkt, einen Gedanken ausgedrückt. Zu den das. angeführten Beispielen vgl. noch Sabbat 150 b und das häufige *ap hv* wie DJK3. Es bleibe, wie Abaji der Lehrer in Pum Baditha, das von Schilfwäldern umgeben war (gegen Baba, der in Machosa lehrte) Vgl. w. u. im Anhang. 3) Vgl. Nachman b. Isak w. u. (Aborta sara 19 a) von welchem viele herrühren.) Gittin 38 a, 75 a u. Parallelst.

Fülle und Reichhaltigkeit nicht für alle Fälle, die sich im Leben ereigneten, vorgesehen. Die veränderten Lebensverhältnisse stellten neue Anforderungen an die Rechtslehre; neue Fragen entstanden. Namentlich an den Feiertagen, zu welcher Zeit die Juden auch aus ferneren Gegenden herbeiströmten, pflegte man neue Fragen aufzuwerfen, welche entschieden werden mussten. Diese Entscheidungen wurden nun wieder gleich denen der Tannaiten als Memras weiter tradirt. Diese selbstständige Gedankenarbeit, die schöpferische Thätigkeit erhob die neugegründeten Hochschulen Babylons auf ein Niveau, welches dem der palästinensischen Schulen gleichkam. Im Gegensatze zur alten Schule, die nur als Sidra, als Stätte der Tradition bezeichnet wurde, erhielt die neue die Bezeichnung Bet Hamidrasch, Lehrhaus.

Da aber die Feststellung gemeingültiger Gesetze nicht von Einzelnen, wenn auch noch so hoch stehenden Schriftgelehrten, — die noch dazu in wichtigen Fragen nicht immer übereinstimmten, — sondern nur von einer Versammlung aller anerkannten Autoritäten, vollzogen werden konnte, konnten die Hochschulen erst unter dem grossen Nachfolger der ersten Lehrer, der zu diesem Zwecke die gesammte von den letzteren ausgebildete Generation von Gesetzeslehrern um sich schaarte, — unter R. Huna — diese Qualifikation erlangen).

Die weise Einrichtung, die bereits Rab getroffen, dass in den Monaten Adar und Elul in den sogenannten Kallamonaten (Semesterschluss) alle Gelehrten auf einige Wochen

') Schemas Sendschreiben, Grätz IV,

360. Die Einwendungen Halevys (Dor. harischon. IIb 404—408) sind nicht stichhaltig. Rabs und Samuels Bestimmungen hatten nur für ihre Kreise Geltang, wie aus Pesachim 30a, Ketub. 6 a, 54 a, Baba b. 153 a hervorgeht; erst die Bestimmungen R. Hunas waren iür ganz Babylonien massgebend. Denselben folgend wurden auch die Lehren Rabs in rituellen, die des Samuel in Rechtssachen als allgemeine Norm anerkannt. Die Bezeichn. Nasi für einen Gelehrten ist wi6 *'bo* Horaj. 14 a im weiteren Sinne zu nehmen, und muss nicht den Exilarchen (Dor. har. 405 das.) bezeichnen. zusammenkamen, um sich über die im Semester durchgenommene Traktate zu verständigen, ermöglichte es, neue auftauchende Fragen gemeinsam zu erledigen und allgemein anerkannte Gesetze zu schaffen). Diese Vorträge hiessen dann (Kalla) Schluss-Vorträge. Die Gelehrten, die bei diesen Vorträgen als Amoräer fungirten, Resch Kalla).

Die Kallaversammlungen vereinigten 2-mal im Jahre die Blüte Babels und waren die eigentlichen gesetzgebenden Körperschaften im Lande. Ihre Beschlüsse wurden als gültige Gesetze anerkannt, nicht nur von den babylonischen Juden, sondern von den Juden aller Länder und aller Zeiten; sie bildeten die Grundsteine zu jenem gewaltigen Baue, welches erst nach einem Jahrtausend mit dem Schulchan-Aruch seinen Abschluss fand.

Neben der Halacha wurde auch — wenn auch nicht in dem Masse wie in den palästinensischen Schulen — die Hagada gepflegt). Wie die erstere im Anschluss an die Mischna, so wurde letztere im Anschluss an den Bibeltext gelehrt und ausgebildet. Wie aber die halachische Forschung über die Mischna hinausgieng und alle Fragen, die im Laufe der Jahrhunderte entstanden, umfasste, so zog auch die Hagada alle Disciplinen der Wissenschaft in ihren Wissenskreis Von der Bibel, dem Buche des Lebens, ausgehend, umfasste sie das ganze Leben, breitete sich aus über Alles und Jedes, über Moral und Philosophie, über Medizin und Naturwissenschaften, über Geschichte und

Sternkunde; sie erspähte die Sitten der Völker, verfolgte die Zeitereignisse mit denkenden Sinn, aber ihr Hauptziel blieb stets die ethische religiöse Erziehung des Volkes. Ob sie schöne Lehren und weise Reden fürs Leben gab oder die alten Heroen der Geschichte vorführte, all die Patriarchen, Könige
') Vor diese Versammlungen pflegte man auch schwierige Fragen zu bringen. Vgl. Jebam. 122b, Cholin 48 a. r"l ist wol die Festwoche, in welcher die Gelehrten noch versammelt waren.
»») Cholin 49 a, Baba b. 22 a.
3) Auch diese wurde von Vortragsmeistern vorgetragen. Vgl. Sukka 53 a (xrn-Jx-noo. und Propheten mit ihren Handlungen, Kämpfen und Leiden, ihr eigentliches Ziel verlor sie nie aus dem Auge. „Wer all die Bilder und Geschichten, mit welchen die Haggada auch nur eine der biblischen Personen ausgestattet mit ernstem Bedacht verfolgt, die einzelnen Züge auf ihrem ethischen Gehalt prüft und diese in abstracte Lehrsätze verwandelt, der wird aus ihnen die wichtigsten Kapitel einer ganzen Sittenlehre zusammenstellen"). Nicht schöner kann man die belehrende und erziehende Thätigkeit der Haggada charakterisiren, als sie es selbst thut, indem sie von sich sagt: „Willst du den Schöpfer der Welt erkennen, so wähle mich zu deiner Führerin, ich werde weder eine schlaffe Beschaulichkeit nähren, noch eine kecke Neugier befriedigen, sondern die Spuren der göttlichen Liebe und Gerechtigkeit zeigen, so dass das Verlangen in dir sich regen wird, liebevoll wie Gott zu handeln und zu leben"). Wie die tiefere, fachmännische Kenntnis des Gesetzes den Fachgelehrten in Bet Hamidrasch, (im Lehrsaale) so wurden die gewonnenen Resultate der theologischen Forschung in der Synagoge den weitesten Volksschichten übermittelt. Das jüdische Gotteshaus war von vornherein weniger eine Stätte der Anbetung als ein Ort der religiösen Unterweisung, und wenn Renan die Synagoge als die originellste und fruchtbarste Schöpfung des jüdischen Geistes bezeichnet, so ist das nur insofern richtig, insofern sie das Gesetz jedem Einzelnen

im Volke immer wieder und wieder nahe brachte und die Verbreitung des Gesetzes förderte. Er irrt aber, wenn er die Synagoge als die Hauptmacht der Juden, als das stärkste religiöse Band, fast das Einzige, das heute haltbar geblieben ist), hinstellt. Das religiöse Gefühl wird und wurde natürlich auch bei den Juden durch die Gemeinschaft gestärkt, durch die Versammlungen der Gemeinde gehoben, aber das stärkste Band,,
') Vgl. Lazarus, Ethik des Judenthums S. 36 u. Beer, Leben Abrahams, 1859.
) Jellinek, Lichtstrahlen S. 76 gesammelt von Korein, Wien 1891. 3) Ren. Geschichte IV Cap. III deutschen Uebersetz. S. 205. das die Juden zusammenhielt, war nicht die Synagoge, sondern das Gesetz.

Das Gesetz und nicht die Synagoge hat es bewirkt und möglich gemacht, dass auch der einzelne Jude, und wenn er auch in einem Dorfe allein lebte, seinem Gotte anhängen, und dass das Judenthum überall auf der weiten Erdenrunde in unverwelklicher Frische sich erhalten konnte.

Das ist eben eines der entscheidendsten Merkmale, wodurch sich das Judenthum von den anderen Religionen unterscheidet, dass es den Schwerpunkt der Religion nicht In die Synagoge, nicht in den Tempel, sondern in das Familienhaus verlegt. An Stelle des jerusalemischen Heiligthums trat nicht der Tempel, sondern das Familienheim mit dem zum Altar geweihten Familientische), an welchem die Familienväter gleich den Priestern den Opferdienst verrichteten. Dieser bestand aber keineswegs blos in der Verrichtung von Gebeten, sondern in der Erfüllung all jener Gesetze, die das Leben bei allem Thun und Wollen mit Handlungen umgaben, welche einzig und allein einem idealen Interesse dienten und den „Menschen 'fort und fort aus den Banden des Natürlichen und Gewöhnlichen erlösten, von den ausschliesslichen Antrieben des Nützlichen befreiten und über die alltäglichen gemeinen oder feinen sinnlichen Befriedigungen hinaushoben.") Selbst das Gebet, welches ein hervorragender Historiker unserer Zeit das Centrum des religiösen Lebens nannte, was es aber im Judenthume nie gewesen, wurde in den Dienst dieses erhabenen Zweckes gestellt. „Das öffentliche Gebet — bemerkt ein strengreligiöser Bibelerklärer) — ist nicht ein Erguss von innen heraus, ein Ausdruck dessen, wovon bereits das Herz voll ist — sondern es ist ein erneutes Aufnehmen und Durchdringen mit Wahrheiten die von aussen gegeben sind. Wäre das Gebet — fugt er hinzu — nicht eine Arbeit an dem eigenen inneren Selbst, es auf die Höhe der Wahrheitserkenntnis und der gott

') „An Stelle des Altars ist der Familientisch getreten" Chagiga 27a.

) Lazarus, Ethik des Judenthums S. 22.

) Hirsch, Commentar z. Pentat. I S. 287.

dienenden Entschlüsse zu bringen, es wäre ja ein Unsinn bestimmte Zeiten und vorgeschriebene Formeln zu haben; es setzte dies ja voraus, es sei periodisch zu bestimmten Zeiten immer die Menge einer Gesammtheit von einem und demselben Gefühle, von einem und demselben Gedanken erfüllt". Wohl kannte auch das Judenthum seit ältester Zeit Gebete in landläufigem Sinne, Gebete, in welchen der Unglückliche seinen Schmerz, seine Angst und seine Hoffnung ausdrückte. Es waren dies aber keine Pflicht in vorgeschriebene Formeln gebrachte Gebete, es waren die Techinot der Einzelnen, die kurzen Gebete, die bei freudigen und traurigen Familienereignissen — in Babylon oft in der Landessprache — verrichtet wurden.)

Die vorgeschriebenen Pflicht-Gebete, das Schema und die Tephilla-nebst den sie begleitenden Benediktionen, welche für die Gemeinde bestimmt und schon aus diesem Grunde der festen Fassung nicht entrathen konnten, hatten den einzigen Zweck: den Menschen für den Tag zu weihen. Und wahrlich! nicht würdiger konnte der Tag begonnen und geschlossen werden als durch die Anerkennung des einig einzigen Gottes, durch die Erinnerung an das Gebot, ihn zu lieben mit ganzem Herzen, ganzer Seele und ganzen Vermögen (Schema) und durch das herrliche Achtzehngebet, von welchen siebenzehn ideale Bitten

und nur ein Gebet die Bitte um Gottes Segen auf Feld und Acker enthält.

Die erwähnten wichtigsten gottesdienstlichen Einrichtungen waren zur Zeit als Rab nach Babel kam, bereits vollständig ausgebildet. Die Gebetordnung wich von der palästinensischen nicht zu sehr ab.) Umso grösser war die Verschiedenheit im Ausmasse der Schriftlection. Während in Palästina der Pentateuch in 3 Jahren einmal, wurde er in Babylon alljährlich vollendet.) Aber auch diese wichtige) S. Zunz Literaturgesch. der synag. Poesie. Berlin 1865, S. 18—19.

) Einzelne unbedeutende Differenzen. Taanit 28b, Berachot 14 a u. 44 b, Sanhedrin 42.) Megilla 29 b, dies mag auch die babyl. Hörer R. Jochanans Abweichung hat schon lange vor Rab bestanden. Nach der von R. Simon b. Elasar gelehrten Ueberlieferung habe Esra die Anordnung getroffen, die Verwünschungen im III. Buch d. Pent. Cap. 26 vor dem Feste der Offenbarung und die im V. Buche Cap. 28 vor Neujahr zu lesen, eine Anordnung der ein einjähriger Cyklus zu Grunde liegt.) Ebenso wird die Einführung, auch am Sabbat Nachmittag, sowie Montags und Donnerstags einen kleinen Abschnitt, der mindestens 10 Verse enthalten muss — zu lesen, auf Esra zurückgeführt,) Ohne Zweifel sind die ersten Synagogen in Babylon entstanden. Die Synagoge Schaf wejatib in der Nähe Nehardeas soll nach einem Berichte von Jojachin und den Exulanten erbaut worden sein) Uralt war auch die Synagoge in Huzel. Als Juda b. Batyra am Rüsttage des Versöhnungstages nach Nisibis kam, fand er ein Gotteshaus, dessen Vorsteher (Resch ha Kneset) ihn zu Tische lud.) Es ist daher nicht unwahrscheinlich, dass manche babylonische synagogale Einrichtung älter ist als die palästinensische,) welcher Umstand die europäischen Judengemeinden mit bewogen haben mag in mancher Beziehung der babylonischen Tempelordnung den Vorzug zu geben. Die Tempel wurden gleich den Lehrhäusern häufig ausserhalb der Stadt erbaut, um es auch den in den umliegenden Dörfern wohnenden Juden zu ermöglichen am Sabbat-Gottesdienste

Theil zu nehmen, oft aber auch in der Stadt) und sah man im letzteren Falle darauf, dass die: veranlasst haben in Sepphoris ein eigenes Gotteshaus zu erbauen. Vgl. Jerus. Berachot V 9 a: "baSi KnB";3.,.

') Das. 31 b. S. Herzfeld. Gesch. des V. Israel II S. 210.

») Baba k. 82 a.

) Megilla 28 b u. Raschi z. St. Vgl. Seheira's Sendschr. u. Aruch v. tV. ') Agadas Echa zitiert von R. Chananel in seinem Comment. zu Megilla 12 b.) Einzelne wurden dann auch von den Palästinensern angenommen urtd eingeführt. Vgl. jerusa. Sukka IV, 1. Al naharot Babel H. 65 u. Anm. 33, vgl. Schürer, Gesch. Bd. II, S. 370. Low in der Monatsschrift 1884, S. 167—170. Vgl. hiermit selben von den Häusern der Bürger an Höhe nicht überragt würden.) Das heisse Klima machte Sommer-und Wintertempel notwendig. Für den Sommer hatten sie weite-luftige Räume, für den Winter mit breiten Mauern umgebene Tempel, die mit kleinen Fenstern versehen waren.) Die verschiedenen Synagogen scheint man in manchen Sädten durch besondere Benennungen unterschieden zu haben. So gab es in Machosa einen Tempel der Römer. Es war dies aber wahrscheinlich ein von eingewanderten römischen Juden erbauter Tempel.) liehen, auf Menschen leicht übertragbaren Seuche heimgesucht)

Die gottesdienstlichen Verrichtungen wie Schriftlection, Predigt und Gemeindegebet wurden nicht von amtlichen Lectoren, Predigern und Liturgen, sondern von den Gemeinde-Mitgliedern selbst ausgeübt. Angestellt war nur der Chasan ha-Kneset, der Tempeldiener[4], der zugleich den ersten Unterricht im Lesen zu ertheilen pflegte. Als Ehrenämter werden die Tempel-und Armenvorstände erwähnt. Die Tempelvorsteher werden wohl dieselben Functionen gehabt haben, die der Rosch ha Kneset der Mischna (vgl. Joma VII, 1 u. Bar Tanura) hatte. Sie hatten zu bestimmen, wer das Gebet und die Schriftlectionen vortragen sollte. Die Tempelvorsteher, die oft zugleich Armenvorsteher nplJt 'KM waren, sammelten Geld und Naturalien und vertheilten sie an Arme, lösten Gefangene aus, sorgten für die Erziehung der Kinder der Armen und für die Ausstattung armer Bräute u. s. w. Wohlthätigkeit und Gottesdienst waren im Judenthume stets eng verbunden. Die

Erubin 61b (der Tempel von Abe Gubar war an der Grenze des Weichbildes (Techum v. Mabrachta) und Baba m. 106 a.

») Sabbat IIa.

» Baba batra 3 b.

») Megilla 26 b. Vgl. üikduke Soferim u. Raschis Lesart.

4) Weinberg. Organisation der jüdischen Ortsgemeinden, Monatsschr. 1897, S. 659. In manchen Gemeinden scheint auch der „Uebersetzer" des Wochenabschnittes ins Aramäische) fix angestellt gewesen zu sein Megilla 23 b. Ob aber das Amt honorirt wurde, ist nicht ersichtlich. S. Pesach. 50 b.

Bedürfnisse des Tempels und die Erfordernisse für die Armenveitheilung wurden aus einer Kasse gedeckt).

Am schönsten kam die Verbindung der Wohlthätigkeit mit der Stätte, die der Verkündigung der Gotteslehre und dem Gottesdienste geweiht war, auch äusserlich zum Ausdruck in dem Asyle für obdachlose Arme, das stets, mit den babylonischen Gotteshäusern verbunden war.) Das jüdische Gotteshaus vereinigte in der That dadurch die drei Säulen, auf welchen die gesellschaftliche Ordnung ruht: „Die Lehre, den Gottesdienst und die Wohlthätigkeit."

Sechstes Capitel.

Vom Tode SabursI bis zur Geburt SabursII (272—309).

Die Periode von dem Sterbejahre Saburs I bis zur Thronbesteigung Saburs II wird von allen Geschichtsschreibern als eine Zeit des Niederganges bezeichnet. Vom Jahre 272-309 — in 37 Jahren — regierten nicht weniger als 6 Könige.)

Die zahlreichen Feinde der Perser benützten die Schwäche derselben um Einfälle in das persische Gebiet zu machen, bei denen auch die Juden nicht verschont blieben. Während der Regierung Bahrams II (im Jahre 283) nahm Carus die von Juden stark bewohnten Städte Koche und Ktesifon ein.) Zu dieser Zeit wurden Juden aus Aramäa, wie das Land Suristan mit der Hauptstadt Ktesifon genannt wurde, nach Antiochia gefangen weggeführt, wo sie von Rab Acha, dem Schlosshauptmann, ausgelöst wurden.) In diese Zeit scheint auch der Einbruch einer) Hormizd I, Bahram I, Bahram II, Bahrain III, Narse und Hormizd II. Vgl. Nöldeke Tabari Anhang A.

) Nöldeke Tabari S. 49, Anm. 1. Seder Olam s. hat bei Akabja oder Ukba, dem frommen Keseh Galuta, den Passus KDIK PD WSl nP331. So ed. Amsterd. 1717. Andere Ausgaben haben 'KDlK. Darunter ist Aramäa gemeint, wie Surislan noch in den späteren Jahrhunderten genannt wurde. (Vgl. Nöld. in d. Z. D. M. G. Bd. 25, S. 113). Der Name Caius ist dem Schreiber offenbar entfallen. Es kann auch ipD geheissen haben und müsste man dann dementsprechend ng33l lesen. Nur das Mscr. Paris hat den Namen li3». Brüll (Jahrb. II, S. 93) bezieht diesen Passus auf die Eroberung Armeniens durch Sabur II (337) und liest x'JDIK. Diese Correcetur ist aber selbst nach x'Mscr. Paris unrichtig. Vgl. Note IV. Wir miissten erst die Beziehungen dieses Feldzuges zur Gesch. der Exilarchen oder der Juden in Babylonien ergründen, während die Eroberung der von Juden ungemein dicht bewohnten Suristans von dem Schreiber des S. 0. s. nicht unerwähnt bleiben konnte. 3) Jebam. 45 a. Die richtige Lesart hat wol Kaftor waferach: JOlBiK? 'KDIKD. Vgl. Rapop. Erech Miliin, S. 206. Auch diese Stelle kann als Bestätigung für die Richtigkeit unserer Erklärung des S. O. s. angeführt werden.

Feindesschar in die Judenstadt Pum-Badita zu fallen.) Auch Narse — der einzige von den 6 Königen, der im Talmud erwähnt wird,) wurde nach einem sehr wechselvollen Kriege von den Römern besiegt und zu einen schmählichen Frieden gezwungen. Er musste 5 Provinzen, darunter die uralte Stadt Nisibis, an Rom abtreten. Aber auch im Innern des Reiches gewannen wieder die unruhigen Elemente die Oberhand. Bar Adi, der Araber, ohne Zweifel der Begründer des in der Nähe von Pum-Badita und Nehardea gelegenen Kleinstaates Hyra, erlaubte sich so manche Gewaltthat gegen die Juden Pum-Badita's.3) Es fehlte die starke Hand, die dem Adel, welcher die höchsten Stellungen im Staate bekleidete, entgegentreten und die fanatischen Priester der Feueranbeter in Zügel hätte halten können. Die Juden wurden zunächst zurückgedrängt. Während Sabur I den Vater R. Sera's zum Steuerinspector ernannt hatte,) wurden die Juden nunmehr weder zu diesem Amte, noch zum Amte eines Vesierpat) zugelassen, was freilich der strenggläubige R. Juda als einen Segen für die Israeliten bezeichnete.)

Unangenehmer dürfte ihn die Rücksichtslosigkeit berührt haben, mit der einzelne persischen Beamten das religiöse Gefühl der Juden verletzten. So nahm einst der Gross-Feldherr s'Dn pnc — eine gefürchtete Persönlichkeit im Orient — die Weingefässe der jüdischen Bewohner Pum-Badita's in Beschlag, um dieselben mit Heidenwein zu füllen.)

Zu den Chikanen der launenhaften Machthaber — an solchen hat's in Persien auch in besseren Zeiten nicht gefehlt — gesellten sich in unruhigen Zeiten gefährliche Ausschreitungen der Feueranbeter und der fanatischen Priester. Die Magier hatten die Waffen nie ganz aus den Händen gelegt und harrten nur des geeigneten Momentes um wieder loszuschlagen. Da sie nun diesen für gekommen erachteten, waren sie in ihrem Verfolgungseifer rücksichtsloser als je; sie schonten weder Kranke noch Greise. Als einst Rabba bar bar Chana krank danieder lag und von Rab Juda besucht wurde, drangen die Feuerpriester plötzlich in sein Zimmer und nahmen das Licht, welches sein Krankenzimmer erhellte um es bei ihrem Feuercultus zu verwenden. Der Kranke, in seinen heiligsten Gefühlen verletzt, brach in den Schmerzensruf aus: „ Allmächtiger, wenn du uns nicht in deinen Schutz nimmst, so überlasse uns mindestens dem Schutze der Römer." Die ganze Schwere des Druckes, Kummer und Sorge um sein schwergeprüftes Volk, offenbart sich in diesem Schmerzensruf des kranken Gesetzeslehrers.

Zu den äussern und innern Wirren gesellten sich noch die Landplagen, die auch die von den Juden dichtbevölkerten Gemeinden trafen. Bald wurde das Land von einer Heuschreckennoth, bald die Hausthiere von einer gefähr ') Aboda sara 33 b, 61b, Baba mez. 49 u. a St. ptlB ist kein Eigenname, sondern das persische wzurg neupersisch buzurg in der Bedeutung „gross". Mit KBll bedeutet es Gross-Feldherr. Vgl. Nöld. Tab. S. 9, Anro. 2.) Gittin 16b. Grätz emendirt zwar Rabba b. b. Chana in Rabba b. Chana, aber — wie schon Bacher (Agada d. babyl. Amoräer S. 87) bemerkt — mit Unrecht, denn die Besucher sind R. Juda und sein Schüler Kabba, also lange nach Rabs Tode; der Kranke war demnach nicht der ältere Vetter Kabs, sondern dessen Sohn Kabba b. b. Chana. Der Ausspruch R. Hunas: „Meine Söhne" sind die Exulanten in Babylon, die ruhigen Sinnes sind, (Sebach. 110 a) gehört natürlich einer früheren Epoche an. (v. d. J. 272).
Als R. Chisda das Rectorat übernahm (299) entstand eine Theuerung in den Brodpreisen, die man als Strafe für die liberalisirende Richtung seiner Zeit, ansah.) Zur Zeit Rab Samuels b. Nachman, wussten sie nicht, ob sie erst um die Abwendung der Pest oder der Hungersnoth beten sollten.) In keiner Periode wurden so oft Fasten und öffentliche Gebete angeordnet, als in dieser. 4J Aber auch diese Leiden übten manch guten Einfluss auf die Entwicklung der edelsten Gefühle; inniger wurde die Hingebung an Gott, kräftiger das Gefühl der Zusammengehörigkeit. Zur Zeit der Noth hat sich das jüdische Herz zwar noch immer bewährt, aber in dem Masse, wie in diesen Jahrzehnten, hatte es nur selten sein inniges Mitleid und Mitgefühl mit den Armen und Elenden, bekundet. Die ersten Juden des Reiches, der Exilsfürst Mar Ukba II,) das Schuloberhaupt, R. Huna und der Philanthrop Chama b. Chanilai), giengen mit dem edlen Beispiel voran. Auch das geistige Leben hat trotz der Unruhe und der Stürme, die durch das Land tobten, keinen Schaden erlitten; es nahm vielmehr einen solchen Aufschwung, dass

die Gelehrten Babylons, auch von den Palästinensern und von den Juden aller Länder als ihre geistigen Führer anerkannt wurden.
Die religiöse Wissenschaft war so hoch im Ansehen gestiegen, dass auch die hervorragendsten und angesehensten Mitglieder des Exilarchenhauses sich dem Studium der Religionslehre zuwendeten. An der Spitze dieser Be ') Taanit 21 b. Zur Zeit R. Judas.) Sota 48 a.) Taanit 18 b.) Taanit 21b, 24 b u. a. St.) Ueber Mar Ukba. Vgl. Note 4 u. w. u. über R. Huna.) Ueber Chama b. Chanilai. Vgl. Grätz IV, S. 359, Berach. 54 b, Megilla 27 a u. 28 a. Er Hess Tag und Nacht für Arme Brod backen und für Verschämte Weizen und Gerste bei Nacht und Nebel vor ihre Häuser legen. Gieng er durch die Gasse, so hatte er stets seine Gabe bereit, um die Anten nicht warten zu lassen. wegung stand der Exilarch, der bereits erwähnte Mar Ukba II selber.) Seine Jugendgeschichte ist, wie die so vieler hervorragender Männer, in ein interessantes Dunkel gehüllt. Sein Vater war der Exilarch Nachum oder Nechemja;) die Mutter war eine Tochter Rab,s, die auf die religiöse Erziehung ihres Sohnes eingewirkt haben mag.) Die Vorträge seines Grossvaters wird er kaum mehr geholt haben, wohl aber die Samuel,s, dessen Lehren er der Nachwelt überlieferte.) Spätere sagenhafte Quellen bringen ihn mit Nathan de Zizuta in Verbindung. Gleich diesem, wurde er von der Sage zum Helden gemacht, zum Helden im Sinne jenes weisen Spruches: „Nur der beweiset Heldenkraft, der obsiegt seiner Leidenschaft".) Die Sagen und Legenden haben aber durch den Heiligenschein, den sie um sein Haupt gewoben, eine solche Verwirrung in die Quellen gebracht, dass es bei der Verschiedenheit der Berichte kaum mehr gelingen dürfte bei denselben die Wahrheit von der Dichtung zu scheiden. Der Talmud, die verlässlichste unserer Geschichtsquellen, ist wortkarg, wo es sich um die Lebensgeschichte der Exilarchen handelt. Auch über Mar Ukba, den populärsten Exilarchen, wird nur wenig gesprochen. Aber das Wenige was wir hören, zeugt von dem hohen Ansehen,

dessen er sich bei seinen Zeitgenossen, bei den palästinensischen wie bei den babylonischen Juden, erfreute.) Seine Gelehrsamkeit, seine Frömmigkeit, seine Bescheidenheit, vor Allem aber seine werkthätige Menschenliebe mussten ihm die Sympathien aller Gutgesinnten verschaffen. Die Aermsten konnten sich vertrauensvoll an ihn wenden. Er gab viel und womöglich geheim. Ein Armer, so wird erzählt, dem er täglich vier Sus ins) Berach. 54 b, Megilla 27 a, 28 a, Grätz IV, S, 359.) Vgl. Note 4. Lazarus, Brülls Jahrb. X. S. 91—95. 3) Cholin 92 a. Baba b. 51b. «) Baba b. 55 a. Erubin 81 a. Vgl. Note IV, S. XIII.) Vgl. Scheeltot Nr. 42; R. Nissim Maasijot und Rappop. in Biklure haittim 1831, S. 79. «) Vgl. die Eingangsformol im Schreiben des Palästinensers: Vrfy !TXV3 135,T? Sanhedr. 3lb, Cholin 92a und Sabbat 56b.

Haus zu schieben pflegte, wollte den unbekannten Wohlthäter kennen lernen und lauerte eines Tages hinter seiner Thür; als er nun den Klang der hereinfallenden Münzen vernahm, eilte er dem davoneilenden Spender nach. Dieser aber flüchtete in ein Backhaus, wo er lieber die Gluth des Backofens ertrug, um nur nicht die Danksagungen des Beschenkten anhören zu müssen.) Vor seinem Tode fand er die Summe, die er an Arme vertheilt hatte, nicht genügend uud liess noch ein Drittheil seines Vermögens vertheilen.) Kein Wunder, dass ein solcher Mann von den Besten seiner Zeit verehrt wurde. Die hervorragendsten Männer, Gesetzeslehrer, wie Anan, den selbst Elijahu, der grosse Prophet ausgezeichnet haben soll, kamen zu ihm mit ihren Streitigkeiten, um sie von ihm schlichten zu lassen.3) Und als im Lehrhause von den drei erlauchten Fürsten als von den drei edlen Reben gesprochen wurde, die am Weinstocke Israels blühen, da „richteten die Gesetzeslehrer ihre Blicke auf Rabbana Ukba".4)
Aber auch diesem edlen Exilarchen blieben Kämpfe nicht erspart. Eine Rotte böser Menschen, die ihn wegen einer nicht näher bezeichneten Ursache hass-

te, scheint ihm arg zugesetzt zu haben. „Sie kränken mich allzusehr", schrieb der erbitterte Fürst an seinen gelehrten Freund R. Elasar nach Palästina, „ich habe keinen Bestand vor ihnen".) Und er hatte die Macht in Händen! Er hätte sie — wie er selber schrieb — der Regierung übergeben, hätte sie vernichten können. Ukba aber hörte auf den Rath des nicht minder edlen Freundes, der auf seine Klagen mit dtm Schriftverse antwortete: „Vertraue dem Ewigen und hoffe auf ihn" und verzichtete auf jede Gegenwehr. Die Uebelthäter entgiengen aber dennoch nicht der wolverdienten Strafe. Wenigstens von dem Hauptgegner Geniba der der Führer der Gegenpartei gewesen zu sein scheint, wird berichtet, dass er bald nach dem erwähnten Briefwechsel den Behörden in die Hände gefallen sei.)

') Baba b. 10b, Ketubot 67 b. Ueber andere Spenden M. Ukbas am Rüsttage des Versöhnungstages, vgl. das.) Das.) Anan über R. Huna Ketub. 69 a; über R. Nachman (das. 79 a). Es war wol nach dem Tode Samuels, da sich Anan sonst an seinen Lehrer gewendet hätte. Da aber MarTJkba I nach Lazar. 14 Jahre vor Samuel starb, kann dieser nicht gemeint sein, wie Lazar. (Br. Jhrb. X, S. 80, Anm. 3 irrthüml. annimmt. Im letzten Falle wäre dies auch sonst unmöglich, da Nachman selbst nach Laz. (das. S. 90 Nachman lebte 225—320) z. Z. als Mar UkbaI starb (240) nicht älter als 15 Jahre gewesen sein konnte; als 15 Jähriger wird er aber das Richteramt noch nicht ausgeübt haben. Ueber Anan vgl. Ketub. 103 a. 4) Cholin 92 a. Ueber den Titel Rabbana s. oben S. 33.) Gittin 7a »31B ? 1Jto. Er spricht von D"IK 3J3, es waren ihrer viele; Geuiba war nur ihr Führer. Sein Vorgehen gegen Mar

Was die Gelehrsamkeit Mar Ukba's anbelangt, so beschränkte er sich nicht gleich den andern Exilarchen auf die thatkräftige Förderung des Studiums. Er hielt selber öffentliche Vorträge, tradirte wichtige Lehren im Namen Samuels und führte auch seine Söhne dem Studium zu.) Anfang und Ende seiner Regierungszeit sind nicht bestimmt. Um 279 scheint er schon Exilarch gewesen

und dürfte in den ersten Jahrzehnten des vierten Jahrhunderts gestorben sein.)

Nicht so populär wie der Exilarch Mar Ukba, aber bei weitem gelehrter als dieser, war ein anderes, älteres

Ukba wurde von seinen gelehrten Zeitgenossen R. Huna und R. Chisda getadelt und verurtheilt (Gittin 62 a). Möglich, dass auch die Ansprache!C1?o an die erwähnten Lehrer (das.) einen versteckten Angr ff auf das Exilarchat in sich barg.) Auch hier kann nicht Mar Ukba I gemeint sein, wie Lazarus (Jhrb. X, S. 80, Anni. 3) gegen Bacher behauptet, da der Schlusspassus wie schon Halevi Dor. harisch. Ia S. 248 bemerkt, den Tod Genibas mit dem erwähnten Briefwechsel zeitlich verbindet. K"l 'BD Kit "Oin 1Sipa KS'jj? 1mjnj1. Dies geschah aber schon zur Zeit R. Seras de3 Zeitgenossen Eabba und E. Josefs (s. Gittin 65 b) also zu einer Zeit, wo Mar Ukba (st. 240 Laz. das. 130) längst nicht mehr lebte.) Er hielt Vorfrage unter Leitung E. Chisdas Pesach. 115 b, Beza 29 a; irudirte Lehren Samuels, Sabb. 75 b, Erub. 81 a. Vgl. Note 4 Baba b. 55a. Sein Sohn Nathan b. Mar Ukba tradirt Lehren im Namen R. Judas (ßerach. 13b); Nechemja b. Mar Ukba im Namen R. Jose's (nach der richtigen Lesart des R Ascher zu Jebam. 113 b u. nach Tosaph. z. St. im Namen R. Judas), jerus. Jebam. 14, 1. Ueber Nechemja vgl. noch Note 4.) Als er an E. Elasar (st. 279) schrieb, scheint er schon Exilarch gewesen zu sein, wie aus dorn X11sSo? C1CD? 'TS1 hervorgeht.

Mitglied des Exilarchenhauses, Rabba b. Abbahu. Dieser war nie Exilarch, wie neuere Forscher irrthümlich angenommen, auch nicht Schuloberhaupt, weder in Nehardea noch anderswo,) aber nach dem Tode Samuels, scheint er als einer der ältesten Vertreter der Rab'schen Schule und gründlicher Kenner seiner Lehren doch eine dominirende Stellung inne gehabt zu haben, die mit keinem besonderen Amte verbunden war. Er scheint auch Vorträge gehalten su haben, aber nur im engsten Familienkreise; sie kamen fast ausschliesslich R, Nachman, seinem Schwiegersohne, zu gute, der die Leitung der Schule Samu-

els übernommen. Nach der Zerstörung Nehardeas (259) zog er mit R. Nachman nach Schakanzib und dann nach Machosa, wo er die geistliche Verwaltung leitete.) Er scheint zu der künftigen Grösse dieser Stadt den Grund gelegt zu haben. Sein freundliches Benehmen allen Menschen, auch den Heiden gegenüber und sein Eintreten für die heidenfreundlichen Gesetze,) mussten einen gewaltigen Andrang der Heiden zum Judenthume zur Folge gehabt haben. Ganze Ortschaften kamen zu ihm um sich von ihm in die Gemeinschaft der Juden aufnehmen zu lassen.) Wenn daher berichtet wird, dass ein grosser Theil der zahlreichen jüdischen Bevölkerung in Machosa aus Proselyten bestand,) so ist das gewiss auf die Einwirkung dieses erleuchteten Gesetzeslehrers zurückzuführen. Zu Mar Ukba und Rabba b. Abbahu gesellte sich das dritte Mitglied des Exilarchenhauses, der bereits erwähnte R. Huna, der Nachfolger Rabs im Rectorate an der Hoch-t schule zu Sura.

') Selbst Sclmira, der späte Abkö nmling Ribbi's (b. Abbuha) s ag nur, dass er "tCVi JV31 D. gewesen sei. Vgl. Lazarus Jhrb. X, S. 90, Anm.; Dor. harisch. II b 414. Er war aber auch kein Schuloberhaupt, wie Letzterer annimmt, da seine Lebren fast ausschliesslich von II. Nachman tradirt werden. 3) Vgl. Erubin 26a, Sabbat 59 b, Dor. harisch. das. ') Cholin 13a. Vgl. seinen menschenfreundl. Spruch: Das Gebot der Nächstenliebe Lew 19, 18 soll auch bei den Todeschuldigen geübt werden. »r& . "WD 11? 1113. Ket. 37 b.) Aboda sara 64 a. »») Kidduechin 72 a.

R. Huna aus Daraukara) in der Nähe des später erbauten Wasit war trotz seiner Verwandtschaft mit dem Exilarchen vom Hause aus so arm, dass er in seinen jüngeren Jahren seinen Gürtel versetzen musste um sich den Wein zur Sabbatweihe kaufen zu können). Er bestellte selbst seinen kleinen Acker und seine Frau Chauba weidete sein Kleinvieh). Durch fleissige Arbeit erwarb er sich grosse Reichthümer, die aber mehr den Armen Suras als ihm selbst zu gute kamen. Noch nach Jahrzehnten erzählte man von seiner grossartigen Wohlthätigkeit und Freigebigkeit. Rafram der Sohn Papas, der ihn nur im Greisenalter gekannt, erzählte von ihm, dass er nach verheerenden Stürmen, die in den Strassen Suras furchtbare Verwüstungen anzurichten pflegten, sich in einer Senfte durch die Strassen tragen und die baufällig gewordenen Häuser der Armen auf eigene Kosten wieder aufbauen liess. Sein Haus war den Armen zu allen Zeiten offen. Vor jeder Mahlzeit liess er verkünden, wer bedürftig ist, der komme um sich zu sättigen).

Im Jahre 257 — drei Jahre nach dem Tode Samuels — wurde er zum Oberhaupte der Hochschule Suras erwählt. Diese Wahl war eine besondere Auszeichnung für den verhältnissmässig noch jungen Mann. Rab — der Grösste seiner Zeit — war bereits 60 Jahre alt, als er diese Hochschule gegründet, R. Huna hatte erst das 40. Lebensjahr über) Taanith 21b. Ueber die verschiedenen Lesearten KipTH, nipivi und K15TH (so Sabbat 94 b) vgl. Dikd. Sofr. z. St. und Berliner, Beiträge zur Geogr. und Ethnogr. Babyl. S. 30. Es ist nicht Diakara (Kohut) und auch nicht Tekrit (Wiesner Scholien II, S. 192) sondern Daucara oder Daraucara, welches von el Haggai zerstört wurde, um das Material zur Erbauung Wasit,s zu benützen. Es lag 2 Paras. weit von Wasit. Z. D. M. G. Bd. 28, S. 409. Die sumpfige Lage dieser Gegend begünstigte wohl auch die Sterblichkeit der Bewohner, womit die Angaben Taan. 21b, Nidda 58b übereinstimmen würden.
) Megilla 27 b.) Baba k. 80 a.
«) Taanith 20b. Grätz IV, S. 360.
schritten), als er zu dessen Nachfolger ernannt wurde. Und es lebten noch viele ältere und hochgelehrte Schüler Rabs, hervorragende Männer, die nicht minder würdig gewesen wären an die Spitze dieser noch jungen aber bedeutenden Lehranstalt berufen zu werden. Es lebten noch R. Adda b. Ahaba, der fromme, selbst von Rab und Samuel hochverehrte Greis), es lebten R. Elasar b. Pedat, Rabba b. Abbahu; hervorragende Zeitgenossen, wie: R. Juda, R. Chisda u A. Von einem Wettstreite zwischen

diesen und dem erwählten Schulhaupte wird zwar nirgends berichtet, aber ganz glatt wird es mit dessen Wahl auch nicht gegangen sein. Auf Wahlkämpfe deuten schon die drei Jahre hin, die zwischen dem Tode Samuels und der Wahl R. Hunas verstrichen, in welchen die Schule des Oberhauptes entbehrte. Mitentscheidend bei der Wahl, dürfte neben den persönlichen Tugenden und der Gelehrsamkeit Hunas, dessen hohe Abkunft aus dem Hause Davids gewesen sein). Adelige Abstammung war bekanntlich stets ein Vorzug, der bei der Wahl eines Schulhauptes schwer ins Gewicht fiel. R. Huna rechtfertigte aber das Vertrauen, das man in ihn gesetzt hatte, in vollem Masse. Anfangs mochte es ihm zwar schwer geworden sein, all den Ansprüchen zu entsprechen, die man an den Nachfolger eines Mannes, wie Rab zu stellen sich berechtigt glaubte. Einen hervorragenden Amora, R. Acha oder R. Awja dem alten, der ihm unmittelbar nach der Wahl schwierige halachische Fragen zur Entscheidung vorlegte, musste er mit nichtssagenden Worten abfertigen. Ich bin erst heute zum Schulhaupte gewählt worden und er kommt mir gleich mit so schwierigen Fragen, sprach er zu seinem Sohne Rabba, sein Vorgehen dem gelehrten Fragesteller gegenüber rechtfertigend). Bald aber gelang es ihm, die
') Huna starb als 80-jShr. Mann im Jahre 297 und war 40 Jahre R. M. (297—40=257). Vgl. Moed k. 28 a u. Schemas Sendschr.
) Vgl. Taanit 20 b.
») Vgl. Scher. Sendschr. HiPJW 'SD. "lim K3H0 KJln '1 13JK1. Es war aber nicht die Verwandtschaft mit den Kxilarchen, die mithalf. Vgl. Sanhedr. 5 a) Die edle Abstammung gab bekanntlich auch bei der Wahl K. Eleasar's b. Asarja gegen R. Akiba den Ausschlag.
4) Beza 21a. Nach einer richtigen Leseart auch in Chohn 124b. Hochschule Suras zum Sammelpunkte der hevorragendsten Gelehrten Babyloniens zu machen und ihr die Hegemonie über sämmtliche Schulen Babyloniens zu verschaffen. Zwar hatte die Anzahl der Schüler abgenommen — man zählte blos 800 ständige Hörer), während Rab

noch 1200 hatte — aber die Anzahl der in den sogenannten (Semester) Schlussmonaten Adar und Elul (rf?S VIT) in Sura versammelten Gesetzeslehrer, die von allen Seiten herbeigeströmt waren, um die Schlussvorträge mitanzuhören, muss eine überaus grosse gewesen sein. Zu diesen Schlussvorträgen strömten nicht nur die Schüler Rabs, sondern auch die Samuels herbei. Die in diesen Sitzungen gefassten Beschlüsse waren daher für ganz Babylon massgebend. Es war ein Glück für Babylon, dass nach Rab und Samuel eine Autorität ersten Ranges wie Huna, vor welchem die Gelehrten Babylons und Judäas sich in gleicher Ehrfurcht beugten), die geistige Führung übernahm. Es hatte sich bereits die für die Einheit der babylonischen Judengemeinden gefährliche Praxis herausgebildet, dass die Gelehrten des suranischen und nehardeanischen Kreises sich in Allem und Jedem nach dem geistlichen Oberhaupte ihres Kreises richteten, wodurch eine verschiedene Rechtsprechung, verschiedene Einführungen religiöser Sitten und Gebräuche entstanden, die leicht zu einem Zwiespalte der babylonischen Gemeinden hätte führen können). Durch die Autorität R. Hunas und die massgebenden Beschlüsse der Kalläversammlungen
Vgl. Dikd. Sofer. z. St. Vgl. die Erkl. des Aruch T.-DD und B, Chananel z. St. WQ WIWVn fla'WO 1.TOBD D1fl.
') Nach Scheeltoth di R. Acha Pericope w'sot habrächa Nr. 165 und 600. Die hyperbolische Aeusserung der Palästinenser über die grosse Anzahl seiner Schüler (Ketub. 106 a, Grätz IV, 36) kann daher nur au die Kalläversammlungen bezogen werden.
) Selbst die bed eutenden Zeitgenossen R. Ami und K. Asm Giltin 59 b u. Megilla 22 a.) Pesachim 30 a, Ketub. 54 a, Sabbat 19 b. Als ein Schüler in einem zum Bezirke Rab,s gehörenden Orte gegen R. entschied, wurde er von R. Hamnuna mit dem Banne belegt, obgleich die Entscheidung im Sinne der allgemein anerkannten und als Gesetz geltenden Norm gefällt worden war. Sabbat das. wurde dem vorgebeugt, indem man für ganz Babylon die Richtschnur feststellte: in Civilsachen stets wie Sa-

muel, in rituellen Fragen wie Rab zu entscheiden). Noch weitgehender war die Erklärung, die er um die Einheit der Gemeinden zu fördern, abzugeben keinen Anstand nahm: man möge in Rechtssachen wie R. Nachman, der sein Zeitgenosse und halachischer Gegner war — entscheiden, selbst in Fällen, in welchen er selbst anderer Meinung gewesen). Durch diese Versammlungen und durch die in denselben herrschende Einmüthigkeit der Gelehrten gelang es ihm, — was selbst Rab in Folge des Einspruches von Samuel nicht durchsetzen konnte, — ganz Babylonien auch in gesetzlicher Beziehung Judäa gleichzustellen).

Wie sich R. Huna als Vorsitzender der Kallaversammlungen die Einheit der Rechtsprechung und der rituellen Praxis in ganz Babylonien zum Ziele gemacht und diese Versammlung zum Vereinigungspunkte der babylonischen Judenschaft gestaltete, so richtete er als Schulhaupt seine ganze Aufmerksamkeit auf die Einheit der Traditionslehre. Um diese bei seinen Hörern zu sichern, wollte er zunächst all dem vorbeugen, was eine Verschiedenheit bei den überlieferten Lehrsätzen hätte herbeiführen können. Eingedenk der Mahnung seines grossen Lehrers: „Der Schüler solle sich auf keinen Moment aus dem Lehrhause entfernen") achtete er mit ausserordentlicher Strenge darauf, dass die Schüler nicht vor dem Schlusse des Vortrages den Lehrsaal verliessen). Er hatte nämlich gleich seinem grossen Lehrer und Vorgänger im Amte manche irrige Ansicht zu bekämpfen, die nur dadurch entstanden, dass der Tradent derselben zur Zeit als das Schulhaupt seine früher geäusserte Meinung änderte oder widerrief, sica nicht mehr im Lehrhause befand. So bekämpfte R. Huna eine

') Nidda 24 b. Weiss Dor Dor Wedorschaw, Bd. III, S. 148.

) Baba b 65 a.

3) Gittin 6 a, Bab» kama 60 a. Kabs Maelit erstreckte sieb nur auf seinen Kreis.

4) Beza 24 b. 5) Vgl. Jebam. 62b und Scheeltot di R, Acha Nr. 165. Ueberlieferung des älteren Mitschülers R. Adda's (b. Ahaba's), die Rab allerdings

vorgetragen, aber dann während der Abwesenheit R. Judas — widetrufen hatte). Aus diesem Grunde mahnte er auch seine Schüler, sich das Wissen nur allmählig und behutsam anzueignen). Diese Mahnung war umso mehr geboten, als man es mit der wortgetreuen Ueberlieferung der amoräischen Lehren keineswegs so genau nahm, als mit den in der Mischna und in der Baraitha enthaltenen Lehrsätzen. Wir hören nirgends, dass es Personen gegeben hätte, die — gleich den Tannaim und Schone Halachot, den Tradenten der Mischna und der Baraitot — sich ausschliesslich mit dem Texte befassten). Mancher Lehrsatz wurde in zwei oder drei verschiedenartigen Fassungen überliefert. Ja, es kam sogar sehr häufig vor, dass Schüler im Namen ihrer Lehrer Traditionen vortrugen, die sie weder im Lehrhause noch anderswo gehört, sondern von praktischen Entscheidungen, die das Schulhaupt in «concreten Fällen vor den Hörern gefällt hatte, abstrahirten). Dies kam so häufig vor, dass man bei neu überlieferten Lehren zu fragen pflegte: „Hast du dies ausdrücklich gehört oder von einer Entscheidung deduzirt"?) Solche Deductionen beruhten aber nicht selten auf unrichtigen Schlussfolgerungen). Es kam auch vor, dass zwei Schüler ein und

') Jetus. Baba k. II, 6 an Hin *xb* , 1 in» "O *tnx* "1.

) Erubin 54 b.) Die Rösche Kalla scheinen allerdings auch auf die richtige Wiedergabe der Ueberlieferungen geachtet zu haben. (Vgl. Dor. harisch. IIb 500—502). Ihre Aufmerksamkeit erstreckte sich jedoch nur auf die sachlich richtige, nicht aber auf die wortgetreue Wiedergabe derselben. In der Schule Huna's fungirte als solcher K. Chija b. Abba, Scheeltot das. 4) Vgl. z. B. Beza 24 a, wo eine Tradition Samuels in drei Versionen *z i* drei älteren Traditionen überliefert wird, u. a. St. 5) Im Namen Rabs: lorrx tPIVBS ix SI1 KH Sabbat-29a, 146b, Erubin 94a, Cholin 95a, Baba m. 36a, 101 a; im Namen Anderer: Berach. 9a IIb, Sabbat 39b, Erubin 46a, Cholin 94a, lila, Baba bat. 40 b, 126 a, 156 b, Schabuot 21a u. a. St,

«) Vgl. Erubin 46a, Sabbat 39a u. a. St.

xbbx IK *"b* JJW *VWll «b yov.*) Der Talmud sagt kurz KTt K'?i. Vgl. Baba m. 36 a, Baba bat. 40 b, 155 b, Sabbat 146 b und Ketub. 80 b.

derselben Entscheidung verschiedene, einander widersprechende Motive zu Grunde legten). Eine Ueberprüfung der Traditionen war daher auf jedem Falle angezeigt. Uro nun seine Schüler mit den zur Ueberprüfung der Lehrsätze nothwendigen Mitteln der Kritik auszustatten und sie in der logischen Begründung der gefällten Entscheidungen zu üben, verfiel R. Huna auf eine eigene, originelle Methode. So oft schwierige Fragen, rituelle oder privatrechtliche, an ihn gerichtet wurden, entschied er dieselben in Gegenwart seiner Hörer und überliess die Begründung den hervorragendsten Schülern. Die von diesen angeführten Gründe, wie die herangezogenen Traditionen wurden dann zum Gegenstande der Besprechung gemacht, wodurch sich der Vortrag äusserst anregend gestaltete).

Vierzig Jahre lehrte R. Huna. Seine Kraft blieb ungeschwächt, bis ihn der Tod zum Entsetzen seiner Schüler plötzlich hinraffte. Nur der Gedanke, dass der geliebte Meister das achtzigste Lebensjahr bereits über schritten, vermochte die Gemüther zu beruhigen.) Vorseinem Tode hatte er noch den Wunsch geäussert in dem geweihten Boden Judäas bestattet zu werden. Babylon hatte er seine besten Kräfte, sein ganzes Leben geweiht, sein entseelter Körper sollte an der Seite der grossen Mischnalehrer zur ewigen Ruhe gebettet werden. Er fand diese an der Seite seines grossen Landsmannes, in der Begräbnisgrotte R. Chijas.)

Nach einem Interregnum von 2 Jahren, in welchen R. Juda von Pum Badita aus, die Agenden des Rectorates versehen) und den Vorsitz in den Kallaversammlungen geführt hatte, wurde der greise College Hunas, R. Chisda zum Oberhaupte der Hochschule gewählt. Gleich seinem Vorgänger hatte dieser sich durch Bierbrauerei ein bedeutendes Vermögen erworben), und wie jener war auch er einer der hervorragendsten Schüler Rabs, dessen Lehren er sich in einer solchen Vollständigkeit angeeignet, dass er demjenigen ein Doppelgeschenk zu geben versprach, der ihm noch etwas Neues von R. mittheilen würde.) Man pflegte darum, wenn man von Huna und Chisda sprechen wollte, allgemein von der Rab'schen Schule zu sprechen. Trotz des gleichen Studienganges schlugen sie jedoch in ihren Lehrweisen verschiedene Richtungen ein. Im Gegensatze zu 11. Huna, der mehr der einfachen Auslegung zuneite, war R. Chisda ein Freund scharfsinniger Entwicklungen. Als Beispiel möge hier folgende Controverse Platz finden. Bei einem gemeinschaftlichen Besuche bei dem Exilarchen fragte dieser den altern Lehrer Huna, aus welchem Grunde der zu einer Krone geformte Hochzeitskranz zu tragen verboten sei.) Huna erwiderte, das Verbot sei nur rabbinisch. Als er hinausgieng sagte R. Chisda, das Verbot sei auch biblisch begründet. Es heisse: „So spricht der Ewige: „Schaffe weg den Kopfbund und nimm ab die Krone." Nur wenn der Hohepriester mit dem Kopfbunde sich schmückt, sei das Tragen der Krone gestattet." Der bescheidene Huna, der inzwischen hereingekommen war, erwiderte jedoch: Schön wie dein Name sind auch deine Worte, aber bei Gott, das Verbot ist doch nur rabbinisch.)

Huna schätzte ihn aber gerade wegen seines Scharfsinnes sehr hoch und schickte auch seinen Sohn Rabba zu den geistreichen Vorträgen R. Chisda's, die dieser in den letzten 4 Lebensjahren R. Huna's (293—297) in seinem eigenen, in der Nähe Mata Machasjas eigens erbauten Lehrhause hielt. Es geschah dies wahrscheinlich in Folge eines Missverständnisses, welches das früher so freundschaftliche Verhältnis zwischen den zwei Alters-und Gesinnungsgenossen trübte und dem Ersteren den Besuch des suranischen Lehrhauses verleidete.) Es ist dies immerhin ein schönes Zeichen der Neidlosigkeit, mit der die grossen Amoräer auch die Fähigkeiten der halachischen Gegner anerkannten,) eine Tugend, die wir nur bei grossen Geistern finden.

R. Huna hatte damit nach einem alten Grundsatze gehandelt, der aber in Babylonien erst von R. Chisda öffentlich gelehrt wurde,) dass die heranwachsende Jugend womöglich die Vorträge mehrerer Gesetzeslehrer hören sollte. Wurde dies schon von manchen hervorragenden Denkern früherer Epochen empfohlen,) so wurde es jetzt eine Notwendigkeit, der sich ein einsichtiger, von jeder Voreingenommenheit gegen die Lehrweisen Anderer freier Gelehrter, wie R. Huna, nicht verschliessen konnte. Der Lehrstoff, durch die Zusätze der grossen Amoräer ungemein bereichert, musste nämlich, wenn man der Aufnahmsfähigkeit der Schüler nicht Unmögliches zumuthen wollte, in sehr kurzen, epigrammatischen Lehrsätzen überliefert werden. Von der Kürze dieser Lehrsätze können wir uns ungefähr eine Vorstellung machen, wenn wir bedenken, dass der ganze ungeheure Lehrstoff der Mischna und des Talmuds von einzelnen hervorragenden Männern, wie von R. Juda, Chijja b. Abba, R. Scheschet u. A. in 30 Tagen wiederholt wurde.) Sie enthielten eben nur die Resultate der Vorträge, die Quintessenz des Lehrstoffes, das das Schulhaupt oder ein hervorragender Hörer, in den Kalla-Versammlungen die Rüsche Kalla, in sogenannten Memra's zusammenzufassen und mit der Schuljugend einzustudieren pflegte.) Für die älteren Amoräer, die noch zu Füssen der grossen Meister gesessen und deren ausführlichen Vorträge gehört hatten, mochten auch diese Andeutungen vollkommen hinreichen, um an der Hand derselben den Ursprung und die Entwickelung der tradirten Lehrsätze sich aufs neue wieder zu vergegenwärtigen; für die Epigonen waren sie ohne Erklärung der Lehrer ganz unbrauchbar. Die mitunter langen Ketten der Traditionen waren oft von zahlreichen Luken durchsetzt, die ausgefüllt werden mussten. Es war kein seltener Fall, dass die Lehrer die Erläuterung zu manchen Lehrsätzen nicht gehört; dass der concrete Fall, bei dessen Entscheidung die vorgetragene Lehre entwickelt wurde, dem Gedächtnisse der Tradenten entschwunden, wodurch derselben die nötige Beleuchtung fehlte; dass die Mischna oder die Baraita, auf welche sich eine Frage oder eine Erklärung bezogen) in Vergessenheit gerathen und dieselbe gleich einem wichtigen Bestandtheile eines unbekannten Schiffes auf dem „Meere des Talmuds" umhertrieb; da musste die talmudische Dialektik einsetzen; da galt es mit Hilfe einer umfassenden Kenntnis der Tradition, mit divinatorischem Scharfsinne und feiner Combinationsgabe den richtigen Sinn der Lehrsätze herauszufinden, die gestörte Verbindung zwischen denselben und den Urquellen wieder herzustellen. So hatte einst — um ein Beispiel anzuführen — R. Chisda von R. Ami eine geradezu räthselhafte Lehre gehört, die er sich nicht erklären konnte, (pbl 'JBD Vibx n3 11DR mf?). Da ihm von den Chaldäern gesagt worden war, er würde einst ein „Malphana" Lehrer werden, studierte er den Lehrsatz einstweilen ohne jede Erklärung ein und sagte sich: „werde ich einst ein grosser Mann (Lehrer einer höheren Lehranstalt) so werde ich mir das schon selber erklären, werde ich nur ein Volksschullehrer, so kann ich mal die Gelehrten, die ins Gotteshaus kommen — wo der Unterricht ertheilt wurde — um den Sinn des Lehrsatzes befragen." Das Erstere ging in Erfüllung. R. Chisda wurde Schulhaupt und gab selber die Erklärung.) Da aber bei diesen Combinationen der Schulhäupter Irrthümer kaum zu vermeiden waren, und namentlich die scharfsinnigen Gesetzeslehrer Gefahr liefen durch allzukühne Folgerungen auf Irrwege zu gerathen, ist es begreiflich, dass ein scharfsinniger Dialektiker, wie R. Chisda, dem die unverfälschte Wahrheit über Alles gieng, es seinen Schülern besonders an's Herz legte, ausser seinen Vorträgen auch die seiner Collegen zu hören.) Er war eben selbstlos und einsichtig genug, sein persönliches Interesse hintanzusetzen, wo es galt, die Tradition vor Irrthümern, die Wahrheit vor Trug-Schlüssen und falschen Folgerungen zu schützen.

R. Chisda wäre es mit dem selbstlosen Rathe, den er seinen Schülern ertheilt, bald übel ergangen. In PumBadita hatte Rabba b. Nachmani, ein eben so gelehrter wie scharfsinniger Mann, unmittelbar nach dem Tode R. Judas seine Lehrthätigkeit aufgenommen und durch seine geistreichen Vorträge auf die Jün gerschaaren Babyloniens eine ausserordentlich starke Anziehungskraft ausgeübt. Da nun R. Chisda dem wohl im Stillen schon gehegten Wunsche seiner Hörer, sich dem neuen Sterne zuzuwenden, entgegenkam, machte die ganze Hörerschaft Anstalt, nach PumBadita zu ziehen. Nur die Erkenntniss, dass die Verschiedenheit der Lehrweise wohl auf die Methode der Entwickelung und Ableitung der Lehrsätze, nicht aber auf die wortgetreue Ueberlieferung derselben von vortheilhaftem Einflusse sein könne, vermochte die Hörer zum Bleiben zu veranlassen.) Freilich nur die Minderbegabten. Die Tüchtigeren, die sich den Lehrstoff bereits ganz angeeignet, konnte dies nicht hindern, sich doch der jungen Lehrkraft in Pum-Badita zuzuwenden, was sie denn wohl auch gethan haben. R. Chisdas nicht beneidenswerthes Schicksal war es stets neben und mit überlegenen Zeitgenossen zusammen zu wirken. An Kenntniss der Halachot waren ihm

') Aboda sara ibid. Auch in der Epoche der Tannaim war es gerade R. Meir — einer der scharfsinnigsten Tannaim — der dies empfohlen. Abot di R. Natan III, 2.

) Aboda sara das. Ueber Rabba w. u. Ebenso ist die Steile in Ernbin 53 a zu verstehen:... Hbl ina HDj /TUT "03. Unter 11D5 ist immer die Erlernung des Lehrstoffes gemeint. Bekanntlich hat auch B. Meir den Lehrstoff von B. Ismael X1SJ 1Bii die Auslegung von R. Akiba X13D "OD gelernt. Sota 20 a. Dies steht aber keineswegs im Widerspruch mit Abot di R. Natan VIII, 2 wo B. Meir das Studium des gesammten Lehrstoffes (alle Disciplinen) bei einem Lehrer empfiehlt. Vgl. hingegen Brüll (Monatsschr. 41. Jahrg., *S.* 111). nicht nur R. Huna, sondern auch der jüngere R. Scheschet überlegen in der scharfsinnigen Behandlung des Lehrstoffes erwuchs ihm in den letzten Jahren in Rabba ein gefährlicher Rivale.) Unter solchen Umständen konnte sich seine Hochschule nicht auf dem früheren Niveau erhalten.

Viele, wie die Gelehrten Nesunias, hielten sich von seinen Vorträgen fern, weil, wie sie angaben, R. Chisda die

an ihn gerichteten Fragen nicht zu ihrer Zufriedenheit lösen könnte.)

Auch die nicht hoch genug zu veranschlagende Thatsache, dass R. Chisda an seiner Schule auch der Bibelexegese und der Hagada, diesem in Babylonien stiefmütterlich behandelten Lehrzweige eine besondere Pflege angedeihen Hess, — er war der Erste, der auch auf die Fortbildung des Volkes Rücksicht nehmend, für die Verbreitung heiliger Schriften einstand, Hagadabiicher anlegen und sprachlich schwierige Hagadot aufzeichnen liess) — vermochte nicht den Niedergang dieser ruhmreichen Pflanzstätte der Traditionslehre aufzuhalten. Die hagadischen Vorträge fremder Wanderprediger, die zeitweilig in dem Lehrhause gehalten wurden,) waren vielleicht für das Volk interessant und anziehend, auf den eigentlichen Gelehrtenstand übten sie keine Wirkung aus. So wurde Sura von dem aufgehenden Lichte in Pum-Badita immer mehr und mehr in den Schatten gestellt, um nach 90-jährigem Glanze von der Schaubühne der Geschichte auf Jahrzehnte zu verschwinden.

Glücklicher als in seiner Gelehrten-Laufbahn war R. Chisda in seinem Privatleben. Jung verheirathet — er

') Erubia 67 s, Horajot Ende. -Kiduschin 25a.

') Vgl. Erubin 21b, Sukka 53 a und Cholin 62 b. Während K. Huna zu dem Psalmvers 112, 3 „Schatz und Wissenschaft in seinem Hause" bemerkt: das ist, wer Wissenschaft erwirbt und Andere lehrt, sagt K. Chisda: „Das ist, wer heilige Schriften schreibt oder besitzt und dieselben veileiht". Eetub. 50 a.

4) Sabbat 31b, 88a; Sanhedrin 70a, 113a; Cholin 27b; Baba k. 52 a. heirathete zu 16 Jahren) — führte er ein sehr glückliches Familienleben. In seinem Hause sollen zahlreiche, wenn auch nicht gerade 60 Hochzeiten, gefeiert worden sein und ein gütiges Geschick bewahrte ihn vor Trauer und Herzleid.) Von seinen Söhnen werden mehrere lobend erwähnt. Seine zwei Töchter verheirathete er an hervorragende Amoräer.) Er starb im 92. Lebensjahre. (209). Von seinem Tode erzählte sich die Nachwelt, dass der To-

desengel den Tragbalken des Lehrhauses zerbrechen musste, um über den greisen Gesetzesforscher Macht zu. gewinnen.4) Der Tragbalken seines Lehrhauses war er selber; mit seinem Tode verlor es jede Bedeutung.

Noch weniger glücklich als die Entwicklung der suranischen Hochschule war die der älteren Schwester-Lehrstätte in Nehardea. Nach dem Tode Samuels übernahm der noch an Jahren junge R. Nachman deren Leitung. Nachman, der Sohn eines armen Gerichtsschreibers, hatte sich am Gerichtshofe des Exilsfürsten schon in seiner Jugend eine solche ausserordentliche Kenntniss der Rechtslehre angeeignet, dass er von sich sagen konnte, er sei in Rechtssachen allen seinen Zeitgenossen überlegen.) Dass dies aber keine Ueberhebung war, geht aus dem Umstände hervor, dass selbst der halachische Gegner R, Nachmans, der um viele Jahre ältere, berühmte Zeitgenosse R. Huna dies zugab, und wie bereits erwähnt, dessen Lehren, die das Civilrecht betrafen, bereitwillig annahm.)

Wie sein Vorgänger und Lehrer Samuel,) wurde auch er von dem Exilarchen, dessen Verwandte er zur Frau genommen,) zum Oberrichter über ganz Babylon ernannt.

Am Hofe des Exilarchen mochte er auch Gelegenheit haben, sich in der hagadischen Literatur auszubilden. Es war nämlich Sitte, dass eingewanderte palästinensische Gelehrte vor den Thoren des Exilsfiirsten, vor welchen stets ein zahlreiches Volk versammelt war, öffentliche Vorträge hielten.) Einer dieser reisenden Palästinenser scheint auch bei ihm, wie bei R. Chisda, den Sinn für die Hagada geweckt zu haben. Es war dies R. Jizchak, ein Schüler R. Jochanans. Diesen befragte er über die Bedeutung einzelner Bibelstellen, die derselbe mit den Sprüchen seines Lehrers Jochanan beantwortete.)

Palästina war und blieb das classische Land der Hagada, das Land des lieblichen Maschais, welches in Babylon nie recht Wurzel fassen konnte. Dieser R. Jizchak war aber ein hervorragender Vertreter der Maschaldichtung. Eines der schönsten ist das Gleichnis, mit welchem er von seinem freundlichen Wirte Abschied nahm, welches hier — da es zugleich den Glücksstand R. Nachmans charakterisirt, seinen Platz finden möge: „Ein Mann, so begann er sein Maschal, zog einst durch die Wüste und wurde hungrig und durstig, matt und müde; da fand er einen Baum; seine Früchte waren süss, sein Schatten kühl, unter ihm floss ein frischer Quell. Nachdem der Wanderer seine Früchte genossen, an seinem Schatten sich erquickt, von dem Quell seinen Durst gestillt hatte, rief er dem Baume zu: „O Baum, o Baum, womit könnte ich dich seg) S. oben S. 76, Anm. 3 und Note 7.

) Jebam. 80 b. Ueber seinen Schwiegervater ßabba b. Abraham, s. oben. 3) Moed katan 24 b, Cholin 84 b n. a. M. Wahrscheinlich hatten die reichen Exilsfürsten auch Bibliotheken angelegt (Sabbat 115 b) die K. Nachman zugänglich waren. Es wird in der That von ihm berichtet dass er auch schriftliche Agadasammlungen benützte. Berachot 23 b.) Taan. 5 a u. b. nen? Deine Frucht ist wohlschmeckend, erquickend dein Schatten und dein Quell frisch und klar. So mögen denn deine Sprösslinge dir gleichen". Auch du fuhr derselbe — sich an R. Nachman wendend fort — bist mit Allem gesegnet, bist reich, gelehrt und geachtet, mögen auch deine Sprösslinge dir gleichen.)
Der Segenswunsch des palästinensischen Lehrers gieng aber nicht in Erfüllung. Von den männlichen Nachkommen ist nur selten die Rede; die Töchter geriethen in Gefangenschaft und waren ihres grossen Vaters keineswegs würdig.) Auch seine Frau scheint ihm mit ihren exzentrischen Launen manche schwere Stunde bereitet zu haben. Ein Sprössling des Exilarchenhauses, besass diese alle Tugenden und Fehler einer verwöhnten Fürstentochter. Edel und hilfreich gegen Kranke und Leidende, wie sie war, konnte sie sich eines von den Hofleuten verfolgten und misshandelten Mannes warm annehmen, und hielt es nicht unter ihrer Würde, einen kranken Gesetzeslehrer nach einer eigenen Methode zu curiren.3) Dies hindert sie aber nicht gegen hochge-

stellte, mit ihrem Manne befreundete und gelehrte Persönlichkeiten stolz und hochmüthig zusein. Schlimm ergieng es dem allgemein geachteten palästinensischen Gelehrten Ulla, mit welchem R. Nachman wie mit einen Gleichgestellten zu verkehren pflegte.) Als nämlich dieser einst bei R. Nachman zu Tische geladen, der Aufforderung des Hausherrn, Jalta von dem Weine, über welchen der Segen gesprochen wurde, zu senden, nicht nachkam, und dies noch dazu mit einer die Abhängigkeit der Frau vom Manne allzuscharf betonenden Lehre motivirte, liess ihm Jalta, die das Gespräch belauscht und im Zorne darüber im Weinhause eine entsetzliche Zerstörung angerichtet haben soll, sagen: „Bei Rei senden findet man Geschwätz und bei Lumpen Ungeziefer.") An seine Frau scheint R. Nachman' auch gedacht zu haben, als er in den zwei unschönen Namen der zwei Prophetinnen Debora und Chulda (Biene und Wiesel) eine weise Mahnung an die Frauen erblickte, nicht hochmüthig zu sein. Wie diese war nämlich auch der Name seiner Frau der Thierwelt entnommen. (Kr6' = Hindin).)
R. Nachman's Thätigkeit als Oberrichter und Gesetzeslehrer hat in der weiteren Fortbildung und Entwickelung des Judenthums tiefe Spuren hinterlassen. Das jüdische Volk, aus dem eigenen Lande in fremde Verhältnisse versetzt, hatte im Laufe der Zeit eine erstaunliche Umbildung erfahren. Auf den Verkehr mit Heiden und halbwilden Völkern angewiesen, hatte der Verkehr mit denselben Auswüchse gezeitigt, die energisch bekämpft werden mussten, wenn sie nicht weiteren Schaden anrichten sollten. Es kamen Fälle von Raub und körperlichen Beschädigungen vor, für welche in der traditionellen Gesetzgebung nicht vorgesehen war; es waren Ausnahmsfälle welche Ausnahmsgesetze erheischten. Dieser Nothwendigkeit konnten sich selbst so milde und wohlwollende Richter wie R. Huna und R. Chisda nicht ganz verschliessen. Der Erstere musste nothgedrungen einen notorischen Raufbold, bei dem die vorgeschriebenen Strafen fruchtlos geblieben, durch körperliche

Verstümmelung unschädlich machen, und der Letztere sah sich veranlasst in gewissen Fällen Geldstrafen vorzuschreiben, obgleich dazu nur in Palästina ordinirte Richter berechtigt gewesen wären.) Keiner seiner Zeitgenossen hat aber so tief in die jüdische Gesetzgebung eingegriffenwie der Oberrichter R. Nachman. Wo es die Autorität des Gesetzes und der Gesetzgebung zu heben galt, da glaubte er die weitgehendsten Mittel anwenden zu dürfen, in der Theorie wie in der Praxis in der Gesetzgebung wie in der Rechtsprechung. Da kannte er keine Rücksicht, weder gegen Arme noch gegen Reiche. Er konnte eine Wittwe, die auf ungehöriger Weise ihre Rechte gegen den Exilarchen geltend machte, barsch abweisen,) nahm aber andererseits keinen Anstand ein Urtheil des Exilarchen zu annuliren, obgleich er zu diesem in verwandtschaftlicher Beziehung stand.) Es wäre darum das grösste Unrecht, wenn wir ihm aus der Vorladung R. Judas, des älteren, ihm in manchen Disciplinen überlegenen Schulhauptes von Pum-Badita, einen Vorwurf machen oder darin gar eine Anmassung von Seiten R. Nachmans erblicken wollten. Gerade R. Juda, dem grossen Gesetzeslehrer gegenüber wäre eine Berücksichtigung nicht am Platze, wäre eine solche nicht nur dem Ansehen des Oberrichters, sondern dem des ganzen Standes ungemein schädlich gewesen. Wie sagte doch R. Nachman, sein Vorgehen gegen derartige Vorwürfe im vorhinein rechtfertigend: (Dies musste geschehen) „damit man nicht sage, die Gesetzeslehrer bevorzugen einander." Wo es sich um die Autorität der Gerichtsbehörden handelte, da gieng er ja nicht nur über seine gelehrten Zeitgenossen, denen er ja in der Kenntniss des Privatund Civilrechtes anerkanntermassen überlegen war, zur Tagesordnung über, sondern auch über seinen Meister, den grossen Gesetzeslehrer Samuel, den er selber sehr hoch schätzte und gegen dessen Lehren er in Nehardea, dem Sitze Samuels, in sonstigen Fällen nicht entscheiden wollte,
') Sukka 31 a, Grätz IV 372. Die Behandlung war eine Folge der ungehörigen Art, in welcher die Frau ihre Kla-

ge vorbrachte; Auch der beste Mensch würde es sich nicht gefallen lassen, wenn man ihm zuriefe: Er sitze in einer geraubten Festhütte", als ob der Exilarch für alle Spitzbübereien seiner Diener verantwortlich wäre. Der gefällte Bescheid entsprach aber vollständig den gesetzlichen Bestimmungen.

») Baba k. 58 b.
») Kidduschin 70 b »mH« »1 'eJnD na'1? *xbl.* Vgl. hingegen Grätz IV, 373. auch dann nicht, wo er selber anderer Ansicht gewesen.) Bei der Wahrung des Ansehens des Richterstandes hörte diese, wie jede Art von Rücksichtsnahme auf. Hatte Samuel gelehrt, dass ein vom Gerichte bestellter Vormund, nur eine provisorische, bis zur Grossjährigkeit der Waisen gültige Theilung einer Hinterlassenschaft vornehmen könne, und die Hinterbliebenen nach erlangter Grossjährigkeit eine neuerliche Theilung verlangen könnten, so entschied Nachman, dass eine solche Theilung für ewige Zeiten zu gelten habe, da sonst das Ansehen des Gerichtshofes, in dessen Vertretung der Vormund seines Amtes gewaltet, leiden würde.) Erblickte Samuel in der tief ins geschäftliche Leben einschneidenden Verordnung Hillels, dass das Gesetz des Schuldenerlasses im siebenten Jahre (Sch'mitta) nicht zu gelten habe, wenn der Gläubiger seine Schulden formell dem Gerichtshofe übergibt, (Prosbul)) „eine Vermessenheit der Richter," die dadurch das biblische Schmitta-Gesetzauiheben, und eine allzu kühne Reform, die er am liebsten ganz aufgehoben hätte, da aber dies nicht gut möglich war, dieselbe auf die zwei Gerichtshöfe von Sura und Nehardea beschränkte, so erweiterte R. Nachman diese Einführung, und hätte den Gläubigern auch die Form des Prosbul ganz erlassen, wenn es in seiner Macht gestanden wäre.) Zu dem besonderen Beifalle, den diese Verordnung in den Augen R. Nachmans gefunden, mochten aber nebst der Machtvollkommenheit der Richter, die in keinem Gesetze, in keiner wichtigen Einführung, so offen zu Tage trat, wie in der des grossen Babyloniers, noch andere Umstände und Zeitverhält nisse beigetragen haben. Die unsicheren Zei-

ten, die ewigen Kriege, die das halbe Jahrhundert zwischen dem Tode Saburs I. und dem Regierungsantritte Saburs II. , in welches die Amtstätigkeit R. Nachmans fiel, ausfüllten, waren der Agricultur nicht
') Baba b. 153 a. Vgl. Baba k. 96 b». a. St.
") Gittin 34 a, Jebam. 67 b, Ketub. 100 a, Kidd. 42 a: nD 3"K"i. nv T3 ro". 3) Gittin 36 a. Vgl. auch seinen Lehrsatz: Jeder ist berechtigt zu sagen, er habe ein Prosbul gehabt und habe ihn verloren.) Trpö; ßou.7i. günstig. Mehr als ein anderer Stand bedarf der Landmann der Ruhe, des Friedens. Die Furcht und die ewige Sorge, dass feindliche Heeresschaaren die Saat zertreten, den Ertrag der mühevollen Arbeit eines ganzen Jahres in einem Augenblick vernichten könnte, mochte bewirkt haben, dass ein Theil der jüdischen Bevölkerung dem Ackerbau ab und sich wieder mehr dem verpönten Handel zuwendete.) In einer Zeit, wo man jeden Augenblick gewärtig sein muss, von Haus und Hof vertrieben zu werden, sucht jeder, solche Güter zu erwerben, die man überall hin mitnehmen, überall verwerthen kann. Mit dem Uebergange vom Ackerbaue zum Handel scheint aber auch jene altjüdische Biederkeit geschwunden zu sein, welches das biblische Schmitta-Gesetz bei dem schlichten, ehrlichen Landmanne voraussetzt. Dieses verpflichtete nämlich jeden Gläubiger zum Verzichte auf die Geltendmachung seiner Rechte, enthob aber nicht den Schuldner von der moralischen Verpflichtung, die entlehnte Summe auf Heller und Pfennig zurück zu erstatten; es setzte vielmehr voraus, dass begüterte Schuldner von der Begünstigung des SchemittaGesetzes keinen Gebrauch machen würden.) Wo diese Voraussetzung geschwunden, hatte das Schemitta-Gesetz die unheilvolle, von der Gesetzgebung gewiss nicht beabsichtigte Wirkung, dass die Capitalisten jeden Credit verweigerten und ihrerseits die religiöse Pflicht verletzten, Glaubensbrüdern zinsfreie Anlehen zu gewähren, eine'Pflicht, die ein geistreicher Commentator mit Recht als „einen
') Ueber die Abneigung der Juden ge-

gen den Handel in früherer Zeit. vgl. oben S. 22, Anm. 2. Hier sei noch auf Sirach 26, 28. 27, 1 und auf die bekannte Stelle in Joseph, contra Apion 1, 12 verwiesen. Diese lautet: Wir bewohnen weder eine am Meere gelegene Gegend, noch lieben wir den Handel. Unsere Städte sind weit vom Meere abgelegen wir bewohnen ein schönes Land, das wir mit Sorgfalt anbauen. S. Hamburger Realeneyclopädie Art. Handel. Gegen den allzu ausgedehnten Handel sprechen die Stellen: Abot 11,6; IV, 12; VI, 6; Pesachim 50 b und Erubin 55 a.
) uoo *rata auzn* mi rnywa am Ttnon. Schebüt 10, 9. Vgl.
Gittin 37 b und Hirsch Comment. zu Deuteron. 15, 2.

Felsen des Granitbodens, auf welchem die jüdische Volks, gesellschaft ruht bezeichnete. „Hillel sah — sagt der Talmud — dass sie einander nicht borgen wollten und übertraten was geschrieben steht in der Thora: „Hüte dich, dass nicht ein niederträchtiger Gedanke in deinem Herzen sei, dass du sprechest: Es naht das siebente Jahr, das Jahr des Erlasses, und dein Auge missgünstig sei gegen deinen dürftigen Bruder und du ihm nicht gebest", da stand er auf und führte das Prosbul ein.) Wir begreifen daher, dass R. Nachman die hohe Bedeutung dieser Verordnung des grossen Babyloniers für den Handel brgriffen und sie nach Möglichkeit erweitern wollte. R. Nachman hatte eben ein offenes Auge für die Bedürfnisse seiner Zeit, und lassen sich eine Reihe von Gesetzesbestimmung, die wir ihm verdanken, auf diese zurückführen.) Hier sei nur noch von einer Einführung R. Nachmans erwähnt, die von besonders weittragender Bedeutung war und ebenfalls durch die Zeitverhältnisse veranlasst wurde: die Einführung des Einzelrichters in die jüdische Rechtsprechung. Es scheint dies ein vielbestrittener Punkt zwischen den palästinensischen und den babylonischen Gelehrten gewesen zu sein. Die Ersteren wollten nur die Urtheilssprüche von dreigliedrigen Richtercollegien gelten lassen, die Letzteren erklärten aber auch von Einzelrichtern erflossene Urtheile für rechtskräftig.) Während aber Samuel,

der grosse Lehrer,
') Gittin 36 a.
) So die Einführung des Eides für den Geklagten bei vollständiger Negation der Schuld (Schebuat hesset). Das biblische Gesetz schreibt nur dann einen Eid vor, wenn der Geklagte einen Theil der Forderung zugesteht, (nSpD3,"I1D) da es voraussetzt, dass kein Schuldner die Frechheit besitzt, eine Schuld ganz zu leugnen; (Schabnot 40b. Grätz IV, 374), ferner die wichtige Bestimmung, dass Besucher der Kalla-und Rigle-Vorträge in den Kallamonaten nicht vor Gericht geladen werden dürfen (Baba k. 43a), dass Schein-Schenkungsurkunden vernichtet werden sollen, auch dann, wenn die Beschenkten Verwandte sind, Ketub. 79 a u. a. m.) Vgl. Sanhedr. 5 b u. Tosaph. Stw. "itP CJK'und jerus. Berach. VII 1:.... K3m »% R. Abahu lehrt (Sanhedr. 6 b) die Lehre R. Jochanans und R. Simon b. Lakischs.
— wahrscheinlich aus Rücksicht auf die Palästinenser und-auf die in Palästina geübte Rechts-Praxis — es geradezu als eine Frechheit erklärte allein zu Gericht zu sitzen, während R. Huna bei wichtigeren Entscheidungen 10 gesetzeskundige Männer um sich versammelte, damit, wie er,sagte, seine Verantwortung vermindert werde, scheute sich R. Nachmann nicht zivilrechtliche Prozesse als Einzelrichter zu entscheiden.) Durch diese Einführung wurde die Rechtsprechung auch in kleineren Gemeinden ermöglicht und dem viel späteren Rabbinerthum die Wege geebnet. Veranlasst wurde dieselbe aber ohne Zweifel durch die Ueberlastung der Gerichte, da der Uebergang vom Ackerbau zum Handel naturgemäss eine Vermehrung der Streitfälle zur Folge haben musste. Es zeigt dies aber von dem kühnen Wagemuthe R. Nachmans. Wo die grössten Zeitgenossen, wo R. Jochanan und R. Simon b. Lakisch, die von der Nachwelt selbst über Rab und Samuel gestellt wurden, anderer Meinung waren;) wo selbst Samuel zwischen Theorie und Praxis schwankte, da schritt R. Nachman kühn zur That. Einen blinden Autoritätsglauben kannte er nicht. „Und hörte ich diese Lehre persönlich von R. Jochanan — sagte er gelegentlich — ich

würde sie nicht befolgen," was ihm freilich von den Palästinensern übel genommen wurde.) R. Nachman konnte sich aber auf seine umfassende Kenntniss der Tradition und auf sein gutes Gedächtniss verlassen. In Civilsachen war er allen seinen Zeitgenossen überlegen.4) Selbst R. Chisda, der viel ältere College, richtete Rechtsfragen an ihn. R. Huna besuchte zuweilen seine Vorträge, und war der Einzige, der als ein mit dem Letzteren Gleichgestellter, den Kallaversammlungen in Sura fernblieb.
)
') Vgl. Sanheclr. 5a s. b und die Mischna Abot IV, 8: Tif l *hx*
'TIV *i* Ueber R. Hunas Verfahren (Sanhedrin 7 a).
) Jerus. Berach. das.
) Cholin 124 a.
4) Vgl. Baba mez. 66 a. Baba k. 12a, Baba bat. 52 b, Cholin 19 b u. a. St.
») Scheriras Sendschreiben:,Top anJ '"l *b"V* nW n3tPK Kvi.Kiin "H, Die Einwendungen Halewy's (üor. harisch. IIb 418—420) sind
So bedeutend aber auch R. Nachman als Richter und Rechtslehrer gewesen, so konnte er die nehardeanische Schule nicht auf der Höhe erhalten, auf welcher sie unter Samuels Leitung gestanden. Wie bereits erwähnt, wurde Nehardea einige Jahre nach dem Tode Samuels zerstört. Dieser Schlag traf Nachman und seine Schule gar schwer. Er musste nach Schakanzib flüchten, wohin er seine Hochschule verlegte.) In dieser Stadt fehlten aber die zum Gedeihen einer solchen Anstalt nethwendigen Vorbedingungen, es fehlte der Rahmen, die grosse Gemeinde, deren Mangel nur eine Autorität allerersten Ranges wie Rab ersetzen konnte. R. Nachman übersiedelte darum nach Machosa, wo, wie bereits erwähnt, sein Schwiegervater die geistliche Führung übernahm und kehrte in späteren Jahren nach Nehardea zurück,) wo er im hohen Greisenalter um das Jahr 320 starb.
Aus demselben Grunde konnte auch die neugegründete Schule des Mar Scheschet in Schilhi nicht prosperiren,) obgleich der genannte Leiter derselben als einer der hervorragendsten Kenner der Mischnajot und Baraitot unter den

Zeitgenossen geschildert wird, und er mit dem reichen Wissensschatze auch gründliches Denken verbunden haben soll, so dass auf ihn der Schriftvers angewendet wurde: „Schön ist Weissheit verbunden mit dem Erbe" (Kohelet VII, 11). Möglich aber, dass auch dessen unbeugsamer Character) und sein schroffes aber so sehr gerechtfertigtes Auftreten gegen das Treiben der Sklaven am Hofe des Exilarchen) die Entwicklung seiner Hochschule nachtheilig beeinflusste. Sie erlangte daher nie eine besondere Bedeutung und überlebte nicht ihren Begründer. — wenn er unserem Talmud überhaupt als Grundlage gedient nicht stichhältig. In den meisten daselbst angeführten Stellen heisst es: "$bp'X, N. kam gelegentlich nach Sura (Ketub. 94, 97, Baha hat. 112, Cholin 19 b), was aber nur beweist, dass K. Nachman die ordentliche Kallaversammlungen nicht besuchte. Es heisst auch: 3J? ijf....,"11 Kcn "1 N. gieng also nicht ins Lehrhaus. Hingegen ist aus Baba bat. 51a ersichtlich, dass R. Huna zuweilen zu den Vorträgen N.'s zu gehen pflegte. Dass der jungere R. Nachman, der R. Huna um 23 Jahre überlebte, manches in dessen Namen tradirt, ist selbstverständlich. Ueber R. Chisdas Frage s. Baba b. 27 b. ') Das. und Joma 71a.
) Vgl. Grätz IV, Note 53. Dass er nach Nehardea zurückgekehrt, geht aus Beza 29 b hervor. Raba (richtiger Rabba) b. Huna konnte diesen Vortrag nur nach dem Aufhaue N.'s gehalten haben. Vor der Zerstörung (259) war dieser viel zu jung um öffentliche Vorträge zu halten. Wie aber das. ersichtlich, wohnte damals N. in Nehardea.) Scheriras Sendschreiben. Ketubot 43 b, Nedarim 78 a, Erubim 87 a, Bechorot 52 b: *VüV* w6 im! j DJJ HDSn n31ü. Der Nachdruck ist wohl auf die Schlussworte 1m! zu legen, womit auf die Blindheit (liru JCJC pr-) des R. Seh. angespielt wurde. Die eigentliche Pflegerin der Richtung Samuels und Rivalin der suranischen Hochschule war die Metibta zu Pum-Badita, die von R. Juda unmittelbar nach der Zerstörung Nehardeas ins Leben gerufen und zum Mittelpunkte Nord-Babylonicns erhoben wurde. R. Juda, ein Schüler Rabs und Samuels

vereinigte in sich die Unbeugsamkeit und den eisernen Willen des Erstem mit dem Sinn für das Praktische, der hervorragenden Tugend Samuels. Gleich Rab gieng er kühn und muthig seinen eigenen Weg. Auch äusserlich von auffällig hohem Wuchs, war R. Juda eine Kraftnatur, einer jener Männer, die mit ihrer Meinung auch den Grossen gegenüber frei herausrücken.3) Schon als Schüler ermahnte er seinen Lehrer Samuel, der als Oberrichter das Recht einer armen Frau nach seinem Sinne nicht genügend gewahrt hatte, die Klage derselben zu berücksichtigen.)

Seine Schneidigkeit und sein entschiedenes Auftreten hatte ihm schon in früher Jugend den Beinamen Schinnana Scharfzüngiger, schneidig) eingetragen. Im Amte bethä ') Menachot 95 b. ; Gittin 67b, Erubin IIb, Grätz IV, S. 371.) Nidda 24b. 4) Sabbat 55 a.) Aruch giebt zwei Erklärungen: scharfsinnig oder grosszahnig. Der Ausdruck kommt aber zumeist an Stellen vor, wo nur „schneidig" am Platze wäre. Namentlich Salibat 55a und Sanhedrin 80b, wo er seinen Vater corrigirt. Es ist dies auch die richtige Bezeichnung für das Wesen R. Judas. Vgl. vy 64, 4. 140, 4. tigte er diese Rücksichtslosigkeit als strenger Sittenrichter seines Volkes. Die Art und Weise, wie er dies that, ist die beste Widerlegung der irrigen Ansichten selbst unbefangener Forscher über die halachische Lehre und deren Einfluss auf das moralische Leben der Juden. Aus einer sehr frommen Familie hervorgegangen, ein „Talmudjude" durch und durch, der jeder fremden Cultur unzugänglich, sich auch im Privatleben mit Vorliebe der hebräischen Sprache bediente, erblickte er den Schwerpunkt der Frömmigkeit in der Erfüllung jener Pflichten, die aus dem Zusammenleben mit den Mitmenschen erwachsen. „Wer fromm sein will, erfülle die Pflichten, die sich auf das Mein und Dein beziehen".) Und er dachte dabei keineswegs an die Erfüllung der vorgeschriebenen Lehrsätze, er dachte an jene Gesetze, die weder von der Bibel noch von den Codificatoren der Rechtslehren normirt, dem „Geiste der

Weisen" (a'E2n mi) entsprangen, jenem Geiste, der identisch ist mit dem zarten Gewissen, „welches mit einer gewissen Schamhaftigkeif auch das meidet, was die Vorschriften der Religion und die Paragraphen des bürgerlichen Gesetzbuches bei Seite lassen." Es ist das der Geist, der den Schuldner ermahnt, von der ihm eingeräumten Begünstigung des. biblischen Erlass-Gesetzes im siebenten Jahre keinen Gebrauch zu machen und seine Schuld aus freiem Willen zu zahlen; es ist der Geist, der es dem beraubten Israeliten ans Herz legt, das geraubte Gut — wenn der Räuber Busse thun und es zurückgeben wolle — nicht anzunehmen, um den Sündern, denen vielleicht der geraubte Gegenstand unentbehrlich geworden, die Reue und die Rückkehr zu ermöglichen und zu erleichtern; es ist der Geist, der dem Wortbrüchigen die Drohung zuruft: „Wer da gerichtet die Generationen zur Zeit der Sindfluth und der Sprachverwirrung, wer die Bewohner Sodoms und Amoras bestraft und das Volk der Egypter ins Meer versenkt, der wird auch denjenigen strafen, der das gegebene Wort bricht.") In einer Zeit lebend, wo das Mönchswesen blühete, wo es in ausserjüdischen Kreisen genügte, sich vom Leben zurückzuziehen, zu beten und zu fasten, um den Ruf der Heiligkeit zu erwerben und von Königen verehrt zu werden, lehrte dieser jüdische Heilige, der, innig, aber nicht zu oft zu beten pflegte,) dass nicht fromme Schwärmerei und andächtiges Träumen in einem weltentlegenen Winkel, sondern die edle That, die Bethätigung der Frömmigkeit auf offenem Markte, im Gewühle des Lebens zur Heiligung führe. Die Heiligkeit dieses merkwürdigen Mannes vertrug sich darum auch ganz gut mit der Liebe zur Natur, deren scharfsinniger Beobachter er war. Auch deren Schönheit weckte in ihm die Liebe Gottes. Von ihm rührt der schöne Segensspruch beim Anblicke der in Blüthe prangender Natur her: „Gelobt seist Du, Ewiger, Herr der Welt, der es uns auf dieser Welt an Nichts hat fehlen lassen, und edle Schöpfungen und schöne Bäume hat geschaffen zur Freude der Menschen.")

Zwei Lebensaufgaben hat sich R. Juda gestellt: die überlieferten Lehren, namentlich die des Rechtes zu verbreiten und zu popularisiren und die Sittlichkeit im Volke zu heben. Sittliche Reinheit gieng ihm über Alles. Um dieses Erbe der Väter von jedem Makel rein zu halten, wollte er zwischen den makellosen und den mit unlauteren Elementen vermischten Familien eine reinliche Scheidung vollziehen.)

In Babylonien, wo von jeher Genealogien geführt wurden, welche schon zur Zeit Hillels eine grosse Rolle

') Vgl. Baba mez. 48 a 96 b COBM rupxi Schebiit 10, 9. und oben S. 29, Anm. 2.
) Vgl. Sabbat 112 b, Rosen, hasch. 31a. Ueber seine Heiligkeit, s. Nidda 13 a.
') Berachot 43 b Vergl. die merkwürdige Erklärung R. Judas über die Körperbegchaffenheit der Thiere, welche der Anpassungstheorie der modernen Naturforscher nahekommt, Sabbath 77 b und B. Placzek Kosmos Jhrg. V, Bd. III, 183—185 und X, 61—66. Rahmers Literaturblatt Jahrgang 1878, Nr. 1.
4) Vgl. Ketubot 110 h, Kidduschin 70 b, Grätz IV 366. gespielt) und die in Pum-Badita, dieser uralten Judenstadt wohl erhalten geblieben, war es ihm leicht möglich, die Geschlechtsreinheit der Familien einer genauen Prüfung zu unterziehen. Furchtlos veröffentlicht er nun die unlautere Abstammung der angesehensten Familien. Unter Andern wurde auch ein freigelassener Sklave Bati b. Tabi, der sich durch Gewandtheit und Geist zu einer solchen Höhe emporgeschwungen, dass er selbst bei König Schabur ein gerngesehener Gast war, von seiner Strenge betroffen. Als sie nämlich eines Tages gemeinsam zu diesem geladen waren, hatte er sich überzeugt, dass Bati trotz seiner hohen socialen Stellung in sittlicher Beziehung noch immer der ungebundenen Freiheit der Sklaven ergeben war.)
Er fand sehr bald, dass Bati auch dem Gesetze nach noch Sklave war, da er in seinem Hochmuthe von seinem ehemaligen Herrn keinen Freibrief empfangen, was er auch öffentlich kundmachen Hess.) Schwere Folgen für R. Juda hätte bald ein anderer ähnlicher Fall gehabt.

Einst kam ein angesehener Nehardeaner nach Pum-Badita, der sich über R. Juda spöttisch geäussert, wofür er von diesem in Bann und Acht gelegt wurde. Als R. Juda nachträglich erfuhr, dass er alle Welt Sklaven genannt, erklärte er ihn öffentlich für einen Abkömmling von Sklaven. Der Beschimpfte verklagte ihn bei R. Nachman, auf dessen Vorladung R. Juda in Nehardea erschien. Da sich der Kläger vor R. Nachman mit seiner Abstammung von den Makka) Es waren dies die pomvi,D ßllo; vsvsofw; (F&chim 62 b). Dass auch in Babylon solche angelegt und aufbewahrt wurden, bezeugt Joseph, contra Apionem I, 7. Unter den Geschlechtstafeln die Herodes nach Eusebius (Kirchengesch. I, 7, 5, Pesach. das. Sachs Beiträge II, 157) verbrennen Hess, befanden sich wo auch die beglaubigten Copieen der babylon. Geschlechtsregister, die Originale blieben unversehrt in den babylon. Gemeinden. Vgl. Ben Chan. Forschungen 1867, Nr. 22, S. 112, Grätz III, S. 200. Anm. 3) Vgl. ferner jerusal. Sanhedr 10. 1: bm DDn ül und die Erklärung des H. Chajot in der Einleit. zu En Jakob Wilna, 1879, S. 13.
) Aboda sara Ende.) Kidduschin 70 a, b. bäern bristete, konnte sich der Geklagte erst recht auf eine Ueberlieferung berufen, nach welcher jeder der sich rühmte, von den Hasmonäern abzustammen, ein Abkömmling von Herodes und daher ein Sklave sei, denn die letzte Hassmonäerin sei jene junge Frau (Mariamne) gewesen. R. Nachman sah sich genöthigt, R. Juda zuzustimmen. Die Erniedrigung betraf aber mehrere angesehene Familien, die mit dem Gebrandmarkten verschwägert waren; das Volk rottete sich zusammen und wollte den sittenstrengen Rabbi steinigen. Nur durch die Drohung, noch andere Geschlechtsgeheimnisse zu enthüllen, gelang es ihm, die erregte Menge von Thätlichkeiten zurück zu halten.)
Wie er in seinem Leben und Wirken dem characterfesten Rab nacheiferte, hatte er sich anderseits Samuel als Musterbild eines praktischen Lehrers genommen. Wie dieser richtete er seinen Sinn zunächst auf die Erfordernisse des täglichen Lebens. Aus rein praktischen

Gründen und gemäss seiner bereits erwähnten Ansicht von der wahren Frömmigkeit, die er in der Beobachtung der im Verkehre mit den Menschen obliegenden Pflichten erblickte, legte er besonderes Gewicht auf den Ausbau der Rechtswissenschaft, um die Gemeinden mit geschulten Richtern zu versorgen.
Während er die Ueberlieferungen zu den anderen Mischnaordnungen in ihrer Kürze nur mit den allernothwendigsten Sacherklärungen versehen, vortrug und auf den dazu gehörenden Talmud, auf die Controversen, Fragen und Antworten, auf die „Hawajot de-Rab und Schemuel" kein Gewicht legte, lehrte er zum Traktate Nesikin den vollständigen Talmud in festgeprägter Form,) der uns freilich,
— nur in einer vielfach bereicherten und überarbeiteten Form erhalten geblieben ist. Ohne Zweifel sind viele — namentlich die anonym überlieferten Partieen — aber auch manche im Namen späterer Gesetzeslehrer tradirte Lehren dieses Traktates) diesem ältesten Talmud entnommen. Dieser scheint schon ziemlich umfangreich gewesen zu sein, und ist auch die Kürze des jerusalemischen Talmuds zum Traktate Nesikin auf die frühe Redaction des babylonischen Talmuds unter R. Juda zurückzuführen.) R. Jehuda musste den Lehr bereits oben S. 93 hervorgehoben wurde, erst von den Schülern R. Judxs im weiteren Umfange in Angriff genommen warde. Die Memra's die sich zu dem damaligen Talmud ungefähr so verhielten, wie die Lehrsätze des Maimonides in Jad chasaka zu unserem Talmud, wurden natürlich vonR. Juda zu allen Mischnaordnungen vorgetragen. (S. hingegen Weiss Dor Dor we-Dorschow III, 186, Lewy, Einleit. zur Interpretation des Talmud-Traktates Nesikin S. 6). Ob die Entwickelung und Ableitung dieser 5Iemra"s, zu den übrigen Mischnatrakten überhaupt nicht vorgetragen, oder er sich nur damit begnügte, dass die Schüler die Lehren ohne den dazu gehörenden Talmud einstudirten, ist nicht ersichtlich. Wahrscheinlich das letztere. Das bWBVI 3"H nW ton Wtn KJ3 kann nur die Bedeutung haben, dass R. J. die Mischnajot Ukzin

für die Praxis nicht höher schätzte als die Hawajot, die, nachdem man sich über die Entscheidung geeinigt, nicht mehr von solcher Wichtigkeit sind, dass man sie gleich dem Memra's einstudiren oder zum Gegenstande der „Sebara" des Nachdenkens, machen müsste. Vgl. hingegen Easchi z. St.
') In vielen Fällen lässt sich dies noch durch einen Vergleich des palästinensischen Talmuds, der noch manche Tradition unverändert erhalten hat, mit dem babyl. Talmud feststellen. Wenn z. B. — um ein Beispiel auszuführen — babli B. k. 20 a die Lehre..... amyc HSK im Namen Rabbas, jerus. das. II, 4 im Namen Kab's; b. das. 24 a die Entscheidung DH3 n3.1 im Namen Adda b. Ahabas, jerus. das. II, 6 im Namen Rab's tradirt, so hat jerus. die Tradition R. Judas, babli die Leseart der späteren Kedactionen aufgenommen.
) Die gegebenen Erklärungen, dass man sich in Palästina mit der Rechtslehre weniger befasst oder keine Zeit gehabt habe, diesen Traktat zu redigiren (Frankel, Einleit. in d. jer. T. 48) oder dass dessen Kedaction von einem anderen Kedactor herrühre (gerade Nesikin sollten die Redactoren der anderen Traktate stiefmütterlich behandelt haben oder die dürftig redigirte die besseren verdrängt haben? Lewy das. S. stoff umso eher einschränken, da er mit peinlicher Gewissenhaftigkeit nichtnur auf die richtige Wiedergabe des überlieferten Inhaltes der überkommenen Lehren, sondern auch auf die genaue Mittheilung der Namen der Ueberlieferer, eventuell auch des Zweifels über deren Namen achtete,) wozu er vielleicht durch die in früheren Jahren tradirten unrichtigen Ueberlieferungen, auf deren Unrichtigkeit ihn sein Bruder Rami aufmerksam gemacht hatte, veranlasst wurde). Dass auch einzelne hervorragende Schüler, wie Rachba u. A. hierin ihrem Meister folgten, ist um so höher anzuschlagen, als diese auch zu den anderen Traktaten nicht nur die Lehrsätze, sondern den Talmud — wie ihn R. Juda zum Traktate Nesikin lehrte — mit all den Erörterungen, Erklärungen, Fragen und Antworten memorirten und wortgetreu überlieferten. Manche, wie Seira, das

spätere Schulhaupt von Palästina, kamen freilich dem Gedächtnisse mit schriftlichen Aufzeichnungen zur Hilfe, was.nach R. Juda — wie bereits erwähnt —, gestattet war.) Andererseits erforderte auch die scharfsinnige Dialektik, die, wie bereits ewähnt, das Merkmal seiner Schule bildete, in welcher sich die Scharfsinnigen Pum-Baditas heranbildeten), viel Zeit. Diese scharfsinnige Lehrweise, die ein Zeitgenosse R. Judas mit dem geflügelten Worte gekennzeichnet: „in PumBadita wird ein Elcphant durch ein Nadelöhr gezogen" bestand darin, dass Fragen aufgeworfen wurden, rituelle, Zivilrecht. liehe oder soziale, durch welche die Schüler veranlasst 20) befriedigen nicht. Die Kürze dieses Traktates kann nur dadurch rklärt werden, dass der Talmud K. Judas durch R. Abba namentlich aber durch babyl. Lehrer, wie das Schulhaupt K. Sera nach Palästina verpflanzt, neben dem jerusal. gelehrt wurde, wodurch manche Controverse entfiel, oder, da sie im ersteren enthalten, nicht aufgenommen wnrde.

') Cholin 18 b.
') Das. 44 a, Ketubot 76 b u. a. M.
»») Sabbath 157 a statt K"n ist Kran zu lesen. Vgl. Alfasi R. Ascher und Dikduke Sofer. z. St. was Halewy Dor. harisch II a 242 der diesem Seira zum Zeitgenossen Rabs macht, übersehen. Vgl. oben S. 91 Anm. 1 S. 92, 93 und Anm. 3 daselbst.
) Sanhedrin 17 b. werden sollten, alle zu denselben in irgend einer Beziehung stehenden Traditionen heranzuziehen, zu prüfen und zu erörtern. Der Lehrsaal wurde so zu einer geistigen Ringschule, in welcher man sich eine ganz besondere Schlagfertigkeit in der Beantwortung religiöser Fragen und eine Gewandtheit in der Lösung schwieriger Probleme aneignete. Der Talmud selber bezeichnet diese Methode als geistschärfende, '"rnnS», da sie wie keine andere geeignet war, den Geist zu schärfen und — was die Hauptsache war — dem Gedächtnisse die Aufnahme der besprochenen Lehren zu erleichtern.) Mit der eigentlichen Halacha hatte diese Methode aber nichts zu thun. Die eigentlichen Lehrsätze R. Judas unterscheiden sich

nicht im geringsten von denen seiner Zeitgenossen oder Vorgänger. Im Gegentheil. Seine erklärenden Zusätze zur Mischna zeichnen sich durch eine auffallende Geradheit und Einfachheit aus), und dürfte es auch dem scharfsinnigsten Forscher kaum gelingen, in den Lehrsätzen R. Judas auch
') Diese Methode war uralt. Schon von R. Akiba heisst es "Hrt CTo'rrn. Von Amoräern ebenso: Jebam. 75a, Berach. 33a u. a. St. Ueber den Zweck vgl. Kidduschin 30 a: min "0 lT» »? DJÜJ»1
"tna *ib* Ticx X'tk Djojji *bx uix bxv* Ukv "pws cn-nno. Wenn man daher das WV auf R. Judas geistige Fähigkeiten beziehen wollte, müsste man es im angeführten Sinne von DJUJBM mit „Schlagfertiger" keineswegs „Scharfsinniger" übersetzen. Ein Blick auf die Stellen Berach. 33 b, Choliu 43 b u. a. Parallelst, lehrt, dass man unter ""rnn:. nur die klare Kenntniss des Gesetzes verstanden. An diesen Stellen handelt es sich nicht um scharfsinnige Deductionen, sondern um die Kenntniss einfacher, Jedem verständlicher Lehrsätze. Dass auch die Charifo Pum Badita mit ihrer Schlagfertigkeit, mit ihrer entschiedenen, jeden Zweifel ausschliessenden Klarheit in der Gesetzeskenntniss brillirten, geht aus Cholin 110 a hervor. Vgl. hingegen Dör. harisch. II b, S. 425—431, der auf den Unterschied zwischen Schulmethode und halachischem Lehrsatze nicht achtet und all die Aeusserungen über die Lehrmethode in Pum Badita (s. w. u. R. Sera) mit Unrecht als nicht ornst zu nehmende Aussprüche verwirft.
'-') Einige sind schon Dünner in seinen Scbolien aufgelallen. S. dieselben zu Kidduschin 29 a u. 30 b. Man könnte aber aus jedem Traktate eine Anzahl von Beispielen anführen. Sollten diese aus der Zeit seiner erzieherischen Thätigkeit im Hause Rabs (Erub. 2 b, 14 a) herrühren?
nur einen Schatten von dem vielbesprochenen Scharfsinne zu entdecken, ebensowenig wie etwa von der Dialektik N. Meirs in dessen Mischna oder —, um von einem unserer Zeit näher stehenden Manne zu sprechen — von den geistreichen Bemerkungen (Chiddu-

schim) eines Moses Sofer, die er im Kreise seiner Schüler vorgetragen, in dessen Responsen als Grundlage einer Halacha zu finden sein wird. In den „vier Ellen der Halacha" herrschte die Logik; der glänzende Scharfsinn gehörte auch mit R. Juda nur in die Schule. Diese bildete durch die erwähnte Lehrmethode einen schroffen Gegensatz zu den Schulen Palästinas, die nur die einfache Auslegung der Gesetze pflegten und die hohe Wichtigkeit der Dialektik für den Unterricht nicht anerkennen wollten. R. Juda sah es darum auch nicht gerne, wenn seine Schüler nach Palästina zogen, da er wohl wusste, dass die Veränderung der Lehrmethode für die Schüler oft nachtheilige Folgen nach sich zögen.) Er erklärte die Auswanderung nach Judäa geradezu als eine Gesetzesverletzung, da der Prophet Jeremias den Exulanten eingeschärft hatte, in Babylonien zu bleiben.) Selbst die Rückkehr unter Serubabel bedurfte nach seiner Meinung einer Entschuldigung.) In Palästina lebte nämlich noch der grosse Lehrer Rabbi Jochanan, (starb 279) der auf die BabyIoner eine besondere Anziehungskraft ausübte. Viele verliessen Haus und Hof, um seinen Lehren zu lauschen und liessen mitunter ihre Weiber und Kinder im grössten Elend zurück. Vergebens erhoben selbst Palästinenser ihre warnende Stimme.) Weder diese noch Rabbi Juda konnten es verhindern, dass viele angesehene Schüler nach dem heiligen Lande auswanderten. Sein eigener Bruder R. Ami handelte gegen seinen Willen;) der Zug nach Westen hörte erst nach dem Tode R. Jochanans und nach der grossen politischen Umwälzung, die sich im vierten Jahrhundert im Stammlande Judäa vollzog, ganz auf. Nach dem Tode R. Hunas und R. Jochanans war R. Juda die höchste Autorität in Ost und West und wurde ihm, dem Altmeister der jüd. Wissenschaft auch die Resch-Metibta-Würde der Hochschule zu Sura übertragen. Er fungirte nur noch 2 Jahre als solcher, und starb hochbetagt am Ende des dritten Jahrhunderts) (299). Seine Grösse kam erst nach seinem Tode so recht zum Vorscheine, als man einen angesehenen Gelehrten, über welchen R. Juda den Bann verhängt hatte, von diesem befreien wollte, und sich weder in Babylonien noch in Palästina ein dem Verstorbenen ebenbürtiger Gesetzeslehrer fand, der dies hätte thun können.)

Die Nachwelt hat ihm, als dem ersten Talmudredactor und Mitarbeiter an dem grossen Werke, zu welchem R. Akiba den Grundstein gelegt und R. Aschi beendet, einen Ehrenplatz unter die Reihe jener grossen Männer angewiesen, die dem Forscher gleich Wegweisern auf einer endlosen Strasse die Richtung angeben, die der Geist des jüdischen Volkes eingeschlagen. Es sind im ganzen ihrer fünf; R. Juda nimmt unmittelbar nach R. Akiba und R. Juda dem Patriarchen die dritte Stelle ein.)

Nicht so bedeutend, wie R. Juda, war dessen Nachfolger R. Huna b. Chija. Mit Glücksgütern gesegnet, scheute er kern Opfer, um die Schule auf der Höhe der Zeit zu erhalten. Die Lehrhauskasse (Schipura), die unter R. Juda zur Erhaltung armer Jünger gegründet worden war, wurde während der zehn Jahre seines Rektorates (299—309) nicht in Anspruch genommen, ohne Zweifel, weil er die Kosten aus eigenen Mitteln deckte. Er soll sogar für sein Lehrhaus vergoldete Sessel angeschafft haben). Aber diese Lockmittel blieben wirkungslos. Das Materielle spielte im Leben der Jünger eine sehr untergeordnete Rolle. Der

') Gittin. 19 Scheriras Sendschreiben.) Chagiga 17 a.) Vgl. die so oft missverstandene und nicht genügend gewürdigte Stelle: Kidduschin 72 b. Nach R. Jehuda folgen Kaba u. K. Aschi. Ueber diese s. w. u. 4) Vgl. Scheriras Sendschr.: K"n 13 Min "1 *bo ..... "W 'ATT Bechorot 3la. Grätz IV, 403. Die Einwendungen Halevys Dor. harisch. eigentliche Lehrer Pum Badita's war nicht das nominelle Schulhaupt, R. Huna, sondern der junge Rabba b. Nachmani. Dieser hatte die ihm angebotene Resch-MetibtaWürde abgelehnt, eröffnete aber — wie bereits erwähnt — seine erfolgreiche Lehrthätigkeit unmittelbar nach dem Tode R. Juda's. Seine eigentliche Wirksamkeit als Schulhaupt und Vorsitzender der Kallaversamm-

lungen gehört einer späteren Epoche an und soll uns diese im nächsten Kapitel beschäftigen. Die geistige Bewegung, die im dritten Jahrhundert in Babylonien enstanden, hat eine merkwürdige Erscheinung gezeigt. Babylonien, durch den geistigen Aufschwung der heimischen Schulen von dem Stammlande in geistiger Beziehung unabhängig gemächt, wurde durch die zunehmende Frömmigkeit der Bevölkerung inniger als je mit dem Stammlande verbunden. Die Liebe zu Jerusalem, welche wie ein heiliger Funke, der vor gänzlichem Erlöschen schon durch die täglichen Gebete geschützt, in den jüdischen Herzen fortglimmte, wurde nun durch Wanderprediger und Hagadabücher zu einer mächtigen Flamme angefacht. Es wurde bereits hervorgehoben, dass die babylonischen Jünger in grossen Schaaren nach Palästina strömten, wo sie zum Schülerkreise Rabbi Jochanan's qualitativ wie quantitativ das Hauptcontingent stellten). Die Grössen Palästina's, R. Elasar, R. Ami, R. Assi, Seira, R. Jirmejahu, Chijja b. Abba waren aus Babylonien eingewandert. Die Lebensverhältnisse waren daselbst dem Studium keineswegs so günstig, wie in der Heimat, dem Lande der billigen Datteln. Mit Ausnahme Einiger, die es zu hohen Ehrenstellungen brachten, hatten

IIb 432—434, gegen die traditionelle Mittheilung Scheriras — welche auch durch die angeführten Stelle in Bechorot gestützt wird:,T? KyittJM« nnjNP was sehr gut auf die Verlegenheit, die durch die Ablehnung des Rektorates von Seite Rabbas und R. Josefs entstand, bezogen werden kann — sind nicht stichhältig. Dass man zu seiner Zeit die Schipura nicht brauchte, erklärt 6ich durch den Reichthum Hunas. Eabba war allerdings schon z. Z. R. Chisdas (299—309) der eigentliche Lehrer, was nicht nur aus Scherira (320—22=298) und Aboda sara 19a, sondern auch aus Erubin 43a "J1J?DB Se 'AI, hervorgeht.

') Vgl. Rappoport Erech Miliin S. 217. Jordan R. Jochanan. Bpest. 1895. S. 49.

die Meisten mit Noth und Elend zu kämpfen. Auf so manchen eingewanderten Babyloner wurde das Wort Ko-

helets angewendet: „Die Weisen haben kein Brot"). Da lebte — um ein Beispiel anzuführen — das Bruderpaar Simon und Chijja b. Abba in drückender Noth. Der Eine hätte in einer ausserjudäischen Gemeinde ein Amt übernehmen sollen, was die Grossen Palästina's, die seine Kraft dem heiligen Lande erhalten wollten, nicht zugaben. Der Andere fand eine Zeit lang in dem reichen Silvani einen Gönner, musste aber bald die Wahrnehmung machen, dass der begüterte Mann sich der Hoffnung hingab, dass der arme Gesetzeslehrer sich bei den Entscheidungen religionsgesctzlicher Fragen, durch die empfangenen Gaben — den Zehnten, dem er ihm als Ahroniden zukommen liess — beeinflussen lassen werde. Dieser gelobte nun natürlich keinen Zehnten mehr anzunehmen und lieber — so schwer es ihm auch wurde — Judäa zu verlassen). Andere, die sich zu einer Rückkehr nach Babylonien nicht entschliessen konnten, geriethen in eine solche Noth, dass sie ihre Kinder verkaufen mussten, um nicht Hungers zu sterben.) Aber weder diese abschreckenden Beispiele noch die mahnenden Warnrufe der babylonischen und palästi

') Vgl. Bikkurim Ende und Baba b. 15a:.. nVIJ MJJD 3VK, welche Stelle schon Gezov AI Xaharot Babel S. 98 auf die eingewanderten Babyloner bezogen.

3) Jerus. Moed katan III, 1, Schebiit III, 1, Grätz IV. 346. Chija b. Abba wurde aber nicht Sendbote, wie Grätz (das.) irrthümlich meint. In der angeführten Stelle ist nur von der auf eine bestimmte Zeit beschränkte Ordination die Rede '. DD'? DSJ *rüb* HD. Dasselbe wird in Sanhedrin 5b von R. Samen, dem Bruder Chijjas erzählt. Da3. heisst es nnK 'Tl ""?xk K3nB JJ lrrwn Das um» im jerusal. Talm. bat mit Schliach Zion nichts zu thun. Es kann dort nur von gewissen richterlichen Functionen die Rede sein, welche die im Auslande fungirenden Richter nur als Mandatare des palästinens. Sanhedrin ausüben durften. Chija wurde wahrscheinlich, wie schon (S. 115, Anm. 3) erwähnt, Resch Kalla bei R. Huna. Allem Anscheine nach hatte er auch an der Schule R. Jochanans

ein ähnliches Amt zu versehen, da er vor demselben alle 30 Tage das gesammte Material zu wiederholen hatte, Cho lin 86b.) Gittin 6b. Man wendet auf die Unglücklichen den Schriftvers an: „Sie geben hin den Knaben um Nahrung'. Joel 4, 3. Vgl. Tossaph. nensischen Lehrer vermochten den Drang nach Palästina zu hemmen. Auch die Erhebung Babyloniens zu einem heiligen Lande zweiten Grades konnte daran nicht ändern.) Zu mächtig war die Sehnsucht nach Palästina, dem heiligen Lande nannten sie »fllfM, die sich durch die Verbreitung der palästinensischen Lehren in Babylonien um die Einheit der Lehre die grössten Verdienste erworben, deren stille aber segensreiche Thätigkcit — namentlich in späteren Epochen — erst in neuerer Zeit erkannt und nach Gebühr gewürdigt wurde —). Und erklingt auch hie und da im Talmud der sehnsüchtige Wunsch, wichtigere Lehren nicht aus zweiter Hand, sondern direkt aus dem Munde der Urheber zu hören, so klingt dabei doch immer die Sehnsucht nach Zion, der historischen Heimath mit). Heisse Sehnsucht „nach dem schönen Lande jenseits des Jordans" war stets das eigentliche Motiv, auch dort, wo es unausgesprochen blieb. „Eines Glückes theilhaftig zu werden, dass Moses und Aron versagt blieb, wie sollte man da nicht ungeduldig sein!" rief einer dieser frommen Lehrer, der in seinem Eifer und im ungestümen Verlangen, den Boden Palästinas zu betreten, in den Kleidern durch den Jordan gieng, einem darüber spöttelnden Heiden zu). Es waren ja auch keineswegs blos gelehrte, sondern auch einfache Männer aus dem Volke, die Heimat und Arbeit verliessen, Bauern, die Hof und Acker verkauften, um nach dem Lande ihrer Sehnsucht zu ziehen. Die Samenkörner, die die grossen Amoräer ausgestreut, waren aut fruchtbarem Boden gefallen, und unter anderen herrlichen Blüthen kam auch die Sehnsucht nach Zion zur Reife. Das ausserordentliche Interesse des Volkes an der Literatur, welches an Stelle der früheren Gleichgültigkeit gegen das geistige Erbe der Väter getreten war, hatte auch im praktischen Leben herrliche Früchte gezeitigt.

Wo am Boden noch die Lichtspur Von dem Fusse der Propheten — Wo die Luft noch balsamiert Von dem ewigen Odem Gottes. — Heimlich verliessen die hervorragendsten Schüler die Lehrhäuser.) Ohne Abschied vom geliebten Meister, der es nicht gerne sah, dass die Schüler ihr Heim verliessen, ohne zu achten auf den Schmerz der zurückgebliebenen Verwandten, Freunden und Jugendgenossen, zogen sie hin nach dem Lande der Patriarchen und Propheten, der Soferim und der Tannaim, wo sie für ihr bewegtes Gemüth höheren Frieden und heilige Ruhe zu erlangen hofften.

Es war keineswegs das Verlangen, in Palästina zu studieren, welches diesen mächtigen Drang in der Brust der Jugend erzeugte, auch nicht der Wunsch, die Vorträge R. Jochanans zu-hören, obgleich zugegeben werden muss, dass auch die Persönlichkeit dieses greisen Lehrers von Tiberias, des Einzigen, der noch aus der letzten glorreichen Tannaimepochc ins letzte Viertel des dritten Jahrhunderts hinüberragte, auf die heranwachsende Generation eine grosse Anziehungskraft ausgeübt haben müsse. Die Lehren R. Jochanans waren ja in Babylonien ebenso verbreitet wie in Palästina. Es lebten dazumal grosse hervorragende Männer, Männer wie Ulla, Rabba bar bar Chana, Samuel b. Juda u. A., die zwischen Palästina und Babylonien hin-und herziehend, es sich zur Lebensaufgabe gemacht, den geistigen Austausch zwischen den Schulhäuptern der zwei Länder zu besorgen, — es waren das die Wanderlehrer, die soge

Die Leetüre der Propheten mit ihren trostreichen Verheissungen für Israel und dessen Zukunft, die täglichen Gebete, die Psalmen — die gleich Hiob und Mischle zum Hausrate der Bürgerhäuser gehörten — mit ihren sehnsüchtigen herzbewegenden Klagen; die Hagadabücher, die von Hand zu Hand giengen, von reichen Leuten gekauft und im Volke verbreitet wurden); die Predigten der Wanderprediger mit ihren frommen Sagen und Legenden und — was nicht unerwähnt bleiben darf — die ungünstigen politi-

schen Verhältnisse in den letzten Jahrzehnten führten nicht nur zur Verinnerlichung des religiösen Gefühls und Neubelebung des Geistes, sondern auch zur Erstarkung des nationalen Gedankens und weckten die Sehnsucht nach dem Lande der Väter. Dereinst im Lande der Väter von den Mühen des Lebens auszuruhen und dort zu sterben, war der sehnsüchtigste Wunsch der babylonischen Juden. Wem es nicht gegönnt war, dort zu sterben, „auf heiligem Boden die Perle (Seele) zu verlieren" wünschte wenigstens gleich dem Erzvater Jakob dort begraben zu sein. Diese Wünsche der Sterbenden wurden erfüllt; man sah ganze Karavanen mit Särgen nach Palästina ziehen). Und diese ewige Sehnsucht, die an Babylons Strömen, unter dem Schatten der Bachweiden entstanden, wurde gleich dem Talmud das Erbe der späten Nachkommen. Die Continuität des Geistes gieng mit der Continuität des Gemütes Hand in Hand. Propheten und Psalmisten, Prediger und Maschaldichter kündeten den Juden aller Zeiten von dem Wunderlande; Hagadabücher erzählten von der grossen Vergangenheit dieses gottbegnadeten Landes, von Königen und Helden, die da gelebt, von den frommen und heiligen Männern die da gewirkt, von den Märtyrern, die für ihren Glauben gestorben, von den Tannaim, die um den schrecklichen Verfolgungen zu entgehen auswandern wollten, aber an der Grenze, von tiefem Heimweh erfasst, umkehren mussten; Gesetzeslehrer, Männer der Halacha lehrten, dass selbst die Luft Palästinas weise mache, der geweihete Boden gleich dem Altare im Heiligthum eine sühnende Kraft besitze). Was Wunder, wenn Palästina die grosse Sehnsucht des jüdischen Volkes wurde! Es ist etwas Eigenes, Geheimnisschweres um diese Liebe des alten, vielgewanderten Culturvolkes zu seiner Urheimat. „Nicht aus dem Boden — so erklärt ein grosser Dichter des 18. Jahrhunderts, von einem fremden Volke sprechend, ganz unbewusst die Liebe seines eigenen Volkes zum Stammlande — nicht aus dem Boden selbst, nur aus dem Kampfe um Selbstständigkeit, aus historischen Erinnerungen und aus dem

Unglücke ist diese Liebe entsprossen." Diese Charakteristik entspricht den Gefühlen unserer Zionisten. Die Frommen Babyloniens in talmudischer Zeit, Juda Halewy, der grosse nationale Sänger des Mittelalters und Isak Lurja, der Vater der Kabbala, hätten deren genetischen Ursprung sicherlich anders, weniger europäisch, aber darum nicht minder richtig, erklärt. Der Mensch sieht eben nur die äusseren Formen, in welchen die Gefühle sich seinem eigenen geistigen Blicke oder im bestem Falle den Blicken der gleichgesinnten Zeitgenossen offenbaren; er sieht den Stamm und glaubt die psychologischen Wurzeln zu sehen. Sicher ist das Eine: Die Liebe zum Stammlande lebt im jüdischen Volke, lebt in der tiefsten Tiefe der jüdischen Herzen. Alte Dichter haben dieses Herz mit einem tiefen Meere verglichen. Der Meeresspiegel giebt in ruhigen Zeiten nur die von der Aussenwelt empfangenen Bilder wieder: Den freundlich blauen Himmel, der sich über ihn wölbt, den Wald, der seine Ufer umsäumt, die hochragenden Werke der Cultur, die ihn umgeben. Wenn aber Stürme darüber hinbrausen und seine Wellen aufwühlen, da offenbart er sein Innerstes, da werden auch die tiefer gelegenen Stellen sichtbar. Eine solche im Herzen der Juden ist auch die Sehnsucht nach Zion, ist die Sehnsucht nach Terusalem.

Note I, zu Seite IL
Die Städte Mediens.

Unter den Städten Mediens versteht man nach der Angabe des Talmuds Hamadan, „nach Anderen", das 14 Parsa südlicher liegende Nehawend und ihrer Sohwesterstädte (Kidduschin 72a). In Jebam. 17a steht statt "O11.TJ das kürzere 1,TJ. Möglich, dass das letztere aus in entstanden, ein Namen, der in späterer Zeit Nehawend beigelegt wurde. Siehe Weil, Geschichte der Chalifen Bd. I, Anhang S. VI und Olshausen Parthawa und Pahlaw Berlin 1876, S. 52, (Diese Stelle wäre demnach ein Zusatz aus später Zeit). Hamadan lag am Südabhange des Wendgebirges (Weil das. 91).

Unter den „Schwesterstädten Nehawends" versteht Samuel: "p5 ""pDTi1 'SDin "CBPID Da dieselben als Schwesterstädte Nehawends bezeichnet werden, müssen sie auch in ihrer Nähe gesucht werden. Mit Sicherheit können wir aber nur noch die Lage der Städte Nehawends, Kerchas und Chesks nachweisen. Nehawend und Chesk OpDin) lagen sehr nahe aneinander, oder bildeten gar wie Weil (das. Bd. I, S. 91 u. 92 Anm.) nachweist eine Stadt. Chesk bezeichnete den östlich vom Korhiüusse gelegenen, Nehawend den westlichen Theil. Berliner, Beitr. Z. Geogr, S. 39 hälts für Uxia, was ganz unwahrscheinlich ist.

"p3 Kercha lag ebenfalls nahe. Es ist die Stadt von welcher — wie schon Nöldeke bemerkt — (Tabari Nöld. S. 67, Anm. 1) der eben erwähnte, Nehawend von Chesk trennende Fluss Kerha — richtiger Kercha — seinen Namen erhielt, und freilich weit nördlicher lag, als Sdburs Karch bei Sasa, mit welchem es nicht verwechselt werden darf. Neubauer hält,s für Charax in der Nähe der caspischen Pforten, jedoch ganz grundlos.

Weniger sicher ist die Lage der Stadt 'poil. Vermuthlich ist es identisch mit der von Tabari angeführten Stadt Rumakan, (Tab. Nöld. S. 16 u. Anm.) die von Ardaschir den Begründer der Sassanidendynastie der Hauptstadt Be-Ardaschir als Bezirksstadt zugetheilt wurde. Dass diese eigentlich zu Medien gehörende Stadt zu Irak zugetheilt wurde, darf uns nicht wundern, da es sich bei diesen Zutheilungen nur um Steueramtsbezirke handelte. Wir werden sie demnach in Nordosten von Be-Ardaechir zu suchen haben und kann auch nicht mit der von Chosrau (im J. 540) erbauten Rummija zu thun haben. Diese lag etwas weiter abwärts als die Hauptstadt.

'SBio. An dieser Stelle ist unbekannt. Moschia (Neubauer S. 377) im Süden von Colchis ist zu entlegen und wurde kaum zu den Städten Mediens gerechnet.

Note 2 zu Seite X.
Babylonische Traditionen.
Dass 68 auch in Babylon Traditionen aus der voramoräischen Zeit gegeben, wird in Bereschit rabba Cap. 33 ausdrücklich berichtet. K. Cbijja lehrte, wie es daselbst heisst, seinen Neffen Kab babylonisch Halachot. Die zivilrechtliche Gesetzessammlung Karnas des babylonischen Grossiichters "Kjip S1 fpU» Baba k. 47b, Sanhedr. 30b wie auch die Baraitasammlung Samuels werden gleichfalls solche enthalten haben. Es wäre auch ganz unnatürlich, wenn die Geistestbätigkeit so hervorragender Männer, die zeitweilig in Nisibis, Huzel, Nehar Pakod und Nehardea wirkten, ganz fruchtlos geblieben wäre. Freilich sind die meisten Lehren, die fern von der geistigen Zentrale Palästinas entstanden, wenn sie durch die Gelehrtenversammlungen K. Meirs und K. Judas der Mischna nicht einverleibt wurden, in Vergessenheit gerathen. Sie theilten dann wieder das Los ihrer Urheber. Mit K. Nathan, dem Babylonier, sagt die Mechilta (Jetro IL Abschn.) wurde auch dessen Wtisheit zu Grabe getragen.

Dieser Kabbi Natan hatte gleich K. Juda eine halachische Gesetzessammlung angelegt, die fast spurlos verschwunden ist. Vgl. Ketub. 93a, Temura 16a ui.d Baba m. 86a. In der Mischna K. Juda's werden nur zwei Lehren, eine hagadische (Berachot Ende) und eine halachische (Schekalim II, 5) in seinem Namen angeführt. Von seiner Gesetzessammlung scheint nur Eine Mischna über die des K. Juda den Sieg davongetragen und die letztere verdrängt zu haben. Ketubot 91 a: "1D1K '31 IU '1 tti-Vü U mr.. Aber auch diese Berücksichtigung hatte B. Natan nnr seinem Aufenthalte in Palästina zu verdanken, wo er das Amt eines Obenicbters bekleidete.

Diese Thatsache, mit welcher die in Babylon lebenden Tannaim rechnen mussten, übte einen grossen Einfluss auf die Lehrweise der Babylonier und gab derselben eine eigene Kichtung. Wohlwissend, dass halachische Entscheidungen ohne Sanktion der Patriarchen und der grossen Gelehrtenversammlungen zu einem theoretischen Schattenleben verurtheilt oder ganz der Vergessenheit anheimfallen würden, wandten sie sich mehr der Begründung älterer, bereits anerkannter Gesetze und ihrer Ableitung aus Schriftversen zu. Dies der Grund, dass die meisten, von den babylonischen Lehrern bekannten Lehrsätze, gleich den Lehrsätzen der Schule R. Ismaels '?KJW 731 xJn, die bekanntlich in Südjudäa, also ebenfalls fern von der geistigen Zentrale Palästinas bestanden, (Ketubot 64 b — diese Schule übte auch durch manchen hervorragenden Schüler, namentlich durch B. Joschia, der in Huzel lehrte (Gittin 61a) einen grossen Einfluss auf die babyl. Lehrmethode) —)

') Auch manche halachische Differenz zwischen den babylon. und Begründungen und Ableitungen aus Schriftversen enthalten. (Vgl. die Belege in Dorot harisch. IIa, S. 181). Dies erklärt auch die hohe Vollendung jener scharfsinnigen Lehrweiae, die wir schon bei den Erklärungen und Diskussionen Rabs und Samuels (Hawajot) finden und welche dem babylon. Talmud sein eigenartiges, originelles Gepräge verleiht.

Wenn aber die Entscheidungen der grossen Gelehrtenversammlungen, die von Zeit zu Zeit unter dem Vorsitze des Exilarchen stattfanden — nach einer Andeutung betrug ihre Zahl 85 — (Jebam. 121 b; es waren dies die pD""!!1)D (S. Aruch v. Dnn; vgl. Tosephta Kelim, Baba batr. II, 2 und Dor. harisch. IIa, S. 45, Anm. 18) auch für die liobyl. Juden massgebend waren, so kamen doch auch vereinzelt halacbische Differenzen vor, die zumeist gottesdienstliche Einführungen und zivilrechtliche Fragen, in seltenen Fällen auch Speisegesetze betrafen. (Vgl. Rapop. Krach Millin S. 228; Response» Schaare Zedek; Jam sehe) Sehlomo zu Baba kamma Ende). Ein Theil derselben — namentlich in Fällen, wo es sich um gottesdienstliche und zivilrechtliche Fragen handelt — sind auf die Verschiedenheit des Klimas und der Bodenverhältnisse) mitunter auch auf die Verschiedenheit der polit. Verhältnisse), zurückzuführen. Nur ein geringer Theil mag in Folge verschiedener Ueberlieferungen oder verschiedener Auslegungen alter Gesetze entstanden sein. Solche pflanzten sich eine Zeit lang als Theorie in Baraitot fort oder lebten in

kleineren oder grösseren Gemeinden oder Bezirken als cy.liD) religiöse Bräuche bis sie in späterer Zeit von den AmoräerSchulen zur allgemeinen Geltung gebracht wurden. Die Urheber dieser altbabylonischen Lehren werden nur selten mit Namen genannt; in einzelnen Fällen werden sie a's HU 'yH oder auch 'JHTH bezeichnet. Dass die Gelehrten Nebardeas auch in alter Zsit so manches Gesetz schufen, unterliegt keinem Zwtife!. K. Oschija, der grosse Mischnasammler hat so manche alte Lehre aus dieser Stadt geholt. (Sabbat 19 b. 145b, Bechorot 17a u. a. St.), und die 'JHVU, die in Beza 6a mit palästinensischen Tannaim streiten, was schon den Tosaphisten aufgefallen, waren gewiss auch Zeitgenossen dr Tannaim. Wir werden zunächst an die Vorgänger Karnas, an die alten Dajjane Golah zu denken haben, die in Baba batra 70b als Tannaim ""Jm JJJ1 'ITl, bezeichnet werden. Dass darunter nicht Karna und Samuel, die älteren Zeitgenossen K. Chisdas, gemeint sein können, ist selbstverständlich. (Vgl. das.) Wir werden demnach auch das K'Jfl das. Seite 100a nicht mit R. S. b. M. in uri emendiren müssen. Die bekannte Stelle Sanhedr. 17 b, wonach unter daijanne Gola die Amoräer Samuel und Karna gemtint seien, darf eben nur auf Memras, mit 1DJVK eingeleiteten Lehren, nicht aber auf Baraitas bezogen werden. Ebensowenig kann unter n'?lJStP U'iTD1, die vor den p3H gewirkt, (Jerus. Challa IV, vgl. oben S. 50, Anm. 1) Rab und Samuel gemeint sein. In Gittin 14b wird eine alte Baraita zitiert, in welcher es heisst: „und h ier (in Babylon) lehrte man". Sie wurde also in Babel gelehrt. Dass wir es nicht, wie Dünner Scholien z. St. meint, mit einer Zuthat der Amoräer zu thun haben, geht schon aus dsr Parallelstelle Ketub. 94b hervor. Auf diese Baraita hat übrigens schon H. Chajot (Iggeret habikoret) hingewiesen.

Die Differenz zwischen babylonischen urd palästinensischen Gesetzen, namentlich zur Zeit des letzten Tannaimgeschlechtes entstand mitunter dadurch, dass die Palästinenser bei der Mischnasammlung nach den Lehren Einzelner, während die Babylouer nach

der Mehrheit entschieden.

Schon R. Natan der Babyloner, hat es seinem Zeitgenossen R. Juda hanassi zum Vorwurfe gemacht: iWVIV3 D3n-JBD DiriP« Baba bat 131a. Dasselbe sagt der Amora Samuel Beza 31a; dit Mischna hat nach der Lehre eines Einzelnen entschieden. Andere haben anders entschieden, denen sich Samuel anschliesst. Nun findet sich weder in der Mischna noch in irgend einer Baraitasammlung eine dieser Mischna widersprechende Lehre. Samuel muss aber eine solche babylonische Tradition gekannt haben, die in die Ealachasammlungen nicht aufgenommen wurde. Vgl. Scher. Sendschr. in Jochaa. S. 50. Vgl. auch Dünner Schol, z. St. u. zu Erubin 71 a. Auch so manche Erklärung die Samuel zu älteren Mischnajot giebt, scheint altbabylonischen Ursprunges zu sein. Dies gilt namentlich in Fällen, wo die von S.'a abweichende palästinens. Erklärung, in einer Baraita enthalten ist. Vgl. z. B. Ketub. 72a und b wo gich der Talmud für S. gegen die Baraita entscheidet. Dass aber die Bar. die Ansicht der Palästinenser wiedergibt, geht aus dem jerus. Talm. das. hervor: piDK XSm JJ311..... pDK Dn

In Beza 34 b lehrt E. Nachman: Es ist eine strikte Tradition, (WT3 Xin "piy "1B? J"l. S. Comment. des R. Chananel) dass die Bestimmung der Speisen für die Sabbatmalzeit dieselben selbst im unfertigen Zustande zur Abgabe des Zehnten verpflichtet. Diese Tradition wird auf Hillel zurückgeführt, ist also uralt. Nun führen aber die Palästinenser, an ihrer Spitze R. Jochanan gegen dieses Gesetz eine Baraita ins Treffen, nach welcher Hilleis Lehre von sämmtlichen Zeitgenossen bekämpft worden sei, und verwarfen dieses Gesetz (das. 35 a). Ausnahmsweise ist uns die zitierte Baraita auch in der babylonischen, von der im Talmud angeführten, offenbar palästinenschen Form abweichenden Leseart bekannt, in jener Form, wie sie eben in Babylon tradirt worden sein muss. In der Tosephta Maasrot III, 4 lautet sie: .-p-ivsyb bbrt Ibix Wt "i ,-vyv iy bw ab .... Tajrofi

"ID1K. Dass Hilleis Lehrsatz von seinen Zeitgenossen bekämpft wurde, ist also nur die Ansicht R. Judas, die von der Mitwelt nicht gebeilt wurde. Die babylonische Tradition entspricht demnach der Lehrmeinung des KDp KJJI in unserer Tosephta. Die Palästinenser hatten aber offenbar eine andere Version, wie im Talmud ersichtlich.

Es würde zu weit führen, all die Beispiele aufzuzählen, in welchen die Traditionen noch als babylonische erkennbar sind. Wir wollen nur noch auf die Formel in? KH1 "S Jt." verweisen, die ersteren für die Babylonier bestimmten Gesetze wurden wohl auch in Babylon gelehrt, aus welchem Grunde sie auch nicht in dis Miscbna aufgenommen wurden. So Baba b. 26 a u. Sukka 36a wo die Mischna das palästinensische, die Baraita das babylonische Gesetz enthält. Manchmal entspricht eine Baraita der palästinensischen Sitte und eine andere der babylonischen Baba b. 147a. Vgl. noch die Parallelstellen).

Die angeführten Stellen beweisen, dass Scherira in seinem Sendschreiben nicht Unrecht hatte, wenn er auch don Babyloniern Recht widerfahren liess, und ihnen nicht gleich Rippaport (Siehe Erech Miliin S. 217 u. Bikkure haittim Jahrg. 1829) jede geistige Regsamkeit absprach. Auch diese lehrten und lernten; was ihnen fehlte, war die geistige Zentrale, die durch ihre Autorität den Entscheidungen und Traditionen Gesetzeskraft hätte verleihen können. Ebenso unrichtig wie die Annahme Rappaports, ist aber auch die bereits angeführte, entgegengesetzte Ansicht Halewy,s (Dor. harisch. IIb S. 291), dass in der Schule R. Judas des Patriarchen "bli "03o pJ3 3111 pjD 311. waren und dass.min *bü* 133 1TI '31 "OBS *UV* D1Dy31 DT3 mioSni 33B na 1K3.. Das Letztere war nicht einmal bei dem Gröasten der aus Babel eingewanderten Lehrer, bei R. Chija, der Fall. Bar Kappara, der Zettgenosse uiid spätere College E. Chijas hielt schon öffentliche Vorträge als der Letztere in Palästina noch eine ganz unbekannte Grösse war. „KlBp 13 B'11 1DB X"n "11 in« '1?aa *Wn* ...." Ketub. 5 a. An Kenntnis der Traditionen waren die Palästinenser den Babylonern noch immer überlegen. Lebte doch noch eine ganze Generation der jüngeren Tan-

naim, (die UTliai) darunter Männer wie R. Gamliel und R. Simon, die Söhne Rabbi Judas und viele Andere. (Vgl. Dor. harischon. IIa 19—64) Dass aber die ersten Wortführer in der Schule B. Judas Babylonier waren, hat seinen Grund in der oben erwähnten babylon. Lehrweise, in der scharfsinnigen Dialektik, worin die Babylonier allerdings geübter waren, als ihre palästinensischer Collegen.

Note III zu Seite 1.
Habs Wanderung räch Babylon.
In der chronologischen Angabe dieser Wanderung sind wir auf einzelne byographischen Notizen, die wir im Talmud über Rab und seine Zeitgenossen angewiesen, da die älteren Geschichtsquellen eine bedeutende Zahlenvariante aufweisen, die bereits zu einer kleinen Literatur den Anstoss gegeben hat, (S. Jost, Gesch. IV 97 und Anhang 232; Zion hehr. Zeitschr. I, 10; 27, 41. Krocbmal Hebaluz II, 72; Eappaport in Kerem chemed IV, 209; VII, 145; und Erech Miliin v. Autonirus u. Anhang; Grätz in Frankeis Monatsschrift für Geschichte u. Wissensch. der Juden I, 401, 430 u. Geschichte der Juden IV, 242; Frankel Monatschrift I, 466; Bodek Markus Aurelius Antonius u. s. w. Hoffmann Mar Samuel Note A und im Magazin für d. Wissenschaft d. Judenthums u. A.). Die uns jetzt bekannten ältesten Handschriften des Sendschreibens Scheriras haben nämlich die Notiz: vra *b"pT* nJBa *büb* ai nnj '31 Hab zog im Jahre 530 Sei = 219 n. Cbr. nach Babel, Zakkuto hingegen versichert in allen Handschriften pT) *I2Vi* gelesen zu haben. Vgl. Jochasin ed. Krakau 105b. Ohne uns in weitläufigen Auseinandersetzungen mit den genannten Forschern einzulassen, wollen wir an dieser Stelle nur die Hauptpunkte anführen, die uns veranlassen mit Eappaport der letzten Leseart den Vorzug zu geben.

Für diese spricht: a) Das freundschaftliche Verhältnis, welches nach Aboda sara 10b zwischen dem letzten Arsaeiden, den König Artaban und Rab bestanden hat. Wäre Rab im Jahre *b"pT* = 219 heimgekehrt, so wäre er kaum noch in die Lage gekommen zu Artaban in nähere Beziehung zu treten, da der-

selbe (nach Martyr. I 15, vgl. Nöldeke Tab. Anhang S. 411) schon im Jahre 224 vom Throne gestürzt wurde) und in den furchtbaren

») Das Sterbejahr Artabans wird von Gutschmied, Geuch. Irans 162 — abweichend von Nöldeke — auf d. Jahr 227 angesetzt. Ueber Wirren, die auch nach den andern Geschichtsquellen seiner Niederlage vorangegangen kaum noch Ruhe hatte dem stillen Wirken eines jüdischen Gesetzeslehrers Beachtung zu schenken.

b) Die bekannte, S. 44 citierte Stelle in Cholin S. 137 b. R. Jochanan fragte den Isi b. Hini: Wer ist jetzt Resch Sidra in Babel? Isi: Abba arika. R. Jochanan: Wie du nennst ihn Abba arika, ich erinnere mich noch, da ich im Lehrhause Rabbis in der 17Reihe sass und sah wie die Feuerfunken vom Munde Rabs gegen Rabbi sprühten u. s. w. Diese Unterredung muss unbedingt bald nach der Gründung der Hochschule in Sura (219) stattgefunden haben, da ein solches Ereignis bei dem regen Verkehre, der zwischen Palästina und Babylon den Anfangstermin der Sassaniden gehen nämlich die Angaben der älteren Geschichtsquellen auseinander. Von Einigen wird d. Jahr 227, von Anderen d. Jahr 224 als solcher bezeichnet. Während nun Nöld. das frühere Datum auf den Tod Artabans, das spätere auf die Einnahme der Hauptstadt bezieht, will Gutschm. die Differenz dadurch erklären, lass er 224 als d. Jahr der Eroberung Gor's, (d. Persis) d. J. 227 als das Jahr der eigentl. Gründung des Reiches, die nach dem Tode Artabans erfolgte, bezeichnet (22. April 227). Abgesehen davon, dass es viel wahrscheinlicher ist, dass man die Aera der Sassaniden — um eine solche handelt es sich bei dem früheren Datum (vgl. Nöld. das. S. 410) — von dem Tage an gerechnet haben wird, da der erste Sassanide den Titel Sahän-säh, König der Könige angenommen als von der Eroberung Görs, wird die Annahme N.'s noch durch eine Tetradrachme des verdrängter Volagases V mit dem Datum 539 sei. = 227 gestützt, die, wie auch Gutschm. (das. 168) bemerkt, schliessen lässt, dass in der Hauptstadt u. in Babyl. sich nach dem Tode Artabans der verdrängte Bruder Volagases wieder der Herrschaft bemächtigt. Volag. wird 224—227 regiert haben. Dem gegenüber fällt die Angabe der Historiker, dass Artaban der letzte König der Parther gewesen — was Gutschmied gegen Nöldeke anführt — nicht ins Gewicht. Der letzte Theilkönig war Volagases V. Ardeschir hatte ja ausser Volagases noch andere Theilkönige zu bekämpfen, die ebenfalls Sprösslinge der Parther waren. So soll ja die Eroberung von Gross-Medien nach dem Sturze Artabans stattgefunden haben, (vgl. Tab. u. Dio Cassius in Nöld. Uebers. S. 15 u. Anm. 2) dessen König Ferruchän ein Abkömmling Artabans gewesen. Der Letztere soll auch in Armenien gegen Ardaschir gekämpft haben. (S. das.) Die drei Jahre 224—227, waren ohne Zweifel mit Kämpfen gegen die kleinen Könige ausgefüllt und müssten wir nach N. keineswegs ein dreijähriges Stillsitzen Ardaschirs annehmen, wie Goldschm. das. meint. Die 14 Regierungsjahre Ardaschirs, die Tab. vom Falle Artabans rechnet, können allerdings nur von den Sturz der Familie Artabans gerechnet werden (241—14 = 227). herrschte, den Palästinensern, namentlich aber R. Jochanan. nicht unbekannt hätte bleiben können. Da »nun, wie aus dem ganzen Tone derselben hervorgeht, zwischen dieser Zeit und der von R. Jochanan erzählten Episode eine längere Zeit verstrichen sein muss, so muss auch Rab lange vor der Gründung seiner Schule in Sura, die, wie allseitig z.ugegeben wird, im Jahre 219 erfolgte, nach Babylon heimgekehrt sein. Wahrlich, wäre Rab bis 219 in Palästina geblieben, hätte es Isi b. Hini kaum gewagt, den zu dieser Zeit bereits hochgefeierten 60jäl rigen Gelehrten Abba arika zu nennen und hätte auch R. Jochanan nicht auf die halbverblassten Erinnerungen seiner Lehrjahre zurückgreifen müssen um Rab zu charakterisieren. Vgl. auch die Stelle in Cholin 54 a.

Neben diesen talmud. Beweisen möge noch die Ueberlieferung R. Abrahams b. Dauds (Sefer hakabbala) erwähnt werden, nach welcher zwischen der Redaction der Mischna und der des Talmuds, welch letztere er auf sei. K'TJI = 500 festsetzt, 311 Jahre verstrichen seien. (500—311 = 189). Diese Reise Rabs fiel aber offenbar mit der Redaction der Mischna zusammen und scheint er gleich Sakkato p"n gelesen zu haben.

Nicht unerwähnt darf endlich bleiben, dass Rab das Amt eines Marktaufsehers bekleidete, in der Schule R. Schilas als Amora fungirte, dem Lehrhause R. Achis vorstand, (s. S. 44 u. Anm.) hervorragenden Schülern, wie R. Elasar u. A. (s. w. u.) Unterricht ertheilte; all dies geschah aber vor der Gründang der Hochschule, zwischen p"n u. *b'pfi*.

In neuerer Zeit hat es Halewy (Dor. har. IIa, S. 210—222) versucht, die Zahl *b'pT* mit talmudischen Beweisen zu stützen und das.... '1 'B'S auf R. Juda II zu beziehen. Die das. angeführten Gründe sind jedoch nicht stichhaltig. Dass Rab von der Abneigung R. Samlais gegen das Verbot heidnischen Oeles wusste (Aboda s. 36a u. jer. das. II, 8), beweist noch lange nicht, dass derselbe kurze Zeit vor der Aufhebung dieses Verbotes durch R. Juda II noch in Palästina gewesen sein müsse. (Dor. har. S. 216) R. Samlai hat mit seiner Meinung über dieses Gebot wol auch in früheren Jahren niiht zurückgehalten, ebensowenig, wie er aus seiner Ansicht über das Verbot heidnischen Brotes einen Hehl machte. Ein Amora, der zufällig Zeuge jenes Zwiegespräches zwischen ihm und R. Juda gewesen und die Worte Samlais: Ten n» TJ1I1 U'D'S» gehört, (Aboda s. 37 a) hätte sehr wol noch nach Jahrzehnten, von den Verlangen S.'s, dass man auch dieses Verbot aufhebe, sprechen können. So wird es auch mit dem Spruche Rabs: JH *xix,, "!lby* 1JHJ? KD gewesen sein. Es müssen aber auch gar nicht Jahrzehnte verstrichen sein, sondern nur einige Jahre, da ja Rab, wie allseitig zugegeben wird und wie aus jerus. Chagiga I, 8 u. Nedarim XI klar hervorgeht, (Vgl. Erech Miliin 141) z. Z. R. Gamliels III, also nach dem Tode R. Judas I sich, in Palästina vorübergehend aufgehalten, und zu dieser Zeit auch mit R. Samlai verkehrt haben konnte. In diese Zeit fällt wol auch die Controyerse zwischen ihm und R. Chanina über das Verhalten Rabbas b. Chana in der Trauer (Moed katan 21a).

Dass auch der Letztere — wie sein Reisegenosse Rab (?) — Palästina z. Z. Rabbi Judas I nur auf kurze Zeit verlassen, goht keineswegs aus dam X'Tt '1T. TDp? SUK (Sanhedr. 5 a) hervor. Die Reise zu seinem Onkel unternahm Rab wie aus der angeführten Stelle ersichtlich, wegen einer irrthümlichen Entscheidung, die er gefällt hatte. Es handelte sich um die äusserst wichtige, prinzipielle Frage, ob ein vom Patriarchen Palästinas ordinirter Richter auch in Babylonien die Rechte eines solchen gemessen und ob derselbe bei irrthümlich gefällten Entscheidungen von der Pflicht des Schadenersatzes an die benachtheiligte Partei zu befreien sei. Desshalb JCT1 "TT *UVipb* KJ1K ganz wie bei Mar Sutra *tpyi* "11?*Püpb* KflX (ibid.) (Nebenbei bemerkt, könnte man aus dem Umstande, dass diese Fragen nicht direct an R. Juda I gerichtet wurde, auf die längere Lebensdauer R. Chijjas schliessen; der erstere scheint schon todt gewesen zu sein). Dass »jds (das. 5 b) hat Halowy(214) missverstanden; soweit es sich auf Rab bezieht, kann es nur eine auf gewisse Disciplinen nicht auf eine Zeit beschränkte Ordination bedeuten, wie ja Raschi ausdrücklich bemerkt: "J111133 TW1S «S1 TD? KflIBH,T"J '3TH 31 JIM». Dass aber Rab und Rabba "K3X 13 DB "1 nBJ?B 1D3,, nur auf 1« *mV* D"WB nach Babylon gereist sein sollen, steht weder im Talmud noch in Raschi, den Hai. citiert. Wenn wir aber auch zugeben würden, dass Rabba b. Chana nach dem Tode Rabbi Judas I längere Zeit in Palästina geweilt, was man aus dem XSTB? *p&üb* in Moed katan 21 a schliessen könnte, so ist für Rab noch immer nicht einmal der Schatten eines Beweises erbracht.

Die anderen Beweise Halewys könnten wir mit Stillschweigen übergehen. Dass Rabs Lehren schon während seiner Anwesenheit in Palästina Anklang gefunden und verbreitet wurden, ist bei dem Ansehen, das Rab — wie wir oben gesehen — schon unter R. Juda I genossen, selbstverständlich. Nur eine Frage

Halewys: DH 3"1 3 DK in D'OIBKVI D'DVIB '"X1DB1 31 TDn wollen wir hier eingehend beantworten. Es ist unrichtig, dass: „D'jptm 0'"JHj 1XIVH 31 "'T,oSn 'S (TUT "11 XJin "1 D."I Dn3B'; es gab ältere. Wir verweisen: auf R. Jirmejahu b. Abba, dem isn T'BSn Rabs, (Berach. 27 b, Erubin 40 b). Dieser war der Lehrer R. Judas, (vgl. Bechorot 36 b, Gittin 35 a, Sabbat 150 a) und R. Hunas; (vgl. Gittin IIb, Cholin 13a, Sebachim 75b u. a. St.) auf Rabba b. Abatiu, dem Lehrer R. Nachman,s der am Krankenbette dem R. Huna ältere Traditionen Rabs überlieferte; (Baba b. 136a, Gittin 72 a) (Halewy IIa 229 sagt freilich: 'DP1 31 VlbV ?333B D'33 DJ1J1PD 1'ttpi Rabba b. Abahu tradirt aber nur eigene oder Rab's Lehren) auf R. Elasar b. Pedat, der, wie Halewy selber annimmt nach Palästina, nachdem er "K1EP131 "JB ÜV 1D J eingewandert und dort nicht nur bei den Collegen Rab,s, bei R. Chanina u. R. Hoschaja, sondern auch bei dessen Lehrern, bei R. Chija (jerus. Ketub. IX, 33 b, Kidd. I, 60 b) und bei R. Isak (Cholin 110 b, Baba batr. 87) lernte; auf R. Kabana, der bald nach dem Sturze der Arsacideo, also ungefähr um 230 — 32 eingewandert (vgl. Baba k. 117 a '«D1B xyx KflBm... 'KJ11H xMihn W1 JOTKH 1J» und bei seiner Ankunft schon als '1K galt Wir könnten noch Andere aufzählen, die freilich nicht 30 bedeutend waren wie die Lehrer, die in der Hochschule zu Sura ausgebildet wurden. Diese wurde aber auch nach Rappap. erst nach der zweiten Rückreise Rabs aus Palästina im J. 219 eröffnet (Erech Miliin S. 141 IV, 548).

Note IV.

Die Reihenfolge der Exilarchen im dritten Jahrhundert.

Die Genealogie der Exilarchen ist noch in historisches Dunkel gehüllt. Es liegt dies zunächst an den spärlichen Ueberlieferungen, die uns über das Leben und Wirken derselben erhalten geblieben. Die Hauptquelle, das Seder Olam sutta, eine Art Familienchronik der Exilarchen (verfasst um 806) wimmelt von Schreibfehlern und Verschiebungen und ist überdies tendenziös gefärbt. (Vgl. Lunz, Gottesdienstl. Vorträge S.

138 u. Lazarus in Brülls Jahrbüchern Jhrg. X S. 23). Die uns bekannten Manuscripte dieser Chronik (Paris u. Oxford) rühren aus später Zeit her (beide sind auf Papier in moderner Schrift geschrieben, (vgl. Lazarus das. S. 40) und zeigen unverkennbar das Bestreben vorgefundene Widersprüche auszugleichen. (Vgl. w. u.) Die glaubwürdigste Quelle für die Geschichte der Exilarchen bilden die Notizen, die der Talmud über einzelne Exilarchen enthält. Auch die Lebenszeit einzelner Exilarchen kann durch die Angaben des Talmuds über die Zeit der Hoftheologen — die bei den Exilarchen das gleiche Amt versahen, wie der nxWi 31 JOTID am Hofe der Patriarchen iu Palästina — (Vgl. Menach. 104 a u. jerus. Schekalim III, 2 annähernd festgestellt werden. Ausser dem Talmud verdienen von den älteren Geschichtsquellen das bekannte Sendschreiben Scheriras, von den späteren, das Geschlechtsregister DIJ? miH eine besondere Beachtung. Der unbekannte Verfasser des letzteren scheint noch ältere, uns unbekannte Quellen gekannt zu haben. (Vgl. die nach Mar Sutra II angeführte Exilarchen — Nr. 33 u. 34; er weicht auch von Scherira in Bezug auf die Reihenfolge der R. G. ab, — Mar Sutra vor Mar Jemar — was L. entgangen.) Wir werden daher bei der Feststellung der Chronologie der einzelnen Exilarchen zunächst die älteren, womöglich die talmudischen Quellen zu Rathe ziehen und nur wo diese schweigen, die späteren Quellen befragen.

1) Huna I, der erste im Talmud erwähnte Exilarch, lebte z. Z. R. Judas, des Redactors der Mischna. Es wird erzählt, dass seine Leiche nach Palästina überführt wurde, um daselbst bestattet zu werden. (Vgl. Jerusal. Kilajim 9, 4 S. 32, j. Ketubot 12, 3 S. 35 und Genesis r. 33, 3. Nach der Leseart Schemas wird er anch im babylon. Talmud erwähnt. Er hat Horajot IIb nach '333 mSJ» die Leseart 'XJ1H "1 1JD1.. Nach der angeführten Stelle in Genesis r. geschah dies noch während der Lehrjahre Rabs -bbi . .. HTinK 13 31 Wn "1) ' PJ"'rx Dl".b r1K bi wbtt. Er wäre demnach vor 189 gestorben. In den späteren Geschichtsquellen (Seder Olam s. u. Dorot Olam)

wird ihm die Stelle nach Natan di Zuzita angewiesen, nach jenem Natan, den die bekannte Sage von dem Strahlenglanze, der dessen Haupt geschmückt, zum Zeitgenossen K. Akibas macht, was der Zeit nach gut stimmen würde. (Vgl. Sefer Maasijot v. K. Nissim u. Seder hadorot Artikel Natan b. Zuzita, Rappap. Bikkure baittim 1831 S. 79. Vgl. auch Scheeltot di R. Acha Nr. 42.) 2) Mar Ukba I (Vgl. über ihn Grätz IV 2. Aufl. S, 488 Hoffm Mar Sam. S. 74). Der Nachfolger R. Hunas wird erwähnt: in Kidduschin 44b, wo berichtet wird, dass Samuel und Earna eine halachische Streitfrage rpjn ""Sl K3plJJ 1D in,HB3 vorlegen wollten; in Sabbat 55a ist nach Scherira (Sendschr.) ebenfalls 'VI '31 K3J51JJ "lD zu lesen; auf Mar Ukba I sind wol auch die Stellen in Rosch haschana 19 b und jerusal. Megilla I. 5. Vgl. Dor. harisch. IIa S. 251 zu beziehen nach welchen derselbe auch die kalendarischen Bestimmungen der Judenschaft Babylous übermittelte. Von ihm ist die Rede in Sabbat 108 b — "I rp ftbv W' — Pesachim 40, wo er vor Sam. erwähnt wird und wol an allen Stellen wo R. Chisda in seinem Namen Lehren tradirt. Näheres über ihn s. oben S. 63 und 64. Von späteren Historikern wird Ukba von Scherira — „ — K3plJJ 1D. . « JOIH '1 1113 'JDflKl" — und vom Verfasser des Seder Olam sutta erwähnt, was aber Grätz entgangen ist, Dieser hat nämlich, nachdem von R. Huna gesprochen — fnj SCl 'j3 Kj1H '1 milK 'JdJN — den Passus: "1J3 D1MJ 1D)» 3ipy yOVI". Hier fehlte offenbar, wie schon Halevy Dor. harisch. IIa S. 250 bemerkt, der Satz: 3ipj? iDj?1 JUin "I 33B1. Aber auch dieser Satz findet sich daselbst, er ist nur verschoben. Weiter unten bei Huna Mar dem Zeitgenossen Abaji's, heisst es: xJirt '1 1T-JK K3piJJ iDJJl 1D xj1n V2V1 ibv D3n. Diese Stelle, die schon Grätz Bd. IV, Note 68 als verschoben bezeichnet — demzufolge diesen Mar Ukba aber ganz grundlos und irrthümlich unter die vorgeschichtlichen Exilarchen einreiht, — ist ohne Zweifel zwischen 1J3 w"i und 31pJJ 33tfl einzuschieben, wie schon aus der ins Auge fallender Lücke ersichtlich ist. Auch der als Hoftheologe

Ukbas erwähnte R. Chananel — ein im Talmud oft erwähnter Schüler Rab's — lebte zu dieser Zeit. Er scheint dieses Amt anch noch unter Ukbas Nachfolger, unter Nachum, bekleidet zu haben. Ukba wäre demnach ein Bruder Huna's gewesen. Sein Amt muss er vor 189, vor dem Tode des Patriarchen R. Judas I (s. oben) angetreten haben. Dass er aber noch um 225—230 gelebt haben muss, geht aus Sabbat 55a hervor, wo R. Juda die richterliche Amtstätigkeit Samuels tadelt und dieser sein Vergehen entschuldigt, indam er auf Mar Ukba hinweist. Da nun R. Juda nach Scherira3 Angabe um 299 starb, ihm aber, wie bekannt, ein hohes Alter beschieden war, (Vgl. Sanbedr. 17 b XJV"13B1B1 '3o und Gittin 19 b) so werden wir nicht fehlgehen, wenn wir das Geburtsjahr R. Judas um 205—210 ansetzen. Da aber an dieser Stelle nur Ukba I und nicht Ukba II, der fromme Schüler Samuels, gemeint sein kann, könnte die erwähnte Controveräe zwischen Samuel und R. Juda nicht früher aber auch nicht viel später als 225 — 230 stattgefunden haben. Die Dauer seiner Funktion fiele dann zwischen 188—225. Dass Mar Ukba vor Samuel gestorben, geht auch aus Baba m. 70a hervor. (Vgl. noch Lazarus in Brülls Jhrb. X S. 78 und das. angeführte Leseart des Msrr. Paris. Dieses lässt aipy unmittelbar nach jvpm folgen. Die Namen Natan und Huna fehlen. 3) Nachum — Seder Olam s. lässt nun Naehum folgen: S'SBH ;bv Dan bxan m Xjj1b n nun "i min " ua Diru iojn 3ipy.-Die erwähnten Gelehrten waren Schüler Rab's und Samuels. Lazarus, der (das. S. 66) ihn mit KTIX identifizirt und ihn 140—170 p. regieren lässt, musste es freilich auffallend linden, „dass auch die in der talmudischen sehr seltene Namen Matna und Chananel dieser Zeit (Ukbas) angehören. Das. S. 83. Dieser Nachum war eben ein jüngerer Zeitgenosse Rab's gleich den 4 Gelehrten seines Hofes. Dieser Naehum ist auch vermuthlich identisch mit dem Nechemja im Excerpte Zakutos, (Vgl. Lazarus S. 98, Anm. , der eine Judenverfolgung erlebt haben soll. Diese soll 175 destr. = 243 stattgefunden haben. (Die anderen haben die

Zahl,T'D1). Es ist nicht ausgeschlossen, dass der in späteren Jahren so überaus judenfreundliche Sabur in den ersten Jahren seiner Regierung eine Verfolgung duldete oder anstiftete. Eine Stütze für diese Notiz hätten wir in der ironischen Bemerkung Rab's "bü "I13B (U3 DT jJn (Baba m. 70b vgl. Raschi z. St.) Dies konnte Rab nur zwischen 240 (dem Regierungsantritte S.,s und 247 (dem Sterbej. Rab's) gesagt haben Unser Text des Seder Olam sutta lässt nun Jochanan Schafat und Anan folgen, die aber unter die vorgeschichtlichen R. G. eingereiht werden müssen — die Namen kommen in der Chronik I, Cap. III, 22, 24 vor — wie sie im Dorot olam (Vgl. das. im Jochasin ed. Zolkiew 1799, S. 58) in der That vor R. Huna, zwischen Chiskija und Natan di Zuzita, genannt werden. Die Verschiebung ist noch deutlich genug zu erkennen. Die Fortsetzung beginnt mit dem Satze: Win,1 S'OB1 H31 K"n "1 b)tx ,X3 13JM1. Dieser Satz gehört offenbar zu dem obigen ibv C3H..... Jon '1, da hier von dem Schulhaupte R. Huna, dem Schüler Rabs, die Rede ist, der wie aus Moed katan 28 a und Kohelet rabba cap. 9, 10 ersichtlich, neben R. Chijja begraben wurde. Dass dieser R. Huna an mehreren Stellen als r'i bezeichnet wird, beruht auf einer Verwechslung mit dem Edlarchen R. Huna, dem Zeitgenossen Rabbis oder anf die Zugehörigkeit des ersteren zur Exilarchenfamilie. (Vgl. Scher. Sendschr.) Dies hat wol auch den Autor des Mscr. Paris veranlasst einen Huna II als Exilarchen einzuschieben. Die älteren Ausgaben des S. 0. s. haben diesen Huna nicht. Keineswegs kann Anau mit demselben identifizirt werden, wie dies Lazarus das. 8. 69, Anm. 1 und Krochmal Schol. z. Talmud S. 34 thun, da neben Anan die Hoftheologen Rab und Samuel genannt werden, die dieses Amt nicht übernommen haben werden, nachdem dasselbe schon unter dem Vorgänger Hunas unter Nachum, von deren Schülern bekleidet wurde. (S. oben.) Nach Seder Olam s. folgen nun 4. Nathan und 5. Nechemja, der Schwiegersohn Rabs und Vater des frommen Mar Ukba II. (Vgl. Sabbat 56b und Cholin

92a). Die Zeit ihrer Funktion wird nicht angegeben. Jedoch scheinen die drei letzterwähnten Exilarchen (Dorot Olam hat nur 3) Nathan und 4) Nechemja; Nachum und Nechemja sind vielleicht nur Namen einer Person) nur kurze Zeit amtirt zu haben, da im Jahre 279 schon Mar Ukba II die Würde des R. G. bekleidet, wie aus dem Nachfolgenden bewiesen werden soll.

Mar Ukba II schickt an R. Elasar (st. 279) die Frage,., DlK "03 und bemerkt m3'?D DlDD T31 (Gittin7a); dass hier nicht von Ukba I die Rede sein kann, wie Lazarus das. S. 80, Anm. 3, meint, geht schon aus dem Schlusssatze l'?ip3 KS: VlUflJl hervor, was aber, wie aus Gittin 65b erhellt, z. Z. R. Seras, des Collegen Rabbas (geb. 260) geschah; da aber Ukba I nach Lazar. das. um 240 starb, so kann dies nur Ukba II gewesen sein. Vgl. oben S. 109.

Er tradirt Lehren Samuels an Rabba, (lehrte 298—320, Baba b. 55 a) er scheint demnach ein älterer Zeitgenosse Rabbas und wahrscheinlich ein ScLüler Samuels gewesen zu sein. Es geht dies namentlich aus der Stelle in Erubin 81 a hervor, wo es heisst: KtPlCD Tts bx)UV ID1."Pro 'fy, dass aber hier nur von Mar Ukba II die Rede sein kann, ist aus dem vorstehenden vK KTT TK ersichtlich. Dieser Mar Dkba war der Zeitgenosse R. Seras. Ebenso ist Sabbat 75 b Ukba II gemeint, da er nach Matna, dem Schüler Samuels erwähnt wird. So nach der richtigen Leseart des R. Chananel, Alfasi u. Ascher. Vgl. Dikd. Sofer. z. St., was Halewy der diesen Ukba auf Grund einer falschen Leseart zum Zeitgenossen R. Papas machen will, (Dor. har. II a S. 249) übersehen. Sollte auch in Moed katan 16 b, wo Mar Ukba ausdrücklich als Schüler Samuels bezeichnet wird, Ukba II gemeint sein? Er wäre demnach schon unter seinem Vorgänger im Exilarchate Oberrichter gewesen. Dass persische Machthaber ihren Söhnen und Verwandten noch in unserer Zeit hohe Aemter übertragen, ist bekannt. Dies würde auch die verschiedenen Leeearten, die Mar Ukba bald als Exilarchen, bald als Oberlichter bezeichnen, erklären.

Nur so ist es erklärlich, dass hervorragende Schüler Samuels, Männer wie R. Anan, mit ihren Klagen sich an Mar Ukba wenden. (Vgl, Eetub. 69 a über Hana, das. 79 a über K. Nachman). Dasa auch hier nur Mar Ukba II gemeint sein kann, ist selbstverständlich, da B. Nachman, der im Jahre 320 starb, Mar Ukba I um 230 noch nicht das Richteramt bekleiden konnte. (Lazarus, der dies behauptet (das. S. 80, Anm. 3) geräth auch mit den eigenen Angaben in Widerspruch). (8. oben, Anm. 3).

Die Notiz des Seder Olam KD1K SD *VW,* kann nur, wie bereits erwähnt, auf die Eroberung Aramäas. d. i. der Provinz Bet Aramäje's oder Suristans (vgl. Z. D. M. G. Bd. XXV und Nöld. Tabari S. 15, Anm. 3) durch die Römer im Jahre 283 oder wenn wir mit Mscr. Paris lesen KDINi? m3C *p"bo* WSI auf den Zug Saburs nach Syrien bezogen werden. Vgl. Nöldske Tabari S. 32 und die Erklärung Hamza's 97 bei Nöldske Tabari S. 22, Anm. 2 wo er Aiam auf Syrien bezieht. Keineswegs ist KD1K aus Jtjoix entstanden. Das Sterbejahr Mar Ukbas ist unbestimmt, da aber Rabba (lehrte 298—320) als sein Hoftheologe angegeben wird, so wird er jedenfalls nach 300 gestorben sein.

Note V zu S. 77.

Odenat.

Ueber Odenat vgl. Gutschmied in Hilgenfelds Zeitschrift für wissenschaftliche Theologie IV S. 11; Lewy in der Z. D. M. G. Bd. 28 S. 97—98 und Oberdiok das. S. 750. „Offenbar — schreibt der Letztere — war Zenobia dem Morde nicht fremd, wie auch Trebellius Pollio andeutet. Vaballathus, ihr Sohn aus erster Ehe war der legitime Thronfolger; er sollte durch Herodes, den Sohn des Odenat verdrängt werden. Dieses suchte Zenobia zu hintertreiben. .. Nach der Ermordung ihres Gemahls und des Herodes... bestieg sie selbst mit ihrem Sohne Vaballathus den blutbefleckten Thron des Orients". Wir begreifen daher die hohe Bedeutung der Nachricht von dem Tode Ben Nasors, ihres Gemahls, für Zenobia, und mag es die Freude der ehrgeizigen Frau über das Gelingen ihres Planes gewesen sein, der der jüdische Gelehrte sein Leben Iu verdanken hatte. Die Talmudstelle in je-

rus. Terumot VIII Ende kann nur durch die angeführten Zeitverhältnisse erklärt werden. Odenat mag aber noch einen Sohn Amr oder Bar Adi gehabt haben, der mit dem Gründer des Kleinstaates Hira identisch und der nach arabischen Berichten mit seiner Stiefmutcr iu Conflikt gerathen soin soll, was nach dem eben Erwähnten nur natürlich wäre. (Vgl. Nöldecke Tabari S. 26 Anm. 1).

Note VI za Seite 119.

Die Kürze der Lehrsätze.

Von den zahllosen Beispielen, in welchen die Kürze der Lehrsätze zu grösseren Debatten Anlass gegeben, seien hier nur wenige hervorgehoben: R. Huna überliefert im Namen Rabs: niWJt E? M5C'O H1BJJ (Beza 6 b). Dieser Lehrsatz wurde, da er ohne Erklärung überliefert worden war, zu den verschiedensten Disciplinen in Beziehung gebracht. Bald wurde er auf das bekannte Verbot, Fleisch in der Milch zu geniessen bezogen, und Rab soll damit gemeint haben, dass man ein Ei erst nach der Geburt als nicht mehr zur Henne gehörenden Theil zu betrachten habe, ein in einer geschlachteten Henne gefundenes, wenn auch ganz fertiges Ei aber noch gleich einem anderen Bestandteile des Tbieres nicht in der Milch genossen werden dürfe; bald wird es mit dem Gebote, an Pesttagen nur für dieselben bestimmte und vor dem Eintritte desselben zubereitete Speisen zu geniessen, (HJEp1D) und Rab sollte mit dem Spruch gesagt haben, dass das Ei vor dem Beginne des Festes geboren sein müsse, wenn es an demselben genossen werden solle; bald wird er als ein zivilrechtlicher Lehrsatz aufgefasst, indem man darin den Rechtssatz ausgesprochen finden wollte, dass die im Leibe todter Hühner gefundenen Eier nicht mit anderen verkauft werden dürften, da dieselben minderwerthig seien, u. s. w. Die Debatte füllt eine ganze Folioseite aus. Eine ähnliche Debatte über einen Theil der Mischna... B» *bi* 1D1X B"1 s. Ketub. 88 a u. b. u. a. St.

Beza 9 b wird eine Debatte angeführt, die ebenfalls eine Seite ausfüllt, über zwei sich angeblich widersprechenden Mischnajot, welche R. Jochanan nur

durch das bekannte nBBTI fleSnia auszugleichen vermochte. Man wusste nur, dass derselbe einen Widerspruch zwischen zwei die Feste betreffenden Gesetze auf dieser Weise löste, vergass aber die betreffenden Mischnajot zu bezeichnen.

Ketubot 83 b wird von Rab zu einem Lehrsatze R. Gamliels die Bemerkung iVDJ?BD X1 J'3BH3 HsSn zitiert. Die eigentlichen Gründe Rab,s wurden aber nicht gelehrt, und mussten dieselben erst von den Schülern erforscht werden. Die Discussion nimmt im babylon. Talmud beinahe eine Seite ein und der jerusal. Talmud giebt noch andere, den Babylonern unbekannte Erklärungen.

Note VII zu Seite 124.

R. Nachman.

Dass R. Nachman Samuels Schüler und Nachfolger war, sagt Schema ausdrücklich: "ITUa Bm "1 ITTDSn 1W1 *btftüV* 3.W1 Halewys"

Behauptung, dass R. Nachmann nicht nur in Nehardea, sondern auch in Schkan-Zib, Schelhi und Machosa noch bei seinem Schwiegervater Rabba b. Abbahu lernte, (Dor. harisch. IIb 414—416) ist unrichtig. Dass R. Nachman an der Schule in Schkan-Zib als Oberhaupt fungirte wird, wie bereits hervorgehoben wurde, ausdrücklich im Talmud erwähnt, Joma 71 a. S. oben S. 76 Anm. 3. R. Nachman war aber ohne Zweifel ein Schüler Samuels, was aus den ungemein zahlreichen Lehren, die N. im Namen Samuels zitirt, mit Sicherheit gefolgt werden kann. Während er alle Traditionen Rabs — mit sehr wenigen Ausnahmen. (Baba m. 51 a, 94 a) — als ihm durch Rabba b. Abbahu übermittelte lehrt, tradirt er die Lehren Samuel's stets in dessen Namen. Die gewöhnliche Formel lautet: "0V 1BK i" 1DK» Um nur einige anzuführen: Erubin 24a, 32b, 41b, 42 a, 47 a; Ketub. 54 a, 56 a, 57 a. 87 a, 89 b, 108 b; Baba k. 35 a, 61 b. 95 b, 100 b; Baba mez. 14 b, 28 b, 39 a, 55 a, 75 a; Baba bat. 2 b, 6 b 65a, 82 b, 99b, 151a, 156a. Diese nur 5 Talmud-Traktaten entnommenen Beispiele können um das zehn-und zwanzigfache vermehrt werden. Ins Gewicht fällt besonders die Stelle in Baba bat. 151a f?KIBV WK 8WB3 Vgl. auch die

Stellen, in welchen N. Lehren Samuels tradirt, die selbst dem R. Huna zweifelhaft waren (Baba m. 14 b) oder von R. Juda in anderer Version tradirt wurden (Baba bat. 82 b). Beweiskräftig ist auch die Stelle Berachot 49b: b JTDB üb btVQV 1Bi nWD ? 1oK1 BPij "b rPflSjWVr Wäre R. Nachman z. Z. Samuels noch VB1J? B3 '1dj gewesen, wie Halewy das. annimmt, hätte die Antwort: „er habe dies nicht von Samuel gehört" keinen richtigen Sinn. Diese Stelle beweist vielmehr, dass Nachman auch diese Lehre wie die anderen von S. hätte hören können. Allerdings gehörte er noch zu den jüngeren Schülerkreisen Samuels, aus welchen nicht directe Anfragen an das Schulhaupt gestellt wurden, was die Thatsache, dass direkte Tragen Nachmans an Samuel nirgends erwähnt werden, genügend erklärt.

Reg

Anm. 1. Ueber die angeführten Städte s.
Feuchtwang,
Monatsschrift f. G. u. W. d. J. 1897, S.
198.
Zu S. 14, Anm. 4. Wie ich nachträglich
sehe, hat schon Brüll
(Blau talmudische Randnoten in der
Monatsschrift Jhrg. 41 Seite 107)
auf die Stelle Baba bat. 96 b hingewie-
sen. Die Stellen Sabbat 139 b und
Moed katan 12b sind merkwürdigerwei-
se auch diesem Gelehrten entgangen.
Vgl. übrigens Pesachim Seite 42 b und
Raschi zu HDH "DB
Das. Anm. 3. Vgl. noch Feuchtwang,
Zeitschr. für Assyr. VI, pag. 444, Kre-
mer Culturgesch. des Orients II, pag.
328.
Zu S. 17, Anm. 8. Wie mir Herr Dr.
Feuchtwang mittheilt, waltete dasselbe
Verhältniss zwischen R9gierung und
Grundbesitzer schon in altbabyloniseh-
er Zeit ob. Vgl. Peiser Babylon. Verträge.
Zu S. 24, Anm. 1. „Obgleich die Po-
lygamie bei den Juden — schreibt Blau
(talmud. Randnoten, Monatsschr. 41
Jhrg., S. 76) — gestattet war, hatten die
Talmudlehrer in der Regel nur eine
Frau". Er verweist mit Recht auf die
hervorragendsten Tannaim und Amoräer; ebenso geht dies aus den das. angeführten Stellen Erubin 53 b, Ketub. 62 b
und Baba bat. 12 b hervor.
Zn S. 30, Anm. 1. Nur so ist der Widerspruch zu lösen zwischen dem tan-
naitischen Spruche 1BDimB H3 *übx*
»iB" nK,T3pH *rfiXI xb* DHJ DITJ? und
den proselytenfeindlichen Aussprüchen
späterer Gesetzeslehrer, wie nriBD3..
DHJ *TiVS* Jebam. 47 b, Nidda 13 b u.
a. St. Ebenso wird der Ausspruch R.
Jochanans nrro 3"n mwa pE1J1 D"isy
und der Simon b. Lakisch's über *TiW*
D"13? durch die unangenehmen Erfahrungen, die die Gesetzeslehrer in den
ersten, für die Entwicklung des Christenthums so bedeutsamen Jahrhunder-

ten mit den Proselyten und Halbproselyten gemacht haben mochten, zu erklären sein. Der Tanna R. Meir stellt noch
den Heiden, der sich mit der Thora beschäftigt, dem Hohepriester gleich. Vgl.
Sanhedr. 59 a.
Zu S. 88, Anm. 1. Dass die von Amoräern angeführte Lesearten schon den
Tannaim bekannt waren, habe oben S.
62, Anm. 3 bewiesen. Auf die daselbst
angeführte Stelle Erubin 53 a, hat
schon, wie ich nachträglich sehe, Halewy Dor harisch. S. 88—89, der daselbst
noch andere Beispiele anführt, verwiesen. Zu den daselbst angeführten, sei
hier noch die klassische Beweisstelle
Ketub. 55a hinzugefügt, wo die Gelehrten Mata Machasjas mit den Gesetzeslehrern Pum Baditas über die Lesart 1fT
oder pSD streiten, eine Textvariante,
die schon z. Z. des Patriarchen Simon
b. Gamlisl, R. Nathans und R. Jochanans (b. Baroka) bekannt war, wie dies
aus Baba bat. 131a und jerus. Ketub. IV,
11 hervorgeht. Dass Amoräer Lehrsätze
als Memra vortrugen, obhgleich dieselben in ihnen bekannten Baraitas enthalten waren, geht auc aus Cholin 75b hervor. S. Tosepb. Stw. 'CJNO`?1: W"Ü ,ts
JTDBH 1'3 'D'n »nia 'C?. Vgl. hiezu
Schwarz Tosephta zu Cholin IV, 5, Note 59.
Zu S. 88, Anm. 5. Dass man mit *ftb*
1DK Kim yn »1.1 in der Regel nicht,
wie gewöhnlich angenommen wird (so
auch Rappap. Erech Miliin Art. Amora), sagen wollte: Der Amora hat diese
Baraita überliefert und erklärt, sondern
unter dem Einleitungsworte 1DK eigene oder übernommene, mit dem Wortsinne der mitgetheilten Traditionen in
keiner Beziehung stehende Bemerkungen hinzuzufügen pflegte. geht aus
zahlreichen Stellen, wie Erubin 10a, wo
unter 1D» Kim mitgetheilt wird: *TOVü
HJ11K3 rDW* pm Cholin 12b, 31 a W
'13 *nibn* Sabbat 50a J'3BH3 *nsbn* n. a.
hervor. Unter 1DK theilte der Amora
seirre oder eine übernommene Ansicht
mit, womit freilich nicht gesagt sein
soll, dass es nicht zu den Aufgaben der
Amoräer — namentlich jener Amoräer,
die dem Schulhaupte zur Seite standen
— gehörte, die Traditionen zu erläutern
und zu erklären. Hier handelt es sich nur

um die Bezeichnung 1DK oder K11DK, womit man den ungebundenen Vortrag resp. den frei Sprechenden im Gegensatze zum Tanna bezeichnen wollte. Bemerkt sei noch, dass es Z, 3 heissen soll „frei vortragen, nicht (statt nie) erklären". „Eine Erklärung hinzufügen" bedeutet lo» in Cholin 22 b.

Zu S. 94, Anm. 2. Ibad (Gottesknechte) "By bezeichneten sich die christlichen Einwohner Hiras gegenüber den Heiden. Siehe Nöldeke Tabari S. 24, Anm. 4, 155 u. 349. Funk, Die hagad. Elem. in den Homilien der Aphraatas, Wien 1891.

VORWORT.

Die freundliche Aufnahme, welche der erste Teil des vorliegenden Werkes gefunden hat, ermutigt mich auch den zweiten Teil zu veröffentlichen. Ich hatte ursprünglich die Absicht, in den letzten Kapiteln über Inhalt und Endzweck des Talmud Aufschluß zu geben. Die Vorarbeiten hiezu haben das Erscheinen dieses Werkes erheblich verzögert. Nach langer mühevoller Arbeit bin ich jedoch zur Überzeugung gelangt, daß eine Darstellung des Gesamtinhaltes des Talmud, selbst wenn man alle Einzelheiten übergehen wollte, in den Rahmen dieses bescheidenen Werkes nicht gut eingefügt werden kann. Ich habe mich deshalb darauf beschränkt, im letzten Kapitel die in den talmudischen Normen vorherrschende Geistesrichtung im allgemeinen zu kennzeichnen, wozu ich mich umso eher entschließen konnte, da mir als Mitherausgeber der »Monumenta Judaica« Gelegenheit geboten ist, meinen ursprünglichen Plan in einem viel weiteren als dem beabsichtigten Umfange durchzuführen und die verschiedenen Disziplinen des Talmud durch punktierte, übersetzte und mit einem ausführlichen Kommentar versehene Teile aus demselben weiteren Kreisen zugänglich zu machen. Die beste Darstellung des talmudischen Schrifttums ist und bleibt der Talmud selbst.

Es gereicht mir zur besonderen Freude, den Herren Beamten der k. k. Universitätsbibliothek, insbesondere dem Herrn scriptor Dr. M. Holzmann, dem Direktor der Wiener Gemeindebibliothek, Herrn Dr. B. Münz und dem Herrn Bibliothekar der Seminar-Bibliothek für die Unterstützung und Förderung meiner Arbeit den innigsten Dank auszusprechen.

Boskowitz, im März 1908.

Dr. Salonron Funk

Zusätze und Berichtigungen.

Zu S. 15. Raba pflegte auch persische Worte zu gebrauchen. (Vgl. Bacher, Agada der babyl. Amoräer).

Zu S. 70. Rabas Redaktion hatte z. B. Ab. sara 39a: 31 iDK '» Düina iniB 'J'B'B'M in« omm 11DK WaU Die spätere Redaktion fügte dann hinzu: DiiQ jvnSn in» omm P1ib» n»»/! p» iBQ aSn... piniD waj nß

Zu S. 110, Note 2, vorletzte Zeile lies «weiteren« statt innern.

Zu S. 111, Rabina 1 und II: Wenn wir die zwei gleichnamigen Zeitgenossen R. Asches mit I und II bezeichnen, so geschieht es, weil nur diese zu den hervorragenden, oftgenannten Amoräern gehören. Es hat aber, wie schon Tosephoth Chullin 48a, R. Ascher und Maadanne jom tob z. St. bemerken, einen älteren, weniger bedeutenden Rabina gegeben. Gegen Halevy (Doroth ha-Rischonim III, 7 und IIb, 639) sprechen die Stellen Kethubb. 24b und Berach. 20b, wo dieser mit R. Chisda streitet; an der ersten Stelle wird die Ansicht Rabinas der R. Chisdas vorangestellt. Vgl. auch Chullin 44a und 50b KrailDKM1 Kai 1DK. Die Korrektur Halevys (IIb, 539) in W3K '1 ändert nichts an der Sache. Es ist das bekanntlich nur eine andere Form desselben Namens und werden auch die Namen der letzten zwei Rabinas öfter «ra«' '1 geschrieben (S. Scherira ed. Qoldb. 37 und ed. Wallerstein 18).

Zu den Zeitgenossen R. Asches gehören noch die aus Palästina eingewanderten R. Abba, R. Chanina, R. Acha b. Awja (K'1X), R. Acha b. Josef, auf welche Jolles in seinem Beth waad lachachamim lang vor Halevy (11,571—588) hingewiesen (s. die betreffenden Art.), ebenso auf R. Assi, der übrigens schon von Samuel Edels als Zeitgenosse R. Asches bezeichnet wurde. Vgl. zu Kethub. 23a: "BK '11... "3K inaS m,1 n»inai. Vgl. auch die Anmerkung Strachuns zu Sukka 8 a. Zu R. Huna ist R.

Chananel Baba k. 9a: «H 1DX Kjin,11 W1,1 '11 KBB '1 11DK1 zu vergleichen.

S. 122, Anm. 35. Das. in Megilla 12b angeführte KVD11B ist wohl eine gekürzte Form von pätkos = Provinz, (vgl. Nöld.Tabari 152) ursprünglich mit pän, also ein Bezirkshauptmann. Vielleicht ist auch das XfinaD1B1 KBp ia aus KBpia entstanden (Sabbath 110 a).

Zu S. 130. Auf die sechzig Hiebe im Himmel hat schon, wie ich nachträglich sehe, Hofrat Müller in seinem Hammurabiwerke, S. 156 hingewiesen.

Zu S. 145. Wie ich nachträglich sehe, hat schon Grünbaum MZDG. Bd. 23, S. 636 KpHJKT statt 'pnn gelesen.

INHALTSANGABE.

schen Staat. Steuerverhältnisse im römischen und im persischen Reiche. Höhe der Kopfsteuer in Babylonien und das Recht der Kommunen von dieser zu befreien. Milde der Steuerbeamten. Zeitweilige Übergriffe der staatlichen Organe. Saburs Charakter. Den Juden gewährte Rechte. Gerichtsbarkeit. Religiöse Freiheit. Die geistigen Führer kommen womöglich den Wünschen der persischen Regierung entgegen. Treten für die Veibreitung der persischen Sprache ein. Schließen die aramäische Sprache vom Gottesdienste aus. Antiaramäische Strömung in Palästina und in Babylonien. Poetische Kunstformen, die den Syrern entlehnt wurden, kommen erst in späteren Dichtungen vor. Amulette werden zum Teile hebräisch geschrieben. Persische Dokumente werden als vollwertig angesehen. Macht der Schulhäupter. Schwäche der Exilarchen.

Achtes Kapitel.

Das literarische Leben der b a b y l o n i s c h e n J u d e n im vierten Jahrhundert (S. 22—41).

Übergang der geistigen Hegemonie von Palästina auf Babylonien. Traditionskenntnisse werden höher bewertet als Scharfsinn. R. Jochanans Überlegenheit. Die einwandernden Amoräer bringen neue Traditionen nach Babylonien. Die späteren Generationen überragen die früheren. Wahlkampf zwischen Rabba und R. Joseph. Anfrage an die Gelehrten Palästinas. R. Joseph verzichtet auf die hohe Würde" Gründe. Aufschwung der Hochschule unter Rabba. Charakter Rabbas und R. Josephs. Die Pumbaditaner hassen Rabba. Rabbas Bedürfnislosigkeit. Rabbas strenge Reden. Anklagen gegen Rabba, dessen Tod. R.Joseph wird Schulhaupt. Dessen Denk-und Lehrweise. Begründung der alten rabbinischen Einführungen. R. Josephs Milde. Dessen Neigung, die Gesetze mit Bibelversen zu stützen. Rabbas geistige Überlegenheit auf dem Gebiete der Halacha. R. Josephs Überlegenheit in der Kenntnis der Bibel und deren Übersetzungen. R. Josephs Verdienst um das Sirachbuch. R. Joseph und die Mischna. Abaji wird Nachfolger R. Josephs. Dessen Wahlspruch.

Dessen menschenfreundliche Werke. Dessen Edelmut. Dessen Beliebtheit bei Juden und NichtJuden. Abajis Rivalen. Abajis Sieg über diese. Dessen Verhältnis zu Raba. Rabas Überlegenheit. Freundschaftlicher Verkehr zwischen beiden. Abajis Friedensliebe. Abajis Lehrmethode. Hawajoth d'Abaji w'Raba. Maimunis Urteil über diese. Primat der praktischen vor der theoretischen Vernunft.

Neuntes Kapitel.

338—352.

Vom Tode Abajis bis zum Tode Rabas (S. 41—56). Der römisch persische Krieg. Kriegerische Araberstämme in Persien. Verlegung der Hochschule nach Machosa. Kriegslasten. Persische Armee. Polizeisoldaten. Reiterlegionen. Militärsteuer. Kommunalsteuer zum Baue von Stadtmauern. Unsicherheit im Lande. Diebs und Räuberbanden. Bedrückungen der Ortsgewaltigen. Rückwirkung auf die Bodenverhältnisse. Die Perser werden von den Juden unterstützt. Unterdrückung. Judenverfolgung in den römischen Provinzen..Christen in Persien. Ihr Verhältnis zu den Juden. Gleiche Interessen der Juden und Christen. Ihr gemeinsamer Kampf gegen antinomistische Sekten. D i e jüdischen Überlieferungen in der syrischen Literatur. Aphraates. Mit dem Ausbruche des persisch-römischen Krieges beginnt die judenfeindliche Polemik. Ursache derselben. Zuneigung der Andersgläubigen zur jüdischen Religion. Jüdische Proselyten. Moralische Eroberungslust der Soferim. Religionsgespräche.

Die christlich-jüdische Polemik (S. 56— 65).

Zeremonialg esetze werden bekämpft. Eindringen der praktischen Gesetze in das Leben der Heiden. Anziehungskraft des Sabbats auf heidnische Völker. Aphraates bekämpft die Sabbat-und Speisegesetze. Dessen Beweise für das Gebot der Feindesliebe in der Bibel. Angriff gegen die wichtigsten Zeremonialgeselze. Ahwehr im Talmud und Midrasch. Juden polemisieren gegen das Mönchswesen. Eifrigeres Bibelstudium eine Folge der Polemik. Christen befassen sich mit haggadischen Bibelerklärungen. Haggadabücher in den Hän-

den der Nichtjuden. Scharfe Unterscheidung zwischen Wortsinn und haggadische Auslegung. Aphraates als haggadischer.Bibelerklärer. Aphraates und die jüdischen Schriftgelehrten.

Zehntes Kapitel.

Raba (S. 66-77).

Beruf der Schriftgelehrten. Rabas Vertrautheit mit der Landwirtschaft. Dessen Lehrjahre. Ungünstige Zeiten. Notlage des Volkes. Idealismus der Zeitgenossen. Redaktion des Talmuds. Rabas Ansehen. Rabas Lehrweise. Art der Redaktion. Folgen der Redaktion. Rabas Behandlung des Mischnatextes. Ausgleichung der Mischna mit der Baraitha. Rabas Charakter. Raba als Volkslehrer und Haggadist. Fortlaufende Erklärungen zu einzelnen biblische Schriften. Raba als Oberhaupt der Gemeinde. Dessen Beziehungen zu den palästinensischen Juden. Botschaft aus Palästina. Raba und die Bewohner Machosas. Fürsorge für die Armen. Milde gegen das Volk. Haß und Gunst der Zeitgenossen.

Eilftes Kapitel.

353-379.

Die letzten Jahrhunderte u n t e r S a b u r II. (S. 78—93).

Ende des römisch-persischen Krieges. Zerstörte Judenstädte. Kaiser Julian und die Juden. Schonungsloses Vorgehen der Römer. Römische Erzeugnisse in Babylonien. An Stelle der umgehauenen Palmen werden Ölbäume gepflanzt. Reichtum der Juden Ausdehnung des Handels. Höhere Wertschätzung des Geldes. Vollständige Unabhängigkeit von Palästina. Der feste Kalender Hilleis. Wissenschaften werden weniger gepflegt. Aberglaube. Neue Schulen werden gegründet. R. Nachman b. Jizchak, Tradent und Ordner im Lehrhause. R Nachman und der Bibeltext. R Chama aus Nehardea. R. Papa. Gründung der Schule in Naresch. Die Lehrweise R. Papas.

Zwölftes Kapitel.

379-438. Vom Tode Saburs bis zum Tode Bahram Gors (S. 94—104). Politische Unruhen. Kriegszug der Hunnen. Bahram IV. Jesdegerds I. Judenfreundlichkeit. Die Sagen machte dessen Mutter zur Jüdin. Warnung des Dinkart an die Könige, sich nicht dem Judentum zuzuwenden. Die Gelehrten verkehren am Hofe. Jezdegerds Tod. R. Asches Ansehen. R. Asches Maßregeln, um den freundschaftlichen Verkehr zwischen den Juden und den Persern. Religionsgespräche mit den Persern. Lob der Perser. Günstige Lage der Juden. Frohsinn und Heiterkeit. Feier der Feste. Einfluß der Gelehrten. Besetzung der Richterstellen. R. Asche und die Schulhäupter von Pum-Baditha. Diese gelangten im hohen Greisenalter zu dieser Würde. Die Exilarchen begünstigen diese. R. Asche und die Exilarchen.

Dreizehntes Kapitel.

R Asche und die Redaktion desTalmuds. (S. 104—113.)

R. Asches Studiengang. Dessen Lehrer. Gründung der Schule in Matha Mechasja. Abweichende Form der Traditionen Auswahl aus dem überkommenen Traditionsschatze. Ausgeschlossene Traditionen. Ausgeschlossene Lehren R. Asches. Sammlung derselben in apokryphen Büchern. Art der Redaktion. Mnemotechnische Zeichen. R. Asches Zeitgenossen und Nachfolger. Huna b. Nathan. Mar Jemar.

Vierzehntes Kapitel.

438—500.

A) 438—468.

Jezdegerd II. Dessen Absicht, die Staatsreligion allen Untertanen aufzuzwingen. Beweise eines Häretikers für das Dualprinzip. Verfolgung der Andersgläubigen. Folgen derselben. Jezdegerds Tod. R. Acha aus Difte. Mar b. R. Asche.

B) 468-500.

Rabba Tosphaa. Blutige Judenverfolgung. Tod des Exilarchen Huna Mari. Schließung der Talmudschulen. König Peroz. Unglückliche Zeiten. Aufstand der Juden unter dem Exilarchen. Mar Zutra II. Orund desselben. Jüdischer Freistaat. Einführung eines besonderen Hnldigungssabbats. Anspielung auf damalige Zeitereignisse in der Erklärung zum Wochenabschnitte. Hinrichtung Mar Zutras und R. Chaninas. Mazdakiten. Strenge Maßregeln zur Bekämpfung derselben. Messianische Hoffnungen. Einfall der Hunnen. Abschluß des Talmuds. Charakteristik desselben und seine Bedeutung für das Judentum und für die Wissenschaft. Note: 1) Rabba und Abaji.

2) Das Sirachbuch und der Kanon. 3) Redaktion des Talmud. 4) Aufstand der babylonischen Juden unter Mar Zutra II. 5) Huldigunssabbath des Exilarchen. 6) Aspamjah-Ispahan. 7) Messianische Hoffnungen. 8) Anhang: Die bedeutendsten Städte im engeren Babylonien.

INHALTSÜBERSICHT:

Vom Regierungsantritt Sabur s II. b is zum AuS bruche des persisch-römischen Krieges 309—338.

Das grosse, auch das Schicksal der babylonischen Juden in vielfacher Beziehung bestimmende Ereignis des vierten Jahrhunderts war der Sieg des Christentums im römischen Reiche. Die tiefgehenden, von den Forschern unserer Zeit nur zum Teile blossgelegten Geistesströme), welche von den zwei jüdischen Zentren, von Judäa und Alexandrien, ihren Ausgang genommen und Jahrhunderte hindurch den Boden des Heidentums in Rom wie in Persien durchzogen haben, hatten diesen gelockert und aufnahmefähig gemacht für die grossen Gedanken, die im Judentume schon längst gelebt und durch das Christentum die weiteste Verbreitung gefunden haben. An der Milvischen Brücke, wo in der bekannten Schlacht (28. Oktober 312) mit dem glänzenden Siege Constantins auch das Christentum zum siegreichen Durchbruche gekommen ist, ward nur die einschneidende Wandlung im Völkerleben für alle Welt sichtbar, die durch einen langen, vielhundertjährigen historischen Prozess herbeigeführt wurde. Den Tieferblickenden konnte diese nicht überraschend kommen, und keineswegs bedurfte

') Vgl. M. Friedländer. »Zur Entstehungsgeschichte des Christentums« Wien 1894. Bousset »Die Religion des Judentums im neutestamentlichen Zeit-

alter« Berlin 1903; Harnack Mission und Ausbreitung des Christentums in den ersten 3 Jahrhunderten (S. 9); Schürer, Sitzungsbericht der königlich preussischen Akademie der Wissenschaften vom 11. März 1897 u. a. m. »Man kann. , bemerkt Bousset in dem genannten Buche, »die Bedeutung der Mission des Judentums nicht hoch genug anschlagen...« »Die geheimnisvollen Erfolge seiner (d. Christentums) Mission in einem Menschenalter begreift man nur, wenn man sich vergegenwärtigt, wie sehr das Judentum den Boden gelockert und vorbereitet hatte«. (S. 81).

Funk 1 es erst — wie dies die bekannte Sage will — einer Vision, um den weltklugen Constantin zu belehren, dass der Sieg in den ihm bevorstehenden Kämpfen nur »im Zeichen des Kreuzes« erkämpft werden könne. »Die Christen bildeten schon dazumal«, bemerkt ein hervorragender Historiker, »in allen Teilen des Reiches eine sehr ansehnliche Zahl, sie waren unter sich aufs engste verbunden, ihre Hierarchie und ihre Synoden hatten sich aufrecht erhalten, während nicht nur die alte Rechtsverfassung schon längst untergraben war, sondern auch die alten Anhänger durch eine Menge Ansichten und Meinungen gespalten waren und weder durch ein inneres, noch durch ein äusseres hierarchisches Band zusammengehalten wurden.« Unter solchen Umständen war es nur natürlich, dass Constantin sich der neuen, siegreich vordringenden Religion zuwendete. Sie sollte der neue Kitt werden, um die morschen, auseinanderstrebenden Teile des alten Weltreiches zusammenzuhalten.

Dieselben Ursachen hatten in Persien eine ganz andere, der erwähnten gerade entgegengesetzte Wirkung hervorgerufen, nämlich: die Erweckung des schlummernden Nationalgefühls und die Wiederherstellung der alten Religion Zoroasters von Seiten der sassanidischen Dynastie. Man hätte eigentlich auch in Rom eine ähnliche Reaktion und eine Neubelebung der nationalen Elemente erwarten können. Aber was in Persien noch mit Erfolg versucht werden konnte, war in Rom nicht mehr möglich. Im römischen Reiche waren nämlich die massgebenden Faktoren nicht mehr römisch, — weder der König, noch das Heer.

Während Rom — nach dem geistreichen Ausspruche eines Haggadisten dieser Zeit) — einem Schiffe glich, dessen Mastbaum und dessen Anker aus verschiedenen fremden Ländern herbeigeschafft werden, war in Persien der Grundstock der Beölkerung, wie die Dynastie, gut persisch

') R. Isaak ein Schüler R. Jochanans. Vgl. Genes. r., cap. 83 Anf., Exodus r. cap. 37 Anf. Bacher, Agada der palästin. moräer, Bd. II, S. 228.

gesinnt. Die Regierung der letzteren zeigt darum auf allen Gebieten das unverkennbare Bestreben, das Alte, von den Vätern Überkommene, zu restaurieren und persische Sitte und persischen Brauch zu neuem Dasein zu erwecken. Die persische Sprache wird in ihre Rechte eingesetzt, auf den Münzen erscheint wieder der Feueraltar mit der heimischen Pehlewischrift, und die griechischrömische Baukunst, die nicht mehr zu verdrängen ist, wird mit persischen Elementen verbunden). Den Höhepunkt erreichte diese persischnationale Bewegung unter Sabur II., dessen ebenso kräftige wie zielbewusste Regierung nach den Worten eines Historikers darauf ausging, das persische Reich in seiner Integrität herzustellen und im Innern zu befestigen.)

Unter seiner Regierung erfreut sich die nationale Feuerreligion der kräftigsten Unterstützung des Staates.

In den eroberten Provinzen, wie in Armenien, werden auf Kosten des Staates Feuertempel erbaut. Andersgläubige werden zwar nicht mit Gewalt zur Staatsreligion bekehrt, weil nach Ansicht der Perser, wie ein christlicher, also unparteiischer Historikei Armeniens berichtet), die Götter denen zürnen, welche die Religion nicht vom Herzen bekennen; aber es wird doch versucht, dieselben durch Lockmittel, wie durch die Befreiung von der Kopfsteuer für die Feuerreligion) zu gewinnen, oder, wo dies nicht angeht, die schroffen Gegensätze, die zwischen dieser und den anderen Religionen bestehen, auszu-

gleichen. Ohne Zweifel liegt auch der Verlegung der königlichen Residenz von der Persis nach Seleucia in der aramäischen Provinz Bet-Aramäje) (Suristan) das Bestreben zugrunde, die aramäische und jüdische Bevölkerung dieser fruchtbaren Grenzprovinz durch die Nähe des Hofes für die persische

') Justi, Geschichte des alten Persiens, S. 180.
) Justi das. S. 189.
3) Elische; s. Justi das. S. 192.
) Nedarim 62b, Baba b. 22a; es genügte darum mitunter sich als Feueranbeter auszugeben, um von der Kopfsteuer befreit zu sein. 5) Justi das. S. 191.

Nationalidee, die in Persien mit der persischen Nationalreligion verquickt war, zu gewinnen, oder wenigstens eine Annäherung zwischen den Angehörigen der verschiedenen Volksstämme herbeizuführen. Sabur selber verlässt die ihm gebotene Reserve, um eine solche zu bewerkstelligen. So richtet er z. B. an den jüdischen Gelehrten R. Chama die Frage), ob denn die bei Juden übliche Beerdigung durch ein biblisches Gesetz geboten oder nur eine angenommene Sitte sei.

Offenbar war es ihm darum zu tun, die bedeutungsvolle Differenz, die zwischen den Juden und den Feueranbetern bestand und die zu Reibungen zwischen denselben Anlass gegeben haben mag, aus der Welt zu schaffen Die alten Perser hielten es bekanntlich für sündhaft, die Erde mit Leichen zu verunreinigen und setzten diese, wie dies die noch lebenden Feueranbeter in Bombay und anderen Städten tun, den wilden Vögeln zum Frasse aus). Auf eine judenfeindliche Gesinnung Saburs kann aus dieser Frage nicht geschlossen werden. Ebensowenig kann dies aus der Tatsache gefolgert werden, dass er die Juden aus den von ihm eroberten Provinzen in sein Stammland versetzte. Er verfuhr diesbezüglich mit den Juden wie mit anderen Völkerschaften und tat dies, um die Kultur in seinem Lande zu verbreiten). Der Vorteil des von ihm regierten Staates war das oberste und einzige Motiv, von welchem er sich bei allen seinen Handlungen und Massregeln leiten liess. Wo es dieser erforderte, nahm er

keinen Anstand, auch Juden in ganz besonderer Weise auszuzeichnen. So verlieh er dem Gelehrten Raba das Recht, sich den Namen des Königs beizulegen), eine hohe Auszeichnung, die vorher nur Samuel unter Sabur I. zuteil geworden war.

') Sanhedr. 46 b; Funk, die haggad. Elemente in den Homilien d, Aphraates, Note A.
) S. Die Juden ir ßabylonien, Bd. I, S. 67, Anm. 5.) Vgl. Nöldekes Übersetzung der Chronik Tabaris S. 59 und Anmerkung 1 nach Ammian 20, 6, 7 und Martyr. I, 134 »Sabur

'wie Chosrau, bemerkt Nöldeke das., beabsichtigte aber, dabei gewiss, die grössere Bildung und namentlich technische Gewandtheit des Wesens sich dienstbar zu machen«. Über die Industrien, welche auf diese Weise nach dem Osten verpflanzt sind, s. Mas. II, 186.

Eine späte jüdische Quelle) berichtet zwar von einer Judenverfolgung unter Sabur II. Diese fiel aber in dessen viertes Regierungsjahr, welches zugleich sein viertes Lebensjahr war.

Sabur wurde nämlich schon als Säugling, nach arabischen Quellen noch im Mutterleibe, zum Könige gewählt. Es geschah dies unter Umständen, die, soweit sie uns bekannt sind, die damaligen Verhältnisse sehr verworren erscheinen lassen. Hormizd, der Vater Saburs, soll von einer anderen Frau drei Söhne hinterlassen haben.

A

Der älteste, Adharnarse ward König; nach wenigen Wochen wegen seiner Grausamkeit abgesetzt, wurde er gleich seinen jüngeren Brüdern getötet oder unschädlich gemacht. Die Regierung führte bis zur Grossjährigkeit Saburs dessen Mutter, Ifra Hurmizd, mit dem hohen Adel. Es mag daher sein, dass in den ersten Regierungsjahren Saburs Ausschreitungen gegen die jüdische Bevölkerung vorkamen. Unter den erwähnten Umständen wird es der KöniginMutter, die im Talmud als sehr edel und judenfreundlich geschildert wird, nicht möglich gewesen sein, den fanatischen und einflussreichen Priestern der herrschenden Religion, die bei Ausschreitungen gegen Andersgläubige stets die Hand im Spiele hatten, wirksam entgegenzutreten. Zu dieser Zeit wird auch das bittere Wort R. Josefs über die Perser gefallen sein). »Diese Perser, die der Hölle verfallen sind.« Sobald aber die Königin sich in der Regierung befestigt glaubte, hörten die Judenverfolgungen

') Pessachim 54 a unten. Näheres über diese Auszeichnung s. Bd. I, S. 73, Antn. 3.
) Seder olam sutta, 245 nach der Zerstörung Jerusalems (313). 3) Vgl. Nöldeke zu Tabari S. 51, Anm. 3 nach Zonaras 13, 5 Johannes Antiochenus f. 178 und Zosimus 2, 27. 4) Berachot 8 b. jedenfalls auf. Ja, sie scheint sich beeilt zu haben, das Unrecht, das den Juden unter ihrer Regierung, aber sicherlich ohne ihre Schuld, zugefügt worden war, wieder gut zu machen. R. Josef selber (st. 323) ward noch die Genugtuung zuteil, dass er von Ifra, der Königin-Muttter, durch ein Gnadengeschenk ausgezeichnet wurde).
. Mit ähnlichen Auszeichnungen wurden auch andere bedacht). Raba, dem Schulhaupte von Machosa, schickte sie ein Opfertier, welches dieser aus Achtung für die. hohe Frau auf einer Sandbank im Meere auf frisch gefälltem Holze opfern liess. Unter dem Regime dieser edlen Frau, welche die Tugend der weisen Duldung in höchstem Grade besass, hatten die der Staatsreligion nicht angehörenden Bürger keineswegs zu leiden, und es ist sehr wahrscheinlich, dass die Christen, als infolge ihrer Stellungnahme für das christliche Rom während des persisch-römischen Krieges blutige Christenverfolgungen ausbrachen, von dem Eingreifen Ifras Rettung und Schutz oder doch eine Erleichterung in ihrer traurigen Lage erhofften. — Nur an sie konnte Afraates, der persische Bischof, gedacht haben, als er seinen Gläubigen zum Tröste aus einer Reihe von Bibelversen bewies, dass Gott seine Hilfe oft auch den schwachen Händen edler Frauen anvertraut). Die freundliche Behandlung von seiten der Königin-

Mutter und ihres Hofes musste einen umso tieferen und nachhaltigeren Eindruck auf die jüdische Bevölkerung Babyloniens machen, als sie durch die bald versteckte bald offene Verfolgung ihrer Glaubensbrüder in Palästina belehrt wurden, dass sie von den christlichen Herrschern auf dem römischen Throne nichts Gutes zu erwarten hätten. Constantin hatte sich beeilt, seine judenfeindliche Gesinnung durch entsprechende Handlungen und Gesetze), mitunter

') Baba batra 8 a.
) Vergl. Baba batra 10 b.
) Sebachim 116 b.
) Wright, The homilies of Aphraates the persian sage, London 1869, Homilie XIV, § 8.
) So das Edikt, dass die Juden keine Proselyten aufnehmen auch durch harte Bedrückungen zu bekunden. An solchen hatte es zwar auch unter dessen Vorgängern nicht ganz gefehlt. Schon zur Zeit R Jochanans (st. 279) wird von einer judenfeindlichen Verordnung berichtet, die zunächst gegen den Versöhnungstag oder gegen die übliche Bestimmung des Festkalenders — den Lebensnerv des jüdischen Volkes — gerichtet war). Zur Zeit R. SeTias, dessen Blütezeit mit den Regierungsjahren Diocletians und Constantins zusammenfällt, wurden harte Gesetze gegen die Juden erlassen und ihnen das Fasten verboten).

Diocletian und Constantin scheinen es besonders auf die Gelehrtenstadt Tiberias abgesehen zu haben, da sich in derselben die Verfolgungen öfter wiederholten).

An diese mochte auch Levi — ein hervorragender Haggadist dieser Zeit — gedacht haben, als er in die herzbewegende Klage ausbrach: »Herr der Welt, einst hast du mir zwischen den Nächten der Unterdrückung Licht gewährt, zwischen der Nacht Ägyptens und der Babels, zwischen der Nacht Babels und der Mediens, zwischen der Nacht Mediens und der Griechenlands, zwischen der Nacht Griechenlands und der Edoms. Jetzt aber, da ich im Schlaf versunken bin und des Lichtes der Thora entbehre, folgt eine Nacht unmittelbar der andern«). Derselbe Amora be-

richtet uns auch, dass die Juden in Palästina zu seiner Zeit, entgegen der altrabbinischen Vorschrift der Mischna, die in Babylonien noch in Geltung war, und nach welcher die Männer recht jung, womöglich vor dem 18. Lebensjahr heiraten sollten, erst zu 30 oder 40 Jahren sich entschlossen, eine Ehe einzugehen) — ein klassischer Beweis für die Ungunst und den schweren Druck der damaligen

Zeit. Diese wäre auch ohne Religionsverfolgung erheblich gewesen. — Die drückende Armut, die durch den Tiefstand der landwirtschaftlichen Kultur verursacht war, die hohen, fast unerschwinglichen Abgaben und die tristen Nahrungsverhältnisse mussten auch den Bürgern der anderen Provinzen das Leben sauer gemacht haben. Die einzelnen sahen sich rettungslos den beutegierigen Beamten preisgegeben; unter Diocletian wurde es üblich, bei der Steuerschätzung die Folter anzuwenden, um von den Untertanen Geständnisse über die Höhe des Einkommens zu erpressen). Immer mannigfaltiger wurden die Steuern und Abgaben, immer drückender die Lasten, die der Staat seinen Bürgern auferlegte.Unter Constantin kam zu den bereits eingeführten, hohen Kopf-und Grundsteuern, Naturalien und Frohnden, noch die lustralis collatio hinzu, eine Art Gewerbesteuer, die mit solcher Härte eingetrieben wurde, dass Eltern ihre Kinder in die Sklaverei verkaufen mussten, um sich das Geld für diese Steuer zu verschaffen). Für die Juden, die jeden Druck doppelt zu fühlen bekamen, wurde dieser so unerträglich, dass viele von ihnen sich gezwungen sahen, dem heissgeliebten Lande der Väter den Rücken zu kehren und scharenweise nach Babylonien zu ziehen), wo sie eine zweite Heimat zu finden hofften und auch fanden. Und wenn am Ende des vierten Jahrhunderts, wie Hieronymus berichtet, die Zahl der Juden in Palästina bis auf den zehnten Teil der früheren jüdischen Bevölkerung zurückgegangen ist, so ist das sicherlich zum grossen Teil auf diese Massenauswanderung nach Babylonien zurückzuführen).

') Otto Seek, Gesch. d. Unterg. d. ant.

Welt, II, 272-276.

) Das. S. 281-283. Diese wurde im Jahre 314 eingeführt; dass die Juden ihre Kinder als Pfand geben mussten, bis sie die ihnen auferlegten Steuern und Kontributionen bezahlten, wird auch im Talmud öfter erwähnt, Talm. jerus. Pesachim 31b unten; Baba mez. 11 d. m.) Aboda sara 75 a. Vergl. das häufig vorkommende KmnJ 31.) Hieronymus In Is. 6, 13 ad comparationem prioris multitu dinis vix deeima pars (Judaeorum) remaneat.

Und wie aus Palästina, werden wohl auch aus anderen Provinzen des römischen Reiches — wenn uns auch genauere Berichte darüber fehlen — Juden nach Persien eingewandert sein. Gleiche Ursachen werden gleiche Wirkungen hervorgerufen haben. Namentlich in Machosa müssen in der ersten Hälfte des vierten Jahrhunderts die aus dem römischen Reiche eingewanderten Juden eine ansehnliche Zahl gebildet haben, da sie ihre eigene Synagoge hatten, welche als Synagoge der Römer bezeichnet wurde).

Und es waren gewiss nicht die schlechtesten ihres Volkes, welche um ihres Gewissens willen doppelt zu leiden hatten und ihr Vaterland aufgeben mussten. Dem persischen Staate musste diese Einwanderung fremder, regsamer Elemente aber umso willkommener gewesen sein, als zu dieser Zeit die Arbeitskraft im Orient ungemein hoch stand. In dem angrenzenden Syrerlande wurde die Arbeitskraft eines Mannes (Pächters, Grundbesitzers oder Sklaven) so hoch besteuert, wie 20 Morgen Ackerland oder 5 Morgen Weinberg).

Bedürfte es noch eines weiteren Beweises, so könnten wir noch auf das Misverhältnis verweisen, das zu dieser Zeit zwischen der Höhe der Frucht-und dem Tief stande der Fleischpreise obwaltete. Diocletian, der, wie Mommsen nachgewiesen hat), bei der Feststellung der Preise in seinem bekannten Maximaltarife von orientalischen Verhältnissen ausging, normierte den Hektoliter Weizen wahrscheinlich auf 15 Mark 60 Pfennige, das Kilogramm Fleisch aber nur auf 44 Pfennige4). Diese Zahlen

drücken ein Missverhältnis aus, welches — wie ein moderner Forscher bemerkt — nur damit erklärt und begründet werden kann, dass viele Äcker gar nicht oder nur sehr mangelhaft bearbeitet wurden und die Weide

') Megilla 26 b "xan— mVTH MW» 'S, die Besucher richten eine Frage an Raba (starb 352). 3) Seek das. S. 267.

»») Berichte der sächs. Gesellschaft der Wissenschaften 1851, S. 52.) Seek, I, S. 380.

Wirtschaft eine übergrosse Ausdehnung gewonnen hatte). Es wird daher zum grossen Teile auf den empfindlichen Mangel an Arbeitskräften zurückzuführen sein, wenn die Ertragsfähigkeit des Bodens in Palästina von der Zeit R. Jochanans (st. 279) bis zur Zeit R. Ammis (st. 320—340) auf die Hälfte gesunken ist). Auch das Verbot der Rabbinen gegen Kleinviehzucht, welches ohne Zweifel dem Überhandnehmen der Weidewirtschaft entgegenwirken und gleich anderen rabbinischen Verordnungen dem Schutze der landwirtschaftlichen Kultur dienen sollte), scheint nur wenig wirksam gewesen zu sein. Dass aber auch in Babylonien oder in manchen Gegenden Babylons in der ersten Hälfte des vierten Jahrhunderts ähnliche Zustände geherrscht haben müssen, geht aus den Bemühungen Rabs hervor, Babylonien in bezug auf das Verbot der Kleinviehzucht Palästin? gleichzustellen). Durch die persich-römischen Kriege unter Sabur I, namentlich aber durch den siegreichen Feldzug des Carus, der, wie bereits erwähnt, mit Exportation der Bewohner Suristans nach Syrien verbunden war, muss Babylonien oder einzelne Striche dieser wichtigen Grenzprovinz noch mehr entvölkert worden sein, und zur Zeit R. Josefs war in Persien das Fleisch so billig, dass man es ohne Brot zur Sättigung ass, was wieder auf die ungeheure Ausdehnung, die die Viehzucht in Persien angenommen hatte, schliessen lässt). Eine vernünftige Regierung, die sich nicht von den niederen Instinkten der Ab-und Zuneigung leiten liess, musste daher in der Einwanderung politisch ungefährlicher und arbeitsamer Menschen einen Vorteil des Staates erblicken, ab-

gesehen von dem für einen orientalischen Staat nie zu unterschätzenden Umstand, dass der Zuwachs an Menschen auch eine Zunahme der Kopfsteuer bedeutete.

Eine weitere bedeutungsvolle Folge der unfreundlichen Behandlung der Juden von Seiten des christlichen Rom war, dass die Juden aller Länder ihre Sympathien dem persischen Staate zukehrten und die in Babylonien ansässige jüdische Bevölkerung einen möglichst engen Anschluss an Persien suchte und auch fand. Nicht etwa, dass Persien ein Rechtsstaat in modernem Sinne gewesen wäre. Nichts weniger als das. Persien war ein echter und rechter orientalischer Staat im landläufigen Sinne; ein Staat, mit all den Fehlern, mit welchen man sich heute ungefähr die Türkei behaftet denkt.

Wenn es not tat, verstand man auch in Persien die Steuerschraube mit Strenge zu handhaben. Wurden auch nicht, wie im römischen Reiche, Folter und Peitsche gebraucht um die säumigen Steuerzahler in wirksamer Weise an ihre Steuerpflicht zu erinnern, so zwang man pflichtvergessene Steuerzahler ohne weiteres zur Sklavenarbeit, und jeder, der für den rückständigen Mitbürger die Steuer bezahlte, hatte das Recht, diesen zur Arbeit zu verhalten. Es war dies die natürliche Folge jenes persischen Grundgesetzes, nach welchem alle Untertanen des Königs Sklaven sind. »Der König (das Gesetz) sagt: »Wer die Kopfsteuer nicht bezahlt, hat demjenigen zu dienen, der diese für ihn erlegt,« lautete ein im Talmud erwähnter Gesetzesspruch.

Es war dies andererseits aber auch ein sehr nützliches Gesetz gegen die arbeitsscheuen Elemente, die im vierten Jahrhundert einen grossen Teil der Bevölkerung bildeten und den arbeitenden Volksklassen zur Last fielen.

Im Gegensatze zum christlich gewordenen Rom, wo der Kaiser selbst von der Annona (Naturalsteuer), deren Druck die Dekurionen verarmen machte und den arbeitsamen Bauern von seiner ererbten Scholle trieb, alljährlich so und

') Baba m. 73 b; Jebam. 46 a.

so viele 1000 Scheffel den Bischöfen übergab, um die Armen — nicht die Arbeitsunfähigen zu ernähren), — was dann freilich dazu führte, dass man (382) ein Gesetz gegen die gesunden und kräftigen Bettler erlassen musste), hat der persische Staat mit diesem Gesetze — allerdings auf allzukurzem Wege — dafür gesorgt, dass der fleissige Arbeiter nicht auch noch für die Steuer seines arbeitsfähigen aber arbeitsscheuen Mitbürgers sich abarbeiten müsse. Denn der Staat legte in der Regel alle Steuern — auch die Militärsteuer— den Kommunen nach dem Zahlenverhältnisse der arbeitsfähigen Bewohner auf), und von staatswegen wurden nur wirklich erwerbs-und arbeitsunfähige Männer aus der Liste der Steuerzahler gestrichen. Die Kommune konnte Einzelne, oder auch ganze Stände, wie z. B. den Gelehrtenstand, von der Kopfsteuer befreien), ein Recht, wovon sie natürlich nur selten Gebrauch machte, weil dies für die anderen Steuerträger eine Mehrbelastung zur Folge hatte. Die Kopfsteuer wird übrigens nicht hoch gewesen sein. Zur Zeit des Ghosrau Anösarvän 531—78) wurde die niedrigste Taxe mit 4, die höchste mit 12 Dirham (ein pers. Dirham = 70 Pfennige) bemessen). Auch die Steuerbeamten werden es nicht immer mit der Feststellung der Kopfzahl in den Städten allzu genau genommen haben. »Wenn der Kreisbeamte kam, um die Steuerkraft der Stadt festzustellen«, erzählt ein Steuerbeamter aus der zweiten Hälfte des dritten Jahrhunderts, »da liess ich die jungen arbeitsfähigen Männer verbergen und nur alte und gebrechliche Leute auf der Gasse gehen. Der Zensor sagte dann, auf die arbeitsunfähigen Männer verweisend: »Was kann ich diesen Grauköpfen auflegen'«)? Solche Fälle orientalischer Gemütlichkeit werden wohl auch unter Sabur II. — wenn auch seltener — vorgekommen, sein. Freilich revanchierte sich dann der Staat, indem er, wenn er es brauchte, nach Willkür recht tiefe Eingriffe in die Säckel seiner Bürger machte). Besonders mussten die Vornehmen und Reichen sich solche Brandschatzungen gefallen lassen, und es galt geradezu als Wunder, wenn ein Günstling des Hofes mit dieser Kehrseite der persischen Hofgunst noch keine

Bekanntschaft gemacht hatte. So wurde Raba als eine solche Ausnahme gepriesen; freilich nur eine Zeit lang, bis auch an ihn die Reihe kam). Aber an solche Missbräuche der Herrschergewalt war man in Persien gewöhnt, und diese konnten schon aus dem Grunde nicht als Zeichen einer judenfeindlichen Gesinnung gedeutet werden, weil in dieser Beziehung kein Unterschied gemacht wurde zwischen den Angehörigen der jüdischen-und denen der Staatsreligion8). Sabur II. war, wie die anderen kräftigen Herrscher der Sassanidendynastie, ein gutmütiger Tyrann, der zwischen väterlichem Wohlwollen und naiver Grausamkeit hin und her schwankte. Auch die Rechte, die er den einzelnen Volksstämmen einräumte, scheinen, der jeweiligen Laune dieses Herrschers entsprechend, bald eingeengt, bald erweitert worden zu sein. So gewährte Sabur II. zeitweilig — namentlich in späterer Zeit — den gelehrten Häuptern des jüdischen Volkes auch die Ausübung der höchsten peinlichen Gerichtsbarkeit). Ein andermal verfolgte er den angesehensten Lehrer der Juden, Raba, der einen Sünder gezüchtigt — die Züchtigung hatte allerdings dessen Tod zur Folge — weil er die ihm eingeräumten Befugnisse überschritten). Jedenfalls übten sie zu allen Zeiten die Gerichtbarkeit in allen Zivil-und in

') Vgl. Baba k. 116 a, wo berichtet wird, dass man dem Exilarchen einen Getreidehaufen weggenommen und Chagiga 5 b.

) Chagiga das.) Vgl. das Vorgehen Saburs gegen den persschen Würdenträger Bar Scheschach Aboda, s. S. 65 a. 4) Sanhedrin 27 a z. Z. R. l'apas.

5) Thaanith 24 b.

leichteren Strafsachen aus. Und was die Hauptsache war, die religiöse Freiheit, die einzige, welche die Juden zu allen Zeiten gewünscht haben, wurde von Sabur II. wie von allen Sassaniden bis auf Jezdegerd II. respektiert. An ihr Allerheiligstes wurde nicht gerührt. In den grossen, innerlich fast freien Städten und Städtegruppen wohnend, fühlten sich die Juden daher recht behaglich), und ihre Lage konnte trotz verschiedener kleiner Schikanen, ohne welche ein

Leben im damaligen Persien überhaupt nicht denkbar war, den Glaubensgenossen in den römischen Provinzen als beneidenswert erscheinen. Die Juden Babyloniens waren darum auch gute Perser und hatten nur einen sehnlichen Wunsch: dass die Herrschaft Persiens sich ehestens auch über Palästina erstreckte). Es kam dieser fromme Wunsch zunächst in dem Glauben an den Sieg der persischen Waffen gegen Rom zum Ausdruck. »Quod volumus, libenter credimus«, lautet ein altes Sprichwort.

') Vgl. Aphraates Homilie XXI. § 1. »Es traf sich eines Tages dass ein Mann, der ein Weiser der Juden genannt wird, mich fragte... Ist denn keiner in eurem ganzen Volke, dessen Gebet erhört wird?« (Mit Rücksicht auf Mt. 17,20; 21,21.)... Da fragte auch ich ihn: »Meint ihr, dass Gott mit euch sei?« Und er gestand: »Ja.Die Juden waren also mit ihrer Lage zufrieden.

) Vgl. Joma 10 a und Schebuoth 6 b. Wenn Raba den persischen König Sabur vor dem römischen Cäsar nennt, so geschah.dies durchaus nicht aus Furcht vor dem strengen Landesherrn, wie Raschi das. annimmt. Sabur II. war ein so gewaltiger Herrscher, dass man ihn mit Recht als den »Grösseren« bezeichnen konnte. Die Tradition, die Rabba b. b. Chana im Namen R. Jochanans mitteilt: »Rom werde in die Hand der Perser fallen«, (Joma das.) erschien unter keinem persischen Fürsten so glaubwürdig als unter Sabur II. In späterer Zeit wurde — vielleicht von den Redaktoren — den Worten Rabas freilich eine andere Erklärung gegeben. Vgl. noch Sanhedrin 98 b und den Ausspruch des R. Abba b. Kahana in Schir r. zu 8,9: »Wenn du im Lande Israels die Bänke mit Babyloniern gefüllt siehst, harre auf das Nahen des Messias.« Die Erklärung Bachers (Ag. d. pal. Amor. S. 482) ist gezwungen. Q"b22 ist die richtige Leseart. Die Palästinenser haben eben den Sieg der Babyloner als Vorstufe zur Erlösung von der römischen Bedrückung herbeigesehnt. Vgl. auch den folgenden Ausspruch R. Simon b. Jochais das. Grosse Verdienste um die freundliche Gestaltung dieses Verhältnisses der Juden zum Staate hatten sich die angesehenen Schulhäupter dieser Zeit, R. Josef und dessen Schüler Raba, durch ihr auch am Hofe gewürdigtes Bestreben erworben, die Annäherung ihres Volksstammes nacn Möglichkeit zu fördern. Konnten sie auch nicht in so wichtigen religiösen Fragen, wie z. B. in der Art der Leichenbestattung, der Regierung zu Liebe von den religiösen Vorschriften abweichen, was übrigens auch von der Regierung nicht verlangt wurde, so kamen sie doch in vielen Dingen, wo eine Verletzung wichtiger Religionsgesetze vermieden werden konnte, den Wünschen der persischen Machthaber gern entgegen. So gestatteten sie den Juden die von den Magiern verlangten Kohlengefässe, welche diese bei ihrem Feuerkultus benützten, zu verabreichen). Sie suchten es den strenggläubigen Juden zu ermöglichen, gewisse Arbeiten am Sabbat zu verrichten, die ihnen von der Regierung zur Versorgung der Armee auferlegt wurden). Sie nahmen Rücksicht auf die persischen Gesetze und suchten auch der persischen Sprache Eingang in weitere Kreise ihres Volkes zu verschaffen. R. Josef, der wie oben erwähnt, in früherer Zeit sich so abfällig über die Perser geäussert hatte, erklärte, dass man in Persien nicht aramäisch, sondern hebräisch oder persisch sprechen solle. Bedenkt man, dass die aramäische Sprache bei den Juden in Babylonien zu dieser Zeit einen hohen Grad von Heiligkeit besessen, dass sie in der Synagoge wie in den Lehrsälen eine grosse Rolle gespielt, dass der Wochenabschnitt allsabbatlich in diese übersetzt wurde, die halachischen Lehren in dieser dem Volke verdolmetscht, heilige Gebete, wie das Kaddischgebet nach den Vorträgen, in dieser verrichtet wurden), dann wird man den Kampf der Amoräer gegen das Aramäische nicht hoch genug anschlagen.

Schon durch das hohe Alter, das ihr von babylonischen Grössen zuerkannt wurde, ehrwürdig — nach Rab soll schon Adam aramäisch gesprochen haben) — wurde zur höheren Bewertung derselben darauf verwiesen, dass sie in allen Teilen der Bibel, im Pentateuch, in den Propheten und in den Hagiographen

Aufnahme gefunden). Nach der Ansicht hervorragender Tannaim sollen die Juden nur darum nach Babylonien geführt worden sein, weil daselbst aramäisch gesprochen «wurde). Und nun der Affront gegen diese Sprache! Wohl wurde in Palästina schon um ein Jahrhundert früher der Kampf gegen den ostaramäischen Dialekt, den Schwesterdialekt des in Babylonien gesprochenen Westaramäischen, eröffnet und auch gegen den letzteren hat eigentlich schon R. Juda, das erste Schulhaupt Pumbeditas und Lehrer R.Josefs, den Kampf insofern aufgenommen, als er sich gegen dessen weitere Verwendung im Kultus ausgesprochen). Aber bei diesem, wie bei den Gelehrten Palästinas mag ein anderes, schwer wiegendes Motiv wirksam gewesen sein, nämlich: die Abwehr gegen das aufstrebende Christentum. Dieses Motiv ist sehr naheliegend. Die ersten Schlachten, die die junge Kirche geschlagen, die ersten Siege, die sie erfochten und die ersten Eroberungen, die sie in den jüdischen Gemeinden gemacht, sind den Reden, die in aramäischer Sprache gehalten, und den aramäischen Schriften zuzuschreiben, die sie in die Welt geschickt. Aramäisch war die Sprache der Apostel, das aramäische »Marin athä« war das Losungswort der Christen, welches selbst unter den griechischen Bewohnern Kleinasiens von Mund zu Munde ging), aramäisch war ihre Bibel, aramäischwaren ihre Hymnen und Gesänge. In Babylonien wurde die christliche Lehre von Edessa aus, dieser aramäischchristlichen Zentrale des Ostens, fast ausschliesslich in dieser Sprache verbreitet). Und hatte diese im Lande der nationalen Feuerreligion auch lange flicht eine so ausgedehnte Verbreitung gefunden wie in Palästina, so mag doch auch für das babylonische Schulhaupt das, wenn auch langsame Eindringen der Christenbekehrung), der eigentliche Grund gewesen sein, den Wert der aramäischen Sprache vor der jüdischen Bevölkerung herabzusetzen und gegen deren weiteres Vordringen im öffentlichen Gottesdienste einen Riegel vorzuschieben. Auch das von diesem angegebene Motiv: »Die Engel verständen nicht aramäisch«) lasst die

tiefere Ursache mit ziemlicher Klarheit durchschimmern. R. Juda war übrigens im Verkehrsleben, der persischen Sprache nicht holder als den anderen und wollte, dass man sich der hebräischen Sprache oder »der Sprache der Weisen« bediene). Bei R. Josef, dem Freunde und Pfleger der aramäischen Bibelübersetzungen), ist die direkte Begünstigung der persichen Sprache auf Kosten der aramäischen sicherlich auf das ebenso kluge wie staatsfreundliche Bestreben zurückzuführen, auch damit das Einverständnis zwischen der jüdischen und persischen Bevölkerung zu fördern und das Band, welches zwischen diesen beiden Volksstämmen bestand, noch enger zu knüpfen. Ob und in welchem Masse es den Gelehrten gelungen ist, die aramäische zurückzudrängen und die persische

') »Von hier (Edessa) aus ist die syrische christliche Übersetzungsliteratur ausgegangen, und so ist das vom Griechischen als Kultursprache zurückgedrängte Syrische eine Kultur- und Literatursprache geworden.« Harnack, Mission und Ausbreitung d. Christentums in den ersten 3 Jahrh., S. 441.
) »Ich freue mich-schreibt Konstantin an König Sabur (Vita Const. VII, 13) — da ich vernehme, dass auch in Persien durchweg die angesehensten Orte durch die Anwesenheit von Christen geziert sind.« Vgl. Harnack das. 443 und 442 Assemani, Bibl. Orient., III, 611; Eusebius Praepar. VI, 10, 46.
») Sabbat 12 b.
) Kidduschin 70 a, b. 5) Über R. Josefs Verhältnis zu den aram. Bibelübersetzungen s. weiter unten.
Funk. 2

Sprache in das Leben des Volkes einzuführen, lässt sich bei den spärlichen Überlieferungen über das Volksleben nicht mehr mit Bestimmtheit ermitteln. In der Synagoge, die ganz unter ihrer Herrschaft stand, hatten ihre antiaramäische Neigung zur Folge, dass die Aramäisierung der Gebete keine weiteren Fortschritte machte. Die wenigen, aus älterer Zeit überkommenen aramäischen Gebetstücke rühren

— mit Ausnahme des Kaddischgebetes und vielleicht der aramäischen

Übersetzung der Keduscha im Schlussgebete), welches nach den öffentlichen Vorträgen verrichtet wurde

— aus nachtalmudischer Zeit her oder haben den Charakter der Öffentlichkeit durch Einführung in den Synagogenritus nie erlangt). In Palästina kam die antiaramäische Strömung auch bei den öffentlichen Vorträgen insofern zum Ausdrucke, als namentlich in den rhetorischen Homilien der späteren Zeit das vulgäre Aramäisch gemieden und durch das Hebräische ersetzt wurde). Dieses schon von Zunz hervorgehobene Merkmal der jüngeren Midraschliteratur ist weder auf die literarische Reproduktion der ursprünglich in aramäischer Sprache gehaltenen Vorträge — warum nur die späteren und warum nicht in der Sprache der Targume? — noch auf den Einfluss der spätgriechischen Rhetorenschule zurückzuführen), sondern einzig und allein auf die Abneigung der jüdischen Lehrer und Prediger gegen die früher so beliebte aramäische Volkssprache, welche wahrscheinlich in dem Masse an Tiefe noch zunahm, als das Christentum an Verbreitung gewann. Auch der Umstand, dass wir manchen äusserer poetischen Formen, die un

') Sotah 49 a; die miDl nBHp scheint wie das Kaddischgebet nach dem Vortrage aramäisch gesprochen worden zu sein.

) Vergl. die von Zunz, Literaturgeschichte der synagogalen Poesie (Berlin 1865), S. 18—21 angeführten Oebetstücke.) Vgl. Bacher, Agada der palästinens. Amoräer, Bd. HI, S. 513. Nicht nur der Gottesname wird mit der biblischen Form bezeichnet, sondern auch Personennamen werden hebräisiert, wie 1B"1K statt Kp1DD S. das. 4) Die erste Ansicht vertritt Bacher daselbst, die letztere Epstein, von Bacher das. angeführt. — verkennbar syrischen Ursprunges sind, wie z. B. der Einfassung der einzelnen Strophen mit den Worten eines Bibelverses, dem sogenannten »Riegel«), die in ähnlicher Form bei den Syrern schon in den Kallagebeten des vierten Jahrhunderts nachweisbar), oder dem Akrostichon, der bekannten Kunstform, den Namen des Dichters in den Anfangsbuchstaben der Verse zu

verschlingen, die wir schon bei Ephräm Syrus finden), bei den jüdischen Dichtern erst im achten und neunten Jahrhundert begegnen, kann, wenn man den regen Verkehr der babylonischen Juden mit den aramäischen Gelehrten in Betracht zieht, nur mit der feindlichen Haltung der Synagoge der aramäischen Sprache und Literatur gegenüber erklärt werden. Diese scheint auch auf die Abfassung der in Babylonien gebrauchten Amulette (Kamea) gegen böse Geister einen unverkennbaren Einfluss geübt zu haben.

Eine in Babylonien aufgefundene, aramäische Kamea aus späterer Zeit bezeichnet in hebräischer Sprache die bösen Geisterund die Zaubereien, vor welchen diese beschützen solle, was offenbar, wie schon Layard bemerkt, mit Rücksicht

») Vgl. Zunz, Literaturgeschichte der synagogalen Poesie, S. 24. Jörn" griechisch „BnDTr SpojAo; genannt (Riegel oder Balken).

) Barhebräus sagt in einer von Josef Simon Assemani mitgeteilten Stelle, »dass Isaak und ein gewisser Baläus (370-431) eine grosse Anzahl von Lobgesängen auf Versikel aus dem Psalter gebaut.« Auf die erste Hälfte des Psalmverses folgt nämlich die erste Strophe, auf die andere Hälfte die zweite. Vgl. Bickell, ausgew. Gedichte der syr. Kirchenväter, Kempten, 1872, S. 68 und 104. Ähnlich zahlreiche Jozeroth im Morgengebete der Pesachfesttage, die sich auf Verse des Hohenliedes aufbauen und des Versöhnungstages. So: Ibbii 331 u. ty 99, 5.... B 331 u. Jeremias 10, 7. u. a. Eine andere, der angeführten Form ähnliche in den Jozeroth im Mussafgebete von den Sabbathen Schekalim und Hachodesch und im Morgengebete am Purim. In diesen beginnt jede Strophe mit einem Worte eines Schriftverses. (Schekalim: Hohel. 1, 14; Purim: Esther 2, 17 und Sab. hachodesch Jes. 41, 27.) Wir müssen daher keineswegs mit Geiger annehmen, dass uns die akrostichontischen hebräisch-religiösen Lieder aus der vorkalirischen Zeit verloren gegangen sind (Geiger, Sal. Gabirol und seine Dichtungen, S. 16 und 17). auf die oben angeführte Begrün-

dung) R. Judas für die antiaramäische Verordnung geschah.

Weniger erfolgreich als in der Synagoge war dieser Kampf im täglichen Verkehre, im Leben. Eine Sprache, die seit Jahrhunderten Volkssprache gewesen, lässt sich weder mit frommen Wünschen noch mit Anordnungen sobald aus der Welt schaffen. Ehe-und Kaufverträge wie Urkunden aller Art wurden nach wie vor aramäisch geschrieben. Vereinzelt kamen zwar auch persische Aktenstücke vor jüdische Richter, aber es waren nur Ausnahmen und es ist bezeichnend, dass in diesen Fällen die Schriftstücke von nichtjüdischen Persern verdolmetscht werden mussten, um ein Eingreifen der jüdischen Gerichte, zu ermöglichen). Weder die Richter noch deren Schreiber waren der persischen Sprache mächtig. Immerhin bedeutete es aber schon einen gewaltigen Fortschritt, dass persisch geschriebene Dokumente als vollwertig angesehen und den seit Jahrhunderten üblichen gleichgestellt wurden. Als Fortschritt nach dieser Richtung kann es auch bezeichnet werden, dass in dieser Zeit auch auf das persische Gesetz weit mehr Rücksicht genommen wurde als in früheren Zeiten4).

Dass dieses jedenfalls kluge, den Zeitverhältnisseü sehr angemessene Verhalten der jüdischen Gelehrten dem königlichen Hofe, der unter Sabur II in Seleukia, in der nächsten Nähe des jüdischen Zentrums, seinen Sitz hatte, nicht unbekannt blieb, beweisen schon die bereits erwähnten Auszeichnungen, die den Gelehrten von der Regierung zuteil geworden). Es unterliegt keinem Zweifel, dass diese nicht nur für die betreffenden Gelehrten, sondern für den ganzen Gelehrtenstand von grossem moralischen Werte waren. Ob sie in Geldgeschenken oder in der Erlaubnis bestand, sich den Königsnamen beizulegen, jedenfalls hatten sie den Effekt, dass durch dieselben das Ansehen der Gelehrten bei dem jüdischen Volke gewaltig in die Höhe getrieben wurde.

') Layard, Nineveh und Babylon, übersetzt von I. Th. Zenker, Lpz., S. 396 Anm. ») Gittin 19 b.

3) Vgl. das. und Oittin IIa die Aussprü-

che Rabas und R. Papas,) Vgl. den Ausspruch Rabbas in Baba bathra 55 a; Baba m 62 a und b, wo R. Safra, Josef, Abaji, Rabina und R. Aschi ihre Vertrautheit mit den Landesgesetzen bekunden und Baba m 71 b und 73 b. 5) Vergl. Baba b 8 a, 10 b; Thaanith 24 b; Nidda 20 b und Sebachim 116 b.

Die Schulhäupter waren nicht nur nominell), sondern tatsächlich die Herrscher des jüdischen Volkes, und der Gelehrtenstand bildete einen mächtigen Adel mit allen Rechten und Privilegien eines solchen. Gleich den Adeligen und katholischen Bischöfen im Mittelalter hatten sie das Recht, ihren Unterhändlern Pässe auszustellen, eine Art von Freibriefen, welche deren Vorzeiger von allen Markt-und Zollgebühren befreite). Auch sonst wurden die Privilegien die die Gelehrten schon früher besessen, in dieser Zeit erweitert. Selbst das Grundprinzip der Gleichheit vor dem Gerichte wurde insofern durchbrochen, als den Gelehrten der Vortritt vor anderen Prozessparteien eingeräumt wurde). Es ist das charakteristischste Merkmal der Geschichte der babylonischen Juden im vierten Jahrhundert, dass die Würde des Exilarchates immer mehr und mehr in den Hintergrund tritt und in dem gleichen Masse an Bedeutung verliert, als die des obersten Schulhauptes an solcher zunimmt. Schon zur Zeit R. Nachmans (st. 320) appelliert man vom Exilarchen an diesen, wie an eine höhere Instanz). Die Bestimmungen des Festkalenders, die in früheren Zeiten von Palästina an das Exilarchat übermittelt wurden — eine wichtige Prärogative des Exilarchen — werden nunmehr

') Die Gelehrten werden Könige genannt Sabbath 156 a Oittin 62 a. Ihre Funktion wird mit *bü* bezeichnet. Als R. Aschi zur Erklärung einer Mischna über die Könige Israels gelangte, sagte er: 'Morgen werden wir den Vortrag mit der Besprechung unserer Kollegen eröffnen.« Sanhedrin 102 b.
') Nedarim 62 b; Baba b 22 a.) Das.
') Baba K 58 b. dem Schulhaupte Raba mitgeteilt). In dem letzten Viertel dieses Jahrhunderts führt das Schulhaupt R. Aschi auch den Titel »Rabbana«), der früher nur Exilsfürsten beigelegt wurde.

Demselben wird ein Einfluss zugeschrieben, wie ihn seit den grössten Patriarchen Palästinas, dem Mischnaredaktor R. Juda, kein Israelit besessen und bei dem Nachfolger Saburs, bei Jesdegerd, erscheint in Vertretung der Juden nicht der Exilarch, sondern eine Abordnung der Hochschulen zur Huldigung). Die Exilarchen führen nunmehr ein Schattenleben, und wenn ihrer im Talmud gedacht wird, so geschieht es, um von den rituellen Anordnungen zu sprechen, welche die Gelehrten in den Besitztümern der Scheinfürsten trafen). Und die Gelehrten verstanden es, sich auch im Besitze dieser Macht zu behaupten. An der Spitze der Gemeinden, der Gerichtshöfe, der Synagogen standen einstige Schüler der Hochschulen. Ihr Wort war massgebend in der Gemeindeversammlung wie in der Synagoge. Und hatte sich auch um den Gelehrtenstand, wie um jeden Stand, der die Macht längere Zeit in der Hand hält, ein gewisser Hass angesammelt, welchem einzelne, wie z. B. der Arzt Manjome), auch in mehr oder weniger scharfen Worten Ausdruck verliehen, offen wagten es nur die wenigsten gegen die Gelehrten aufzutreten. Und auch diese wenigen wandten sich mit ihren religiösen Fragen an die von ihnen angefeindeten Gesetzeslehrer. Wissen bedeutete in Babylonien dazumal Macht und Einfluss. Die Persönlichkeit der Schulhäupter hatte darum für die jüdische Bevölkerung Babyloniens eine ganz andere Bedeutung, als wir sie uns vorzustellen gewöhnt sind.
Dies müssen wir in Erwägung ziehen, ehe wir daran gehen, das Leben der Schulen und deren Häupter darzustellen.
') Sanhedrin. 12 a.
) Kethubbot 22 a.) Kethubbot 61 a.) Vgl. Sabbath 115 b; Erubin 26 a; Moed k. 12 Pessachim 40.) Sanhedrin 99 b; Sabbath 133 b.

Achtes Kapitel.
Die Schulhäupter Rabba, R. Joseph und
A b a j i.
Nichts vermag den gewaltigen Umschwung, den die im vorhergehenden Kapitel) geschilderten politischen Vorgänge in Rom im Leben der Juden herbeigeführt haben, so eindrucksvoll zu charakterisieren, wie der fast plötzliche Übergang der geistigen Hegemonie von den palästinensischen Hochschulen auf deren babylonische Schwesteranstalten. Wohl hat es seit dem Tode R. Jochanans, des größten palästinensischen Amora, einzelne Gelehrte in Babylonien gegeben, die, wie zum Beispiel R. Huna, ihre palästinensischen Kollegen an Ruhm und Ansehen überragten), aber die Schulen »des Westens«, wie Palästina im Talmud bezeichnet wird, waren in ihrer Gesamtheit doch den Schwesteranstalten weit überlegen). Was ihnen an Geist und Scharfsinn fehlte, wurde durch größere und gründlichere Kenntnis der Tradition mehr als ersetzt. Palästina hatte eben den großen Vorzug, Wiegenland der Traditionslehre gewesen zu sein. Auch minder bedeutende Gelehrte hatten da Gelegenheit, neue Traditionen zu sammeln, oder angezweifelte Überlieferungen auf ihre Echtheit zu prüfen. Sie brauchten bloß die Stätten zu bereisen, wo die großen Meister gelebt und gewirkt hatten, um neue Traditionen zu sammeln oder über die Richtigkeit älterer Überlieferungen Aufschluß zu erlangen). Palästina war darum noch immer das gelobte Land der gründlichen Traditions
') Jahrg. 49, S. 534 ff.
2) Megilla 22 a.) Vgl. Baba bat. 41b, Schebuoth 48b u. a: St. im Talmud. S. auch Rapap. Erech Miliin S. 216 und Bd. 1 dieses Werkes. S. 10.) S. den oben (Bd. I, S. 10) angeführten Spruch der Weisen: »Wo der Baum gefällt wurde, muß auch seine Frucht zu finden sein.« Aboda sara S. 31 a.
Wissenschaft; diese verhielt sich zur babylonischen wie in unserer Zeit sich etwa die deutsche zur französischen Gelehrsamkeit verhält. Diese ist geistreicher, jene aber ist tiefer, gründlicher. Sehr treffend kennzeichnet ein Gelehrter, R. Jizchak bar Jehuda, den Vorteil, den die größeren Traditionskenntnisse für die Praxis über den Scharfsinn bieten. Rabbi Jizchak hatte die Schule des scharfsinnigen Rami b. Chama verlassen, um das Lehrhaus des blinden, weniger scharfsinnigen, aber gelehrten R.

Schescheth zu besuchen. Von Rami darüber zur Rede gestellt, sagte er diesem: »Wenn ich an dich eine rituelle Frage richte, so wirst du wohl eine recht logische Entscheidung treffen, aber bei aller Logik genügt doch die erstbeste Tradition, die dieser widerspricht, um deinen schönen geistigen Bau über den Haufen zu werfen. R. Schescheth hingegen hat auf jede Frage eine alte Tradition in Bereitschaft; finde ich dann auch eine andere, welche der von R. Schescheth beigebrachten widerspricht, so kann ich noch immer die eine Überlieferung der anderen gegenüberstellen und die erste Entscheidung aufrechthalten«). Dieser Vorzug war es, der in halachischen Kontroversen zwischen den Größen Palästinas und denen Babylons für die ersteren den Ausschlag gab. Darum trugen die Entscheidungen R. Jochanans, des großen Palästinensers, selbst über die des großen babylonischen Amoräerpaares Rab und Samuel den Sieg davon). Am Ende unserer Epoche tritt aber die große Wendung zugunsten Babyloniens ein. Durch die furchtbaren Stürme, die über die Urbe

') Sebachim S. 96 b.
) Vgl. Responsen des RSBA. (Salomon Ibn Adrelh.) Nr. 467 und den Kommentar des R. Ascher zu Sabbat 38 a, wo er auch die Ansicht des R. Chananel mitteilt. Vgl. hingegen denselben Kommentar zu S. 145 das. u. Alfassi zu Erubin Abschn. VI, 20; wo ausgeführt wird, daß man in allen Fällen, wo die Ansichten Rabs und Samuels gegen die R. Jochanans stehen, nach der Mehrheit zu entscheiden habe Unbestritten aber bleibt es, daß, wo die Ansicht R. Jochanans nur gegen die des einen der zwei Babylonier steht, die erstere als Norm zu gelten hat. wohner Judäas dahinbrausten, wurde »der Baum des Lebens«, der von Zion aus seine Äste weit in die weite Welt hinausstreckte, immer mehr und mehr entblättert. Babylonien nahm in dem Maße an Kenntnis der Halacha zu, als Palästina an solcher abnahm. Mit den einwandernden Gelehrtenscharen wurden immer neue Wellen von Überlieferungen nach »Osten« gewälzt. Je später die Gelehrten lebten, umso größer war der Schatz der Tradi-

tionswissenschaft, über welchen sie in Babylonien verfügten und daher umso solider die Basis, auf welcher sich ihre Geistestätigkeit bewegte. Die Schüler wußten mehr als die Lehrer. Raba steht höher als Rabba, R. Aschi höher als Raba und dessen Sohn Mar höher als alle seine Vorgänger). Entgegen der früheren Maxime, daß die Entscheidungen der Lehrer über die der Schüler gestellt werden müssen, heißt es nunmehr: »Halacha k'batrae, richte dich nach den Letzteren«). Unsere Epoche kann daher in geistiger Beziehung als eine Zeit des Überganges bezeichnet werden. Sie wird eröffnet mit einem Wahlkampfe zwischen Rabba, dem »Bergversetzer«, dem scharfsinnigen Dialektiker, und R. Josef, dem »Sinai«, dem Vielwisser. Es handelt sich um die Besetzung der wichtigen Stelle eines Oberhauptes an der Hochschule z" Pumbadita, und die Babylonier wenden sich an die Palästinenser um Rat). Es war vielleicht die letzte große Frage, welche diese an die Gelehrten Palästinas gerichtet haben, und auch diese wurde nicht im Sinne der Palästinenser gelöst. Diese entschieden nämlich für R. Joseph. Nicht, daß sie gegen Rabba oder gegen dessen Lehrweise Einwendungen erhoben hätten. Babylonier, die babylonischen Geist mit palästinensischer Gründlichkeit vereinigten, wurden auch von den Palästinensern hochgeschätzt und bevorzugt. R. Ami, R. Seira und R. Jirmejahu, die an der Spitze der pa

') Vgl. Alfassi zu Baba k. II. Abschn. und R. Ascher das. II, § 5, Baba m. Ende des I. Abschn. und Berachoth I. Abschn. § 10. Über den Grund s. R. J. Kolon § 84. Über R. Aschi das. § 160; über dessen Sohn Mar, Sifthe Kohen zu Choschen M. 46. Abschn. § 117.
') S. die Anm. 1 angeführten Stellen.
') Horajoth 14a.
lästinensischen Hochschulen standen, waren eingewanderte Babylonier. Aber R. Joseph stand ihnen doch näher, nicht nur durch die Fülle der Traditionswissenschaft, sondern auch durch seine Vielseitigkeit, zunächst durch seine gründliche Kenntnis der Bibel und der aramäischen Bibelübersetzungen). Auch als Agadist war er ihnen bekannt

geworden. Einer seiner Schüler, R. Huna b. Abin, hatte zahlreiche agadische Aussprüche nach Palästina verpflanzt, die uns auch in palästinensischen Quellen erhalten geblieben2). Es ist also begreiflich, daß die Palästinenser für R. Joseph eintraten. Aber die Babylonier erhoben dennoch Rabba auf den Schild. R. Joseph selber verzichtete auf die hohe Würde zugunsten seines Gegenkandidaten. Es soll ihn dazu die Weissagung eines Chaldäers mitbewogen haben, daß er nur 2/j Jahre die Würde des Rektorates bekleiden werde). Der tiefere Grund war aber wohl die richtige Einsicht, daß Rabba mit seinem außerordentlichen Scharfsinn für den Aufschwung der Hochschule weit mehr zu leisten imstande sein werde, als er selber es mit seinem großen Wissensschatze vermocht hätte. Gegen gewisse Zeitströmungen läßt sich eben nicht ankämpfen. Die Scharfsinnigen (»Charife«) Pumbaditas mußten einen »Bergversetzer« zum Rektor haben, und R. Joseph räumte freiwillig das Feld. Daß R. Joseph die Situation richtiger beurteilt als seine palästinensischen Zeitgenossen, zeigte sehr bald der Aufschwung, den die Hochschule zu Pumbadita unter der Leitung des neuen Schulhauptes genommen hat. Wir haben bereits oben erwähnt, daß die Lehrweise und die Persönlichkeit auch auf die Schüler der großen Schwesteranstalt in Sura eine große Anziehungskraft geübt hat4). In den Kallamonaten Adar und Elul sollen nicht weniger als 12.000 Hörer sich um Rabba geschart haben). Mag auch diese Zahl zu hoch gegriffen sein, so zeigt sie immer

') Bacher, Agada der babylon.. Amoräer S. 104.
) S. Bacher, Agada der palästinens. Amoräer Bd. III, S. 298—302.. s) Horajoth. das. Graetz IV, S. 403.) S. Gesch. d. Juden in Babylonien. Bd. I, S. 121.
5) Baba mez. 86 a. Graetz IV, S. 352.
hin, daß die Zahl der Lehrbeflissenen unter ihm eine ungewöhnliche Höhe erreicht hat. R. Joseph hätte wohl eine solche Schar von Hörern nie um sich gesammelt. Nicht nur, weil ihm die Gabe der glänzenden Dialektik, die Rabba in hohem Grade eigen war, sondern auch,

weil ihm dazu die nötigen physischen Eigenschaften fehlten. Es fehlte ihm zunächst der frische Lebenstrieb, der zu einer solchen Stellung nötig ist. R. Joseph war zu weich, 2:u empfindlich, um ein öffentliches Amt für die Dauer bekleiden zu können. Zu einem alten Spruche, der — nebenbei bemerkt — zum Teile an ein Wort des großen Denkers und Dichters Leonardo da Vinci: »Wo das tiefste Empfinden ist, da ist auch das größte Martyrium«, erinnert, zu dem Spruche: »Dreier Leben ist kein Leben: das des tief Mitempfindenden, des leicht Erzürnten und des sich leicht Ekelnden«, bemerkte R.Joseph, daß er mit all' diesen drei Leidenschaften behaftet sei). Man kann sich überhaupt keinen schrofferen Gegensatz in den Charakteranlagen zweier Personen vorstellen, als wir sie bei diesem Amoräerpaare finden. R. Joseph, bei aller körperlichen Pflege, schwach und kränklich, von sentimentalen Stimmungen beinflußt), Rabba, ein Naturmensch, von Gerstenbrot lebend und dabei gesund, frisch und heiter, der es liebt, auch seine Schüler vor den Vorträgen in heitere Stimmung zu versetzen). R.Joseph ein Gefühlsmensch, bei dem das Herz den Kopf regiert, Und der sich zu den Phantasiegebilden der Haggada und zu den Geheimnissen der Mystik hingezogen fühlt), Rabba ein Mann des hellen Intellektes, der sich fast ausschließlich der Halacha widmet
') Pessachim 113a.
) Vgl. Sukka 29a, Baba batr. 23a und Nedarim 41 a. (S. den Komment. Raschis das.) Er freute sich auch darum, als er den 60. Geburtstag erlebte. Moed katon 28 a und Kidduschin 31a.) Vgl. Sabbath 30 b, Moed katon 28 a, Berachoth 64 a und Horajoth Ende, wo berichtet wird, daß er während der Zeit seiner Lehrtätigkeit nicht des Baders bedurfte. 4) Vgl. Chagiga 13 a, wo berichtet wird, dass er sich mit der Oeheimlehre befasste, Genes, r. Kap. 12 g. Ende u. a. St. S. Bacher,, Agada d. babyl. Am., S. 107 und Ag. d. palästin. Am., S. 302. und ihre entlegensten Gebiete durchforscht). Wenn eine Teilung statthaft gewesen wäre, hätte man vielleicht gut daran getan, R. Joseph zum

Oberhaupte der Gemeinde zu wählen und Rabbas Wirksamkeit bloß auf die Lehrtätigkeit zu beschränken. Zum Seelsorger, zum Oberhaupte einer großen Gemeinde hätte sich der weichherzige R. Joseph besser geeignet als Rabba, der andererseits wie keiner seiner Zeitgenossen die Eignung zum Schulhaupte besaß. Es war ein Unglück für Rabba, daß die beiden Ämter miteinander verbunden waren. Rabba vermochte sich wohl mit seinen glänzenden Geisteseigenschaften die Achtung und die Ehrfurcht seiner Schüler zu errfngen, aber er verstand es nicht, sich die Liebe der breiten Volksschichten zu erwerben. Diese haßten den kalten Verstandesmenschen. Die Bewohner Pumbaditas waren ihm feindlich gesinnt). Ohne Zweifel haben sie ihm so manches Herzleid beieitet und führten schließlich seinen frühzeitigen Tod herbei. Rabba, der nur Thorah lernte, aber die Herzenspflichten wohltätiger Menschenliebe nicht übte, bemerkt eine von den Historikern oft mißverstandene Talmudstelle, lebte nur 40 Jahre). ist auch diese Zahl eine bekannte Lieblingszahl des Talmud und darum — was schon den ältesten Kommentatoren nicht entgangen — nicht wörtlich zu nehmen), so will der Talmud doch damit sagen, daß Rabba länger hätte leben können, wenn er, wie sein Neffe Abaji, auch die Eigenschaft der Herzensmilde besessen hätte. Diese war ihm versagt. Bedürfnislosigkeit pflegt auch gegen die Bedürfnisse anderer blind zu machen und dies mag die Ursache gewesen sein, daß Rabba die Bewohner Pumbaditas nicht mit der von ihm erwarteten Rücksicht behandelt hat. Es zeigte sich dies namentlich in seinen Reden, in welchen er die Laster der Großstädter in Pumbadita schonungslos geißelte. Er be
') Baba mez. 86 a Berachot 20 b.
) Sabbath 153 a.) Rosch ha-Schana 18 a.) S. Note I. schuldigte sie, die Unglücksfälle und Landplagen, von welchen Stadt und Land heimgesucht wurden, durch ihre Sünden heraufbeschworen zu haben. Als einst sein Gebet um Regen nicht erhört wurde, rief er ihnen unmutig zu: »Nicht weil wir Volksführer weniger fromm sind als diese zur

Zeit R. Judas wären, werden wir nicht erhört, sondern weil die Generation entartet ist«). Durch solche Reden schürte er aber den Haß gegen sich, welchem er schließlich zum Opfer fiel. Er wurde bei dem Könige verleumdet, daß er durch seine Vorträge in den Kallamonaten 12. 000 Zuhörer an der Bezahlung der Kopfsteuer hindere. Möglich, daß unter den Zuhörern auch ungelehrte Männer sich befanden, die sich durch die Zugehörigkeit zum Gelehrtenstande von der Kopfsteuer befreien wollten, was natürlich eine Mehrbelastung der anderen Bürger zur Folge haben und die Steuerkraft der Gemeinde schwächen mußte. Der eigentliche Tatbestand, der dieser Verleumdung zugrunde lag, last sich nicht mehr klarstellen. Rabba hatte als Schulhaupt persönlich mit der Steuer nichts zu schaffen.
Jedenfalls muß die Verleumdung eine schwere gewesen sein. Eine Verfolgung wurde angeordnet. Rabba, der davon eifuhr, flüchtete sich nach Agma, wo er, auf einem Baume sitzend, sich in die Gesetzeslehre vertiefte. Ein Geräusch, welches der schwergeprüfte, von seelischen Aufregungen hart mitgenommene Mann, dem Heranrücken der ihn verfolgenden Häscher zuschrieb, machte seinem Leben ein Ende). Er starb im Jafire 320. Sein Gegenkandidat, der nun als gebrochener, blinder Mann das Amt des Schulhauptes übernahm, überlebte ihn nur um 2/, Jahre. Seine Kraft war bereits verbraucht, sein Gedächtnis durch Krankheiten geschwächt), als er zu dieser Würde gelangte, und als er starb, wurden mit ihm in der Tat nur Bruchstücke der Gesetzestafeln, mit welchen er sich zu vergleichen pflegte), ins Grab gelegt.
') S. Sabbath 153a, Thaanith 24b u. Oraetz IV, S. 405.
) Baba mez. 86 a.) Vgl. Nedarim 41a, Erubin 10 a, 41a, 66 a u. a. St.
') Menachoth 99a; Baba bath. 14b.
Grundverschieden wie die Charaktere der beiden großen Amoräer, war auch ihre Denk-und Lehrweise. Es kam dies auch bei deren eigenen Lehren unverkennbar zum Ausdrucke, aber von weittragender Bedeutung war diese doch bei der Begründung der alten überlieferten

Traditionen. Denn in der Lehrtätigkeit der späteren Generationen trat die Aufstellung neuer Lehrsätze naturgemäß mehr und mehr zurück und die Begründung der alten Lehrsätze nahm den weitaus größten Raum ein. Die alten Gesetzeslehrer, stets nur die religiöse Praxis vor Augen habend, hatten ihre Lehren ohne jede Begründung der Nachwelt überliefert. Und auch die Redaktoren der Mischna und der Baraitasammlungen haben nur in seltenen Fällen eine Begründung der aufgenommenen Lehre gegeben. Selbst bei der Zusammenstellung und Ordnung der Lehren im Talmud wurde nur auf die Gleichheit der Zeit oder anderer Umstände, nie aber auf die Gleichheit oder Verschiedenheit der Motive Rücksicht genommen. So wurde, — um ein Beispiel anzuführen — das Verbot, die zum Gebrauche eines neuen irdenen Gefäßes vorgeschriebene Weihe durch ein rituelles Tauchbad an einem Festtage zu vollziehen, dem Traktat Beza), der von Festtagen handelt, eingefügt; das Verbot, am Neujahrstage, Schofar zu blasen, das Verbot der Zeremonie mit dem Feststrauße am Laubhüttenfeste und das Verbot, die Estherrolle am Purimfeste zu verlesen, wenn die genannten Feste auf einen Sabbath fallen, in die Traktate Rosch ha-Schana, Sukka und Megilla) eingereiht, obgleich allen vier Verboten nach Rabba ein und dasselbe Motiv zugrunde lag, nämlich die Befürchtung, man könnte bei der Vorbereitung zu der Ausübung der betreffenden Gebote durch irgend eine Handlung, wie durch das Tragen auf der Gasse, den Sabbat verletzen. Es war darum nicht leicht, diese Gründe herauszufinden. Die Amoräer mußten in die tiefsten Tiefen des religiösen Gefühls untertauchen, um den geheimen Regungen eines) Beza 18 a.
) Vgl. Rosch ha-Sch. 29b, Sukka 42 b, Megilla 4b. religiös bewegten Herzens nachzuspüren und die 'Wurzeln bloßzulegen, welche die eine, oder die andere religiöse Blüte getrieben. Diese alten Tekanoth sind nicht selten die sichtbaren Hüllen unausgesprochener, mitunter selbst dem eigenen Bewußtsein ihrer Schöpfer verborgenen Gefühle und Ge-

danken, die wie seelische Untertöne die Stimmen begleiten, welche uns aus den alten Überlieferungen entgegentönen). Es ist selbstverständlich, daß bei diesen Begründungen, namentlich wo so grundverschiedene Denker wie Rabba und R. Joseph einander gegenüberstanden, Meinungsverschiedenheiten sich ergeben mußten. Es sprach dabei nicht nur die Denkweise, sondern auch das Gefühl, das Herz des betreffenden Amora mit. Wenn z. B. R. Joseph die oben angeführte Begründung Rabbas in bezug auf das Verbot des Vorlesens der Estherrolle an einem Sabbat ablehnt und es seinerseits damit begründet, daß die Armen und die Elenden schon auf das Purimfest hoffen, welches sich ihnen alljährlich mit milden Gaben und Geschenken einstellt und schwer geschädigt würden, wenn man dieses Fest der Armen an einem Sabbat feiern würde), so wird man dabei den Herzschlag des milden, weichherzigen R. Joseph, des fürsorglichen Armenvaters), nicht überhören können. Solche Fälle kommen freilich nur vereinzelt vor. Im allgemeinen zeigt sich die Verschiedenheit in der Denkweise der zwei Amoräer darin, daß sich bei dem bibelfesten R. Joseph die Neigung bemerkbar macht, die Gesetze mit Bibelversen zu stützen); bei Rabba dem »Bergeversetzer« hingegen ist das Streben unverkennbar, alle Gesetze und Einführungen logisch zu begründen. Selbst bei allbekannten ausgesprochenen biblischen Gesetzen pflegte letzterer nach dem logischen Grund zu fo rschen). Die Begründungen Rabbas mußten darum als
') So z. B. ffltplü. Vgl. über die ethische Bedeutung des Zeremonialgesetzes Lazarus, Ethik, S. 20 und 230—240.
) Megilla das.-») S. B. kamma 93 a.
) Bacher, Agada der babylon. Amoräer, S. 103 und 104.
5) Vgl. Baba mez. 3a: min m&K HB 'JBD u. a. St.
die originelleren bezeichnet werden, wie denn Originalität überhaupt als das charakteristische Merkmal der Lehren und Lehrsätze, wie auch der Schrifterklärungen Rabbas bezeichnet werden kann.
Man vergleiche z. B. die Erklärung

Rabbas zum Schriftverse: »... jedoch das, was für alle Menschen genießbar ist, das allein darf für euch (an Festtagen) geschaffen werden«. (Exodus 12, 16.) Gewöhnlich wird in diesem Schriftverse nur die Erlaubnis erblickt, die für die Familie nötigen Nahrungsmittel zuzubereiten. Nach Rabba will aber der Schriftvers sagen, daß die Bereitung jedes Genusses, die von irgend einem, sei es auch einem noch unbekannten, von der Ferne zugereisten Menschen genossen werden könnte, nicht zu bestrafen ist) ('Kin). Oder Rabbas merkwürdige Auffassung des Schriftverses: »Und es wird sein am sechsten Tage, da sollen sie zubereiten, was sie heimbringen, und e s s e i das zweifache von dem, was sie Tag für Tag sammeln«. (Exodus 16, 5.) Rabba erblickt in demselben ein Gebot, sich vor jedem Sabbatoder Festeingange mit der nötigen Nahrung für das kommende Fest zu ersehen, wie. Gott selbst das himmlische Manna am Rüsttage des Sabbats für den Sabbat fallen ließ). An diesen Tagen sei der Mensch hinausgehoben aus dem Gewirre des Lebens mit all, seinen Sorgen um Nahrung und um all' die kleinen und großen Bedürfnisse der Sterblichen. Der Genuß von Nahrungsmitteln, die für den Sabbath nicht vorher bestimmt waren, sei darum verboten — Trotz aller Kühnheit wurden aber die meisten Lehren Rabbas zur gesetzlichen Norm erhoben und trugen — bis auf drei Ausnahmen — den Sieg über die R. Josephs davon).
') Pessachim 47b. Vgl. auch Hirschs Kommentar zu dem angeführten Schriftverse.
) Beza 2 b. mvt M».''I.. ,) Baba batra 144b u. a. St. In einem der das. angeführten drei Ausnahmefälle ist der halachische Oegner nicht Rabba, sondern Abaji; vgl. darüber R. Ascher zu Baba mez. II. Abschn. 17. Nach der Ansicht R. Jonas liegt dieser Bevorzugung Rabbas ausschließlich die Anerkennung des Scharfsinnes zugrunde, so daß, wo eine Verschieden
Es zeugt dies von dem hohen Ansehen, in welchem Rabba bei seinen Zeitgenossen und bei den späteren Generationen gestanden hat. Er war der große

Meister der Halacha und konnte mit Recht von sich sagen, daß er auch die entlegensten Gebiete dieser Disziplin, wie kein zweiter seiner Zeitgenossen beherrsche).

Wie Rabba auf dem Gebiete der Halacha, war R. Joseph auf einem anderen, in Babylonien weniger gepflegten Gebiete Selbstherrscher, nämlich auf dem der Bibel und der aramäischen Bibelübersetzungen. R. Joseph war der einzige von den angeseheneren Amoräern Babyloniens, der auch die letzteren in seinen Wissenskreis zog. Das Targum zum Pentateuch war zwar gewiß schon in aller Munde, wenn es auch noch nicht niedergeschrieben war. Aber in R. Joseph fanden auch die anderen Teile der palästinensischen Paraphrase einen eifrigen Pfleger und Bearbeiter. Er hat sie ohne Zweifel schon vorgefunden, und sein Verdienst um dieselben bestand darin, daß er sie wesentlich dem babylonischen Sprachgebrauche näher gebracht und dadurch zu ihrer Verbreitung unter seinen engeren Landsleuten viel beigetragen hat). Noch ein größeres Verdienst erwarb er sich im Verein mit seinem Schüler um das Sirachbuch, indem sie nachwiesen, daß darin nichts enthalten sei, was zu einer Verketzerung dieses schönen Apokryphenbuches berechtigen würde). Die Stellen, die dem Dogma der Auferstehung widersprachen und die, wie schon aus dem Zusammenhange hervorgeht, zur Verketzerung des Sirachbuches Anlaß gegeben haben, scheinen in den R. Joseph bekannten Exemplaren, wie in der syrischen Übersetzung, geändert oder ausge hen in den von ihnen überlieferten Lehren ihrer Vorgänger vorliegt, Rabba keinerlei Vorzug verdiene. Vgl. hingegen Alfassi zu Sabbat II. Abschnitt Ende.

') Baba mez 86a. Vgl. Weiß Dor dor w,Dorschaw III, S. 193.

) S. Bachers kritische Untersuchungen zum Prophetentargura in der ZDMO. Bd. 28, S. 56.

') Sanhedrin 100 b.

merzt gewesen zu sein). Wer weiss, ob die letzten Blätter des Urtextes, die, in unserer Zeit entdeckt, dem alten Schriftwerke zu einem neuen Dasein verholfen haben, nicht längst dem Untergange ge-

weiht gewesen wären, hätte nicht dieser milde Mann seine schwachen Hände schützend über dieses alte, vielgeschmähte Buch gehalten.

Milde Menschen sind nicht nur den Menschen, sondern auch den Büchern wohlwollende Richter. Sie werden weit eher für ihre schönen Seiten, als für ihre Mängel Augen haben. Es widerstrebt ihrer Natur, das kritische Sezirmesser anzulegen. Das mag auch der Grund gewesen sein, daß R. Joseph, wo es nur anging, für die Einheit und Korrektheit der Mischna eintrat.

Gegenüber den kritischen Bemerkungen seiner Kollegen, die in mancher Mischna Widersprüche nachweisen und die Autorschaft zweier Hälften zwei verschiedenen, miteinander streitenden Tannaim zuschreiben wollten, behauptete er, daß die Mischna nur die Ansicht des Redactors wiedergebe. Dieser habe sich eben zum Teile für den einen Tanna, zum Teile für dessen Gegner entschieden, wodurch der scheinbare Widerspruch entstanden sei).

Vermitteln, vermitteln im endlosen Reiche der Gedanken, wie im begrenzten Raume der Welt, wo Menschen und Dinge hart aneinanderstoßen, war das hohe Ziel, das sich dieser Amora gesetzt hatte. In einer Kontroverse zwischen ihm und seinem Lieblingsschüler Abaji fiel der Ausspruch: »Die ganze Lehre ist nur wegen der Sitten des Friedens«). Dieser Gedanke, der ihn durchdrang, war es, der sich in all seinem Tun und Lassen äußerte, in seinen Taten und Werken, wie in seinen Lehren und Einführungen.

Die gleiche Richtung schlug Abaji, R. Josephs erwähnter Lieblingsschüler und Nachfolger im Amte ein. Dieser, obgleich Neffe und Pflegesohn Rabbas — sein Vater Kajlil

') S. Note II.

) Vgl. Rosch ha-Schana 7 b, Megilla 9 b, Schebuoih 4a, Chullin S4a und 104 a: 'am »rK *nb* 3'M1 K"I '31. s) Oittin 59 b.

starb vor, seine Mutter bei seiner Geburt — hatte sich ganz nach R. Joseph, mit dem er geistesverwandt war, und zu dem er sich Zeit seines Lebens hingezogen fühlte, gebildet.

Sein Wahlspruch lautete: »Der Mensch sei klug in der Gottesfurcht, er spreche sanft, sei versöhnlich und fördere den Frieden mit seinen Brüdern, mit seinen Verwandten und mit allen Menschen, auch mit dem Heiden auf dem Markte, damit er beliebt sei im Himmel oben, wohl gelitten unten und geachtet bei den Menschen). Und er besaß auch die guten Eigenschaften R. Josephs. Als einem Abkömmling des fluchbeladenen Priesterhauses Eli, wäre ihm, sagt die Agada in der bekannten sagenhaften Stelle, gleich seinem Oheim Rabba, ein kurzes Leben beschieden gewesen, aber Thorastudium im Vereine mit der Übung milder, menschenfreundlicher Werke haben sein Leben verlängert). Er war nicht reich und mußte so manchem Genusse entsagen. Wein, z. B. kam nie auf seinen Tisch'). Den kleinen Acker, den er besessen, mußte er selber bearbeiten, und da er tagsüber dem Thorastudium oblag, mußte er die Nacht dazu verwenden). Aber seine Armut hinderte ihn nicht, wohltätig zu sein. Geld und Gut hatten für ihn keinen großen Wert. Er ließ eine Mühle zugrunde gehen, weil er eine ihm als Umgehung eines Gesetzes erscheinende Handlung nicht ausüben wollte, obgleich ihm sein Oheim Rabba diese gestattet hatte), und als einst einer seiner Schüler, bei der Bewässerung seines Feldes den angrenzenden Nachbaren gegenüber eine kleine List gebrauchte, um das Wasser von dem gemeinsamen Kanale früher auf den Grund Abajis leiten zu können, versagte sich dieser den

) Berachoth 17 a, Graetz IV, S. 412.

) Rosch ha-Schana 18 a.

) Kethubboth 65 a. Nach Raba soll er sich durch Entbehrungen eine schwere Krankheit zugezogen haben. Sabbat 33 a. 4) Oittin 60 b. 5) Beza 36 b.

Genuß des diesjährigen Ertrages1). So erreichte er auch, das hohe Ziel, das er den Sterblichen in seinem Wahlspruche gesetzt hatte. Er war beliebt und geachtet bei allen Menschen. Man sah eben in ihm einen Mann, bei dem Leben und Lehre vollständig übereinstimmten, was ihm nicht nur die Achtung seiner Glaubensgenossen sondern auch die Hochschätzung der NichtJuden und der sonst nicht: gerade judenfreundlichen Samaritaner eintrug).

Es unterliegt keinem Zweifel, daß diese Charaktereigenschaften und die Beliebtheit Abajis bei dessen Wahl zum Schulhaupte auch eine Rolle gespielt haben. Denn Abaji hatte bedeutende, ihm geistig überlegene Rivalen, zu besiegen. Unter den in den letzten Jahren eingewanderten palästinensischen und unter den einheimischen Gelehrten gab es eine ganze Anzahl geistig hochstehender Männer, die gleich Abaji auf die Würde des Schulhauptes hätten Anspruch erheben können. Aber nur vier von ihnen wagten es, in die Schranken zu treten, um in dem veran.stalteten Geistesturnier, welches die Entscheidung über die heißumstrittene Ehrenstelle bringen sollte, den Kampf aufzunehmen zwei Babylonier und zwei Palästinensier, nämlich Abaji, Raba, R. Sera und R. Matna). Der Sieg fiel Abaji zu. Es wäre verlorene Mühe, über die Veranlassung und die Art dieses seltsamen Turniers, bei welchem derjenige, der eine Lehre vortragen würde, gegen welche nichts eingewendet werden könnte, als Sieger bezeichnet werden und die Resch Methibta-Würde als Preis davontragen sollte, Vermutungen, aufzustellen. Sicher ist, daß der Ausgang dieses Kampfes die Babylonier nicht wohl befriedigen konnte. Diese, die einst dem »Bergeversetzer« Rabba den Vorzug gegen R. Joseph, den Vielwisser, gegeben hatten, hätten es sicherlich lieber gesehen, wenn der scharfsinnige Raba als Sieger hervorgegangen wäre. Denn Raba stand in demselben Verhältnis zu Abaji, wie einst Rabba zu R. Joseph. Während Abaji auf

') Oittin 60 b.

) Gittin 45 a.

) Horajoth Ende.

die Fülle des Wissens das Hauptgewicht gelegt und über die Abnahme der Aufnahmsfähigkeit des Gedächtnisses-geklagt hatte, gab Raba stets der scharfsinnigen Dialektik 'den Vorzug und bedauerte, daß der Scharfsinn von Generation zu Generation abnahm). Die nachteiligen Folgen dieser Besetzung des Rektorats machten sich auch bald bemerkbar. Die Zahl der ständigen Hörer

schmolz auf 200 zusammen). Mit schwierigen Fragen wandte man sich nicht an das neugewählte Schulhaupt, sondern an Raba nach Machusa), wo dieser ein Lehrhaus gründete. Manche Amoräer gaben ihrem Unmute über die Lehrweise Abajis ganz unverhohlen Ausdruck. So sagte R. Ada b. Ahaba zu den Schülern Abajis recht drastisch: »Während ihr an den Knochen naget, die euch im Lehrhause Abajis geboten werden, gehet doch in das Lehrhaus, wo ihr Fleisch genießen könnet«). Und auch die Nachwelt scheint dieses für Abaji nicht besonders günstige Urteil bestätigen zu "naben; denn sie entschied in allen, bis auf sechs Fälle, wo sich die Ansichten Abajis und Rabas gegenüberstanden, wie der letztere).

Dieses Verhältnis übte aber weder auf den persönlichen, noch auf den sehr regen geistigen Verkehr der beiden Jugendfreunde irgend einen Einfluß. Es zeigt dies schon die große Zahl der Lehrsätze, die der Nachwelt im Namen beider überliefert wurde). Nicht selten trat Abaji für die Lehren seines halachischen Gegners persönlich ein, indem er Gegensätze zwischen diesen und älteren Überlieferungen auszugleichen suchte). Neid kannte dieser Amora nicht.

') Horajoth Ende.

) Ketubboth 106 a.

3) Jebamoth 122 a. Vgl. Chullin 77 a, die richtige Leseart das.: -rpv m ma jam rmph,) Baba batra 22 a.

) 6 Entscheidungen ausgenommen. (C"Jp b'p) Baba mez. 22 ii. a. St.

«) Vgl. Erubin 78 a, Thaanith 26 a, B. k. 42 a, B. b. 5 a, 33 a 40 a, 76 b, Synhedr. 29 b, 32 b u. a. Stellen.

') K3Y1 xvbx "SK XDJin Sabbat 52 b, Pesachim 12 b, Baba m. 109 a u. Synhedr. 42 .

Er war sich bewußt, ein redlicher Arbeiter im Garten Gottes zu sein. Das genügte ihm. Und das muß auch jeder unparteiische Richter bestätigen. Denn an mehr als 2000 Stellen wird der Name Abajis im Talmud genannt) Anerkannt und hervorgehoben werden muß auch das erfolgreiche Streben Abajis, der geschwächten Aufnahmefähigkeit seiner Hörer, die ihm zu der bereits erwähnten Klage Anlaß gegeben, zu Hülfe zu kom-

men. Diesen Zweck verfolgte er, wenn er den Hörern nachwies, daß die Lehrsätze der jüngeren Amoräer oft nur die Konsequenzen der älteren Lehren sind, die diese von ihren Lehrern gehört harten); wenn er eine Anzahl erlaubter und verbotener Handlungen, die in verschiedenen Überlieferungen enthalten waren, in einen kurzen, prägnanten Lehrsatz zusammenfaßte), oder wenn er eine größere Anzahl von Lehrsätzen verschiedener Tannaim auf ein und dasselbe Prinzip zurückführte), gleichsam die gemeinsame Wurzel bloßlegend, aus welcher die verschiedenartigen Sprößlinge hervorgewachsen waren. Es war dies eine viel schwerere und verdienstvollere Arbeit, als sie für den ersten Augenblick erscheinen mag. Die alten Tannaim lehrten nie abstrakte Begriffe. Diese mußten erst aus den konkreten Fällen, welche die Lehrsätze enthielten, abgeleitet werden. Die Traditionslehre kann in ihrer Entwickelung mit einem geistigen Fruchtbaum verglichen werden. Aus den überkommenen Früchten der früheren Jahrhunderte werden von den Epigonen die Begriffe herausgeschält, die gleich dem Kerne, der, in den fruchtbaren Boden gesenkt,

') S. die Stellen verzeichn. in Kneseth Chukke Jeschurun, Wilna 1890.

) SäODBH JHV '11 «h Erubin 7 a, 85 a, Jebam. 18 a, Ketubb. s. Sabb. 24a wn am u. a. St.-,., s) Vgl. Sabbat 138 a u. a. St. (pnajM) K"1 11DK Sabbat 26 b, 27 b, 65 a, 128 a, Pessacb. 32 b, Chagiga 6 a, Kidd. 48 b, 62 b, B. k. 59 a, 93 b. Um die Traditionen vor Vergessenheit zu schützen — empfahl er — die Traditionen zu, be gründen, Nidda. 24 b. Manche uns fremd erscheinende Begründung mag dem Streben, die Traditionen dem Gedächtnisse einzuprägen,-entsprungen sein. zu fruchtbringendem Keime wird, neue Sprossen treiben und Früchte zur Reife bringen, welche dann von den späteren Generationen eine gleiche Behandlung erfahren, wie bei ihren Ahnen in der Vorzeit. Das Hauptverdienst der babylonischen Amoräer dieser Epoche, zunächst aber das Verdienst Abajis war es, gemeinsam mit Raba aus den Traditionen der Tannaim, diese fruchtbringenden Kei-

me herausgeschält und dadurch der jüdischen Wissenschaft zu neuen »Knospen und Blüten« — »Zizim u-Phrachin«, wie der Talmud sagt — verholfen zu haben. Es war das die Tätigkeit, die mit Abaji und Raba zum Abschluß gekommen, und die im Talmud als Hawajoth d'Abaji w,Raba bezeichnet wird. Man hat diese Art von geistiger Tätigkeit zu verschiedenen Zeiten verschiedenartig beurteilt. Der Talmud selbst sagt an einer Stelle, daß sie nicht so hoch zu schätzen sei, wie das Studium der hohen und erhabenen Gedanken über Gott und Welt, die in der Geheimlehre »Maasse Merkaba« niedergelegt sind). Aber sie war unerläßlich, und ihre Notwendigkeit war dringender als die der letzteren. Denn es ist wichtiger zu wissen, wie wir leben und was wir zu tun oder zu unterlassen haben, als uns eine Vorstellung von dem höchsten Wesen und von der Weltschöpfung zu bilden). Wie sagt doch Maimonides: »Der Inhalt der voranstehenden Abschnitten welche über das Wesen Gottes, über seine Einheit und über die Liebe zu Gott handeln, bildet die höchste Gedankenregion, »die im Talmud mit,Pardes Lustgarten bezeichnet wird — — Ich aber sage, man lustwandle nicht in diesem Garten, ehe man seinen Leib befriedigt, Brot und Fleisch gegessen. Brot und Fleisch bedeutet aber in diesem Falle die Kenntnis von den Dingen und Handlungen
') Sukka 28 a.
-) Lazarus (Ethik S. 20) sagt von der religionsgesetzlichen Lebensführung, die zur Quelle der ethischen Belehrung und Erziehung sich gestaltet: »Zunächst ist es die Durchflechtung des ganzen menschlichen Daseins mit gesetzlichen Ordnungen, mit der Erfüllung von Vorschriften, welche alle Arbeit und allen Genuß des Lebens begleiten«. im Leben, die erlaubt und verboten sind. Wird auch diese Kenntnis, Hawajoth d'Abaji w'Raba im Talmud im Vehältnis zum Studium der höheren Gedanken über Gott und Welt (Maasse Merkaba) als minderwertig bezeichnet, so muß ihr dennoch der Vorzug gegeben werden; denn sie ist geeignet, den nach Gutem strebenden Menschen zu befriedigen,

sie lehrt ihn die zum Fortbestande der Welt nötigen Gesetze, welche Gott in seiner Güte den Sterblichen gegeben und die zum ewigen Leben führen und zugänglich ist allen Erdensöhnen, dem Großen wie dem Kleinen, dem Manne und der Frau, dem, der beschränkten Geistes, und dem der weisen Herzens ist«). Maimonides stimmt da mit Deutschlands größtem Denker, mit Kant, überein, der dies »den Primat der praktischen vor der theoretischen Vernunft« nennt. Was das Volk der Juden siegreich durch die Jahrtausende getragen hat, was ihm Kraft und Macht verliehen hat, allen Stürmen der Zeit zu widerstehen, war nicht der erquickende Äther, nicht die reine Luft des »Pardes«, sondern die kräftige, religiöse Kost, das »Brot und Fleisch« des Maimonides, die »hawajoth« Abajis und Rabas.
') Jad ha-chasaka, hilchoth Jesode Thora, IV, 13.

Neuntes Kapitel.
Vom Tode Abajis bis zum Tode Rabas. 338-352. Das Sterbejahr Abajis (338) war für das persische Reich wie für die Juden in Babylonien sehr bedeutungsvoll. In diesem Jahre begann nämlich der vieljährige römisch-persische Krieg, welcher mit dem Tote eines der edelsten Fürsten, die den römischen Thron geziert und mit der tiefen Demütigung Roms seinen Abschluß fand. Die kommenden schicksalsschweren Ereignisse hatten schon in den letzten Lebensjahren des genannten Schulhauptes ihre Schatten vorausgeschickt. Um den Römern kräftig entgegentreten zu können, hatte Säbür kriegerische Araberstämme ins Land gerufen, welche der damaligen Kriegssitte gemäß, die Felder der Juden Pum-Badithas an sich rissen und während der Kriegsjahre als ihr rechtmäßiges Eigentum betrachteten. Diesem Umstande wird es auch ohne Zweifel zuzuschreiben sein, daß nach dem Tode Abajis die Hochschule von Pum-Badítha, der altberühmten Stätte der jüdischen Wissenschaft, nach der weiter östlich gelegenen, befestigten und von einer Garnison geschützten Stadt, nach Machosa verlegt wurde.) Daß Raba, das neugewählte Schulhaupt, seinen Wohnsitz zufällig in Machosa

hatte, wäre wohl kein hinreichender Grund hiefür gewesen. Er hätte seinen Wohnsitz sicherlich nach Pum Baditha, der alten Zentrale des jüdischen Exils, verlegt wenn die Zeitverhältnisse dies gestattet hätten. Er hätte dies umso eher getan, als die Bewohner von Machosa
') Baba bathra 168 a und Kommentar des R. Oerson z. St., welchem ohne Zweifel eine alte Tradition zugrunde liegt.
") Scheriras Sendschreiben, ed. Ooldberg, S. 31. Über die Lage dieser Stadt s. w. u.
nicht gerade im Rufe besonderer Gelehrsamkeit gestanden) sind.
Wie den Bewohnern Pum-Badithas mußten auch den Juden in den anderen Städten Babyloniens aus dem Kriege große Lasten und Unannehmlichkeiten entstehen. Sie hatten als Grenzbewohner wohl öfter die Nahrungsmittel für die durchziehenden oder auch auf längere Zeit einquartierten Truppen, den persischen Landesgesetzen gemäß, zu bereiten und für den Nachschub von Kleidern und Kriegsgeräten zu sorgen, ganz abgesehen von den allgemeinen Kriegslasten, die der Krieg für alle Bürger des Reiches im Gefolge hatte und welche auch nicht gering waren. Denn Persien besaß nicht wie Rom eine große stehende Armee. Außer den auch im Talmud erwähnten Polizeisoldaten), hatte es nur die adeligen Reiterlegionen, — »ferreus equitatus«, »legion aspur« im Talmud); die leichte Reiterei und die großen Heeresmassen der Infanterie mußten zu jedem Kriege aufs neue beigestellt und ausgerüstet werden). Namentlich die Ausrüstung der Reiter war mit erheblichen Kosten für die Kommunen verbunden. Wie schon zur Zeit des Darius wurden diese — die Kosten des Reittieres und des Panzers — den Gemeinden auferlegt. Es war dies eine Art aes equestre, wie wir sie auch in Rom finden, — zur Zeit des Darius, wurde sie als »Kabluabgabe; bezeichnet — und wurde von den Kommunalbehörden eingezogen
') Vgl Aboda sara 58 a, wo berichtet wird, daß Abaji ihm einst zugerufen: In Tiberias und Nehardea gibt es keine Gelehrten, aber in Machosa gibt es solche!

"-) Vgl. Sabbath 149 a, Pesachim 5 b u. a. St.) Vgl. Nöldeke, Anhang zu Tabari, S. 442, nach Johannes Lydus Magistr. 3, 34 und Nöldeke das. 248. Die Bezeichnung paigan. im Arabischen = Infanterist wird in der Midraschliteratur häufig, aber mehr im Sinne von-Bauer, Gemeiner« gebraucht. S. die im Aruch v.;.-£ angef. Stellen. Persische Polizeisoldaten werden im babyL Talmud von Raba «pmolD genannt. Baba mez. 93 b.) 1BDK *Vib* Sanhedrin S. 48, Anm. 4. Die Texverbesserung Kohuts im Aruch ieo» » *Kb* ist falsch. Aspur ursprünglich Waspur bed. Magnat. S. oben Bd. I, S. 48, Anm. 4 u. Nöld. Tabari S. 501.) Vgl. Nöldeke das. und abgeliefert). Auch die Stadtmauern mußten von den Kommunen errichtet und im Stande gehalten werden. Zu all diesen Lasten mußten alle Bürger — mit Ausnahme des Gelehrtenstandes, beitragen). Reichere Juden, wie Raba), mußten sich außerdem zu größeren Geschenken verstehen. Daß die Juden den an sie gestellten Anforderungen genügten, geht schon aus dem bereits erwähnten Umstande hervor, daß das geistige Oberhaupt der Juden, Raba, von Seiten des Königs und dessen Mutter mit Auszeichnungen geradezu überhäuft wurde).

Schlimmer, weit schlimmer aber als die auferlegte Kriegssteuer, so drückend diese auch gewesen sein mag, war die Unsicherheit im Lande, die infolge des langen Krieges platzgegriffen. Der größte Teil der jüdischen Bevölkerung gehörte dem Bauernstande an, und dieser bedarf wie kein anderer der Ruhe und der Sicherheit. Damit war es auch sonst nicht besonders gut, in unruhigen Zeiten natürlich noch weit schlimmer bestellt. Der Krieg hatte die Staatsdisziplin gelockert und zeitweilig an mehreren Orten zu gleicher Zeit zur öfteren Empörung geführt"). Diebs-und Räuberbanden, in größeren Judenstädten, wie in Pum Baditha, auch jüdische), konnten ihr

') S. Kohler u. Peiser. Aus dem babyl. Rechtsleben IV,,S. 9. Namentlich in Cambyses 276 (Texte S. 291), wo diese Abgabe vom Bürgermeister von Babylon eingehoben und abgeliefert wird. S.

auch S. 8 das. Darius 253 (9. Jahr 10. Ab), wo zur Ausrüstung eines Soldaten außer dem Reittier, ein Esel für 50 Sekel, '/,, Mine, 6 Sekel; zum Unterhalt des Esels, 12 Gewänder, 12 Panzer usw. aufgezählt werden. Wir weiden daher in der von R. Papa angegebenen Abgaben JUfwA1 nK«HB? (Baba bathra 8 a) für Reiter und Panzer diese Militärsteuer zu erblicken haben.

) u.) Baba bathra das. oni»S).) Chagiga 5 b.) S. oben S. 6 und die in den Noten das. angeführten Talmudteilen.

') Vgl. Justi, Gesch. des alten Persiens, S. 190. Sabur mußte von der Belagerung der Stadt Nisibin ablassen, weil in anderen Teilen des Reiches Empörungen seine Gegenwart erheischten.

) Aboda sara 70 a: ,bnW 'il: X311 »S1 '«,. Vgl. hierzu das. Handwerk zum Nachteile der Bürger freier als je ausüben. Was sich die kleinen Ortstyrannen in solchen Zeiten erlauben durften, geht aus einer Anfrage hervor, die von einem hartbedrängten Israeliten an Raba, das damalige Schulhaupt gerichtet wurde. Von diesem hatte nämlich »der Herr des Ortes« nichts weniger verlangt, als daß er einen Glaubensbruder in aller Stille aus der Welt schaffe. Da der Ortsgewaltige, für den Fall, daß der ihm offenbar untergebene Jude sich weigerte, seinen Befehl auszuführen, diesem mit dem Tode drohte und auch der Mann danach war, seine Drohung zu verwirklichen, wandte sich der Schwerbedrängte an Raba mit der Frage, ob sein eigenes "Leben mit der Vernichtung eines Menschenlebens retten dürfe. Und das angesehene Schulhaupt, und auch Raba konnte nichts anderes tun, als den gesetzlichen Vorschriften gemäß zu entscheiden, daß sich der Fragesteller töten lassen müsse, um nicht zum Mörder an einen Mitmenschen zu werden. Schon früher, noch zu Lebzeiten Abajis, wurde Raba in einem ähnlichen Falle um eine rituelle Entscheidung angegangen. Es handelte sich um einen Gewissenszwang. Ein Heide hatte einen Juden aufgetragen, am Sabbat Klee zu schneiden. Da er noch hinzufügte, daß er ihn sonst töten würde, wie er einen anderen Israeliten getötet, der ihm am Sabbat nicht kochen wollte,

entstand nun die Frage, ob man dem Heiden glauben und der Frau des letzteren, welcher in der Tat abgängig war, gestatten könne, wieder zu heiraten). Dies war noch, wie schon bemerkt, zu Lebzeiten Abajis, vielleicht in dessen letzten Lebensjahren, die schon von den Schatten des kommenden Krieges umdüstert waren. Aber dazumal entschied Raba, daß die Worte des Heiden nicht ernst zu nehmen seien, dieser wollte mit dem Hinweis auf den verübten Mord nur seiner Drohung mehr Nachdruck verleihen.

Immerhin können wir uns demnach eine Vorstellung machen von den Chikanen und Erpressungen, die dazumal die seßhafte Bevölkerung von den kleineren und größeren Tyrannen zu erdulden hatten, ganz abgesehen von den unausbleiblichen Leiden, die jeder Krieg im Gefolge hat wie Verkehrsstörungen auf den Land-und Wasserstrassen), Verheerungen und Verwüstungen, die durchziehende Kriegsschaaren oder Räuberhorden auf Feld und Flur anzurichten pflegen. Solche müssen so manches liebe Jahr den Landmann um die Frucht seiner schweren, mühevollen Arbeit gebracht haben. Denn nur damit ist es zu erklären, daß, wie im Talmud berichtet wird, die Landleute das Getreide zu ihrem eigenen und zum Schaden ihrer Teilpächter im halbreifen Zustande einheimsten2). Auch die nach unseren Begriffen abnormalen Schwankungen der Bodenpreise, welche im Monate Tischri, also zur Zeit der Aussaat, mitunter bis auf die Hälfte des Wertes sanken), zeigen, daß man in Persien mit der Unsicherheit der Zeitverhältnisse allzusehr rechnete und auch rechnen mußte.

Für all dieses konnte die persische Regierung nicht verantwortlich gemacht werden. Diese behandelten die Juden nicht besser und nicht schlechter als ihre anderen, Untertanen Unter dem Drucke der schweren Zeit, hatten alle Volksstämme in gleicher Weise zu leiden und dies war höchstens ein Ansporn, der Regierung behilflich zu sein, um sobald wie möglich geregelte Verhältnisse wieder herzustellen. Es ist auch höchstwahrscheinlich, daß die Juden der persischen Regierung durch

Lieferung von Kriegswaffen gute Dienste geleistet. Wenigstens spricht schon R. Aschi, der große Schüler Rabas, von einer solchen,

') So wurde zu dieser Zeit der Königskanal gesperrt, offenbar eine strategische Maßregel. Oittin 73 a.

-) Baba m-73a. Nur so ist es auch zu erklären, daß angesehene Männer, die, wie Raba, auf einen erhöhten Schutz rechnen konnten und die Saat länger auf dem Felde reifen ließen, darum einen um, die Hälfte höheren Pachtzins erzielten.) Baba k. 7 b zur Zeit Rabas. als von einem schon eingeführten und erlaubten Brauch, obgleich dies nach der Vorschrift einer alten Mischna verboten wäre. Der genannte Schriftgelehrte führt zur Rechtfertigung dieses Brauches an, daß die Perser die ihnen gelieferten Waffen zum Schutze der persischen Juden verwenden). Jedenfalls steht es fest, daß die Juden zur persischen Regierung zu allen Zeiten ein freundliches Verhältnis hatten. Sie standen mit ihrer Sympathie ganz auf Seite der Perser. Und sie hatten ja auch alle Ursache dazu. Nur daß dies in Rom kein Geheimnis bleiben konnte, und für die in den römischen Provinzen lebenden Juden böse Folgen nach sich zog. Wie die Lage der Christen in Persien, wurde die Juden im römischen Reich, besonders in deren Stammlande, eine sehr ernste; die Judenverfolgungen in Palästina wurden immer drückender, blutiger. Und auch für die Juden in Babylonien machte sich der Haß der jungen Kirche unangenehm bemerkbar. Die Christen wohnten nämlich dazumal schon in großer Zahl in den persischen Ländern und bildeten einen Faktor, mit welchem man auch im Lande der Feueranbeter rechnen mußte. Ist auch die Angabe, nach welcher man in Persien schon im zweiten Jahrhundert gegen 360 Kirchen gezählt haben soll), nicht zutreffend, so ist es sicher, daß das Christentum in den ersten Jahrzehnten des vierten Jahrhunderts über ganz Persien verbreitet war. »Ich freue mich«, schrieb Constantin der Oroße an König Sabur II., »da ich vernehme, daß auch in Persien durchweg die angesehendsten Orte durch die Anwesenheit von

Christen geziert sind«). Namentlich in den auch von Juden dicht bewohnten Provinzen Suristan und Babylonien scheinen sie in dichten Mengen zusammengewohnt zu haben und viele von ihnen hatten es zu angesehenen Stellen im Staate gebracht). Die Hauptstadt

') Aboda sara 15 b und 16 a; vgl. die Mischna Sabbath VI, 4.-) Selbst zur Zeit, als der judenfreundliche Julian an der Spitze der Römer stand. S. darüber weiter unten.

) Assemani Biblioth. Orient. III, 1, p. 611.) Vita Constant. IV, 13. 5) Vgl, Ritter, Erdkunde X, S. 168, Assemani I c. fol. XXXV.

Seleucia-Ctesiphon war der Sitz eines Bischofs und an dem Conen", welches im Jahre 344 daselbst stattfand, nahmen mehrere Bischöfe aus den benachbarten Gegenden und Provinzen teil. Auch in Nehardea, der altjüdischen Hochburg, die den Vordringen des Christentums am längsten stand gehalten — z. Z. Abahus (320) gab es daselbst noch keine Minim (christl. Sekten) — muß am Ende des vierten Jahrhunderts eine beträchtliche Anzahl christlicher Bewohner gehabt haben, da zu dieser Zeit auf dieselbe bei gewissen Bestimmungen der Gebetordnung Rücksicht genommen wurde). Siehe — singt der Bischof Cyrillonas im J. 395 — in Persien ist deine Lehre ausgebreitet und in Assyrien hat sich dein Evangelium vermehrt und vervielfältigt).

Bis zum Ausbruche des römisch-persischen Krieges scheint aber das Verhältnis zwischen Juden und Christen trotz des siegreichen Vordringens der jungen Kirche kein unfreundliches gewesen zu sein. Als Minoritäten hatten die Anhänger beider Konfessionen zeitweilig unter dem Drucke der Magier, der mächtigen Priesterkaste der herrschenden Staatsreligion, zu leiden, zumal wenn schwache Könige diesen die Machtmittel des Staates zur Verfügung gestellt haben. Die gemeinsamen Leiden werden die Kluft überbrückt haben, welche die Söhne des alten Bundes von denen des neuen getrennt hatte. Nicht alle Könige waren so vorurteilslos wie Sabur I. und II. Es gab auch unter den Sassaniden Machthaber, die sich von in-

dividuellen, religiösen Neigungen leiten ließen. Und da ist es interessant

Der Greis Gubsciatazades, war der erste Hofbeamte Saburs; Phusik «ein Würdenträger am Hofe. Das.

') Wright. The homilies of Aphraates, the persian sage, Lond. 1869. Hom. 14.

) Vgl. Pesachim 56 a und Berachoth 12 a. An der letzten Stelle ist von einer Einführung Amemars eines Zeitgenossen des R. Aschi die Rede, also im letzten Viertel des vierten Jahrhunderts. S. auch Berliner, Beiträge z. Geogr. Babyl. Berlin 1884. S. 40.) Bittgesang für das Allerheiligenfest des Jahres 396. Aus Cod. add. Mus. Brit. 14591. Übersetzt vom Bickel, Ausgew. Ged. d. syr. Kirchenväter. Cyrillonas usw. Kämpfen 1872. S. 25. und äußerst lehrreich zu beobachten, wie die Könige, welche von den Magiern als mild und wohltätig gepriesen werden, so z. B. die Könige Jazdegerd II. und dessen Sohn Pcröz), von Juden und Christen in gleicher Weise als böse Frevler bezeichnet werden, und wiederum umgekehrt, über Könige, welche von den letzteren nicht genug gelobt werden können, z. B. Jazdegerd I., von den Magiern der Stab gebrochen wird). Es ist dies ein untrüglicher Beweis für die Gleichheit der Schicksale und für die Gemeinsamkeit der Interessen, welchen das Volk der Juden mit den Christen zeitweilig verbanden. Auch die geistige Abwehr gegen gemeinschaftliche Gegner, gegen die antinomistischen Sekten, wie z. B. die Marzioniten und Manichäer), die dazumal in Persien in großer Anzahl lebten, war ein Bindemittel für die Bekenner der zwei Glaubenslehren. Diese hatten ihre Angriffe bald gegen das Alte Testament bald gegen das Neue oder auch gegen beide gerichtet und Juden wie Christen mußten die Waffen der Abwehr der alten Rüstkammer der jüdischen Überlieferung entnehmen. Wenn z. B. dem Atheisten ein Beweis für die Allgegenwart Gottes aus der Natur geliefert, oder dem an der Auferstehung der Toten Zweifelnden aus einem Bibel -) Über Jazdegerds II. christenfeindliche Gesinnung, vgl. den Syrer bei Mösinger 68, 6, 26; Assemani III, I, 397 a. S. Die Quellen bei Nöldeke, Tabari, S. 114, Anm.

1. Über seine Judenverfolgung weiter unten. Peöz, der im Talmud als xyttn, Frevler bezeichnet wird, (Cholin) und welcher Juden wie Christen in gleich grausamer Weise verfolgte (s. Assemani, III, I, 398, Nöldeke das. S. 118, Anm. 4) zeigte sich nach persischen Berichten gerecht und benahm sich gut und religiös. S. Nöld. das, und Anm. 4.

) Über Jazdegerd I., dem die Perser den Beinamen »bazagar« Sünder, geben, und über dessen Judenfreundlichkeit s. w. u.

') Vgl. AphraaU's (The homilies of Aphraates the perisan sage London 1869). Hom. I, § 15; III, § 6; VI, § 15; und VIII, § 9 — und Ephräms syrische Oesänge gegen die Ketzer am Ende des II. syrisch-lateinischen Bandes der römischen Ausgabe. Namentlich die 23. Rede. Die Manichäer und Marzioniten verwarfen den alten Bund und auch einen Teil des neuen. S. Zingerle, Ausgew. Schriften des hl. Ephräm von Syrien, II. Bd., S. 260 u. 285 u. Anm. das.

verse ein Beweis deduziert werden sollte, da mußte die altjüdische Ueberlieferung herhalten,) der reiche Quell, aus welchem jüdische und christliche Theologen in gleicher Weise schöpften. Eine oberflächliche Lektüre der Homilien des Aphraates, des ältesten syrischen Kirchenvaters, genügt, um zu erkennen, daß die syrische Kirche um die Mitte des vierten Jahrhunderts ganz unter dem Einflusse der jüdischen Ueberlieferung gestanden. Die große Zahl der von diesem bischöflichen Schriftsteller angeführten, der jüdischen Midraschliteratur entnommenen Schrifterklärungen und Ueberlieferungen, noch mehr aber die Tatsache, daß er diese auch bei seinen Lesern als bekannt voraussetzt,) lässt keinen Zweifel darüber aufkommen, daß Haggada und Midrasch wie der Juden, so auch der Christen Lehrmeister gewesen. Die Gedanken über die Attribute Gottes, wie die spezifisch jüdischen Anschauungen, welche dieser angesehene Bischof über den Zustand der Seele nach dem Tode entwickelt,) und welche dem um vier Jahrhunderte später lebenden Araberbischof Georg (714) zu der abfälligen Bemerkung über diesen Anlaß gab daß er »keineswegs zu

den bewährten Autoren zu rechnen sei«4) beweisen, daß das Christentum in Persien zu dieser

') Vgl. Aphraates Hom. VI, § 11, wo er die Einwendung gegen die Allwesenheit Gottes, daß dieser nicht überall sein könne, ganz so widerlegt wie R. Gamliel in seiner Antwort, die er dem Gottesleugner 11613) gegeben (Sanhedr. 39 a) und die Beweise für die Unsterblichkeit der Seele aus den Bibelversen Gtnes. 49, 4 und Deuter. 33, 6 im Midrasch Genes. r. z. St. und Sabbath 91a mit Aphr. S. 161, Z. 1—7 und S. 420, Z. 7. Vgl. auch Funk die haggad. Elemente in der Homil. des Aphraates. Wien 1891, S. 93 und 48.

') Vgl. Funk das. besonders die Stellen zu Genesis 2, 17; 49, 4; Exodus 2, 11; 4, 24, 17, 24.

») Das. S. 10, Anm. 5 und S. 53—59.

4) S. Ryssel. Ein Brief Georgs, Bischof der Araber in Studien und Kritiken 1883. Der Brief ist an den Presbyter Mar Josua gerichtet, er wurde veröffentlicht von P. de Lagarda Analecta Syriaca. Lpz. 1858 und der auf Aphraates bezügliche Teil auch bei Wright, Einl. S. 19.

Funk'

Zeit auch in wichtigen religiösen Anschauungen dem Judentume näher stand, als das offizielle Christentum in Rom zur damaligen Zeit und als das Christentum des genannten, um drei Jahrhunderte jüngeren Araberbischofs. Seine Amtskollegen müssen ihn jedenfalls zu den Gewährten Autoren« gezählt haben, da sie ihn mit der Abfassung einer Encyclika im Namen und im Auftrage des Concils von Seleucia betrauten,) was sie sicherlich nicht getan hätten, wenn sie an dessen Rechtgläubigkeit gezweifelt hätten.

Eine solche geistige Abhängigkeit setzt aber gewissermaßen einen regen, ja einen freundschaftlichen Verkehr zwischen Juden und Christen voraus. Wie dem auch war, soviel ist sicher, daß der Haß der letzteren plötzlich und zu gleicher Zeit mit dem Hasse gegen die Perser um die Zeit des römisch-persischen Krieges zum Vorscheine kommt. Es ist charakteristisch für Aphraates, den Wortführer des Concils von Seleu-

cia, und für dessen Zeit, daß gerade in der fünften Homilie dieses Autors, welche einer unserer größfen Orientalisten als »eine politische Streitschrift unter dem Deckmantel religiöser Belehrung« bezeichnet hat) und die »vcn Angriffen auf Persien und seinen Kcnig strotzt« auch die judenfeindliche Polemik uns zum erstenmale entgegentritt. Als später in Persien eine blutige Christenverfolgung ausbrach, welcher u. A. auch der Bischof Simeon bar Sabbäe zum Opfer fiel, wurden die Ju) Aphraates Homilie XIV. In der Unterschrift dieser Homilie gibt er das 35-te Jahr Schaburs == 344 an. Zu dieser Zeit war er Bischof, da er das. § 15 von »der heiligen Auflegung der Hände« spricht, »welche die Menschen von uns nur zur Bestätigung der Priesterweihe empfangen«. Er bekleidete im Kloster zu Mar-Mattai Amt und Würde eines Abtes. Vgl. Sasse Prolegomena in Aphraatis sapientis Persae serm. homilet. Lpz. 1879. Forget de vita et scriptis Aphraatis. Löwen 1882.

3) Nöldeke in seiner Übersetzung Tabaris, S. 501 und Aufs. z. pers. Oesch. S. 98. den beschuldigt, die Perser gegen den letzteren gehetzt zu haben.) Aphraates, der zeitgenössische Schriftsteller, der in dieser Gegend wohnte und in einem großen Teile seiner Schriften die Bekämpfung der Juden sich zum Ziele gesetzt, weiß nichts davon. Er hätte sonst die Juden sicherlich und mit Recht die bittersten Vorwürfe darüber gemacht. Und auch bei seinen jüngeren Zeitgenossen finden wir nichts von einem derartigen Vorwurfe, obgleich es auch diesen an einer geeigneten Gelegenheit zu einem solchen nicht gefehlt hatte. Man braucht aber nur die erwähnte Homilie des persischen Kirchenfürsten zu lesen, um zur Erkentnis zu gelangen, daß den Christen das schwere Leid zum großen Teile durch ihre eigene Schuld widerfahren. In dieser Homilie bezeichnet nämlich Aphraates in nicht mißzuverstehender Weise das persische Reich als ein durchaus frevelhaftes, das römische als das christliche, von Gott geliebte, das auch den Angriffen des gottlosen Perserkönigs widerstehen werde.J Bedenkt man nun noch, daß man aus dieser staatsfeindlichen Gesin-

nung keineswegs ein Hehl machte, daß sie vielmehr bei so hochstehenden Persönlichkeiten, wie bei dem Bischof der Hauptstadt in trotziger Auflehnung gegen die königliche Autorität,) ja vereinzelt auch in offener Empörung gegen die Staatsgewalt zum Ausdrucke kam,[4]) dann wird man für das Vorgehen des Königs — man vergesse nicht, eines persischen Königs — die politischen Motive als ausreichend erachten.) Acta s. martyrum Orient, et occident. ed Assemanus. Romae 1748, 1, 19.) Aphraates Hom. V und Nöldeke Tab. S. 501. Vgl. auch die Stelle in der Hom. XVII § 6, wo er von den »gottlosen Machthabers spricht.) Acta, s. mart. I, 17. [4)] Vgl. Feige, Oesch. des Mar Abhd iso und seines Jüngers Mar Ouardag, Kiel 1890.

Daß der Haß der verfolgten Kirche sich nunmehr doch auch gegen die Juden kehrte, hatte aber noch einen anderen als den erwähnten Grund, der allerdings wenigstens mittelbar mit der Christenverfolgung im Zusammenhange stand. Durch diese wurde nämlich nicht nur dem weiteren Vordringen des Christentums Einhalt geboten, sondern auch bereitsgewonnene Anhänger wurden zum Abfalle veranlaßt.) Verfolgungen wirken nicht nur durch die Furcht und den Schrecken, den sie verbreiten, zum Nachteile einer religiösen Bewegung, sondern auch durch den Zweifel, den sie in der Brust der Gläubigen durch das entstandene Mißverhältnis zwischen der frommen Lebensweise und der blutigen Belohnung wecken. Wir werden ja weiter unten sehen, daß im geistigen Kampfe zwischen Juden und Christen auch der Hinweis auf dieses Mißverhältnis eine Rolle gespielt hat. Nicht Jeder besitzt die Festigkeit, den schweren Druck der Zeit um der religiösen Überzeugung willen zu ertragen. Wie in jeder Glaubensgemeinschaft, gab es auch unter den Christen der damaligen Zeit schwache, furchtsame Naturen, welche, die Unannehmlichkeiten und die Gefahren fürchtend, die ihnen aus dem Festhalten an ihrem Glaubensbekenntnisse entstehen könnten, sich, da sie zum Heidentum denn doch nicht zurückkehren wollten, dem von der Regierung be-

günstigten Judentume zuwendeten. Die Begünstigungen der Juden von Seiten der Regierung einerseits und die kulturfreundlichen Bestrebungen der jüdischen Gelehrten andererseits scheinen überhaupt einen großen Andrang zum Judentume zur Folge gehabt zu haben. So bestand die große Gemeinde in Machosa, die zu dieser Zeit eine führende Rolle im jüdischen Baby

') Auch die inneren Streitigkeiten werden nicht wenig zu dem um sich greifenden Abfalle vom Christentume beigetragen haben. »Werden nicht durch die Ärgernisse, die wir geben, viele wankend gemacht?. ruft Aphraates aus in der für das Concil verfaßten Encyclika. Hom. XIV, § 28.

lonien spielte, zum großen Teile aus Proselyten, und auch sonst wird in jener Zeit viel von und über Proselyten gesprochen.) Unter diesen werden wohl auch solche gewesen sein, die dem hart bedrückten Christentum den Rücken gekehrt Klagt doch Aphraates selbst über die Mönche, daß sie den Lehren der Juden zugänglich seien und »sich von ihren Lehren gefangen nehmen lassen.«) Er macht auch kein Hehl daraus, daß er seine antijüdischen Streitschriften nicht schreibe, um die Juden zu bekehren, »denn diese — gesteht er freimütig — lassen sich nicht bekehren,« sondern damit sein Schüler »stärke die Seele dessen, der ihn anhört, daß er nicht zustimme ihren verwirrenden Lehren (der Juden).)

Jüdische Lehren zu vernehmen, hatten Heiden und Christen in Babylonien allerdings genugsam Gelegenheit. Im Gegensatze zu Palästina, der alten Heimstätte der jüdischen Lehre, wo diese schon zur Zeit des Mischnaredaktors R. Juda sich nicht öffentlich hören lassen durfte und um die Mitte des vierten Jahrhunderts in düstere Höhlen flüchten mußte,) durfte sie in Babylonien kühn und frei ihr Haupt erheben. Vor den Residenzpforten der Exilarchen, vor den Stadttoren wurden sie in öffentlichen Vorträgen gelehrt, sie drang in die Klöster, in die Hallen die eigens zu Religions-Disputationen erbaut wurden.) Es mag auch sein, daß die S c h u l l e h r e r und Prediger, die Sofrim, mit

denen es die christlichen Theologen zu tun hatten,) den inneren Drang in sich gefühlt, die Gunst der Zeit auszunützen und auch Andersgläubige zu ihren religiösen Ansichten zu bekehren. Moralische Eroberungslust beherrschte ja dazumal die Menschheit in weit größerem Maße als in unserer Zeit. Und auch die halachischen Größen und eigentlichen Führer des Volkes hielten sie sich auch fern von den geistigen Kampfstätten, wie z. B. Raba, von dem dies ausdrücklich bezeugt wird, so waren sie doch weit entfernt davon, dieser Strömung feindlich gegenüber zu stehen, oder den Neubekehrten gegenüber eine unfreundliche Gesinnung zu bekunden. Im Gegenteil. In der Theorie wie in der Praxis suchten sie den neugewonnenen Anhängern der Religion entgegenzukommen und die ihnen vom Religionsgesetze nicht verbotenen Vorteile zu gewähren. »Die Edlen der Völker, versammeln sich um den Gott Abrahams,« damit sind — lehrte Raba, der größte Lehrer der damaligen Zeit — die Proselyten gemeint, die das Gesetz auf sich nehmen.) Und dieser Raba nahm auch keinen Anstand, den Bewohnern seiner Gemeinde, die, wie bereits erwähnt, zum großen Teile aus Proselyten bestand, einer alten Tradition gemäß zu erlauben, Ehen mit Priestertöchtern einzugehen.) Wir sehen, daß die maßgebenden Kreise des babylonischen Judentums

') Vgl. Kidduschin 7, Baba b. 149 a, Berachot 17 b, Bechorot 3 b.
) Hom. XVIII, § 1.) Hom. XIX, § 6.) Vgl. den Ausspruch R. Hunas II in Oenes. r. cap. 31.
') Vortrag vor den Stadttoren Nehardeas in Beza 29b, vor den Toren des Exilarchen, Sabbath 126 b, Beza 23 a u. a. St. Über das häufige T3K ’3, vgl. Note B. in meiner Schrift: Die haggad. Elemente in den Homilien des Aphraates. Meine daselbst ausgesprochene Vermutung, daß wir einer spöttischen Bezeichnung für p"Cjt ’3 Haus der Gottesknechte, Kloster (wie Tur-abdin) vor uns haben, gewinnt an

Wahrscheinlichkeit durch die Talmudstelle wVüh mnntP i3jj Sanhedrin 61b. Nöldeke Tabari S. 24, Anm. 4, S.

155 und 349. »Ibad heißen die christlichen Einwohner der Stadt«, bemerkt Nöldeke an der ersten Stelle, »die sich wohl den Heiden gegenüber als Gottesknechte bezeichnet haben«.

') Aphraates polemisirt nur ein einzigesmal mit einem xa'3n xnwi S. 394, Z. 6, sonst immer nur mit *Kitba* KBTfi,KBm K1B0 und Kdjh x)t)ba KD1DJ ICD S.S. 352, Z. 14; 345, Z. 19; 313, Z. 13; 318, Z. 7 und Funk, Die haggad. Eiern, in der Hom. des Aphraates S. 14 und 15.
) Chagiga 3a und Raschi z. St.) Chagiga 3 a und Raschi z. St.:... D'IJTI 0H ta'Dp 'O'HJ. 4) Kidduschin 73a. keineswegs jene Ansichten teilten, die von manchen Theologen, von jüdischen und nichtjüdischen, als die Ansicht des Talmudjudentums bezeichnet wird, nach welcher der Rang der Proselyten vor Gott ein untergeordneter bleibe und es zweifelhaft wäre, in welchem Maße der Proselyt an den herrlichen Zukunfsverheißungen teilhaben würde.3) Sie bekannten sich vielmehr zu den proselytenfreundlichen Anschauungen, die unter den Schriftgelehrten auch ihre Anhänger hatten und welche in zahlreichen Sprüchen ihren Ausdruck finden, wie z. B. in dem Spruche: »Der Proselyt ist beliebter vor Gott als die Schaaren, die vor ihm auf dem Sinai standen«.) Oder: »Gott liebt die Proselyten«.) Gott sagt: „Ich muß dem Proselyten Anerkennung zollen, denn er verläßt Vaterhaus und Familie und schließt sich mir an.)
Wir werden nun kaum fehlgehen, wenn wir in diesem Andrange zum Judentume, den die Christenverfolgung einerseits und das proselytenfreundliche Verhalten der jüdischen Gelehrten andererseits zur Folge hatte, einen der Hauptgründe erblicken, der den geistigen Kampf zwischen Juden und Christen entfesselte. Das immer mehr erstarkende Judentum mußte der noch jungen Kirche, welche durch innere Streitigkeiten geschwächt und in Parteien zerklüftet war, ein allzugefährlicher Rivale werden, als daß es unangefochten hätte bleiben können. Es) S. Harnack, Mission und Ausbreitung des Christentnms, S. 9.
) Tanchuma zum Abschnitt *b* "S.) Numerus rabba 8. cap.) Schocher tob zu *ty* 146. Vgl. noch Jalkut § 213 und die Parallelst.: »vom Proselyten der sich aus Überzeugung zur Lehre Gottes bekehrt, spricht der Heilige, gelobt sei er, er ist vor mir gleich geachtet, wie einer von ihnen (den Israeliten), denn es heißt: »Für die ganze Versammlung sei ein Gesetz und eine Lehre«. Noch mehr. Er ist gleichgestellt dem Levvi. Denn es heißt: Es komme der Lewi, denn er hat kein Anteil usw. mußte vom Gesichtspunkte eines Aphraates eine Schutzwehr errichtet werden gegen die jüdischen Lehren und Gedanken, die mit Macht in das Christentum einzudringen drohten.

Die christlich jüdische Polemik. Die Polemik gegen das Judentum weist in Babylonien, wie in allen Ländern und zu allen Zeiten das gemeinsame Merkmal auf, daß merkwürdigerweise nicht die Menschheitsideale, nicht jene Grundlehren des Judentums von der Einheit Gottes und der Menschenfamilie, die den Sturz der alten Welt herbeigeführt, den Widerwillen der Gegner erregt oder doch nicht in dem Maße erregt haben, als manche wichtigere von Forschern und Theologen als Zeremonialgesetze, bezeichnete Gebote, wie z. B. die Sabbatfeier und die Speiseverbote. Diese standen zu allen Zeiten im Mittelpunkte der vielhundertjährigen Kämpfe; gegen diese waren die giftigen Pfeile des Hohnes und des Spottes der alten Heiden) wie die gehässigen Angriffe der gelehrten Kirchenväter gerichtet.) Diese Erscheinung kann nur damit erklärt werden, daß die führenden Geister — wenigstens der Heiden — ihre nationale Eigenart weit mehr durch das Eindringen dieser praktischen Gesetze gefährdet sahen als durch die abstrakten, reinen Ideen so schroff diese auch der heidnischen Gedankenwelt gegenüberstanden. Denn in so verschiedener Form auch der Kampf gegen Juden und Judentum geführt wurde, der letzte Grund aller Polemik war stets die bewußte oder unbewußte Tendenz: die nationale Eigenart zu schützen, den in das Fleisch und Blut des eigenen Volkes eingedrungenen oder eindringenden Fremdkörper auszustossen. In der Tat waren es nach den übereinstimmenden Zeugnissen des Josephus, Juvenal und Tertullian) nicht die Ideen, nicht die reinen Begriffe, sondern die erwähnten Zeremonialgesetze, welche die weitesten Kreise der heidnischen Völker durchdrangen. »Es gibt keine Stadt,« sagt der erstere, »weder bei Hellenen noch bei Barbaren, noch sonst irgendwo, und kein Volk, wohin nicht die Feier des Sabbats, wie wir sie haben, gedrungen wäre, und das Fasten und das Anzünden der Lichter und viele unserer Speiseverbote beobachtet würden«.) Auf einzelne erlesene Geister, auf einen Strabo oder auf einen Varro) mochte die reine Gottesidee, die das Judentum lehrte und die bildlose Gottesverehrung in den Synagogen Eindruck machen, auf solche mögen auch die Schriften Philos oder die jüdischen Sibyllen eingewirkt haben, welche den Gottesbegriff in den Vordergrund des Judentums stellten und alles, »was bei den Heiden zunächst als absonderlich erscheinen und abstoßend wirken mußte«) zurücktreten ließen; auf die breiten Massen des Volkes übten zu allen Zeiten die Allen zugänglichen Zeremonialgesetze eine weit größere Anziehungskraft aus. Diese waren gewissermaßen die Blätter und Blüten, welche am Stamme der heidnischen Völker der langsam reifenden Frucht des Gottesbegriffes vorangingen, vorangehen mußten. Die Väter feiern den Sabbat und enthalten sich vom Genüsse verbotener Speisen, und die Kinder werden Volljuden, sagt Juvenal.) So war es in den heidnischen Zentren der alten Welt und so verhielt es sich in Babylonien um die Mitte des vierten Jahrhunderts. Ein Blick auf die Ueberschriften der Homilie des vielgenannten peisischen Bischofs Aphraates belehrt uns, daß die von Josephus erwähnten Zeremonialgesetze auch zu dieser Zeit die meist umstrittenen Punkte waren. Sabbat, Fasten, Speisegebote und andere Zeremonialgesetze bilden den Inhalt dieser Homilien — oder richtiger — religiösen Streitschriften.) Hätte uns auch Aphraates den letzten und tieferen Grund, der ihn im Kampfe beseelte, nicht an manchen Stellen enthüllt, wie z. B. in der Homilie: »Ueber den Unterschied der Speisen«, (XV § 1) in welcher er ausdrücklich sagt, daß zu seiner Zeit »die Gemüter unerfahrener Menschen — er meint natürlich NichtJuden — gar sehr beunruhigt« waren, »über das, was zum Munde eingeht, wir hätten auf das Vorhandensein dieses Grundes auch aus dem Eifer schließen können, mit welchem der fromme Bischof diese Zeremonialgesetze bekämpft. Es wiederholte sich in Babylonien nur, was sich in Palästina und im römischen Reiche schon vor Jahrhunderten ereignet, nur mit dem Unterschiede, daß die Amoräer in Babylonien, da sie bei den in Babylonien herrschenden Zeitverhältnissen nicht zu befürchten hatten, daß diese Halb-und Viertelproselyten zur jungen Kirche übertreten und noch andere eingeborene Juden mit sich ziehen könnten, sich auch nicht veranlaßt sahen, Feind hungert, so speise ihn; durstet er, so gib ihm zu trinken«. (Prov. 25, 21) Und als ob seine Tendenz noch nicht genug klar wäre, fügt er dann mit Bezug auf die biblischen Gestalten hinzu: »Gemäß diesen Beispielen hat unser Erlöser gelehrt, unsere Feinde zu lieben. «) Man sieht, keine Spur von einer Opposition gegen das Alte Testament. Wenn man die Homilien des ältesten syrischen Kirchenvaters liest, wird man zuweilen an einen der aufgeklärtesten und vorgeschrittensten Wortführer der modernen Theologie erinnert. Wie dieser, bekennt er sich zu dem Standpunkte, daß alles, was die Kirche lehrt, auch bei den Propheten und in der Bibel zu finden war. Wogegen er sich kehrt, ist, das »viele andere«, was die Juden »daneben hatten«; gegen den Sabbat, gegen das Pascha, gegen die Speise-und andere Zeremonialgesetze. Nicht daß er den göttlichen Ursprung dieser Gebote geleugnet hätte, dazu wa er zu fromm und zu rechtgläubig, aber er bekämpfte einerseits deren Notwendigkeit zur Vollendung der Gläubigen und suchte andererseits zu beweisen, daß diese nur für eine bestimmte Zeit und zu bestimmten Zwecken gegeben worden seien. natürlich nicht in dem Maße, wie dies vor Jahrhunderten mit der heiligen Schrift geschah. Raba machte sich diese Lehrweise zu eigen und entwickelte

dieselbe. Es wurde beispielsweise bemerkt, daß der Redaktor der Mischna oder einer Baraitha eine Lehre, die er in zwei Sätzen ausdrückt, in einen hätten zusammenziehen und die Wiederholung eines Wortes ersparen können, woraus dann Schlüsse gezogen wurden). Die eingeschlagene Richtung kam in der späteren tausendjährigen Literatur zum siegreichen Durchbruche. Ein großer Teil des halachischen Schrifttums verdankt derselben seinen Ursprung. Elftes Kapitel. Persönlichkeiten in diesem Feldzuge ist weder in der zeitgenössischen noch in der späteren jüdischen Literatur eine Spur zu entdecken. Auch von Kaiser Julian nicht, obgleich dieser in einem besonderen Erlasse den Wiederaufbau des Tempels in Jerusalem angeordnet hatte) — ein Faktum, das unbedingt verzeichnet hätte werden müssen. Es wäre müßig, den Gründen für dieses merkwürdige Schweigen der jüdischen Quellen nachzugehen. Möglich, daß die Juden dem jungen Romantiker auf dem römischen Throne nicht recht trauten. Sei es, daß sie in dessen Versprechungen und Anordnungen nur ein Lockmittel vermuteten, um die Juden für Rom wieder zu gewinnen, sei es, daß sie befürchteten, der begeisterte Pontifex maximus, der Hohepriester der alten Götter, als welchen sich Julian fühlte, könnte eines Tages den neuzuerbauenden Tempel für diese in Anspruch nehmen; sicher ist, daß der Tempelbau die Juden aller Länder ganz kalt gelassen hat und daß die babylonischen Juden den Römern auf ihren Feldzügen in keiner Weise entgegenkamen. Und die Römer hatten dies erwartet. Julian scheint jedenfalls dies bei seiner Ehrung der Juden in Charan vor Augen gehabt zu haben.) den Neumonden der kommenden Jahrtausende bis an der Zeiten Ende die Weihe gab.

') Vgl. Tertullian ad nationes I, 13, wo er von Heiden spricht, die einzelne jüdische Sitten, wie den Sabbath mit seiner Lichtweihe (ritus lucernarum) ganz gedankenlos aufnahmen. S. auch Juvenal an der angeführten Stelle, Josephus Apion II, 39 und Schürer daselbst.) Josephus das.) Strabo XVI, 2, 35, p. 760. Über Varro, vgl. was Augustin von

ihm (De civitate Dei IV, 31) sagt, zitiert bei Schürer Bd. 3, S. 108, Anm. 24. »Dicit etiam antiquos Romanos plus annos centum et septuaginta deos sine simulacro coluisse... Cui sententiae suae testem adhibet inter cetera etiam gentem Judaeam.«) Schürer, das. 107. Der Erfolg der jüdischen Propaganda erklärt dies aber nicht, wie Schürer will. Zur Höhe des abstrakten philosophischen Denkens haben sich immer nur die Wenigsten emporgeschwungen.

') Sat. XIV, 96-106.

) Die ausschließlich gegen Juden gerichteten Homilien sind: Über die Beschneidung (XI), über die Pascha (XII), über den Sabbath (XIII), über den Unterschied der Speisen (XV), Beweis, daß die Heidenvölker an die Stelle des jüdischen Volkes getreten sind (XVI), gegen die Behauptung der Juden, daß sie einst wieder versammelt werden würden (XIX). Die Homilien XVII und XVIII sind Schutzschrften gegen Angriffe der Juden. diesen so feindlich entgegenzutreten, wie dies die größten Amoräer Palästinas, R. Jochanan und dessen Schwager R. Simon b. Lakisch getan.) Gegen die Reinheit des Gottesbegriffes, gegen die Universalität der jüdischen Morallehre, überhaupt gegen die Ethik der Bibel wurde von Aphraates keine Einwendung erhoben; gegen die Grundwahrheiten des Judentums nicht gekämpft. Jenes Streben, die Lehren des Judentums möglichst schwarz zu malen, um für die Lehren der jüngeren Religionen einen geeigneten Hintergrund zu gewinnen, wie sich dies bei manchen streitbaren Theologen des zwanzigsten Jahrhunderts bemerkbar macht, war den führenden Geistern der damaligen Zeit noch fremd. Die antijüdische Polemik bewegte sich noch in einem anderen Geleise. Man suchte nicht das »Neue« in den Lehren des Christentums. Im Gegenteil. Wenn man neue Gedanken in den letzteren gefunden hätte, wäre man sicherlich bestrebt gewesen, dieselben in irgend einen alten Bibelvers hinein zu interpretieren oder durch eine allegorische oder haggadische Auslegung eines solchen eine Andeutung, einen Anhaltspunkt für dieses »Neue« zu finden. Aphraates kann sich gar nicht genug tun darin, Beweise zu erbringen, daß all die Lehren, die das Christentum kündet, auch im Alten Testamente vorhanden gewesen seien. Auch das Gebot der Feindesliebe. Er zeigt dieses »an Moses, welcher für seine Volksgenossen sich darbot, daß seine Seele aus dem Buche des Lebens ausgetilgt werde, obgleich jene sich erhoben hatten, ihn zu steinigen; an David, der Sauls, seines Verfolgers, sich erbarmte, an Elischa, der seinen Feinden Brot und Wasser gab, an allen »Vorvätern«, die erfüllt das Wort der Schrift: »Wenn dein

) Vgl. den Ausspruch Simon b. Lakisch's: »Ein Heide der den Sabbath feiert ist des Todes schuldig (Sanhedrin 58 b u. 59a), R. Jochanans: »Ein Heide, der Thora lernt, ist des Todes schuldig« (das.) und die Erklärung des Maimon. Jad chasakah h. issure biah XIII, 18 und h. melachim X, 9. S. auch oben Bd. I, S. 28, 2; 30, 1 und Zusätze XX.

Hören wir ihn selbst: Als Hauptargument gegen den ethischen Bildungswert dieser Gesetze führt er, wie vor ihm schon Justin Martyr, ins Treffen, daß sie von Adam, Noah und auch von den »gerechten Vätern«, wie er die Patriarchen nennt, nicht gehalten wurden. Wären Zeremonialgesetze wie Sabbat und Speisegesetz »zur Gerechtigkeit« gegeben worden, dann hätte sie Gott schon dem Adam befehlen sollen.) Was die Juden darauf erwidert, verschweigt der syrische Kirchenvater. Wir finden aber die Antworten in den Talmuden und im Midrasch. Sie verwiesen einerseits auf das Naturgesetz, nach welchem Alles in der Welt — auch der Mensch — entwicklungsbedürftig sei,

') Hom. II, Abhandlung über die Liebe gegen Feinde.
) Hom. XIII, § 3 und XV, § 4.

der Mensch daher erst eine gewisse Kulturstufe erreichen mußte, um die für manches Gebot nötige Reife zu erlangen;) anderseits konnten sie auf eine mündliche Tradition verweisen, nach welcher die Patriarchen alle Gebote der Thora erfüllt hätten. Man wird den besonderen Nachdruck in. den Worten Rabas: »Abraham hat alle Gebote, selbst die rabbinischen Einführungen zu den Sabbat-und Festgesetzen, wie das Gebot

von Erube tabschilin, beobachtet«, erst dann recht begreifen, wenn man diesen die Angriffe seines Zeitgenossen Aphraates auf die Sabbatfeier entgegenhält.)

Gegen diese kämpfte der persische Weise mit ganz besonderem Eifer. Er lässt nicht nur die Patriarchen gegen die Heilighaltung des siebenten Tages zeugen, sondern auch Josua und die Makkabäer, die ihre Schlachten am Sabbat schlugen, die Priester im Heiligtum, die am Sabbat die Opfer darbrachten, — Gott selbst, der große Weltenlenker, der am Webstuhle der Zeit sein Werk fortsetzt, muß ihm gegen den Sabbat zeugen. Wie einst Turnus Rufus dem R. Akiba, ruft Aphraates den jüdischen Disputatoren zu: »Wir sehen, daß die Sonne geht, der Mond wandert und die Sterne eilen und die Winde wehen und die Wolken fliegen.« Die Juden gaben wohl dieselbe Antwort, die R. Akiba seinen Gegnern erteilt hatte.)

Mit nicht minderem Eifer als gegen den Sabbat, wendete er sich gegen die Feier der anderen Feste, namentlich gegen die des Passahfestes. Er erklärte diese ohne das vorgeschriebene Passahopfer geradezu als sündhafte Verletzung des Religionsgesetzes. Diese konnte nur in Jerusa

') Oenes. r. Cap. XI.
»») Joma 28b. Vgl. Midr. Tanchuma, Abschn. V und Jalkut zu Genes. 42.
') Vgl. Aphr. Homilie XIII, § 7 und Genes, rabba cap. 11, 6Bei Gott könne wohl von Arbeit keine Rede sein, da das All sein Eigen cm) ist.

salem, und auch dort nur so lange das Heiligtum bestanden, begangen werden. »Wenn es nämlich, solange Israel in seinem Lande gewesen, ihm nicht erlaubt war, überall das Passahlamm zu schlachten, sondern allein vor dem einen Altar in Jerusalem, wie kann es heute das Geheimnis des Passahfestes feiern?«) Dem persischen Weisen, war es hiebei hauptsächlich darum zu tun, dem Fortbestande des jüdischen Volkes oder vielmehr der jüdischen Religion nach der Zerstörung des Tempels in Jerusalem die Berechtigung abzusprechen. Eine ganze Homilie ist dem Beweise gewidmet, daß Gott mit der Zer-

störung des Tempels das Volk der Juden verworfen,) und in einer zweiten tritt der streitbare Bischof den Hoffnungen des jüdischen Volkes auf Wiederherstellung des jüdischen Reiches mit aller Schärfe entgegen.) Die Hoffnung auf eine Rückkehr in das Land der Väter, die tief in der jüdischen Volksseele wurzelte, mag noch durch das freundliche Interesse, welches die Königin-Mutter für die jüdische Religion, insbesondere für das jüdische Opferwesen bekundete, gestärkt worden sein.) Aphraates wusste auch, daß er mit all seinen Gründen auch nicht einen einzigen Juden von der Nichtigkeit dieser Hoffnung werde überzeugen können. »Diese (die Juden) — sagt er selber — lassen sich nicht überzeugen.« Er schrieb die erwähnte Homilie, damit sich der Leser »verteidige, wenn es nötig ist Antwort zu geben und damit er stärke die Seele dessen, der ihn anhört.«) Es waren dies nicht leere Worte im Munde des persischen Bischofs. Wie wir bereits oben erwähnt, gab es wohl dazumal noch Sof'rim, Schriftgelehrte, die auch Andersgläubige zu bekehren suchten. Dazumal beherrschte noch moralische Eroberungssucht weitere jüdische Kreise und die jüdischen Disputatoren beschränkten sich nicht immer auf die bloße Abwehr, sondern gingen auch zum Angriffe über.) Ihre Angriffe wendeten sich gegen die Bezeichnung »Gottessohn« und gegen das Mönchswesen, das in Persien sehr verbreitet war. »Und ihr tut, — riefen sie ihnen zu — was von Gott nicht geboten wurde. Ihr nehmt den Fluch auf Euch und befördert die Unfruchtbarkeit, ihr verhindert die Nachkommenschaft, den Segen der Gerechten, ihr nehmt keine Weiber und die Weiber heiraten nicht, wo doch die Ehe geboten ist.«)

Die Religionsgespräche, die eher zur Verbitterung der Gemüter als zum Frieden zwischen Juden und Christen führten, was wohl auch friedliebende Lehrer, wie Raba, veranlaßt haben mag, solchen Disputen aus dem Wege zu gehen,) hatten jedenfalls den Vorteil, daß beide Teile sich gezwungen sahen, sowohl mit dem eigenen als mit den wechselseitigen Religionsbüchern sich zu befassen. Wir, sagte der Palästinenser Ab-ahu, zu einem Vertreter des Christentums, sind dadurch, daß wir mit euch öfter disputieren, gezwungen, uns mit der heiligen Schrift intensiver zu beschäftigen.) Wie die Juden ihrem eigenen und dem Schrifttume der Gegner ein sorgfältigeres Studium widmen mußten, so sahen sich die Wortführer des Christentums veranlaßt, sich nicht nur mit dem Wortlaute der Bibel, sondern auch mit den jüdisch traditionellen Erklärungen derselben, mit der Haggada, vertraut zu machen, Aramäisch geschriebene Haggadabücher waren zu dieser Zeit allgemein verbreitet, sie gingen von Haus zu Haus,

') Vgl. Hom. XVII, § 1, XVIII, § 1 und XXI, § 1.
) Hom, XVII, § 1.) Hom. XVIII, § 1.
) Sabbath 116 a.
) Aboda sara 4a,
«) Baba m. 116a; Baba b. 52 a, wo zur Zeit Rabas Hagadabücher als V2B,1i *b'xVnb* ''.»j erwähnt werden.

von Hand zu Hand, sie wurden entlehnt; umsonst oder gegen ein kleines Entgelt. Auf diesem Wege mußten solche schon frühzeitig in die Hände christlicher Theologen gekommen sein und zur Zeit des Aphraates waren bekanntere haggadische Erklärungen und Zusätze bereits Gemeingut, aller gebildeten Syrer, so, daß deren Kenntnis von den Autoren bei gebildeten Lesern vorausgesetzt werden durfte. Aphraates wenigstens setzt bei seinen Lesern eine sehr bemerkenswerte Vertrautheit mit rabbinischen Erklärungen voraus.)

Als eine weitere vorteilhafte Folge der religiösen Disputationen darf wohl noch die schärfere Unterscheidung zwischen der haggadischen Auslegung und dem einfachen Wortsinne der Bibel bezeichnet werden, der wir in den Schriften und Sprüchen der damaligen Zeit öfters begegnen. Im geistigen Kampfe wurde der Blick geschärft, das Auge kritisch geübt. Es ist charakteristisch, daß Aphraates, der seinen sonstigen Gegnern, den Sofrim gegenüber, sich der haggadischen Auslegung mit Geschick und Gewandtheit bediente, wo er es mit einem wirklichen »Chacham,« mit einen Schriftgelehrten zu tun hat, es mit einer

»Erklärung der Worte,« wie er die haggadische Auslegung nennt, gar nicht versucht, da er — wie er selber sagt — wohl weiß, daß der »jüdische Weise« eine solche nicht annehmen würde.) Es ist darum auch kein bloßer Zufall, daß es gerade die zwei großen Zeitgenossen des Aphraates, daß Abaji und Raba es waren, die den wichtigen Grundsatz: ider Schriftvers kann durch die haggadische Auslegung nicht seines einfachen Wortsinnes entkleidet werden«) aufgestellt und scharf betont haben.

') Vgl. Funk, Die haggadischen Elemente in den Homilien des Aphraates, S. 15, 19, 33, 35, 37, 39, 48 und 50.
) Hom. XXI, § 1. »Ich wußte, daß er keine Erklärung der Worte, die er zu mir geredet, annehmen würde«.)
Jebam. 24 a.

So haben denn auch die religiösen Disputationen manche segensreiche Folgen gehabt, und man kann mit Umschreibung eines bekannten Dichterwortes von ihnen sagen, daß sie jener Kraft entsprungen, die nicht immer das Beste will und doch Gutes schafft.

Funk.

Zehntes Kapitel.

Raba.

In der politisch wildbewegten Zeit während des persisch-römischen Krieges stand an der Spitze der jüdischen Kolonie in Babylonien ein Mann, der für die Verhältnisse seiner Zeit einen eben so offenen wie richtigen Blick besessen, Raba ben Josef ben Chama. Obgleich Sohn eines Gelehrten und seit der frühesten Jugend unter Gelehrten lebend, hatte er den Zusammenhang mit der Außenwelt nicht verloren, wie man es denn überhaupt als einen nicht zu unterschätzenden Vorzug der Gesetzeslehrer jener Zeit bezeichnen kann, daß sie trotz der bewundernswerten Geistestätigkeit, die sie entfalteten, sich einen merkwürdig regen Sinn für das Leben bewahrten und an den politischen Ereignissen ihrer Zeit den lebhaftesten Anteil nahmen. Es kam dies zunächst daher, daß die Gelehrten gleich den anderen Volksgenossen ihren bürgerlichen Beruf hatten. Sie lebten nicht von der Thora, obgleich sie ganz und gar für diese lebten. Die meisten Tradi-

onslehrer waren Landleute). Auch Raba, das Schulhaupt, war Grundbesitzer, und die Vertrautheit mit der Landwirtschaft wie mit der materiellen Lage seiner Berufsgenossen kommt in manchen seiner Sprüche und in manchen seiner Lehren unverkennbar zum Ausdrucke. Raba trat, nachdem er seine Lehrjahre in den Schulen Rabbas, R. Chisdas. und R. Nachmans verlebt und während der Lehrtätigkeit Abajis in Machose als Lehrer gewirkt hatte, das hohe Amt des Metibhta-Oberhauptes schon im voige

') Siehe Rabas Aussprüche Sber landwirtschaftliche Regeln, Taanith 3 b rückten Alter,) im Jahre 338 an, also in dem Jahre, da der langjährige Krieg entbrannte, dessen Ende er nicht mehr erleben sollte. Seine Wirksamkeit fiel in eine Zeit, die für das geistige Leben ungünstig war. Es fehlte zur geistigen Ausbildung die Muße und auch die nötige Ruhe; die hebräische Sprache konnte nicht in dem Maße gepflegt werden, wie es die geistigen Führer wohl gewünscht hätten. Die breiten Massen mußten ihre Zeit dem Erwerbe widmen, um die nötigen Bedürfnisse zu befriedigen. »Tag für Tag)«, seufzt Raba auf, »wird der Fluch größer und die Welt besteht nur wegen der zwei kleinen Gebetstücke, die das Volk in der Landessprache und darum mit Verständnis verrichtet: der Keduscha und des Kaddischgebetes (welche nach den Vorträgen in aramäischer Sprache verrichtet werden).« Raba aber war weit entfernt davon, das Volk darum zu tadeln. Er kannte dessen Notlage und trug dieser Rechnung. Als einst R. Sera die Lehre vortrug, daß man mit dem bloßen Lesen des Schema am Morgen und am Abend eigentlich auch das Gebot: »Du sollst darin (in der Lehre) Tag und Nacht forschen« erfülle, dann aber allsogleich hinzufügte, daß man dies nicht in Gegenwart eines Unwissenden, eines Am-haarez, vortragen dürfe, vermutlich aus Furcht, daß mancher Lehrbeflissene, wenn er dies erführe, vom Gesetzesstudium abstehen könnte, entgegnete Raba, daß es geradezu heilige Pflicht sei, dieser Lehre eine möglichst weite Publizität zu geben.) Offenbar wollte er damit den ärmeren Glaubensgenossen, welche, der Not gehorchend, dem Erwerbe nachgehen mußten, die Beruhi ') Raba zählte schon in der Schule R. Chisdas zu den reiferen Hörern, wie dies aus seinen Worten an diesen: »Wir tragen in deinem Namen (Ketub. 68, Beza 28 R. Chisda starb 209) vor, hervorgeht, Raba mußte demnach um 338 ungefähr ein Fünfziger gewesen sein.

») Sotah 49 a und Raschi das. Das Volk scheint auch zur Zeit Rabs nur aramäisch verstanden zu haben. Siehe den Kommentar des R. Gerson zu Chullin 15 a: CJinaS WJ t 'k1ib»s.

») Menachot 99 b.

gung gewähren, daß sie auch dann das wichtige Gebot des Gesetzesstudiums erfüllten, wenn sie täglich zweimal das Schema lesen. Der Drang, sich dem Studium zu widmen, war übrigens zu mächtig, als daß zu befürchten gewesen wäre, daß man durch die Verbreitung solcher Lehren die Pflege des Thorastudiums ernstlich schädigen könnte. Die damalige Zeit war nicht materialistisch gesinnt. Jedenfalls war bei einem beträchtlichen Teil der Bevölkerung der Wissensdrang weit stärker als der Erwerbstrieb. Raba mußte seine Hörer geradezu bitten, daß sie in den Monaten Nissan und Tischri das Lehrhaus nicht aufsuchen, sondern sich der Feldarbeit widmen sollten, damit sie nicht das ganze Jahr hindurch von Nahrungssorgen gequält würden). Die Zahl der Gelehrten, die schon unter Rabba eine große gewesen, wurde in der Schule Rabas noch durch den Zuzug der palästinensischen Gesetzeslehrer vermehrt, und die Befürchtung, daß diese durch die Verbreitung der oben erwähnten Lehre sich verringern könnte, scheint in Wirklichkeit nicht begründet gewesen zu sein. Die Vereinigung der hervorragenden Gesetzeslehrer Palästinas und Babyloniens einerseits, wie die allseitig anerkannte Autorität Rabas andererseits, hat eine wichtige Periode in der Redaktion des Talmuds zum Abschluß gebracht. Raba nimmt in der Kette jener im Talmud als hervorragende Größen bezeichneten Tannaim und Amoraim, die sich um die Redaktion besonders verdient gemacht, die vierte Stelle ein, den Ehrenplatz zwischen R. Juda und R.

Asche. Was der erstere für die Ordnung Nesikin, hat Raba im Vereine mit seinen Zeitgenossen — zu diesen gehört auch die ältere Generation Rabas — für die anderen Ordnungen getan. Er hat den Talmudteilen, soweit

') Berachoth 37 b.

») Kidduschin 72 b. Siehe Bd. I, S. 142 und die Ausführungen Halevys; Doroth Harischonim II S. 490, insbesondere das lehrreiche Kapitel 68, S. 551-562.

sie zu dieser Zeit abgeschlossen waren, die erste feste Form gegeben, in welcher sie der Nachwelt überliefert werden sollten.

Hat auch mit dieser Arbeit — wie bereits an anderer Stelle ausgeführt) — eigentlich schon die zweite Amoraergeneration begonnen, ihren Abschluß fand sie erst unter Raba. Und auch die älteren, bereits redigierten Talmudstücke konnten ihre Allgemeingültigkeit erst durch die Aufnahme in den offiziellen Talmud erlangen, was nur durch eine Autorität allerersten Ranges, als welche Raba von der Mit-und Nachwelt anerkannt wurde, bewerkstelligt werden konnte. Raba wird darum mit Recht als der zweite Redaktor bezeichnet). Wie hoch er als solcher im Ansehen gestanden und welch ehrfurchtsvollen Respekt seine Zeitgenossen vor der Gewissenhaftigkeit hatten, mit welcher Raba auch die äußere Form der Traditionen behandelte, zeigt uns der nicht hoch genug anzuschlagende Umstand, daß zu den von Raba überlieferten Traditionen im Talmud auch nicht eine einzige Variante, weder eine sachlich noch eine formell abweichende Lesart vorliegt). Dies will viel, sehr viel sagen. Es zeugt von einem Vertrauen, wie man es nicht einmal R. Asche, dem großen Schlußredaktor, entgegengebracht hat. Wodurch Raba dieses Vertrauen errungen, wird nicht berichtet. Vermutlich aber dadurch, daß er bei seinem Studiengange nach dem von ihm hochgehaltenen Grundsätze R. Hunas gehandelt: »Lieber wenig und gründlich, als viel und unsystematisch«. Als Lehrer bedauerte er es, daß seine Jünger diese Regel außer acht ließen. »Die Gesetzeslehrer kennen den Grundsatz R. Hunas, —

klagt er — und sündigen dagegen)«.

') Siehe Juden in Babylonien, S. 93 und Halevy daselbst.) In der oben erwähnten Stelle in Kidduschin. ') Levy, Interpret, des palästinensischen Trakt. Nesikin, S. 7. Anm. 1.

) Aboda Sara 19a.

Bei der redaktionellen Tätigkeit erfreute sich Raba der Mithilfe einer großen Anzahl gelehrter Männer, vor allem der seines greisen Kollegen, der gleich ihm gründliche Kenntnisse über das Vielwissen gestellt, des R. Nachman b. Isak. Diesem fiel als Resch Kalla, als Vorstand der Gelehrtenversammlung, in den Monaten Elul und Adar, die Aufgabe zu, den Lehrstoff zu ordnen und mit den Schülern zu wiederholen, insbesondere für die einheitliche Widergabe desselben durch mnemotechnische oder andere geeignete Hilfsmittel zu sorgen). Ohne Zweifel wurden auch kurze schriftliche Notizen gemacht, die aber nur Andeutungen, vielleicht auch die Mnemotechnica enthielten. So wurde der Kürze halber, um ein Beispiel anzuführen, nur der Traktat angegeben, in welchem der eine oder andere Amora Überlieferungen gefunden, die mit der im Lehrhause verhandelten Lehre im Widerspruch standen). Man überließ es der Kombinationsgabe der späteren Generationen, aus dem betreffenden Traktate die richtige Überlieferung herauszufinden. Auch Controversen, deren ausschließlicher Zweck es war, den Geist der Hörer zu schärfen, wurden noch von der Aufnahme in diesen ersten Talmud ausgeschlossen).

') Über R. Nachmari b. I. siehe weiter unten.

') Vgl. Baba mez. 10. Abaji sagt: »R. Chija b. Josef fragt »Peah« Raba sagt, R. Jacob b. Idi fragt »Nesikin«. Bei der Schlußredaktion wurden dann die Traditionen aus den angeführten Traktaten in den Talmud aufgenommen. Wahrscheinlich hat die erste Redaktion auch bei den Baraitas, die als Beweise für die Ansichten der Amoräer angeführt werden, nur das Vorhandensein solcher mit,TJ1113 tflT angedeutet. Die Schlußredaktion hat diese dann in extenso aufgenommen. Daher so oft die Wiederholung "?xigbh irmis JOJn an irrms jnn an nWO mn. Pesach. 28 a, 29 b; Joma 4a, 20 b, 24b, 64 b; Berachoth 24 b, 26 b u. a. St.) Vgl. z. B. Makkoth 21a, wo die Frage 'DJ 'pW1 von Abaji und Raba erörtert, die Antwort 1"BM XJfl verworfen wird, und die sechs Fragen (das. 22a), die unbeantwortet bleiben, sowie ähnliche Stellen.

Mit der Fixierung des Talmuds war die Hälfte der Arbeit getan, welche von Rabas großem Schüler R. Asche fortgesetzt und zu Ende geführt wurde.

Als unmittelbare Folge der Redaktion des Talmuds kann der höhere Grad von Heiligkeit bezeichnet werden, der demselben von Raba zugesprochen wurde. Im Gegensätze zu den großen Amoräern der früheren Zeit, die den Segensspruch über das Thorastudium nur vor dem Studium der Mischna als geboten erklärten, weil dieser ein höherer Grad von Heiligkeit zukomme, lehrte Raba, daß der Talmud diesbezüglich der Mischna gleichstehe). Durch die Fixierung des Textes haben die redigierten Talmudstücke eine mit der Mischna gleichwertige Schätzung gefunden; sie wurden gewissermaßen! dem geistigen Fonde des jüdischen Volkes für alle Zeiten einverleibt, was in späterer Zeit auch von den Codifikatoren der Halacha berücksichtigt wurde.

Wie Raba als Redaktor einerseits einen Teil der geistigen Entwicklung zum Abschluß gebracht hat, so hat er andererseits in mancher Beziehung der jüngeren Gelehrtengeneration neue Bahnen gewiesen, den kommenden Geschlechtern Wege gezeigt, auf welchen sie ihren Geist und ihren Scharfsinn betätigen konnten. Die älteren Amoräer kommentierten die Mischna, gaben Wort-und Sacherklärungen, behandelten aber nicht den Text der Mischna wie R. Akiba den Text der heiligen Schrift, der bekanntlich in jedem überflüssigen Worte, in jeder Silbe einen besonderen Sinn, irgend eine Lehre angedeutet fand. Rabas Lehrer und Schwiegervater'), R. Chisda, begann auch den Text der Mischna zum Gegenstande der Erörterungen zu machen),

Im übrigen unterschied sich Rabas Lehrweise wenig von derjenigen seiner Vorgänger. Er zeigte eine besondere Vorliebe für die Ausgleichung von Differenzen zwischen den Lehrern der Mischna und denen der Baraitha, worin er es zu einer besonderen Fertigkeit brachte. »R. Oschaja« der Sammler und Redaktor externer Tradition, »wird mich nach meinem Tode mit seinem Besuche auszeichnen«, pflegte er zu sagen), wenn es ihm gelang, einen schroffen Widerspruch zwischen der Mischna und der Baraitha zu beheben. Man glaube darum nicht, daß Raba eine Harmonisierung der Traditionen um jeden Preis anstrebte. Er nahm auch, wo es notwendig war, Textverbesserungen vor) und erklärte Baraithas, die er mit einem unlösbaren Widerspruche behaftet fand, als unrichtig), wie er denn auch sonst über die Traditionen der Tannaim und der älteren Amoraim unbefangen zu urteilen pflegte. Er widerlegte, wo es sich um bloße Begründungen oder Folgerun

Nidda 87 b. Nur in Kethuboth 96 a ohne Namensangabe. Ältere Amoraim wie Samuel erklärten noch 'WK '1D-K13 'rii '"I, Sabbath 126 b.

') Vgl. Sanhedrin 3 a x3i Iok *xbx b 'b nvbv r.vbv* "iljn, Bechoroth 41b ''? *nüb* Mon ir "UPJJD *S't xz"* Iok U. a. St.) Vgl. Baba mez. 62 b, Baba kamma 111b und Tosaphoth das. re3 'wo pn 'rai ni-p.

») S. Kidduschin 47 b, Oitlin 10 b.

4) Gittin 73a.. *iorx xb x&tb* «wn "rpi fp3. gen aus Schriftversen handelte, die Folgerungen der hervorragendsten Tannaim, so z. B. an einer Stelle die Deduktionen, welche die Heiligkeit der Esterrolle beweisen wollten, wo er nur die des Samuel gelten ließ). Über den Tanna R. Simon äußerte er sich einmal: »Es wäre wohl zu wünschen, daß alle Mütter solche Söhne hätten wie R. Simon, wenn auch seine logische Schlußfolgerung an dieser Stelle als unrichtig bezeichnet werden muß). Raba war aber darum keineswegs unbescheiden. Trotz seiner Äußerung, daß ihm von den drei Dingen, die er sich gewünscht, zwei, nämlich die Weisheit R. Hunas und der Reichtum R. Chisdas, nicht aber die Bescheidenheit Rabas (b. Huna), der Gegenstand seines dritten Wunsches, gewährt worden sei), sehen wir an Raba

persönliche Züge, die eher auf das Gegenteil schließen lassen könnten. Schon die Form, in welche er seine oben erwähnte Kritik gegen R. Simon kleidet, zeugt von der Bescheidenheit des gelehrten Schulhauptes und von seiner Ehrfurcht den verstorbenen Geistesgrößen gegenüber. Als man ihm einst gestohlene Schafe zurückerstatten wollte, verzichtete er auf sein ihm nach seiner eigenen Ansicht rechtlich gehörendes Gut, um nicht gegen eine Lehre Rabs zu verstoßen). Mit nicht minderer Hochachtung behandelte er seine Zeitgenossen. Die älteren wie die jüngeren. Ganz besonders Ehrfurcht bewies er dem blinden R. Josef, dessen Schule sein Sohn Josef viele Jahre besuchte und gab anstandslos zu, daß er von Abaji durch dessen reichere Kenntnis der Tradition besiegt wurde). Irrte er gelegentlich, so gestand er die Irrtümer bei den öffentlichen Vorträgen ein. »Die Sache, die ich gelehrt, war ein !) Megilla 7 a. Gegen R. Elieser, R. Akiba, R. Mei'r und R.Jose, ebenso Chagiga 10 a und Joma 85 b. An all diesen Stellen gibt er Samuel den Vorzug.) Makkoth 17 b.) Moed Katan 28. Über Rabas Reichtum vgl. noch Taanith 20 b.) Sanhedrin 72 a 3"H.TDIDB pDJI 1r»in.) Vgl. Joma 53 a Kethuboth 63 a Jebamoth 64 und Aboda sara 58 a.

Irrtum«, ließ er dann durch den Mund des Volksredners verkünden). Er handelte also im Sinne seiner Lehre: »Die Lehre findet sich nur bei den Demütigen und Bescheidenen«. Und wenn er auch den Geistesheroen der früheren Generation gegenüber mit seiner Meinung nicht zurückhielt, so tat er dies, weil ihm die Wahrheit über alles ging. »Der Gesetzeslehrer — lautet einer seiner schönsten Sprüche — gleicht einer Bundeslade, wie diese von innen und von außen vergoldet war, so gleiche bei jenem das Innere dem Äußern).«

So sehr auch Raba von seiner Tätigkeit als Redaktor und Schuloberhaupt in Anspruch genommen war, vernachlässigte er doch auch nicht die Pflichten, die er mit seinem Amte auch den breiteren Schichten des Volkes und zunächst seiner großen Gemeinde gegenüber übernommen hatte. Im Gegensatze zu seinem Lehrer Rabba und anderen Zeitgenossen, die, wie z. B. R. Safra, fast ausschließlich dem Studium der Halacha lebten, widmete sich Raba mit großem Eifer auch der Volksbelehrung. Insbesondere scheint er die populären Vorträge an den Sabbath-Nachmittagen gepflegt zu haben, da er diesen zumeist Schriftverse aus den Hagiographen zu Grunde gelegt, weich letztere in einzelnen Gemeinden, wie vorher in Nehardea, zur Verlesung gebracht wurden). Raba ist auch der einzige unter den babylonischen Amoräern, von welchem fortlaufende Erklärungen zu einzelnen Teilen der Bibel auf uns gekommen sind und es hat wohl — vielleicht Rab ausgenommen

') Sabbat 83 b; vgl. auch Tosaphot zu Aboda sara 58 a.
-) Erubin 55 a.
3) Joma 72 b.
) Vgl. Bacher, Agada der babylonischen Amoräer, S. 117 und 118 Anm. 16—21, der mit Recht darauf hinweist, daß Raba seine Auslegungen zum großen Teile auf Psalmen, Sprüche und Hiob bezieht. Über diese Sitte in Nehardea vgl. noch Sabbath 116 b, Rappaport, Erech Miliin S. 170, Berliner, Beiträge zur Geographie und Ethnogr. Babyloniens im Midrasch und Talmud S. 50.

— kein zweiter Babylonier die haggadische Literatur in dem Maße bereichert wie er).

Zu den Amts-Agenden des Gemeinde-Oberhauptes gehörte in der Regel auch die Leitung des Armenamtes, welches zur Zeit Rabas an seine Funktionäre erhöhte Ansprüche stellte. In den letzten Jahren seines Lebens hatte der politische Sturm, der über Palästina dahingebraust, über die dortigen Glaubensgenossen eine furchtbare Katastrophe heraufbeschworen. Es scheint, daß Raba, als geistiger Führer der babylonischen Juden, von den schwerbedrängten palästinensischen Glaubensbrüdern geheime Mitteilungen erhielt. Wenn nicht alles täuscht, ist uns noch eine solche, allerdings in sehr verstümmelter Form, erhalten geblieben. In dieser wird berichtet, daß zwei Sendboten aus Tiberias, die mit den Unruhen in Beziehung standen, von den Römern gefangen

genommen wurden. Dieses Schreiben enthielt auch die Botschaft, daß infolge des Verbotes der Römer, den Jahreskalender zu bestimmen, die Einschaltung eines Monates ausnahmsweise schon im Monate Ab und im geheimen vorgenommen wurde). Für die babylonischen Juden erwuchs die Notwendigkeit, ihren verfolgten Brüdern hilfreich beizustehen; in erster Linie

') S. Megilla 10b bis 17a und Bacher das. S. 119.
) Sanhedrin 12 a!3 WJttl Goi DTS1 npiD »3 JH. Wenn nicht ursprünglich T6 gestanden, so wollte man in der Geheimschrift offenbar mit n? die Geschehnisse in Lydda andeuten, die dem Feinde durch die Gefangennahme der Boten verraten wurden. Es wäre sonst ganz unbegreiflich, was die Palästinenser dem Raba mit der Mitteilung, daß die Boten n,?sn, das Fabrikat aus Lus, in Händen hätten, sagen wollten. In solchen Zeiten ist man sparsam mit Worten. Die Boten scheinen Berichte zwischen den zwei ersterwähnten Städten vermittelt zu haben und daß sie den Römern in die Hände gefallen, war ein Ereignis, gefährlich genug, um Raba mitgeteilt zu werden. In Lidda und in Tiberias brach dazumal ein Aufstand aus, der die Zerstörung dieser Städte zur Folge hatte (532), Graetz IV, S. 341 und 490 nach Sokrates h. e. II, 33, Hieronymus Chronicon zu 283 und Pesikta c. 8. den Wohlhabenden und das waren die Juden Machosas. Bei allen Fehlern, die diesen Großstädtern im Talmud nachgesagt werden, — die Männer sollen leichtlebig, mitunter auch dem Trunke ergeben, die Frauen arbeitsscheu und putzsüchtig gewesen sein), (in welcher Großstadt sind sie es nicht?) so muß doch gesagt werden, daß sie für ihre leidenden Brüder Herz und Sinn hatten. Dies gilt namentlich von den Frauen. Sie gaben, wie aus späterer Zeit berichtet wird, bei Sammlungen selbst ihren Schmuck her, Ketten und Armbänder und — was nicht wenig sagen will — diese wurden als kleine Geschenke angesehen, welche die Frauen ohne Wissen der Männer geben konnten). Ohne Zweifel haben die Machosaner auch diesmal das ihrige zur Linderung der

Not beigetragen. Raba hatte sie aufgefordert, sich zur Wohltätigkeit anzuspornen. Wo es nicht im guten ging, brauchte Raba, wenn es sein mußte, auch Gewalt, und legte z. B. einem Geizhals eine besondere Armensteuer von 400 Sus auf). So wandte er bald Strenge und bald Milde an, um das gewünschte Ziel zu erreichen, je nachdem das eine oder das andere am Platze war. Der hervorstehende Zug im Charakter Rabas, war jedoch Milde und Sanftmut. »Ich bitte Euch,« war eine ständige Redensart in seinem Munde, ob er zum Volke oder zu seinen Schülern sprach). Er war ein Volksmann im besten Sinne des Wortes. Wo er konnte und wo es das Gesetz gestattete), kam er dem Volke gerne entgegen.

') Sabbath 22 b, Rosch haschana 17 b, Taanith 26a. Sabbath 109 a. Berliner, Beitr. z. Oeogr. u. s. w. S. 41. 3) Baba kamma 119 a.
) Kethuboth 46b.) Joma 72 b, Aboda sara 18b, Baba bathra 9 a.) Daß er den Proselyien Machosas gestattete, Priestertöchter zu heiraten, geschah nicht, um — wie Grätz bemerkt — »die Volksgunst noch mehr zu gewinnen,« er hatte dies auch nicht erst zu beweisen, wie dieser meint, denn das hatte schon Rab gelehrt, und Raba hatte nur die Lehren R. Joses und Rabs als Norm anzu

Und wenn auch er oder vielmehr der Stand, dem er angehörte, einzelne Gegner hatte, — für deren Führer, einen Arzt, namens Benjamin, übrigens private Gründe maßgebend waren (Raba verriet nämlich ein ihm von diesem mitgeteiltes Heilmittel dem Volke) im öffentlichen Vortrage), bei der großen Menge des Volkes war er beliebt. Er starb, nachdem er 14 Jahre in sturmbewegter Zeit an der Spitze des Volkes gestanden. Als Lehrer und geistiger Führer. Durch sein menschenfreundliches konziliantes Wesen auch bei den Persern beliebt, hat er seinem Volke wohl manche Dienste erwiesen, darunter auch solche die ihm teuer zu stehen kamen). Mit ihm und mit seinem Kollegen Abaji, der ihm um mehr als ein Jahrzehnt im Tode vorausgegangen war, verlor Babel zwei der glänzendsten Vertreter seiner Geistesrichtung. Bei ihrem Tode — erzählte die Nachwelt — erbebten die Brückenpfeiler des klar hinfließenden Tigris, jenes Stromes, aus welchem die Machosaner ihre Geistesschärfe geschöpft haben.

erkennen, was jeder Amora getan hätte (plicx3 513 n3?,") und was dann auch die Schlußredaktoren getan haben. (Siehe daselbst Kn2m.) Allerdings, wo es das Gesetz gestattete, da kam er dem Volke entgegen, nach jeder Richtung. So pflegte er auch zu sagen: »die Thora schont auch das Geld der Israeliten« und handelte auch nach diesem Grundsatze. Siehe Pesachim 30a und Chullin 49b.

') Vgl. Sanhedrin 100 a und Sabbath 133 b Ktino3 K31 WH *trr-;nb* x'CK Wjo » Wjnp.

) »Wißt ihr wie viel ich im Geheimen an König Schabur schickte«'? sagte er zu den Rabbanen Chagiga 5b. Auch angesehenen Hofleuten, mit denen er ungezwungen verkehrte, pflegte er Geschenke zu machen. Aboda sara 65 a.

Die letzten Jahrzehnte unter Sabur II. (352-379).

Im letzten Drittel der Lebensjahre Saburs kam endlich der fünfundzwanzigjährige, ereignisreiche römisch-persische Krieg zum Abschlusse. Er endete mit einem für die Perser äußerst günstigen Friedensvertrage. Die früher cn die Römer abgetretenen fünf Provinzen und Nisibis, die für die Grenzverteidigung ungemein wichtige Hochburg des Christentums, fielen den Persern zu.) Ein Erfolg, wie ihn selbst Sabur kaum erhofft hatte. Dreimal hatte er seine Legionen gegen diese heldenmütig verteidigte Grenzfestung geführt, und dreimal mußte er unverrichteter Dinge abziehen;) und nun fiel sie ihm ohne Schwertstreich zu. Es war dies ein Ereignis, welchem auch die Nachwelt die größte Bedeutung beigelegt. Es ist überhaupt das Einzige aus dem langen Kriege, dessen die Perser gedenken. Und auch die alte jüdische Chronik Seder olam sutta weiß merkwürdigerweise nichts anderes aus dieser Zeit zu melden,) obgleich es in diesem Kriege an Ereignissen nicht fehlte, die für die Juden Babyloniens von weit größerer

Wichtigkeit und Bedeutung waren als der Sturz dieser Grenzfeste. Namentlich die letzte Phase des großen Ringens war überreich an solchen. Denn diese hatte das engere jüdische Babylonien zum Schauplatze und viele der zerstörten Städte hatten eine zahlreiche, manche, wie Machosa und noch eine andere, nicht mit Namen genannte Stadt, eine fast ausschließlich jüdische Bevölkerung. Auch von den leitenden

Dann wurden sie arg getäuscht. Die erste Judenstadt am Euphrat ward beim Herannahen der Römer von ihren Bewohnern verlassen und die Römer brannten sie auch voll Erbitterung nieder,) wie sie auch gegen andere von Juden bewohnte Städte schonungslos vorgingen.4)

') S. Graetz, Bd. IV, S. 428.

) S. Barhebraeus Chron. Syriacum ed. Kirsch 1, p. 65. S. Artikel Juden in Ersch und Gruber, S. 186.) Ammianus Marcellinus XXIII, 5. Zosimus III, 20. Ob diese die von Zosimus genannte Stadt, Birtha oder Bithra war, ist zweifelhaft. S. Ritter X, 435. 4) So die Stadt Pirisabora und Machosa Ammianus, das. 3, 4. S. Ritter das. 152.

Daß aber von der Zerstörung der Judenstädte, selbst von der Machosas, der geistigen Zentrale des jüdischen Babylonies, weder im Talmud noch in den andern Quellen Erwähnung geschieht, hat seinen Grund einerseits darin, daß die Mitwelt durch die langjährigen, blutigen Kriege gegen solche sich alltäglich wiederholende Ereignisse abgestumpft war und andererseits in dem Umstande, daß die Zerstöiung einer Stadt im Orient für deren Bewohner bei weitem nicht die Bedeutung hatte und in Persien auch gegenwärtig nicht hat, wie wir Europäer einer solchen beizulegen gewohnt sind. Die Bauten, aus Lehm und Backsteinen verfertigt, sind daselbst von vornherein nicht auf einen Bestand von längerer Dauer angelegt. Man mußte wohl, wie noch gegenwärtig bei den königlichen Schlössern) jedes Jahr einen bedeutenden Teil der Bauten renovieren oder auch ganz umbauen.

Auch ein ganz gewöhnliches Unwetter pflegte an diesen arge Verwüstungen anzurichten.) Man entschloß sich darum

leichten Herzens, ein vieljähriges Heim zu verlassen. Wirtschaftliche oder andere nicht gerade schwerwiegende-Gründe haben dies öfters veranlaßt. So verließ die christliche Bewohnerschaft der Stadt Nisibis ihr Heim, weil sie nicht unter persischer Oberherrschaft leben wollte.) Auch die armenischen Juden, die von Sabur in großer Zahl nach Ispahan und Susiana übersiedelt, werden dies darum nicht als einen harten Schicksalsschlag empfunden haben, wie man denken könnte, obgleich diese zum Teile seit Nebukadnezar, zumindest aber zwei Jahrhunderte daselbst gelebt hatten. Sie sollen von Erovand nach Armavir) S. Aus Persien. Aufzeichnungen eines Österreichers. Wien 1882; Pollak, Persien. Lpz. 1865. Während des Sommers muß wenigstens ein Drittel des Winterpalastes und während des Winters ebenso viel vom Sommerpalaste umgebaut werden. S. 53 das.

«) Taanith 20b. S. Bd. I, S. 111.

») Vgl. Nöldeke, Tabari S. 63.

(zur Zeit des Titus) gebracht worden sein.) Die Lebensverhältnisse waren in Ispahan und in Susiana nicht minder günstig als in Armenien. Dattelpalmen gab es überall in diesen Gegenden und die aus höher entwickelten Kulturländern Übersiedelten fanden überall einen günstigen Boden für ihre Tätigkeit. Sie verpflanzten manche Industriezweige nach Persien, ein Vorteil, den der Krieg nebst anderen wirtschaftlichen zur Folge gehabt hat. Die Berührung mit den in der Kultur fortgeschrittenen Römern hat die Perser mit manchen römischen Erzeugnissen bekannt gemacht,) und auch die Landwirtschaft hatte durch den Krieg manche Verbesserung erfahren. So soll, um ein Beispiel anzuführen, der Ölbaum infolge des Krieges nach Babylonien verpflanzt worden sein. Nach einem Berichte sollen die Römer gezwungen worden sein, an Stelle der umgehauenen Palmwälder, Ölbäume zu pflanzen.) In früherer Zeit gab es im engeren Babylon, wie auch im Talmud hervorgehoben wird, keine Ölbäume; sie mußten sich daselbst mit Sesamöl, oder, wie in Medien mit Nußöl behelfen). Und wo sich die Hände fleißig regten, erstanden wohl auch bald die Palmwälder in ihrer alten Herrlichkeit. Er-wächst doch noch immer in diesem gottbegnadeten Lande ein weggeworfener Dattelkern, auch

') Vgl. Spiegel,-Eran. Altertümer, Bd. III, S. 212. S. das. auch S. 206 und Midrasch Echa zu I, 14. Ausführlich handelt über die Juden in Armenien Ritter X, S. 586—588. Nach Faustus, dem späteren armenischen Historiker, soll die Zahl der von Sapur nach Persien verpflanzten Juden 71000 betragen haben. S. Ritter das. und Mos. Khor. III, 35 fol. 271, der Ispahan und Susiana als die neuen Heimstätten nennt, die den Juden zugewiesen wurden.

) So trug zum Beispiel Raba in der Trauer rote Hemden, die als römische bezeichnet werden. Moed katan S. 23 a.) S. Tabbari S. 66.) Sabbath 26 a. »Sie haben kein anderes Oel — sagt auch Herodot I, 193, von den Babyloniern — »als was sie aus Sesam bereiten«.
Funk. 6 nur bei einiger Feuchtigkeit binnen 3 Jahren zu einer 15 Fuß hohen Palme.) Die Wunden, die der Krieg geschlagen, vernarbten darum auch bald und die auf diesen folgende Epoche war eine Zeit des materiellen und wirtschaftlichen Aufschwunges. Auch den Juden ging es wieder recht gut. Fast alle Persönlichkeiten, die im Talmud aus dieser Zeit erwähnt werden, waren gut situirt, manche wie Mar Samuel, Huna b. Nathan, R. Papa reich. Sie befaßten sich mit Ackerbau, wandten sich aber mehr dem Handel und der Industrie zu, die jedenfalls einträglichere Erwerbszweige waren. Wohl war auch das in Palästina zu dieser Zeit so oft gebrauchte und erörterte Sprichwort: »Wenn man das Joch nicht zum Sattel, die Pflugsterze nicht zum Sacke macht, kann man nicht bestehen«,) für die Erwerbsverhältnisse in Babylonien nicht ganz zutreffend, denn der fette Boden Babyloniens ernährte in ruhigen Zeiten seinen Mann, aber Reichtümer konnte man auch daselbst weit eher durch Handel erwerben, als durch die mühevolle Arbeit auf dem Felde. »Hätte ich mich nicht der Bierbrauerei zugewendet«, sagte R. Papa — »wäre ich wohl nie reich geworden.«) Und wie R. Papa machten es wohl auch viele seiner Ge-

nossen. Die Bewohner mancher Städte befanden sich das ganze Jahr hindurch auf Reisen, zogen mit Karawanen nach allen Weltgegenden. Die Ansdehnung des Handels hatte eine erhöhte Wertschätzung des baren Geldes zur Folge. Sie bewirkte eine starke Nachfrage nach Geld) und das biblische Zinsenverbot wurde von den Handelsleuten, noch mehr aber von den Kapitalisten als Hemm i) Deutsch. Im Lande des einstigen Paradieses. S. 10.
) Schocher tob zu Ps. 12, 1—2. s) Pesachim 114 a. Über Mar Samuels Reichtum, vgl. Beza 13 b; über Huna b. N. w. u.) R. Papa hatte nach Chusistan 12. 000 Denare geborgt, wohin die Karawanen nur in 12 Monaten kommen. B. k. 104 b und 112 b, nach Akra Schawantha Rabbina 6000 Denare M. k. 10 b. Die Bewohner dieser Ortschaft waren nur an den Feiertagen zuhause (Ebendas.) schuh, empfunden. Manche suchten dieses schon in früherer Zeit dadurch zu umgehen, daß sie sich der Vermittlung eines Heiden bedienten. Sie liehen das Geld diesem, der es dann an Israeliten weiter gab. Der Heide war nur ein Strohmann. — Gegen diese Umgehung des Gesetzes hatte schon Raba geeifert.) Jetzt stellte man den Sohn oder einen anderen Verwandten als Agenten auf, der sich für die Vermittlung eine entsprechende Provision zahlen ließ.) Ideal gehandelt war auch dies nicht. Idealisten vom Schlage eines Abaji gab es nur selten. Man begnügte sich damit korrekt zu sein, gegen das geschriebene Gesetz nicht zu verstoßen.
Auch die geistige Entwicklung ließ zu dieser Zeit manches zu wünschen übrig. Nicht etwa, daß es an hervorragenden Führern und bedeutenden Persönlichkeiten gefehlt hätte. Die jüdische Kolonie in Babylonien, die durch ihr Ansehen und ihre einflußreiche Stellung im persischen Reiche hervorragte, war nun die Führerin des ganzen jüdischen Volkes auf dem weiten Erdenrund. Auf ihre Schulen, welche schon vor Jahrzehnten den palästinischen Schwesteranstalten den Rang abgelaufen, waren nunmehr die Angen der Juden aller Welt gerichtet. Von Babylon und nicht mehr von Zion ging die Lehre aus. Das letzte

Band, welches noch die Juden aller Länder an das heilige Stammland geknüpft hatte: die Weihe der Neumonde und die feierliche Einschaltung der Monate in Schaltjahren durch hiezu autorisierte und vom Patriarchen delegierte Schriftgelehrte, welche für die Juden aller Länder maßgebend war, — auch dieses Band wurde im Jahre 359, 7 Jahre nach dem Tode Rabas, gelöst.)
Der Patriarch selbst, Hillel, riß es entzwei, indem er den für ewige Zeiten bestimmten Kalender einführte und
') Baba m. 61 b.
) Baba m. 69 b.
») Hai Oaon in Abraham b. Chijas Sefer ba-Ibbur und die von Oraetz IV, S. 344 und Note 31 angeführten Stellen.
Es war das eine große, kühne, überaus selbstlose Tat. Aber die Zeitereignisse erheischten sie gebieterisch. Schon seit Jahrzehnten konnte die äußere Form nur mit Not und Mühe aufrecht erhalten werden. Die Sendboten, die nach allen Seiten hin die Kunde von der vollzogenen Neumondsweihe zu tragen hatten, konnten oft nur unter Lebensgefahr ihr Ziel erreichen.) Unter dem schweren Drucke der letzten Jahre war dies wohl überhaupt nicht möglich. Für das praktische Leben der Juden in Babylonien hatte diese Tat des palästinischen Patriarchen mit den getroffenen kalendarischen Bestimmungen zur Folge, daß in Städten, wohin die Sendboten zu kommen pflegten und in welchen darum, wie in Palästina, nur der erste Festtag gefeiert wurde,) nunmehr wie in allen Judengemeinden des Exils, beide Tage gefeiert wurden. Aber moralisch war dies für die Judenschaft Babyloniens von weittragender Bedeutung. Ihre Führerschaft wurde dadurch von dem offiziellsten Vertreter der Judenschaft anerkannt. Während in früherer Zeit die Lehren der großen babylonischen Amoräer nur für die Bewohner des engeren Babylonien Geltung hatten und die Bewohner der anderen Provinzen des persischen Reiches, selbst die Bewohner der hart an Babylonien grenzenden Provinz Mesenes, sich mehr oder weniger nach den Lehren der Palästineser zu richten pflegten,) waren jetzt die babylonischen Gelehrten die einzigen Auto-

ritäten, welche den Juden aller Länder Gesetze vorschrieben.
') Sanhedrin 12a. S. oben S. 75.
) So feierte man in Nehardea das Peßachfest sieben Tage Pesachim 30a. Auch Aphraates spricht von einem siebentägigen Peßachfeste der Juden. »Alsdann ißt Israel Ungesäuertes sieben Tage« Hom. XII, § 6. 3) Sabbath 37 b.
So sehr aber auch die Juden in Babylonien im Ansehen gestiegen waren, die Gelehrten dieser Zeit konnten sich in mancher Beziehung mit den Gelehrten der früheren Generationen nicht messen. In wissenschaftlicher Beziehung ließ das 4. Jahrhundert viel zu wünschen übrig. Universell gebildete Amoräer wie Samuel, gab es nicht. Keinen, der medizinische Kenntnisse besessen hätte. Hingegen standen alte Weiber,) welche gegen alle Krankheiten Sympathiemittel besaßen, Zauberer und Nativitätssteller bei den Juden, wie bei den zeitgenössischen Römern und Persern hoch im Ansehen. Fromme Mütter wandten sich mit ihren Anliegen an die Chaldäer, obgleich es die älteren babylonischen Gelehrten als Sünde erklärten, die Chaldäer zu befragen.) Auch der Weg, den die Entwicklung der Traditionslehre in dieser Epoche einschlug, kann nicht als ein aufwärts führender bezeichnet weiden. Nicht etwa, daß es an hervorragenden Gelehrten gefehlt hätte, die geeignet gewesen wären, der alten Hochschule vorzustehen. Im Gegenteil. Man könnte eher von einem Überfluß an geistigen Größen sprechen. An Stelle der Hochschule zu Machosa entstanden ihrer drei; im PumBaditha, im Naresch und in Nehardea. Auch in Pum Nahara wurde die Traditionswissenschaft von hervorragenden Gelehrten gepflegt.) Aber es fehlte an einer einzig maßgebenden Persönlichkeit, die, wie Raba, alle anderen überragt hätte. Eine solche war für die Lehre, solange diese vorwiegend mündlich fortgesetzt wurde, schon wegen der sachlichen und formalen Einheitlichkeit der Traditionen von besonderer Wichtigkeit. Der Mangel einer solchen mußte naturgemäß zu Meinungsverschiedenheiten, sowohl in Bezug auf die äußere Form der Traditionen, als auch auf de-

ren sachlichen Inhalt führen. Bald nach dem Tode Rabas wurden dessen Lehren von den Jüngern in verschiedener Form vorgetragen und es bedurfte langer Erörterungen, um die richtige Form festzustellen. Bei vielen Lehren war dies überhaupt nicht mehr möglich.)
Im Übrigen wurde die Lehrweise Rabas fortgesetzt. Man durchforschte die Mischna und den bereits redigierten Talmud und machte, die Lehrweise Rabas auch darin befolgend, den Wortlaut der Mischna zum Gegenstande eingehender Erörterungen, suchte die überflüssigen Sätze und Wörter der Mischna zu erklären, wodurch man zu ganz neuen Auffassungen kam, die wieder zu großen Debatten, Anlaß gaben. Die bedeutendsten Wortführer jener Zeit waren: R. Chama, R. Kahana, R. Nachman b. Isak, R. Papa, R. Josna bar R. Huna, Rabina der ältere und R. Papi.
Rabas Nachfolger wurde R. Nachman b. Isak. Dieser war schon ein hochbetagter Greis, als er an die Spize der Hochschule berufen wurde und konnte in den 3 oder 4 Jahren seiner Amtstätigkeit nicht mehr viel leisten. Er hatte, wie bereits oben erwähnt, seine besten Kräfte als Repetitor an der Hochschule Rabas verbraucht. Als solcher hatte er den ganzen in den Kallamonaten behandelten Lehrstoff mit den Hörern zu wiederholen und dabei auf die richtige Wiedergabe des sachlichen Inhalts der Traditionen, wie auf die der Namen der Tradenten zu achten, diese womöglich auch durch Mnemotechnika zu sichern. Eine große Anzahl solcher Mnemotechnika werden uns auch in seinem Namen überliefert.) Diese seine Wirksamkeit als ') Joma 62a, Pesach. 7 a. Beza 27b, Jebam. 8b, 36b; Ketub. 2 b, 6 a, 28 a, 80 b. u. a. zahlreiche St.
) S. außer den zahlreichen, von Halevy Doroth ha-Rischonim IIb, S. 500-501 angeführten Stellen, Jebamoth 21a, Sanhedr. 17b, Ketubot 6 a. Vgl. auch Taanith 3 a u. a. St.
V
Lehrer und Regent kennzeichnet er selber mit den Worten: »Ich bin weder Weiser noch Seher, sondern Tradent und Ordner der Lehrsätze und meine Ansicht ist die, nach welcher im Lehr-

hause entschieden wurde.«) Und wie über den Text der Überlieferungen, scheint es auch seine Aufgabe gewesen zu sein, über den Text der Bibel zu wachen. Wenigstens werden uns von ihm eine ganze Anzahl von Bemerkungen über den biblischen Text überliefert') darunter auch einzelne Lesearten, die von dem überlieferten Bibeltexte, von dem massoretischen, abweichen.3)
Mit einer Tätigkeit wie sie R. Nachman b. Isak entfaltete, kann man wohl keine lebendige Wirkung auf die Gegenwart ausüben. Es ist auch nicht Jedermanns Sache, sich damit zu bescheiden, für die Lehren anderer feste Formen zu schaffen und für deren einheitliche Überlieferung Sorge zu tragen. Es gehört kein kleines Maß von Selbstverleugnung dazu. Um so dankbarer muß die Nachwelt der selbstlosen Männer gedenken, die ihre Zeit und beste Kraft ganz in den Dienst der heiligen Sache gestellt und ohne jeden Nebengedanken für die Lehre gewirkt und gelebt haben. Bei seiner Geburt soll ein Chaldäer der Mutter geweissagt haben, daß der Neugeborene zu einem Diebe heranwachsen werde) und nur die Sorgfalt und die fromme Erziehung, die diese dem Knaben zu teil werden ließ, soll aus ihm einen Beschützer fremden, geistigen Gutes gemacht haben. Größeres hat wohl keine Mutter vollbracht und diese schlichte Erzählung ist das herrlichste Loblied, das einem liebenden Mutterherzen je gesungen wurde.
') Pesachim 105b und 33a.
) und) S. die von Halevy das. S. 502 zitierten Stellen, Megilla 15 b, Moed katan 28 b, Sabbath 54 b das. Über die von der Massora abweichende Lesearten im Talmud, s. Sabbath das. Tosepha. Stw. D"TDj?B; Sanhedr. 20a; 103 a; ausführlich werden diese behandelt in Jad 'Malach i § 283.) Sabbath 156 b.
Zum Nachfolger R. Nachmans wurde R. Chama aus Nehardea berufen. Auch dieser scheint schon hochbetagt gewesen zu sein, als er zu dieser Würde berufen wurde. Sein Name war schon mit Nehardea für ewige Zeiten verknüpft und nach einem alten Kanon ist unter den »Amoräern Nehardeas« R. Chama gemeint.) Zweifelsohne war er der her-

vorragendste unter den zu seiner Zeit in Nehardea lebenden Amoräern und bei seinen Zeitgenossen muß er in hohem Ansehen gestanden sein. Wie einst an die Schulhäupter Palästinas, wurde an ihn, als an die höchste Autorität appelliert.) Er trifft Anordnungen im Hause des Exilarchen, wo er den Gärtnern gestattet, an Halbfeiertagen zu arbeiten, weil sie ohne Entgelt arbeiten.) Und auch König Säbür wandte sich an ihn, als er aus autoritativer Quelle erfahren wollte, ob die bei den Juden übliche Leichenbestattung in der Bibel geboten oder nur ein rabinisches Gesetz ist. Merkwürdigerweise hat er auf diese Frage keine Antwort gegeben, weswegen er von einem seiner Zeitgenossen bitter getadelt wurde. Dieser erblickte nämlich in den Worten: »begraben sollst du ihn am selben Tage,« ein allgemeines Gebot, welches die Bibel selbst bei den Hingerichteten nicht außer acht gelassen haben will.) Seine angesehene Stellung brachte ihm durch die wertvollen Privilegien, mit welcher diese verbunden war, große materielle Vorteile. Seine Ware konnte überallhin zoll-und mautfrei verschickt werden und auf den Märkten warteten die Konkurrenten, bis diese an den Mann gebracht worden war.) ') Sanhedrin 17 b.
) Schebuot 48 b. Die richtige Leseart s. unter Scheriras Sendschreiben, auf welche auch Halevy Dor. rischon IIb S. 504 verweist: b'x »on ni nopb «n»... «roTio? »j« brx,) Moed katan 12 a.
') Sanhedrin 46 b.
) Baba m, 65 a.
R. Chama stand 21 Jahre der Hochschule vor. Er scheint aber nicht besonders produktiv gewesen zu sein. Es wird nur eine verhältnismäßig kleine Zahl von Lehren in seinem Namen überliefert.
Weit produktiver und geistig unbedingt hervorragender als R. Chama war dessen Zeitgenosse und Mitschüler Rabas, R. Papa. Schon zur Zeit Abajis, wie ein Gleichwertiger behandelt, war er einer der allerersten in der Schule Rabas. Dieser mußte öfter öffentlich vorgetragene Entscheidungen, infolge der Einwendungen, die R. Papa gegen diese erhoben, widerrufen, was viel sagen will.
) Man hätte demnach erwarten können,

daß R. Papa die Nachfolgerschaft Rabas antreten werde. Es kam anders Sein alter Rivale R. Naehman b. Isak, mit dem er schon manchen Kampf zu bestehen hatte, wurde bevorzugt. R. Papa scheint schon mit dessen Wahl zum Rosch Kalla an der Hochschule Rabas unzufrieden gewesen zu sein. Wohl wissend, daß R. Naehman zur eigenen Sicherheit den zu wiederholenden Lehrstoff mit R. Ada b. Ahaba durchnehmen mußte, ehe er diesen den Lehrjüngern vortrug, hielt er unter einem Vorwande den R. Ada zurück, wodurch er den nicht sattelfesten Repetitor in die größte Verlegenheit brachte.) Nach der Wahl R. Nachmans zum Schuloberhaupte zog sich R. Papa nach Naresch, einem
') Erubin 104 a, Baba b. 127 a, Sabbath 143 a, Pesachim 42 a» Sebach. 49 a.
) Baba bathra 22 a. Über die Ursache seiner Zurücksetzung wird nichts Näheres angegeben. Sollten die grundlosen Verleumdungen welche nur angedeutet werden, schuld daran gewesen sein? Vgl. Moed katan lob und Sabbath 118b: "O Hin x1 pitPH 'T'l?.. Damit steht offenbar das Ereignis im Zusammenhange, welches Berach. 8b und Pesachim 112b angedeutet wird. Das in Berach. Erzählte war R. Nissim (s. dessen Einleit. z. Talm. u. Scholien z. St.) sowie Raschi zu Pesachim und Aruch (v. U"K, vgl. Rapaport Biogr. d. R. Nathan Note 45 in Bikkure haittim, 10. Jahrg.) noch nicht bekannt. Es rührt offenbar aus späterer Zeit her. Zu beachten ist die Strenge, mit in der Nähe Suras liegenden Orte zurück, wo er im Vereine mit seinem langjährigen Freunde und Collegen R. Huna b. Josna eine neue Hochschule gründete, oder vielmehr die alte Hochschule des südlichen Babylonien, Suras, zu neuem Leben erweckte.
Diese Schule riß bald nach ihrer Gründung die Führung an sich; sie bildete das letzte bedeutende Bindeglied zwischen den zahlreichen Kanälen, durch welche der Strom der Tradition seinen Weg genommen hatte und dem See von Sura, dem »Meere des Talmudes«, der die gesamte Tradition in sich vereinigte, zuführte. R. Papa und R. Huna scheinen schon zur Zeit Abajis und Rabas die

Vermittler zwischen den Schulen des Nordens und jenem Gelehrtenkreise des südlichen Babyloniens gewesen zu sein, der sich im Sura, dem alten Zentrum, gruppierte.) Von ihnen wurde der Talmud nach seiner jeweiligen Entwickelung mit den Zusätzen der neuen halachischen Autoritäten dem Süden übermittelt. Gar oft müßte man, wenn Einwendungen gegen Lehren oder übermittelte Mischna-Erklärungen erhoben wurden oder manche dunkle Überlieferungen nicht erklärt werden konnte, auf die Heimkunft R. Papas und R. Hunas warten, auf die bewährten Meister, die, stets an der Quelle schöpfend, die richtige Erklärung oder Lösung der aufgeworfenen Frage gaben, welche sie ihrerseits wohl zum großen Teile von den Schulhäuptern selbst gehört hatten.) Diese Vermittlerrolle brachte es auch mit sich.

welcher R. Papa gegen Geschichtenträger verfuhr und welche zu dem geflügelten Worte Anlaß gegeben hat: "TJJD WM Ktn iTSltt, Pesachim 113b.
') Es scheint, daß die kleineren Schulen offizielle Sendboten zu den Kallavorlägen zu entsenden pflegten, die den Lehrstoff übermittelten. Leon di Modena hat im »Lebh Arjeh ein Mnemotechnikon zu m ersten Abschnitte des Trakt. Baba m., welches unsere Talmudausgaben nicht haben: "Krcoo K'?i3i Knmm xivbv xon i3 'Di. § iL Abschn. 2 das.
) Gewöhnlich wird dabei die Form gebraucht,/i xnx '3 Kk daß man auch manche Lehre, die R. Papa selbst aufgestellt hatte, seinem Meister Raba, von dem er ja allerdings den Löwenanteil seiner Lehren gelernt hatte, zuschrieb. Fand man dann, daß eine andere Tradition Rabas, die wirklich von diesem herrührte, der ersteren widersprach, so entstanden Kontroversen, die erst dann ihre Lösung fanden, als man sich zur nötigen Berichtigung verstand, die eine der in Betracht kommenden Lehren R. Papa, als dem wirklichen Autor derselben zuzuschreiben.)
Dort setzte er die Lehrweise Rabas, seines Lehrers eifrig fort. Er durchforschte die Mischna und den Talmud, soweit dieser abgeschlossen war und ging da-

bei von dem bereits erwähnten Gesichtspunkte aus, daß in der Mischna jeder Satz, ja, jedes Wort und jede Silbe eine besondere Bedeutung habe. Dies hatte zur Folge, daß ältere Erklärungen verworfen und andere gesucht und auch gefunden wurden, was zu sehr weitläufigen Debatten führte.) Und dabei wurden die entlegensten Gebiete des Talmuds, Themata, die für die damalige Zeit keinerlei praktisches Interesse hatten, mit derselben minutiösen Genauigkeit behandelt, wie die für die Praxis wichtigen und wertvollen. R. Papa gab sich z. B. dem Studium der bei den Opfern einzuhaltenden Zeremonien mit demselben Eifer hin,) wie dem der kalendarischen. Bestimmungen, welche für das Rechtsleben, sowohl wie für religiöse Praxis von beson niWTB 31 '3D. «. Win "il KBB" Baba k, 7b, Erubin 12, Schebuoth 34 b, Sebachim 15.

') Sabbath 27 a, Schebuoth 26 a, Bechoroth 54 b und Baba k. 67 b. Vgl. die richtige Erklärung in Toseph. zu Schebuoth z. St. Nw.
xin: 'K3ii "3K in3 "jdv) Vgl. z. B. die von den der älteren Amoraim abweichende Erklärung R. Papas zur ersten Mischna in Baba m. und die Debatte das. S. 2 a u. 8.
') So z. B. Joma 47 b und 48, wo R. Papa der Opferhandlung bei dem Abheben des zum Räuchern bestimmten Teiles der Mehlopfer (fop) eine sehr eingehende Untersuchung widmet. Er stellt daselbst eine ganze Anzahl Fragen über die Art dieser Handlung auf.
derer Wichtigkeit waren und durch die Freigabe der kalendarischen Berechnungen von seiten des Patriarchats die höchste Aktualität erlangt.hatten.) Auch die von den Schulen nicht als Norm anerkannten Ansichten Einzelner wurden erklärt und erörtert.') Man hatte eben nicht immer den praktischen Zweck vor Augen. Es kam darum auch vor, daß man Fragen auf Fragen häufte, selbst wenn mit der auf die erste erteilten Antwort auch die folgenden gelöst waren.) Man tat dies, wie die alten Kommentatoren mit Recht bemerken, um den Geist anzuspornen, andere Lösungen zu suchen. Es lag dies im Zuge der Zeit. Der Hunger nach geistiger Betätigung

mußte befriedigt werden. Die weitläufigen theoretischen Erörterungen vermochten aber nicht den Blick für das praktische Leben zu trüben. R. Papa erkannte sehr wohl die Bedürfnisse des Augenblickes So suchte er — um ein Beispiel hervorzuheben — den Besonderheiten in der religiösen Praxis und in manchen liturgischen Einführungen, die sich zu seiner Zeit wahrscheinlich infolge Mangels einer von allen anerkannten hervorragenden Autorität, breit zu machen anfingen, dadurch entgegen zu arbeiten, daß er all die verschiedenen Formen in eine einzige zusammenfaßte, die sämtlichen verschiedenen Ansichten gerecht wurde. Er ermöglichte es durch die Schaffung solcher Normen, daß die Anhänger der verschiedenen Anschauungen sich einer einheitlichen Praxis bedienen konnten, ohne die alte, eingebürgerte und liebgewonnene Gewohnheit aufgeben zu müssen.) R. Papa) Aboda sara 9a.
-') R. Ascher zu Sukka 14 b "IBMJW nm ttHB 'xin3 WilCK "pl liTTli3.T KT3D nbt J'JJKl, wo von R. Papa die Rede ist. 3) Aboda saia 42 a werden eine Anzahl Fragen aufgestellt und mit K3"HJ DJ K3H beantwortet. Vgl. auch Sabbath 43 a und Toseph. Nw. 71613«.
4) Berachoth IIb, 59 b, 60 b; Taanith 7 b, Megilla 21 b, Chullin 17 b, 46 a, 76 b und Sabbath 20 a. S. über diese Stellen, Graetz IV, kannte nur zu gut den conservativen Charakter seines Volkes. Der Jude ist weit eher geneigt, ein Gesetz zu erschweren und zu verschärfen, um den verschiedenen Anschauungen der Gelehrten Rechnung zu tragen, als eine bereits eingeführte Norm einer anderen zu liebe aufzugeben. Er zeigte darum der Nachwelt die Methode, wie die Einheitlichkeit in der Halacha immer wieder hergestellt werden könne und legte damit den Grund zu jenem Riesengebäude, an welchem so viele Generationen mitgebaut und das erst mit dem Schulchan Aruch seiner Vollendung zugeführt wurde.
S. 425 und Note 61 das. und Halevy, Doroth harischonim II b, S. 509. Ob R. Papa nur an einer Stelle das Prinzip aufgestellt und die Anwendung desselben an den übrigen von den späteren Redak-

toren durchgeführt wurde, ist aus den Quellen nicht ersichtlich. Daß der Talmud auf Fragen späterer Amoräer weit ältere Amoräer antworten läßt (Halevy das.), wurde schon von Raschi und Toseph. sehr oft bemerkt. S. Raschi Aboda sara 71b: "vrDKi TIBpflK K5C1JVD XSTI K311 "3K. Tosseph. zu Schebuoth 5 b Nw. «31, Aboda sara 54 a Stw. "IDK, das. S. 57 b Nw. 'piDK? i. d. M. und an anderen zahlreichen Stellen.

Zwölftes Kapitel.
Vom Tode Saburs bis zum Tode Bahram Gors.
(379-438.)
Die letzten zwei Jahrzehnte des vierten Jahrhunderts haben in politischer Beziehung so manche Ähnlichkeit mit den letzten Jahrzehnten des dritten Jahrhunderts. Wie jene, können auch diese als eine Periode des politischen Niederganges bezeichnet werden. In der kurzen Zeit von 279 bis 299 regieren drei Könige und aller drei Regierung fand ein gewaltsames Ende. Der erste, Ardaschir II., ein Bruder Saburs II. wurde bald nach seinem Regierungsantritte wieder abgesetzt, seine Nachfolger Sabur III. und Bahram IV. wurden nach kurzer Regierungszeit getötet.) Die Juden scheinen aber unter den politischen Unruhen nicht gelitten zu haben. Auch die Einfälle der äußeren Feinde, die ohne Zweifel auch als mittelbare Folge der inneren Unruhen anzusehen sind, wie z. B. der große verheerende Kriegszug der Hunnen im Jahre 395,) scheint an den Juden spurlos vorübergegangen zu sein. Wenigstens hören wir keine Klage aus dieser Zeit. Älteren Geschichtsquellen zufolge regieren die letzten zwei Könige »gerecht und gnädig.« Bei Saburs III. Regierungsantritte sollen es auch die Christen gewagt haben, sich einen Oberhirten) S. Nöldeke Tabari, S. 69—72 und Nöldeke, Aufsätze 2ur pers. Geschichte, S. 102.
) Vgl. über diesen Feldzug Land, Anecdota syriaca 1, S. 108 und den Bittgesang des Cyrillonas: »Madrasche (Hymnen) über die H euschrecke und die Züchtigung und den Hunnenkrieg« übers. von Bickell in der Bibliothek der Kirchenväter. Kämpfen 1872. Die Hun-

nen »kamen bis zur persischen Königsstadt, zerstörten eine Menge Ortschaften am Euphrat und Tigris«, Land das. zu wählen, was, berücksichtigt man die vorhergegangenen, grausamen Christenverfolgungen, immerhin als Beweis für dessen Toleranz gegen Andersgläubige gelten kann. Auch Bahram IV. wird nach einer glaubwürdigen Quelle als Christenfreund geschildert.) Waren sie aber den Anhängern der christlichen Religion gegenüber duldsam und gerecht, trotzdem diese stets im Verdachte der Römerfreundschaft standen, so werden sie es den politisch ungefährlichen, persertreuen Juden gegenüber umsomehr gewesen sein.

Sichere Berichte haben wir von dem freundschaftlichen Verhältnisse der Juden zur herrschenden Dynastie aus der Zeit des Nachfolgers dieser drei Eintagskönige, aus der Zeit Jesdegerds I. Dieser König war eine der merkwürdigsten Erscheinungen auf dem persischen Königsthrone. Die Urteile über ihn sind, der Parteien Haß oder Gunst entsprechend, vernichtend schlecht oder überaus glänzend. Während er von den persischen Wortführern als ein Scheusal hingestellt, als hart, grausam und tyrannisch geschildert wird, ist er bei den christlichen Schriftstellern geradezu der verkörperte Edelmut und Hochsinn. »Der gute und barmherzige König Jesdegerd — heißt es bei einem der letzteren über ihn — der christliche, der gesegnete unter den Königen, dessen zukünftiges Leben noch schöner sein möge als sein früheres; alle Tage tat er Gutes den Armen und Elenden.«) »Er war — sagt eine andere, den Persern nahestehende Quelle — streng, bösartig und von schlechten Neigungen. Seine Härte und Strenge ging so weit, daß er den kleinsten Fehltritt als groß, das geringste Vergehen als bedeutend ansah.«)

Wie er wirklich war? Jedenfalls war er eine bedeutende Persönlichkeit. Er besaß, was auch seine ärgsten Gegner

') Nöldeke das. Vgl. besonders Seite 72, Anm. 2 und Aufsätze zur pers. Oesch. das.

j Land, Anecd. I, 8.) Tabari, S. Nöldeke. Übers. S. 73. zugaben, klaren Verstand, feine Bildung und vielseitige

Kenntnisse.) Daß er auch das Herz am rechten Flecke hatte, beweist die liebreiche Pflege, die er den durch die Hunnen nach Persien gebrachten Gefangenen aus dem römischen Reiche angedeihen ließ. Sicher ist auch, daß er Andersgläubigen gegenüber tolerant war. Unter ihm durften sich z. B. die Christen, auf der in der Haupstadt Seleucia unter dem Vorsitze eines römischen Bischofs abgehaltenen Synode vollständig konstituieren.)

Zu dieser Zeit und infolge der von oben wieder geübten Toleranz, scheint das Christentum auch an Ausdehnung gewonnen zu haben. In Städten, wie in Nehardea, wo es in früheren Zeiten keine Christen gegeben hatte, mußten bei manchen synagogischen Vorschriften auf die ansässigen Christen Rücksicht genommen werden.) Es mag ja sein, daß er den monotheistischen Religionen zuneigte, obgleich er natürlich ebensowenig Christ als Jude geworden war. Auch daß seine Frau, die Mutter Bahram Gors eine Jüdin und die Tochter des Resch Galutha gewesen sei, wird in das Reich der Sage zu verweisen sein.) Eine solche sensationelle Begebenheit hätte im Talmud nicht unerwähnt bleiben können. Eine zweite Esther auf dem persischen Throne und der Talmud sollte darüber schweigen! Fest steht aber, daß er den monotheisti-

') Tabari das.
') Februar 410. S. darüber Nöldeke das. S. 75, Anm. 3. Socrates 7, 8, u. a.) Vgl. Pesachim 56 a und Berachoth 12 a. 4) S. Revue des etudes juives 19, 41. Möglicherweise liegt dieser Sage, die auch von jüdischen Autoren viel besprochene Begebenheit von einer Tochter Jesdegerds III., des letzten Perserkönigs, die Omar dem Resch Oalutha Bostanai zur Frau gegeben hat, zugrunde. Vgl. Oraetz, Bd. V, Note 11. Dessen Einwendung, daß dieser König um das Jahr 637 noch keine erwachsene Tochter haben konnte, ist nicht stichhältig. Er konnte diese, die ihm als Minderjährige zur Sklavin gegeben wurde, in späterer Zeit ehelichen. sehen Religionen sympathisch gegenüberstand und daß er sich durch diese seine Neigung den erbitterten Haß der Magier zugezogen hat.

Er wird wohl, wie ein Historiker mit Recht bemerkt, gemeint sein, wenn der »Dinkart« den Herrschern empfiehlt, nach dem lauteren Gesetze der Feuerlehre zu regieren und sich nicht dem Judentume zuzuneigen, das die Welt zu Grunde richte.) Anlaß zu dieser Mahnung mag sein freundschaftlicher Verkehr mit den jüdischen Schulhäuptern gegeben haben. An seinem Hofe verkehrten die Gesetzlehrer R. Asche, Mar Sutra, Amemar und Huna b. Nathan. Namentlich letzterer soll sich der ganz besonderen Gunst des Königs erfreut haben Einst soll ihm dieser den Gürtel zurecht gerückt haben, mit den Worten: »Ihr seid ein Priestervolk und sollt den Gürtel nach der Weise der Priester tragen.«) Diese offen zur Schau getragene Neigung für die monotheistischen Religionen mußte bei dem Adel und den Priestern der Staatsreligion Anstoß erregen und schließlich sein frühes Ende herbeiführen. Im Volke wurde über seinen Tod — wohl nicht ohne Absicht — die Sage verbreitet, daß ihn ein vom Hofe bewundertes, wunderbares, weißes Pferd — bekanntlich schrieben auch andere Völker, wie die alten Germanen, weißen Pferden eine besondere Vertrautheit mit dem Willen Gottes zu — getötet haben soll.) Die Juden verloren in ihm einen alten Freund und Gönner, den letzten auf dem persischen Thron. Die achtzehn Regierungsjahre dieses Königs bildeten die letzte Glanzperiode in der Geschichte des jüdischen

') Revue d. et. juiv. XVIII, S. 3. Auf Jesdegerd hat sie nach einer Mitteilung von Lazarus schon Oraetz bezogen. S. Brülls Jahrb. X, S. 136, Anm. 1.
») Vgl. Sebachim 19 a, Kethuboth 61 a, Oraetz IV, S. 444.
) Nöldeke Tabari, S. 77. Nöldeke sieht in dieser Sage mit Recht eine absichtliche Erdichtung. Man hat ihn im fernen Hyrcanien heimlich ermordet und dieses Märchen verbreitet, Nöid. das. Anm. 1.
Funk. 7

Volkes unter den Sassaniden. Man kann sie mit einem schönen Sommerabend nach einem langen, schönen nur durch kleine Unwetter vorübergehend getrübten Tage vergleichen. Die Sonne erstrahlt noch einmal in hellem Glanze, Berg und Tal vergoldend, ehe sie der heraufziehenden Nacht die Herrschaft überläßt. Die Juden waren geachtet, geehrt und hochangesehen. Von der ersten Persönlichkeit jener Zeit, von R. Asche, wird berichtet, daß seit Juda, dem großen Patriarchen, dem Freunde der Antonine, kein Israelit gelebt hat, bei welchem Wissen und Ansehen in solchem Maße vereint gewesen wäre als bei diesem.) Wie zwischen dem Hofe und den geistigen Führern des Judentums, war auch das Verhältnis zwischen Juden und der nichtjüdischen Bevölkerung des persischen Reiches das denkbar freundlichste. Was einem solchen im Wege stand, wurde von den führenden Amoräern, wo es ihnen möglich war, hinweggeräumt. R. Asche selber, der hervorragendste Jude jener Zeit, verkaufte seine Waldungen an die Verwaltung der Feuertempel.) Es war dies, wenn man die damaligen Zeitverhältnisse berücksichtigt, ein Akt außerordentlicher Toleranz. Daß R. Asche auch die Lieferung von Waffen an die Perser billigte und halachisch zu rechtfertigen suchte, wurde bereits erwähnt.') Gelehrte Zeitgenossen R. Asches, wie dessen intime Freunde Mar Jemar und Mar Sutra pflegten heidnische Gäste bei sich zu Tische zu sehen. Und das schönste an diesem Verhältnisse war, daß man kein Aufgeben von religiösen Prinzipien verlangte oder auch nur erwartete. Wenn z. B. die Letzteren an einem Feiertage kamen, sagten ihnen die erwähnten Schriftgelehrten, daß sie damit vorlieb nehmen müßten, was sie für sich selbst an Speise und Trank be reitet hätten, da ihnen die Schrift verbiete, an Feiejtagen für Fremde Speisen zu bereiten.) Bei dem regeren Verkehr mit der persischen Bevölkerung kam es freilich auch vor, daß man Religionsgespräche mit einander hatte. So soll einst ein Feueranbeter zu Amemar gesagt haben, die obere Hälfte deines Körpers ist ein Werk des Ormuzd, die untere die des Ahriman, des bösen Gottes.) Aber solche Kontroversen wurden in den höflichsten Formen geführt. Sie waren frei von jeder Gehässigkeit, was von den christlich-jüdischen Religionsgesprä-

chen, wie wir dies in "den Werken des Aphraates sehen, nicht immer gesagt werden konnte. Wie die Vorzüge der Juden vom Könige, wurden die Tugenden der Perser von den Israeliten bereitwilligst anerkannt. Für diese hatten die Juden stets ein offenes Auge. Schon R. Ismael lobt ihre Reinlichkeit und ihr fein entwickeltes Sittlickeitsgefühl.) Ein früherer Exilarch lobte ihre Gebräuche beim Speisen.) R. Asche hebt den Mannesstolz des Persers hervor, der sein gegebenes Wort unter keinen Umständen zurückzieht.) Auch den persischen Gesetzen und der persischen Sprache wird von diesem einige Aufmerksamkeit zugewendet. Er sucht, wie dies schon seine Vorgänger getan, nach der Art jener Zeit einzelne persische Wörter aus dem Hebräischen zu erklären und manches persische Gewohnheitsgesetz zu ergründen.)

Auch im Innern des jüdischen Volks- und Gemeindelebens kann diese Zeit als höchster Gipfelpunkt des materiellen und geistigen Aufschwunges bezeichnet wer den. Man war stets heiter und frohen Mutes. Bei freudigen Anlässen, wie bei Hochzeiten, ging es hoch her. Selbst die Schriftgelehrten pflegten sich bei solchen Anlässen einer solchen übermütigen Heiterkeit hinzugeben, daß sich hervorragende Männer wie R. Asche und Mar, der Sohn Abinas, veranlaßt sahen, kostbare Glasgefäße zu zerbrechen, um eine ernstere Stimmung hervorzurufen.) Sie mochten wohl befürchtet haben, daß die Gelehrten durch ihr ungeniertes Benehmen vor der breiten Öffentlichkeit ihrer Würde Abbruch tun konnten, wie denn in der Tat von den Bewohnern Matha Machasjas berichtet wird, daß sie die Gelehrten nicht zu grüßen pflegten.) Ohne Zweifel infolge des allzukollegialen Umganges mit denselben. Besonders glanzvoll und mit großem Prunke wurden die drei Feste gefeiert. Da wurde ein solcher Glanz entfaltet, daß er auch auf die Außenwelt großen Eindruck machte. R. Asche wunderte sich über die Hartköpfe der heidnischen Bewohner Matha Machasjas, die diesen Glanz mitansahen und sich nicht bewogen fühlen, zum Judentum überzutreten.) Zu diesem Schluß-

vorträgen kam alles, was in Babylonien Glanz und Namen hatte. Auch der Exilarch mußte sich dorthin bemühen, um die Huldigung des Volkes entgegenzunehmen. Nicht sie, sondern die Schulhäupter spielten die erste Rolle im Leben des jüdischen Volkes. Die soziale Gliederung wurde wesentlich, wenn nicht fast ausschließlich, durch das Wissen bestimmt. Diese Wertschätzung der Wissenschaft hat erst R. Asche erkämpft, wenn ihm auch seine großen Vorgänger hierin tüchtig vorgearbeitet haben. Die Besetzung der Beamtenstellen war noch immer von ihrer Zustimmung abhängig, da sie der Autorisation vom Exilarchate bedurften. Es wird auch

') Berachoth 31 a.
) Kidduschin 33 a.
s) Berachoth 17 b.

vorgekommen sein, daß die Exilarchen ihre Günstlinge unterzubringen suchten, wenn deren wissenschaftliche Befähigung auch eine mangelhafte gewesen. Solche scheinen zur Not die Vorschriften über Gemeindeverwaltung sich angeeignet zu haben, von welchen es besondere Sammlungen gab. Aus diesem Grunde eifert auch Mar Sutra im hellen Zorne gegen Schriftgelehrte, welche Laien in den Vorschriften über Gemeindeverwaltung unterrichten)Und R. Asche fügte — wohl nicht ohne Absicht — zu dem Spruche des freimütigen R. Simon ben Lakisch: »wer einen unwürdigen Richter anstellt, begeht eine Sünde, als hätte er einen Götzenhain gepflanzt«, ergänzend hinzu: »und wer dies in einem Orte tut, wo auch juridisch gebildete Richter zu finden sind, der pflanze einen Hain neben dem Altare Gottes, denn unter den »goldenen und silbernen Göttern«, die nicht neben dem Altare Gottes errichtet werden dürfen, (II. B. b.) sind jene Richter gemeint, die sich durch Gold und Silber den Weg zum Richterstuhle bahnen.«")

Wie zu den Exilarchen, scheint R. Asche auch zu den Leitern der Hochschule von Pum-Baditha, nicht immer in freundschaftlichem Verhältnisse gestanden zu sein. Diese Hochschule hat seit dem Tode Rabas merkwürdigerweise stets nur hochbegabte Greise zu

Schulhäuptern gewählt. R. Nachman b. Isak wie R. Chama waren hochbetagt, als sie zu dieser Würde berufen wurden. Während der Amtstätigkeit R. Asches hatten Pum-Baditha nicht weniger als 6 Schulhäupter,; eine natürliche Folge dieses Systems. Und ein sehr angesehenes Mitglied dieser Schule, Rab Abahu, ohne Zweifel der Resch Kalla Rafrems, des bald nach dem Tode R. Asches fungierenden Schulhauptes, lehrt eine dieser) Sabbath 139 a.

) Sanhedrin 7 b.) Scheriras Sendschreiben. in Pum-Baditha längst geübten System entsprechende Tradition, (welche von allen Dezisoren merkwürdigerweise mit Stillschweigen übergangen wurde,) nach welcher nur Gelehrten, die das fünfzigste Lebensjahr überschritten haben, die Resch-Methibta-Würde verliehen werden dürfe.) Ein solcher Vorgang müßte zunächst dem Exilarchen zugute kommen, da ein junges Schulhaupt durch die längere Funktionszeit, bei der großen Anhänglichkeit der Schüler an ihre Lehrer und bei dem großen Einflusse, den diese auf das Volk übten, dem Exilarchen ein allzugefährlicher Rivale werden mußte. Es spricht auch sonst manches dafür, daß die Schulhäupter von Pum-Baditha von den Exilarchen begünsigt wurden. Einst hielt R. Gabiha aus B6-Kathil, das letzte Schulhaupt Pum Badithas zur Zeit R. Asches, vor der Pforte des Exilarchen einen Vortrag und als er dabei eine etwas dunkle Lehre vortrug und Amemar nach dem eigentlichen Sinne derselben fragte, gab ihm R. Asche, der sich auch unter den Zuhörern befand, die gewünschte Erklärung, fügte aber hinzu, die vorgetragene Lehre rühre von ihm selbst her, er habe sie dem Vortragenden im Namen eines großen Mannes, nämlich Rabas, mitgeteilt.) Es zeigt dies von keinem freundschaflichen Gefühle zwischen den zwei Schulhäuptern. Und es ist auch eine ganz richtige Vermutung eines Talmudforschers, daß in den Streitigkeiten zwischen den babylonischen Gelehrten, von welchen im Talmud öfter die Rede ist, der Exilarch die Hand im Spiele zu haben pflegte.) R. Asche aber war den Exilarchen gewachsen. »Hart wie Eisen,« wie R. Asche

den Gelehrten haben will,) war er selber. Die drei Exilarchen seiner Zeit mußten sich unter seine Macht beugen.) Die Mitwelt gab ihm den Titel »Rabbana«, den sie nur dem Exilarchen beizulegen pflegte. Und es war dies kein leerer und kein unverdienter Titel, denn Rabbana Asche vereinigte in seiner Person alles, was die Menschen zu schätzen und zu achten pflegen.

') Chagiga 14 a und Raschi Stw. H3K "H3. Die merkwürdige Tatsache, daß dieses Gesetz von allen Dezisoren mit Stillschweigen übergangen worden ist, hat schon H. Chajoth in den Scholien z. Sf bemerkt. Diese haben eben den Sinn dieses Gesetzes richiig beurteilt.

) Beza 23 a. 3) Wiesner, Scholien zu Sabbath. Bd. II. S. 113. Vgl. Pesach 113 b und Sanhedrin 24 a.

') Taanith 4 a. Scheriras Handschreiben.) Scheriras Sendschreiben.

Dreizehntes Kapitel.

Rab Asche und die Redaktion des Talmuds. »Noch war das Licht Rabas nicht erloschen, als bereits das Licht R. Asches seinen Glanz auszustrahlen begann«, sagt der Talmud in der bekannten, vielzitierten und oft mißverstandenen Stelle, in welcher die hervorragendsten Männer aufgezählt werden, die als Träger jüdischer Geistesbildung einander die Fackel der Wissenschaft gereicht und die Lehre des Judentums für die Nachwelt gerettet haben. In der Reihe großer Namen, die das talmudische Judentum aufweist, wird, wie bereits erwähnt wurde, der des R. Asche dem) des R. Juda hanassi, des großen Patriarchen und Sammlers der Mischna, gleichgestellt. Wie R. Juda war auch R. Asche durch seine unbestrittene Autorität als Gesetzeslehrer, wie durch das hohe Ansehen, das er genoß, prädestiniert zu dem großen Werke, welches auf das Schicksal und auf das Leben der Juden aller Länder und aller Zeiten von unermeßlichem Einfluß werden sollte: zur Redaktion des Talmuds. Schon sein Bildungsund Studiengang erscheint wie eine planmäßige Vorbereitung zu dem großen Lebenswerke. Nachdem er in der frühesten Jugend in der Schule Rabas den Grund zu seiner Gelehrsamkeit gelegt,) zieht er von Ort zu Ort, um die

') Vgl. Bd. I, S. 142.

) Vgl. Maimuni, Einleitung zu Mischna Thora DSrH S'WD1 W311 'Vx 31 »SiD ibzpV, Halevy, Doroth harischonim, IIb, S. 546 ff. Lehrreicher als all die Beweise ist über d. Alter R. Asches Sanhedrin 77 b: »BD "V? 'B« n 13 ID b'x Also schon zur Zeit R. Papas, der nach Scheriras Sendschr. Raba um 19 Jahre überlebt hat, war Mar, größten Meister seiner Zeit zu hören. Wir sehen ihn in Pum Baditha und in Naresch, in Pum Nahara und in Nehardea. Er hört R. Nachman b. Isak und R. Papa, Amemar und R. Kahana, R. Papi, R. Sebid, die Palästinser Ulla und R. Chanina.) So vorbereitet und ausgerüstet geht er ans Werk. Er ist ungefähr vierzig Jahre alt, als er die Schule des südlichen Babyloniens aus Naresch, wo sie R. Papa geleitet hatte, nach Matha Machasja, einem Stadtteile der alten Gelehrtenstadt Sura, wieder zurückverlegt. Bald schaaren sich die größten Männer um ihn: der um einige Jahre ältere Rabbina, R. Gabiha b. Kathil, R. Acha b. Raba, Ulla, R. Abba, R. Chanina und viele andere. Der gesamte Lehrstoff wird durchgenommen und möglichst objektiv behandelt; der Redaktor hält sich womöglich im Hintergrunde. In der Regel wird nur durch eine Frage, die mitten in der Diskussion urplötzlich an R. Asche gerichtet wird, verraten,) daß die ganze Materie in der Schule R. Asches verhandelt wurde und uns in der Form vorliegt, welche ihr in dieser Geisteswerkstatt gegeben wurde. Bei den meisten älteren Stücken wurde auch die Form beibehalten, in welcher sie überliefert wurde und es wurden nur die allerdings mitunter sehr beträchtlichen Zusätze hinzugefügt, die seit dem Tode Rabas hinzugekommen sind.) der Sohn Asches, schon erwachsen. War er auch nur 18 Jahre alt, so muß R. Asche schon zur Zeit Rabas verheiratet gewesen sein. Er wird darum bei dem Tode R. Papas schon ein Vierziger gewesen sein. Es ist aber dann auch natürlich, daß er die Schule Rabas, die einzige vor der Gründung der Schule in Naresch, besucht hat.

') Bei R. Kahana Jon3 "1 '3 rin '3 Jebam. 101, Kethubot 69, Chullin 53b; bei Amemar Baba m. 65 b. Rosch ha-

schanah 31b und an anderen Stellen. S. Halevy, Doroth harischonim IIb, S.416 ff. und 547; bei R. Papi, Rosch haschanah 29b u. a. St. 'BB '1 "O jm '3, Über all die andern Amoräer, vgl. Halevy das. S. 540—550.
) Dies haben schon die Tosaphisten bemerkt. Vgl. Tosaph. Chullin S. 2 und zahlreiche andere Stellen, angeführt bei Halevy Doroth harischonim IIb, S. 562—566 und III, S. 80—82.) Vgl. Halevy ebendas. IIb, S. 551-562.
Der Lehrstoff wurde mit der peinlichsten Genauigkeit wiedergegeben, genau so, wie ihn der Redaktor in den verschiedenen Schulen übernommen hatte. Hatte dieser den einen Traktat bei dem einen, den anderen bei einem anderen Lehrer gehört und einen Lehrsatz, der in beiden Traktaten vorkommt, in verschiedener Form überliefert erhalten, ein Gesetz von dem einen aus diesem, von dem anderen aus jenem Schriftverse ableiten gehört, so gab er die Lehrsätze und Ableitungen, wie er sie von seinen Lehrern gehört und versuchte oft gar nicht, die abweichenden oder sich widersprechenden Lehren miteinander in Einklang zu bringen. Daher auch die von den alten Kommentatoren oft bemerkte Tatsache, daß die Traditionen in den verschiedenen Traktaten verschiedenen Autoren zugeschrieben oder in abweichenden Formen vorgetragen werden.) Der eine Lehrer R. Asche's hatte eben die Tradition im Namen dieses Autors, der andere Lehrer im Namen eines anderen überliefert und R. Asche wollte an den Ueberlieferungen nichts ändern. Nichts lag ihm ferner als eine Ausgleichung aller Gegensätze, eine Ausgleichung um jeden Preis, wie sie von den späteren Kommentatoren so oft versucht wurde. Andererseits dürfen wir nicht glauben, daß R. Asche alles, was aus früherer Zeit auf ihn gekommen ist, in den Talmud aufgenommen und sich nur auf die Redaktion der äußeren Form und auf die Aufnahme der seit Raba neu hinzugekommenen Zusätze beschränkt hat. Er konnte nur eine Auswahl aus einem ganz ungeheurem Material geben und es war) das geradezu eine Riesenarbeit, die) Vgl. die angeführten Stellen in Tosaph. zu Me-

nachoth 58 b Stw. noin JCKI, Gittin 32a Stw. nfii3D, Baba b. 138a, Stw. nilitl K3 und die Erklärung am Ende: nom JWK3 nW. Diese nwn SCk waren die Lehrer des Talmudredaktors, der die Überlieferung so bringt, wie er sie gehört hatte. Viele von den in Menach. das. angeführten m3len "OlD finden dadurch ihre Erklärung.
3) Über die ähnliche Arbeit des Al-Bukhari mit der mündlichen Überlieferung der Mahomedaner, vgl. Krehl ZDMG. IV, S. 6, und wir nur dann ermessen und genügend würdigen könnten, wenn uns sämtliche Ueberlieferungen, die in den babylonischen und palästinensischen Schulen von R. Asche gelehrt und kommentiert wurden, erhalten geblieben wären. Dies ist aber nicht der Fall. Wir besitzen zwar einzelne alte Sammlungen, wie die Tosephta Mechilta, Sifra und Sifre; was bedeuten aber diese Bruchstücke von Halachasammlungen im Verhältnisse zur geistigen Lebensarbeit von mehr als 2000 Gesetzeslehrern, die Tag und Nacht dem Gesetzestudium oblagen?) 600 Mischnaordnungen, berichtet R. Papa, der Vorgänger R. Asche's im Lehramte, — nach andern 700 — gab es zur Zeit R. Judas)
»Der Traktat Aboda sara des Patriarchen Abraham zählte noch vierhundert, während der uns überlieferte nur fünf Abschnitte zählt,« hatte schon R. Chisda zu seinen Zeitgenossen gesagt, was nichts anderes sagen will, als daß viele Traditionen über Götzendienst bereits in Vergessenheit geraten waren.) R. Asche selber klagt darüber, daß das angeeignete Wissen so leicht entschwinde, wie ein Finger durch eine breite Oeffnung hindurchgeht.) Die Wellen der mündlichen Traditionen hatten eben schon längst den höchsten Höhepunkt erreicht, diese mußten eingedämmt werden, wenn das Gedächtnis seine Tragkraft nicht ganz einbüßen sollte. Oft mit einem energischen: »Genug, nicht weiter.« Die Versuche, miteinander streitende Traditionen auszugleichen, aus alten Mischnasammlungen
Ooldzieher, Islam, S. 155 Derselbe hat aus 600.000 Traditionen 7275 ausgewählt.
') Vgl. Scheriras Sendschreiben:-fp n

JVK xb xn""0 "pm..
) Chagiga 14 a. Vgl. Dr. Lewy, Ein Wort über die Mechilta des R. Simon. Breslau 1889. Wie diese wird vielleicht noch so manches alte Sammelwerk entdeckt werden. 3) Aboda sara, S. 14 b.
«) Erubin 53 a nmvb WTQ3 KflJDJtK '3 px, nach der Leseart Scheriras ed. Ooldberg 2. Mainz 1873, S. 27.
Beweise für jüngere Lehren zu deduzieren, hatten allzusehr überhand genommen.) Es mußte darum eine Auswahl getroffen werden..
Unzählige von den erhaltengebliebenen Traditionen müssen auch, teils wegen der nichtgenügenden Vertrauenswürdigkeit ihrer Tradenten, teils wegen der Widersprüche, die sie zu andern anerkannten Halachas aufwiesen, von der Aufnahme in den Talmud ausgeschlossen worden sein. Oft verrät noch eine an der Mischna vorgenommene Korrektur oder eine der Mischna schroff entgegenstehende Ansicht eines Amoras das Vorhandensein einer Halacha, die zuweilen in der Tosifta oder im palästinensischen Talmud, oft aber auch weder in diesen noch in andern alten Baraitasammlungen zu finden ist.) Wir begreifen daher, daß so manche Halacha, die sich in den alten Halachasammlungen vorfindet, im Talmud mit Stillschweigen übergangen und daß sogar in einem ihr entgegengesetzten Sinne entschieden wurde.)
In den Talmud fanden überhaupt nur solche Lehren Eingang, die die Zustimmung der damaligen Kallaversammlungen erhielten. Selbst die Lehren und Aussprüche des Talmudredaktors R. Asche, die nicht vor dieses höchste Forum gebracht und auf ihre Stichhaltigkeit geprüft wurden, wurden als Baruta draußen stehende, Apokryphe, folglich für die Gesetzgebung ganz unmaßgebende Lehren, bezeichnet.
Es waren dies Lehren, die er wohl in seiner Schule gelehrt aber der Kallaversammlung nicht vorgelegt hatte.) Und wie von R. Asche, so gab es auch von andern Amoräern unzählige Lehrmeinungen und Entscheidungen, die dem Talmud nicht einverleibt wurden und zumeist dem Gedächtnisse der Lehrer entschwunden sind. Einzelne dieser

Lehren, die sich neben und außer dem Talmud

') Pesachim Ha, Baba m. 9a, Baba b. lül b, Menachoth 68a, 95b, Krithoth 14a und Parallelstellen. Die richtige Erklärung hat R. Chananel zu Pesachim IIa; dieselbe lautet: 'J1JtTI iDiSs KT1 »niia K,"I "B3nH p3 *mV2* «b1 KTT. Die Tatsache, daß einzelne Lehren und Diskussionen der Amoräer von den späteren Schulhäuptern in verschiedener Form vorgetragen wurden, berechtigt daher noch keineswegs zur Annahme von verschiedenen Redaktionen. (Vgl. die grundgelehrte Einleit. Lewys z. Komment, über den jerusal. Talmudtraktat Nesikin, (Breslau 1895) Verschiedenartige Wiedergaben von Lehren kommen ja schon zur Lebenszeit ihrer Schöpfer vor (vgl. Schebuoth 26a und Pesachim 106 b) Das Wort JJID bedeutet wohl nur lehren, vortragen. Es waren dies aber nur unmaßgebende Ansichten einzelner, wenn auch angesehener Lehrer, die erst durch die Zustimmung der großen Kallaversammlung zur allgemeinen Lehrform erhoben wurden. Die verhältnismäßig geringe Anzahl von Varianten, die uns im Talmud erhalten geblieben, — bei einer 300 jährigen Überlieferung des Riesenstoffes müssen ja ungemein viele entstanden sein — sind, wenn wir von den Lehren der späteren Amoräer und den hinzugekommenen Zusätzen absehen, Lesearten, deren ursprüngliche Form von der großen Kallaversammlung nicht mehr festgestellt werden konnte, oder auch nur von einigen hervorragenden Lehrern bekämpft wurde. Einen Einblick gewährt die für das Verfahren Asche,s charakteristische Stelle in Kidduschin 72 b: 'JJ1D *üb* KDB 31 '31 K3H 'JJ1B *xb xim* 31 '3 KW.TJ'B frtS'p *üb* '3,l 1VifiK '3,"i... T3T 31 '31 'SM (Amemar v. R. Asche) Kjrwin T3T na *rrb* ywi Bibb. fortpflanzten, wurden später in apokryphen Büchern (d'ied D'jutvi) gesammelt und wie einst manche Baraita die Mischna, verdrängten einzelne dieser Lehren die Entscheidungen des offiziellen Talmuds.)

Die Redaktion des Talmuds, welche zunächst eine mündliche war, bestand in zwei Hauptmomenten. Einerseits mußten die in den Talmud aufzunehmenden Traditionen auf ihre innere Wahrheit und sachliche Richtigkeit geprüft, mit den bereits anerkannten Lehren verglichen und eventuell in Einklang gebracht werden; andererseits wurde dem gesamten Lehrstoff eine für ganz Babel maßgebende einheitliche Form geschaffen) und diese, wie zur Zeit Rabas durch den Resch Kalla, mittelst mnemotechnischer (Simanim) Mittel, welche von den Schülern ohne Zweifel aufgezeichnet wurden, gesichert. Ein Gelehrter wie R. Asche, hatte nur diese Mnemonika durchzugehen, um den gesamten Lehrstoff im Gedächtnisse aufzufrischen, was R. Asche in den letzten dreißig Tagen auch tat.3)

Da die Redaktion keinen endgiltigen Abschluß, sondern nur eine Feststellung der Form sein wollte, in welcher man die übernommenen Traditionen und ihre von den Amoräern überlieferten Kommentare den Schülern lehren !) S. Tosaphot zu Aboda sara 65 b, Stichw. ?a»: „onBD 'D Sjr1 Dnai.D2 D'irnj U« DWn.T. So verhält es sich auch in zahlreichen Fällen wo talmud. Entscheidungen von Traditionen verdrängt wurden, die erst in späterer Zeit zur Geltung kamen. Vgl. Dünner, Scholien zu Kethub. 7a; die das. angeführten Beispiele können erheblich vermehrt werden.

) Vgl. Scherira (edit. Wallenstein, S. 14): «b nj»B1 "HoSn ne *by olmb* jsi pTnti Ijmjtx snn *xbx* Isxi3». Talmud und Mischna wurden nicht-niedergeschrieben, sondern (mit den Lehren) in Einklang gebracht und die Rabbinen achteten darauf »sie mündlich zu lernen«. Ähnlich wird die Sammlung des Malik b. Anas »Ab-Muvatta« *cJt1in*) genannt. Über die inneren Beweise für die mündliche Redaktion, vgl. Note 3. 3) Moed k. 28 a.

sollte, konnten die Nachfolger und Schüler R. Asche's dessen Lehren wie auch die seiner hervorragenden Genossen und Jünger dem Talmud einverleiben. Die Kette der Tradenten wurde erst mit dem jüngsten seiner Schüler, mit Rabina II, geschlossen, und wenn im Talmud Rabina und R. Asche als die letzten Amoräer bezeichnet werden, so ist damit die Schule oder die Generation gemeint, die den endgiltig festgestellten Talmudtext aus dem Munde der größten Lehrer des fünften Jahrhunderts, Rabinas und R. Asches, gehört und ihren Schülern überliefert haben. Zu den hervorragendsten Mitarbeitern R. Asche's gehörten außer seinen Freunden und Genossen, den bereits genannten Rabina Amemar und Mar Sutra, die 7 Schulhäupter, die während seiner Wirksamkeit in Pum Baditha lehrten, darunter die 2 hervorragenden Lehrer R. Acha ben Raba (p. 419) und Gabiha aus b. Katil (p. 433).) Der bedeutendste, auch dem R. Asche überlegene unter diesen Gelehrten, war Rabina der ältere. Er war wohl bedeutend älter als R. Asche und wurde von den Zeitgenossen gleich R. Asche, ja noch mehr als dieser geachtet. Als er starb, fragte der Freund des Verstorbenen den Leichenredner, was er über ihn zu sagen gedächte. Die Leichenrede, in welcher der Verstorbene mit einer hochragenden Ceder unter Jovypflanzen verglichen werden sollte, war für die überlebenden Gelehrten und auch für R. Asche verletzend. Sie wurde jedoch nicht gehalten, da der Redner von einem Fußübel befallen und infolgedessen an der Teilnahme am Leichenbegängnisse verhindert wurde.)

R. Asche starb im Jahre 427, 7 Jahre nach Amemar

») R. Chama (377); R. Zebid b. Uschaja (377-3S5); R. Dimi b. Chiruna (385—388); Rafrem b. Papa; R. Kahana (gest. 411); Mar Sutra (411—417); R. Ascher b. Raba (414-419); R. Oabiha aus b. Katil (413-433).

') Moed katan S. 25 und Kommentar des R. Chananel z. St. Das Leiden wird als Strafe für die Beleidigung R. Asche's aufgefaßt. und 6 Jahre vor Gabiha aus b. Katil, dem Schulhaupte Pum Baditha's. Sein Nachfolger, Huna b. Nathan, scheint nur sehr kurze Zeit die Resch Methibta-Würde bekleidet zu haben und wird darum von den spätem Geschichtsschreibern bei der Aufzählung der Schulhäupter ganz übergangen.) Nach seinem Tode wurde nicht Mar, der gelehrte Sohn R. Asches, obgleich er nicht mehr jung und auch an Kenntnissen hervorragend gewesen sein muß, sondern der hochbetagte R. Jemar zum

Resch Methiba gewählt.) Maßgebend bei dessen Wahl war wohl außer der von allen Gelehrten anerkannten Autorität des neuen Schulhauptes als Gesetzeslehrer zunächst der Einfluß der Exilarchen, der nach dem Tode R. Asches bald wieder gewachsen zu sein scheint. Man sieht dies an den Huldigungen, die sie nicht mehr wie zur Zeit R. Asches in Sura, — auch ein Zeichen der Zeit — sondern in ihnen beliebigen Städten entgegennahmen. Wo sie erschienen waren und Vorträge hielten, eilten die Amoräer von allen Seiten herbei, um sich nicht die Gunst der Gewaltigen zu verscherzen. Die Exilarchen scheinen auch auf die Anwesenheit der hervorragenden Gelehrten bei denselben genau geachtet zu haben. Als einst einer derselben im Hause des R. Nathan, vermutlich in Hagronja, einen Vortrag hielt und Rabina um einen Tag zu spät kam, suchte Rafrem durch die Frage nach der Ursache seines Fernbleibens demselben Gelegenheit zu geben, sich bei dem Exilarchen zu entschuldigen.) Im Interesse des politischen Oberhauptes lag es aber, daß nicht Mar, der würdige Sohn des ebenso großen wie charakterfesten und unbeugsamen R. Asche, sondern ein schwacher, hochbetagter Mann zur Würde des Schulhauptes erhoben werde.

') Moed katan, S. 28a. Aus dieser Stelle geht zugleich mit Bestimmtheit hervor, daß dieser R. Hunna b. Nathan nicht Exilarch gewesen und nicht mit dem gleichnamigen angesehenen Zeitgenossen verwechselt werden darf.

) Scheriras Sendschreiben.) Joma 78 a. Übrigens war Mar Jemar ein würdiger Nachfolger R. Asches. Seine Autorität als Gesetzeslehrer war eine von allen Gelehrten, auch von Mar anerkannte.) Als Gesetzeslehrer tradierte er den Lehrstoff und entschied in Fällen, wo sich zwischen den Talmudredaktoren Meinungsdifferenzen ergeben hatten;') mitunter wich er aber auch von der von R. Asche redigierten Form ab. Als er einst eine Überlieferung, die in den Schulen als Resultat einer Kontroverse zwischen den palästininenschen Lehrern R. Jochanan und R. Simon b. Lakisch überliefert worden war, im eigenen

Namen vortrug, wurde er von dem jüngeren Rabbina auf die richtige Form der Überlieferung aufmerksam gemacht,) was aber die späteren Sammler nicht hinderte, auch diese Form aufzunehmen. Er starb nach fünfzigjähriger Amtstätigkeit.4)

') Vgl. Berachoth 45 b.
') Sabbat 123.
»») Scheriras Sendschreiben.
4) Beza 20a. Vgl. Dorot harischonim Bd. III, v. J. ha-Lewy, Preßburg 1898, S. 66. Aus dieser Stelle geht mit Sicherheit hervor, daß die Redaktion des Talmuds eine mündliche war.

Funk.

Vierzehntes Kapitel.
438—500. *A* 438—468. In der zweiten Hälfte des fünften Jahrhunderts trat in Persien eine bedeutsame, für das jüdische Volk schicksalsschwere Änderung ein. Die ersten Merkmale des beginnenden Verfalles machten sich im Staats- und Volksleben bemerkbar; das religiöse Gefühl der Feueranbeter artete — wie dies bei alternden Völkern gewöhnlich der Fall zu sein pflegt — in Fanatismus aus. Die Religion, die unter den kraftvollen Herrschern Sabur I und II als Herzenssache der Einzelnen betrachtet oder höchstens als politische Maschine von kluger Hand geleitet, nach Belieben gebraucht wurde, ward nun unter Jesdegerd II (338—357) höchster Zweck und heiligstes Ziel des Staates. Ganz unähnlich seinem toleranten gleichnamigen Vorgänger, wollte er nicht weniger als alle Bürger seines Staates zur Annahme der Staatsreligion zwingen. »Welche Religion euer Herr hat — schrieb er in einem Manifeste an die Christen Armeniens — die habet auch ihr, besonders, weil wir vor Gott auch für euch Rechenschaft geben müssen«.) Dem eifrigen Anhänger der Feuerreligion, die auf dem Grundsatze der Zwei-Gottheit basierte, mußten die monotheistischen Religionen ein Dorn im Auge sein. »Alle Menschen — schrieb er unumwunden — sind wahnsinnig, welche sagen, daß Gott den Tod geschaffen habe und daß Gut und) Justi, Gesch. Persiens, S. 197 nach Elische, einem christlichen Historiker Armeniens.

Böse von ihm seien«.) Mit solchen und ähnlichen Beweisen konnte man freilich weder Juden noch Christen von der Wahrheit des Dual-Prinzips Ormuzd-Ahriman überzeugen.

Ein Häretiker wollte das Dualprinzip dem Schulhaupte Idi bar Abin sogar aus dem Schriftverse II B. M. 24, 1. »Und zu Moses sprach Er, gehe hinauf zu Oott« beweisen, da es doch sonst heißen müßte »komme zu mir«. R. Idi gab aber eine so treffende Antwort, daß sein Zeitgenosse und Nachfolger im Amte, R. Nachman bar Huna (452—456) seine Anerkennung mit den Worten ausdrückte: »Nur wer im Disputieren so schlagfertig ist, wie R, Idi, sollte sich in eine Disputation über Religionsfragen einlassen').

Die Waffen des Geistes wurden aber bald mit anderen wirkungsvolleren vertauscht. Den schwachen theologischen Beweisen der Magier wurde durch schwere Verfolgungen, die gegen Andersgläubige verhängt wurden, Beweiskraft verliehen. Sie trafen zunächt die Anhänger der monotheischen Religionen, und die Juden kamen dabei noch viel glimpflicher weg als ihre christlichen Leidensgenossen. Während gegen die Letzteren eine blutige Verfolgung eingeleitet wurde, — im neunten Jahre seiner Regierung ließ Jezdegerd Phetion hinrichten) — richtete sich die Judenverfolgung nur gegen das Lesen des Sch'ma vermutlich weil darin das Bekenntnis zu einem einzigen Gotte zum Ausdrucke kam, und gegen die Feier der

') Das.
') Sanhedrin, S. 38 b. Die richtige Leseart hat Jalkut OTK) I, 359, S. Dikd. Soferim z. St. Von den früheren gleichnamigen Arnoräern ist hier wohl nicht die Rede, da uns für Religionsdisputationen im 3 ten Jahrhundert jeder Anhaltspunkt fehlt. Über R. Idi und R. Nachman im Talmud, vgl. Doroth harischonim v. J. ha-Lewy, III. T., S. 45—47.
»») Vergl. Nöfdeke zu Tabari S. 114 Anm. 1 und Assem. Acta s. mart, Orient. Romae 1748 III, 1, 397a.

Sabbathe und Festtage. Die Verfolgung scheint aber keine schwerwiegenden Folgen für das Judentum gehabt zu haben. Das Sch,ma wurde nicht an der Stelle, wo es gewöhnlich verrichtet wurde, gesprochen, sondern in die Keduscha eingeschaltet, an welcher Stelle es bis auf die heutigen Tage zur Erinnerung an die damaligen Verfolgungen beibehalten ist.) Auch das Verbot der Sabbath-und Festtagefeier wurde Von den Behörden nicht strenge gehandhabt und hatte merkwürdigerweise den von den persischen Machthabern gewiß nicht gewünschten Erfolg, daß die Juden umso strenger auf die Enthaltung von jeder Arbeit an den gesetzlichen Ruhetagen achteten. Die persischen Beamten und Bürger, die Jahrhunderte hindurch mit den Juden in Frieden gelebt, empfanden nämlich eine heilige Scheu gegenüber den jüdischen Religionsgesetzen und verlangten nur dann, daß die Juden von ihren religiösen Gesetzen und Bräuchen abstehen, wenn von Seiten der Juden durch Nichtbeachtung derselben die Annahme von der Bedeutungslosigkeit oder mindern Wichtigkeit der verletzten Gebote berechtigt schien. Die Juden aber waren auf der Hut; um selbst den Schein der mindern Wichtigkeit eines oder des andern Gesetzes nicht aufkommen zu lassen, verschärften sie manche Verordnung und untersagten selbst bisher erlaubte Verrichtungen, wie die zur Leichenbestattung nötigen Arbeiten am zweiten Festtage.) Die Verfolgungen währten bis zum Tode ihres Urhebers, des Königs Jezdegerds. Nach Scherira habe das Gebet des Mar b. R. Asche und R. Sama, der Schulhäupter von Sura und Pum Baditha, dessen Tod bewirkt.)) Vgl. Schemas Sendschreiben; SederTannaimim KeremChemed IV, 187, Bet Joseph zu Tur Orach Chajim 423, Rapaport Erech Miliin S. 37.

') Beza 6 a.

') Schemas Sendschreiben.

Auch auf die geistige Beschäftigung der Juden hatten die politischen Vorgänge ganz und gar keinen Einfluß geübt. Auf R. Idi b. Abin und R. Nachman folgte endlich Mar bar R. Asche, der wohl inzwischen das fünfzigste Lebensjahr überschritten hatte. Aber auch diesesmal wäre er bald von R. Acha aus

Difte, dem Hauslehrer des Exilarchen verdrängt worden. Mar war gerade in Machosa, als die Wahl des Schulhauptes vorgenommen werden sollte. Durch einen Wahnsinnigen aufmerksam gemacht, — er soll ihm gesagt haben, daß sich der Resch Methibta von Mata Mechasja Tabjome zeichne — reiste Mar nach Mata Machasja und hielt einen Vortrag. Die Stimmung schlug um und Mar wurde zum Schulhaupte gewählt. Was aber die Wahl zu Gunsten Mars beeinflußte der ganze Hergang ist in ein interessantes Dunkel gehüllt, welches zu enthüllen umsoschwerer fällt, da R. Acha dem Mar in keiner Beziehung nachstand;) R. Acha schrieb seine Zurücksetzung, die durch solch merkwürdige Zufälle erfolgt war, seinem Unglückssterne zu. Wer einmal Unglück hal, der kann nimmermehr zum Glücke gelangen, sagte er von sich.) Mar bar Asche war einer der kühnsten Lehrer des letzten Amorageschlechtes und nahm keinen Anstand, selbst die größten Koryphäen der Vorzeit zu bekämpfen'). Selbst die Lehren seines Vaters wurden zuweilen von ihm korrigiert. Er tat dies namentlich bei solchen, die aus der Jugendzeit R. Asches herrührten4). Er genoß, wie selten einer, die Achtung der Mit-und Nachwelt. Seine Lehren wurden bis auf drei als gültige Norm angenommen. Seinem Gebet wurde, wie bereits erwähnt, wundertätige Kraft zugeschrieben. In altjüdischen Kreisen wird mit dem Na men Mar b. R. Asche noch heute das höchste Ideal von Geist und Gelehrsamkeit bezeichnet.

B. 468-500.

Im Jahre 468 wurde Rabba aus Tosphaa als letztes Schulhaupt aus den Reihen der Amoräer zum Nachfolger Mar's, des Sohnes R. Asches, gewählt), und drei Jahre später brach eine so schreckliche Judenverfolgung aus, wie sie im persischen Reiche in gleicher Heftigkeit seit Jahrhunderten nicht erlebt worden war. Das Feuer, das die Magier seit Jahrzehnten geschürt, mußte endlich in helle Flammen ausbrechen, und Peroz, der sich den Wegzum Throne über den blutigen Leichnam seines älteren Bruders bahnen mußte— nicht ohne Mithilfe der Magier —2) war nicht der Mann,

der dem Wüten der fanatischen Priester hätte Einhalt gebieten können; er hatte aber auch nicht den Willen dazu. Als erste Opfer der Verfolgung fielen das politische Oberhaupt, der Exilarch Huna Mari und die Gesetzeslehrer R. Mescharschaja und Amemar b. Mar Jenuka. Sie wurden im Jahre 471 eingezogen und nach einiger Zeit hingerichtet. Drei Jahre später wurden alle Lehranstalten im Bezirke Babel, darunter auch die Hochschule in Sura, zerstört und die Jugend gewaltsam zum Magierkultus erzogen.) Was die unmittelbare Veranlassung zur furchtbaren Verfolgung geboten, läßt sich nicht mehr mit Bestimmtheit ermitteln. Zunächst kommt das politische Motiv in Betracht. Peroz war, wie allseitig zugegeben wird, einer der unglücklichsten Könige der Sassanidendynastie. Eine Hungersnot, die 7 Jahre gewährt

') Scheriras Sendschreiben.

») S. Nöldeke zu Tabari, S. 118, Anm. 4. »Nach Cod. Sprenger 30 (Berl. Handschr.) war aber Hozmizd auch der Tapferste und Beste, aber Peroz war in der Religion bewanderter (a' lamuhumā bidinihi). Er war also wohl von den Priestern begünstigt«.

) Scheriras Sendschreiben. haben soll, und die zahlreichen Einfälle der Feinde haben furchtbares Elend über das Land gebracht) Ein trauriges Bild dieser Zeit gibt uns R. Chanina, ein ohne Zweifel zu dieser Zeit lebender Amora, in seinem Ausspruche: »Wenn man in der Jahre 400 nach der Zerstörung Jerusalems, — d. i. im Jahre 470 nach Chr. nach einer Überlieferung im Jahre 4231 = mundi,) ein Grundstück im Werte von 1000 Denare um einen Denar verkaufen wollte, so kaufte es niemand.) Der König selbst scheint aber dieses Unglück zum großen Teile mitverschuldet zu haben. Er war, schreibt ein demselben keineswegs feindlich gesinnter Historiker »ein Mann des Unglückes und Mißgeschickes für sein Volk und das meiste, was er sprach und tat, gereichte ihm und seinen Untertanen zum Schaden und Nachteile.«) Die Judenverfolgung wird daher in der Hand des schwachen und unfähigen Königs ein Mittel der Politik gewesen sein, um sich einerseits die Gunst der allmächtigen Geistlichkeit zu sichern, andererseits aber das unglückliche und mit Recht unzufriedene Volk durch die Preisgabe der Andersgläubigen für das namenlose Unglück, das er über sie gebracht, zu entschädigen. Nach einem syrischen Berichte sollen die Juden in Ispahan zwei Magier getötet haben, welches Ereignis nach der Kombination eines Historikers den unmittelbaren Anlaß zur Verfolgung gegeben haben soll.) Das Dunkel, welches über die Ereignisse der letzten Jahrzehnte des fünften Jahrhunderts gebreitet ist, gestattet nicht, die einzelnen Angaben aus jener Schreckenszeit auf hre Wahrheit zu prüfen. Dieses Ereignis wird wohl nicht die Veranlassung, sondern eine Folge der Verfolgungen gewesen sein. Eine alte jüdische Chronik erzählt von einem Aufstande der Juden gegen die Perser unter dem Exilarchen Mar Sutra, dem Sohne Huna Mari.) Die blutigen Taten des Peröz, die Hinrichtung des Exilarchen und der Gesetzeslehrer und die fortgesetzten Verfolgungen, namentlich aber die frevelhaften Eingriffe der Gewalthaber in das Allerheiligste, in das religiöse Leben der Juden, mochte bei den letztern eine so tief gehende Erregung hervorgerufen haben, daß sie in ihrer Verzweiflung, wie zur Zeit der Makkabäer zu den Waffen griffen, um ihr Heiligste mit dem Schwerte in der Hand zu beschützen. Den letzten unmittelbaren Anlaß zu ihrer Erhebung soll der gewaltsame Tod eines Schulhauptes, namens R. Isaak, gegeben haben.) Allem Anscheine nach war es auch dessen Tod, der im Talmud eine halachische Kontroverse veranlasst hat. An die Leitung einer Hochschule kam nämlich die Nachricht, daß R. Isaak, der Resch Galuta — soll ohne Zweifel der Resch Methibta heißen — von einer sonst unbekannten Stadt twanp — wahrscheinlich verschrieben aus Njaiip-Korbiane, ein Landstrich in der nächsten Nähe Ispahans — nach Ispahan gezogen und eines plötzlichen Todes gestorben sei.) Es ist mehr als wahrscheinlich, daß dieser R. Isaak mit dem getöteten Schulhaupte der alten Chronik identisch und dessen Tod auch mit der Lynchung der zwei

Magier — wenn der Bericht

') Über diesen Aufstand s. Note 6, S. 228.
) Seder Olam sutta.) Jebam. 115b. Daß hier von keinem Exilarchen die Rede sein kann, hat schon R. Ascher (Responsen Nr.) richtig bemerkt, da ja von zwei R. Isak, die zu gleicher Zeit gelebt haben können, gesprochen wird, was bei einem Exilarchen ganz ausgeschlossen, bei einem Rosch Methibtha aber wohl möglich war. Das i"i, wenn es nicht ganz zu streichen ist, kann aus ci entstanden sein. Daß es ein Gesetzeskundiger war, ist schon aus dem vorgesetzten Titel »Rab« ersichtlich. Die Frage wurde selbstverständlich nicht an Abaji und Raba gerichtet. überhaupt auf Wahrheit beruht — in irgend einem Zusammenhange steht. Sie werden aus Rache von der über den Tod ihres Schulhauptes erbitterten Menge gelyncht worden sein. Die blutige Affaire wurde — wie das im Oriente nicht selten ist — zum Ausgangspunkte eines regelrechten Aufstandes, an dessen Spitze sich der jugendliche Exilarch Mar Sutra, bei welchem auch noch die schmerzhafte Erinnerung an das Martyrium seines Vaters Huna Maris mitgewirkt haben mag, in eigener Person stellte. Mit 400 bewaffneten Männern, die er um sich gesammelt, schlug er die gegen ihn ausgeschickte HeeresabteHung der Perser und gründete einen kleinen Freistaat, den er 7 Jahre hindurch ganz selbständig verwaltete. Sein Unternehmen wurde durch die Wirren, die an der Wende des fünften Jahrhunderts im Reiche herrschten, begünstigt, und das Volk konnte sich seinen kulturellen Aufgaben widmen.
Zu dieser Zeit scheint man auch den dritten Sabbath nach dem Laubhüttenfeste als den Huldigungssabbath für den siegreichen Exilarchen eingeführt zu haben.) Es geschah dies wohl wegen des XIV. Kapitels, welches an diesem Sabbath zur Verlesung kam und den Bericht über den Sieg Abrahams, des Stammvaters der Juden, über Amraphel, den König von Schinar (Babel), enthält. Im Midrasch zu diesem Kapitel, den der Meturgeman im Anschlusse an die Vorlesung oder der Prediger des Tages in

freier Rede vortrug, wurde auf Achas hingewiesen, den bösen König, der, von der richtigen Erwägung geleitet, daß »ohne Schüler keine Jünger, ohne Jünger keine Weisen«
Die tradierte Kontroverse zwischen A. und R. wurde nur bei dieser Gelegenheit hervorgeholt und erörtert, wie dies in dieser Form im Talmud häufig vorkommt. Vgl. Aboda sara 71 b und Raschi Slw. xb bzx. Über "HJDDK Ispahan — s. Note 8, S. 234. Über Korbiane vgl. Mannert V, S. 488, Strabo 1080, Diodor XIX, 26 u. 24. ') Siehe Note 7, S. 233.
seine Angriffe gegen die Gottes-und Lehrhäuser richtete und die Kinder den Lehrstätten und Gotteshäusern entfremdete. Es wurde ferner auf Jehojakim hingewiesen, den unglücklichen Fürsten, dessen Land veröded und verwüstet, auf die Richter und ihre Zeit, in der eine furchtbare Hungersnot geherrscht, auf Achaschwerosch, der dem ganzen Judenvolke den Krieg erklärte, Ereignisse und Vorkommnisse, in welchen der Geschichtskundige auf den ersten Blick die Zeitereignisse erblicken muß, wie sie sich unter Peroz zugetragen.)
Es war das die beliebte Methode, unter den Gestalten der Vorzeit, auf die Machthaber der Gegenwart anzuspielen. Solche Reden konnten sehr wohl dazu dienen, das jüdische Volk in seinem Widerstande gegen die Gewalthaber zu bestärken und es zum engern Anschlusse an einander und an das Exilarchenhaus anzueifern. Aber für die Dauer konnte sich der kleine Staat im Staate nicht halten. Nach 7jähriger Regierung verlor Mar Sutra Thron und Leben. Er wurde im zwanzigsten Jahre seines Exilarchates (um 491) von den Persern besiegt und in Gemeinschaft mit seinem Großvater R. Chanina an der Brücke von Machosa hingerichtet.)
Als Grund seiner Niederlage wird die sittliche Verkommenheit seiner Kriegsschaar angegeben. Sie soll sich der kommunistischen Sekte Mazdaks oder vielmehr seines Vorgängers angeschlossen) und an den Höfen heidnischer Fürsten Wein getrunken und Unzucht getrieben haben. Diese Sekte, den wilden Frauenund Vermögenskom-

munismus lehrte, barg für die jüdische Religion eine große Gefahr in sich, die umso drohender wurde, da sie, auch von Kowad, dem Nachfolger des Peroz begünstigt und vielfach gefördert wurde.) Derselbe scheint auch von den Beamten des Reiches verlangt zu haben, daß sie sich zu den Lehren Mazdaks bekennen. Einem jüdischen Gefängniswärter, der dies zum Scheine tat, gelang es durch seine Verstellungskunst, die Ehre der ihm anvertrauten weiblichen Sträflinge zu retten und auch so manchen gegen die Juden geplanten Anschlag durch rechtzeitige Verständigung der Judengemeinde von der ihnen bevorstehenden Gefahr zu vereiteln.)

') Bereschith rabba, cap. 44.
) Seder Olam s. und Note 4.) Vgl. Flügel in d. ZDMO. Bd. 23, S. 532 ff.

Zur Bekämpfung dieser verderblichen, von höchster Stelle begünstigten Lehre, wurden von einzelnen Gesetzeslehrern so außerordentlich strenge Maßregeln ergriffen, daß sie nur mit der Not der Zeit zu entschuldigen sind. So verurteilte R. Chama b. Tobija eine Priesterstochter, die sich der Unzucht ergab, zum Feuertode, und ließ sie auch öffentlich verbrennen. Offenbar wollte er durch das strenge Urteil eine Anhängerin Mazdaks exemplarisch bestrafen, wozu ihm das biblische, in Babylon nie geübte Gesetz nur die Handhabe bot. Nichtsdestoweniger fand dies Vorgehen bei R. Joseph, dem ersten Saboräer und der größten Autorität seiner Zeit, den herbsten Tadel, weil nach der allgemein anerkannten Norm die babylonischen Richter überhaupt nicht berechtigt waren, Todesurteile zu fällen.) Durch die sittliche Verderbtheit, die der Mazdakismus in das Land gebracht, wurden die schon ohnehin trostlosen Verhältnisse im Reiche ganz unhaltbar und der Staat in seinen Grundfesten erschüttert. Alle staatlichen und gesell

') Vgl. Tabari, Nöldekes Übers., S. 141; 144—55 und den Excurs 455—67. i) Taanith 22 a.) Sanhedrin 53b. Nur in einem freien jüdischen Staate konnte es ein Richter wagen, ein Todesurteil vollziehen zu lassen. Vgl. Baba k. 117 a und Taanith 24b, Jochasin und Raschi z. St., die Chama b. Tobijah als späten Amora

bezeichnen (DyilMK iraniDK D) scheinen einer alten richtigen Tradition zu folgen. schaftlichen Bande waren gelöst. Die Familie, die Grundlage des Staates, die Achtung vor dem Gesetze) die Furcht vor der Obrigkeit, das dynastische und religiöse Gefühl, — schienen verloren gegangen zu sein. Man erwartete den Zusammenbruch der staatlichen Ordnung. In jüdischen Kreisen sprach man von der nahe bevorstehenden Katastrophe und knüpfte an dieselbe messianische Hoffnungen. In einer Rolle, die ein beim römischen Heere bediensteter Jude unter den römischen Geschützen gefunden haben soll, fand man geschrieben, daß im Jahre 4261 mundi = 500 v. Chr. die Welt verwüstet sein werde, teils infolge der Drachenkämpfe, teils von den Kämpfen Gogs Magogs, dann würde der Messias kommen. Dieser Spruch, der von R. Chanan b. Tachlifa dem bereits erwähnten R. Joseph mitgeteilt wurde,) gibt uns ein genaues Bild der damaligen Zeitverhältnisse. Die wilden Scharen Gogs Magogs kamen in der Tat um das Jahr 500 ins Land. Kowad wurde nämlich vom Adel und den Magiern im Jahre 498 abgesetzt und ins Gefängnis geworfen. Von seiner Schwester aus demselben befreit, rief er die wilden Hunnen, die Erzfeinde Persiens, ins Land, um sich mit deren Hilfe den Thron zurückzuerobern.) Eine größere Schmach konnte die einst so stolze Dynastie auf sich nicht laden, tiefer Persien nicht sinken. Die wenigen Kämpfe und Unruhen, deren Schauplatz Persien in den letzten 3 Dezennien gewesen, hat auch die selbstständige Forschung, die noch unter Mar, dem Sohn R. Asches, geblüht, zum Stillstande gebracht. Die Hochschule Suras war zerstört; mit Rabbina, dem ältesten und angesehensten Schüler R. Asches, der den Aufstand der

') Sanhedrin 97 b. Daß hier der am Ende des 5. Jahrhunderts lebende R. Joseph gemeint ist, bedarf wohl keines Beweises. Chanan b. Tachlifa kommt sonst auch nirgends im Talmud vor. Über den genannten R. Joseph, vgl. Doroth harischonim von ha-Lewi. Preßburg 1898, Bd. III, S. 5—7. Über diese Tradition, vgl. noch Note 9, S. 236.

») Tabari, S. 144—145.

Juden kaum mehr oder nur als hochbetagter Greis erlebt,) war auch der letzte Amora gestorben. Seine Schüler, die Halbamoräer, an ihrer Spitze R. Joseph, stellten keine neue Lehre auf, schufen keine neuen Memras, sondern entwickelten und entfalteten das Gegebene. Sie erklärten dunkle Stellen, legten die Prinzipien dar, auf denen die Lehren ihrer Vorgänger beruhten, ergänzten manche Lücke und was das wichtigste an ihrer geistigen Tätigkeit war, sie schrieben den größten Teil des Talmuds nieder und teilten die Erklärungen und Erörterungen der Amoräer den einzelnen Teilen der Mischna zu; eine Einteilung, deren Mangel bei dem jerusalemischen Talmud so fühlbar ist. Auch diese letzte Arbeit fand nicht in Sura, sondern in Pum Baditha, welches weniger unter dem Druck der Zeit gelitten zu haben schien, unter R. Joseph (starb 520) ihren Abschluß.) Es war aber auch höchste Zeit! Die Verfolgungen hatten Auswanderungen der Juden nach allen Ländern zur Folge. Fern von dem Kernpunkte der Nation wären die einzelnen in ferne Länder versprengten Glieder gleich den vom Stamme fernen Ästen dem Judentume abgestorben, hätte sie nicht der Talmud, dieses geistige Band des Judentumes nicht nur mit den Juden Babylons, sondern mit denen aller Länder und Weltteile für immer verbunden. Was die Riesenarmeen der Weltmächte mit ihren unsterblichen Feldherren nicht vermocht — ihren Völkern eine geistige Einheit zu geben, eine Einheit, die sie auch nach ihrem nationalen Untergange vor Vergehen und Sterben geschützt hätte, der Talmud hat es zustande gebracht. Indem er mit seinen Lehren und Lebensregeln alle Lebensbeziehungen, alle Kräfte und Erscheinungen, den ganzen physischen und

') Scherini dehnt zwar seine Lebenszeit bis 500 n. Chr. aus (Sendschreiben), was aber sehr unwahrscheinlich ist, da er schon unter R. Asche als Richter fungierte. Doroth harischonlm, Bd. III, S. 7—15. Vgl. über ihn Note III.
) Vgl. Scheriras Sendschreiben und Doroth harischonim, III, S. 20-26. Brülls Jhrb. II. S. 1—123. moralischen Men-

schen unter seine Vormundschaft nahm, schuf er eine Gedanken-und Gefühls-gleichheit, ein geistiges Band, dessen einigende Kraft an Festigkeit und Dauer — wie die Erfahrung der Jahrhunderte lehrt — selbst die der geheiligten Scholle des gemeinsamen Vaterlandes übertraf. Der Talmud ist ein Werk, so durch und durch orientalisch, daß selbst der Versuch, das eigentliche Wesen desselben dem Verständnisse unserer Zeit näher zu bringen, schwer fällt. Er ist kein Gesetzeskodex, kein corpus juris, wofür er irrtümlich gehalten wird, kein Buch, das wie andere gelesen oder ohne Lehrer studiert werden kann. Man muß sich erst in seine Eigenart versenken, muß mit der Sprache der jüdischen Hochschulen vertraut werden, ehe man an das Studium desselben gehen kann. Schon zum einfachen Lesen bedarf man der Überlieferung, bedarf man des Lehrers, der dem toten Buchstaben Leben einhauchen, oft nur angedeutete Gedanken entwickeln muß. Sein eigenartiger Charakter wird dadurch bestimmt, daß er nicht die Resultate der Forschungen enthält, sondern die fast stenografische Aufnahme der Diskussionen, gelehrten Disputen und halachischen Auseinandersetzungen, deren Schauplatz die Hochschulen waren. Dieser Eigenart — so unbequem sie auch dem Anfänger scheinen mag — verdankt er die ewige Frische, die ihn auszeichnet. Er doziert nicht, überliefert keine trockene Schulweisheit, die des Lebensnervs, der geistigen Mitarbeit entbehrt, sondern führt den Leser in die Hochschule ein, macht ihn zum denkenden und urteilenden Zeugen der geistigen Kämpfe. Lehrer von mehr als sieben Jahrhunderten, Sofrim, Tannaim und Amoräer erscheinen vor unseren geistigen Blicken, laut denkend, lehrend und disputierend. Ansichten werden ausgetauscht, Anschauungen über die höchsten Probleme der Menschheit entwickelt, eine Unmenge von Fragen aufgeworfen; rituelle, zivilrechtliche oder philosophische; manche werden sofort beantwortet, um andere, wogt der Kampf der Geister Jahrhunderte hindurch und viele finden ihren Abschluß mit 'einem großen Fragezeichen. Und die Sprache? Man spricht

keine Sätze, dazu ist der Geist zu lebhaft; man begnügt sich mit Interpretationen, mit hingeworfenen Worten. Es ist ein förmliches Fluten und Drängen, Fliehen und Stürmen wogender Gedanken — ein bewegtes Meer, ein »Jam hatalmud,« wie die Alten sagten. Und dieses Meer, es hat doch auch seine Inseln, uralte, unangefochtene Traditionen, die so alt sind als das Judentum selbst (halacha lemosche misinäj). Es hat Rechtsatzungen, die wohl schon in vorbiblischer Zeit in Übung waren und welche Bibel und mündliche Überlieferung bestehen ließ. Auch Sagen und Märchen, die hoch in die graue Urzeit hinaufreichen. Nur darf man es nicht flüchtig durchsegeln, dieses wildbewegte Meer, will man dieses wahrnehmen; sie sind mitunter, nur dem durch Übung geschärften Auge sichtbar. Nur der Tieferblickende wird, den gewundenen aber doch oft zum Ziele führenden Gängen der talmudischen Dialektik folgend, in manchem Gesetze, das gewöhnlich als Produkt einer späteren Entwicklung angesehen wird, altersgraue Urgesetze erkennen. Wenn der Talmud z. B. erklärt, daß die Bibel trotz des bekannten Satzes: »Auge um Auge Zahn um Zahne dem Werte der betreffenden Glieder entsprechende Geldbußen meint, so wird das von Juristen und Theologen ohne weiteres als ein Fortschritt der späteren Zeit bezeichnet). Selbst die Möglichkeit, daß dem doch so sein könnte, wird ohne näheres Eingehen auf die talmudischen Gründe verneint. Hören wir aber den Talmud selbst: der Talmud weist zunächst darauf hin, daß dort, wo die Bibel eine entsprechende Geldbuße ausschließt, dies ausdrücklich betont, und zwar mit dem Satze!) Kohler (und Peiser. Hammur. Gesetz, S. 126, 2) meint, daß dieser Umschwung erst z. Z. Hilleis und Schammais (!) eingetreten sei.
»Und ihr sollt kein Lösegeld nehmen«). Sie tut dies sowohl bei dem vorsätzlichen Mörder, der getötet werden, wie bei dem unvorsätzlichen, der nach der nächsten Zufluchtsstadt verbannt werden muß. (Numeri 35, 31 und 32). Die Bibel erachtete es demnach für nötig, das Unstatthafte einer Ablösung aus-

drücklich hervorzuheben obgleich die vorhergehenden Schriftverse über die Todesstrafe bei dem ersteren und über die Verbannung bei den letzteren keine Zweifel übrig gelassen hatten. Wo sie es nicht tut, ist demnach eine Ablösung zulässig. Bedenkt man nun, daß schon das altbabylonische Gesetz, wenigstens bei den niederen Menschenklassen, Beschädigung von Gliedern mit einem entsprechenden Sühngelde bestraft,)
') Baba k. 83 b: riJM... nitH *Vtib* 1D3 ff1pf1 *xb* im« »in nn ana'« ,*Vmb* Ibis npi? nn S3x 1bis npif? nrm '«. Vgl. auchjeremias
Moses und Hammurabi. Lpz. 1903, S. 23. Daß auch im mosaischen Rechte die Buße durchaus üblich und gebräuchlich war, ist indirekt aus IV. Mos. 35, 31 zu schließen, wo nur für das schwerste Verbrechen, den Mord, das Lösegeld grundsätzlich abgelehnt wird. Jerem. denkt also, ohne den Talmud zu kennen, ganz so wie dieser. Und ebenso G. Förster, Das mos. Strafr. Lpzg. 1900, S. 34: Daß aber dennoch in erster Linie eine Bußtaxe gegeben wird« usw.
') Bei dem MAS—EN—Kak. Die semitische Aussprache ist nach Zimmern: muskenu, eine Mine im Gegensatz zum Sklaven, wo die Hälfte des Wertes gezahlt werden muß. Die Bedeutung des Wortes ist noch umstritten. Müller übersetzt »Armenstiftler« (= 3DQ), Kohler und Paiser »Ministeriale«, Scheil »noble«, Winkler, »Freigelassener«, Johns, »poor man«. Da aus den betreffenden Gesetzen unzweifelhaft hervorgeht, daß man es mit einer halben Art von Sklaven zu tun hat, wird zur Erklärung vielleicht maskänu (assyrisch = Pfand Del. Wörterbuch, S. 431) talmudisch SPD Pfand, passiv SlP'loa verpfändet (Baba m. 73b) heranzuziehen sein. Die »Pfandperson« (nach Müller), »Schuldknecht« (nach Kohler und Paiser) war ein Mittelding zwischen den Sklaven und Freigeborenen. Der Schuldknecht entspricht ungefähr dem nsy "Qj? der Bibel. Jener hat drei, dieser sechs Jahre zu dienen; jener war nicht dem Freien gleichgestellt und hatte besondere Gesetze. Vgl. Cod. Hammur. §§ 8, 15, 16, 140, 175, 176, 198, 201, 204, 208, 209, 216, 219, 222. Drei Dienstjahre scheint

im Hebräischen der Mietling TS» gedient zu haben. (T3» *VV2* D'W *vbV2* Jes. 16, 14.) Der hebr. Knecht hatte, wie dann wird man wohl in der talmudischen Überlieferung ein uraltes, — auch weit älteres als das babylonische Qesetz, bei welchem die Klassenunterschiede spätere Entstehungszeit verraten — schon in vorbiblischer Zeit geübtes Gesetz "erkennen.) Uralt ist wohl auch das Gesetz von der Besitzergreifung durch dreijährige Benützung eines Feldes, welches nach R. Ismael durch das biblische Gesetz mehr vorausgesetzt als angedeutet wird und wohl schon seit Urzeiten in Übung stand.) Uralt waren wohl auch die Formeln für Verträge, die allgemein gebraucht worden sind) auch solche, die, da sie in talmudischer Zeit jedem Schreiber bekannt waren, nicht in dem Talmud, sondern erst in den Sammelwerken der späteren talmudischen Ausläufer wie z. B. im »Buch der Verträge« des R. Jehuda ben Barsilai aus Barcelona Aufnahme gefunden haben Diese haben nicht nur das ganze Gepräge der uralten Aktenstücke, sondern auch die altbabylonischen Ausdrücke unverändert beibehalten.) Unverkennbar ist das hohe Alter

Herr Lector M. Friedmann mir gegenüber mit Recht bemerkte. 6 Jahre also Y3B isV-!WJ9, (Deuter 15, 18) das zweifache vom T3P zu dienen.

') Auch der Hinweis auf Levit. 24, 18, die Stelle, wo die Wendung *Vt Pt:* vorkommt — nämlich beim Vieh und wo Kompensation gemeint ist, ist ein triftiger Orund. Baba k. 83 b: nttS.1 DD pDitonS Dij« niiwtn *wsn nx* poiten? nonss mionn

»») Die Verjährung des Besitzrechtes in drei Jahren finden wir bei Harnmurabbi (S. dessen Oesetz § 30). Wenn jemand sein Amts lehen in Stich gelassen, worauf ein anderer es übernommen hat, so ist er nach drei Jahren nicht mehr berechtigt, das Amtslehen zurückzufordern.

»») So z. B. Der Kaufvertrag bei Sklaven, Oittin 86 a Das gebräuchliche., »aSo miJJ (b1... YBB1 ist auch in den alibubuliscben Verträgen zu finden. Vgl. Pick, Assyrisches und Talmudisches, S. 26.

) nnwn 1BD herausgegeben von S. J. Halberstamm, Berlin 1898 und hierzu Pick, Assyrisches und Talmudisches, S. 26. Wie die Kontrahenten in dep babylonischen Urkunden sagen: »ina huud lib-bi-su«. »Mit willigem Heizen«, heißt es in den jüdischen Verträgen: Funk.' mancher Engelsagen und Erzählungen. Zuweilen wird dieses durch ein nebensächliches Beiwerk verraten. Wenn die Engel im Himmel für begangene Sünden zu sechzig Feuerhieben, nicht zu vierzig, wie die Bibel und nicht zu neununddreißig, wie die Überlieferung lehrt, verurteilt werden, so ist das wohl auf die graue Urzeit zurückzuführen, in welcher die Geißelstrafe aus 60 Hieben bestand. Mit den Namen der Engel,) sind, eben auch manche Züge, vielleicht auch Legenden, in geänderter Form dem babylonischen Ideenkreise entnommen worden. Nicht so leicht sind die Zusammenhänge mit der Urzeit bei manchem Volksbrauche zu erkennen. Da wurde z. B. am 15. Ab in Jerusalem zur Zeit des zweiten Tempels ein Volksfest gefeiert, für welches wir weder in der Thora noch in den Propheten und auch nicht in der späteren Literatur einen Anhaltspunkt finden. Jungfrauen, alle in Weiß gekleidet, waren da hinausgezogen, um sich im Grünen an Spiel und Reigen zu erfreuen. Um die Bedürftigen, die nur in entliehenen Kleidern erscheinen konnten, nicht zu beschämen, durften sich nach einer Vorschrift auch die reichen Mädchen nur in entliehenen Kleidern beteiligen. Und da wurde das Frauenlob in verschiedenen Tonarten gesungen. »Jünging« sangen die einen, wohl die minder schönen Abkömm pimi aiip ySy n pjo... naton Bbj3i... *ypti* para TPjtw norm m» iiai 3 Bsijh ninn Jdi»b *Xw* o 1wi... Ixbvi «i *ixpc ab* X11riJt1. »Weil ich gewollt habe mit dem Willen meiner Seele... mit williger Seele... (das Feld zu verkaufen). Nicht habe ich gegen ihn pakaru (= Reklamation zu erheben, Delitzsch, assyr. Worterb. 536) od. Annullierung (i«cn ist ohne Zweifel verwandt mit 1ort = vernichten. Targum übersetzt ijnynn 1jny, (vgl. d. talmud. 11jny == Einwand) Jerem. 51, 58 mit nnnrv K"ipnnK) zu beantragen... Wer auch immer von den

vier Seiten der Welt kommen sollte, Sohn oder Tochter, Bruder oder Schwester«... Diese Formel finden wir schon in.den babyl. Kontrakten. S. Pick, daselbst.

»») Vgl. Kod. Hammurabi § 202.

) 330 DDoy 1ty 0'31«Son J11Dtf, jerusal. Rosen haschaaa 1, 4 und Oenes. r. cap. 48. linge guter Familien — »erhebe deine Augen und sieh, wen du dir wählst, sieh nicht auf Schönheit, sieh auf Familie!« Die Schönen hingegen sangen: Schaut nur auf Schönheit, denn Schönheit ist der Frauen Bestimmung. Die weder auf Schönheit noch auf Abstammung verweisen konnten: Werbet um des Himmels Willen! Da nach der Tradition gerade solche, die keine Frauen hatten, zu diesem Feste zu gehen pflegten,) wird wohl mancher Ehebund daselbst geschlossen worden sein. Nach dem Ursprünge dieses seltsamen Festes forschend, meint Samuel, daß an diesem Tage den Stämmen erlaubt wurde, sich miteinander durch eheliche Verbindungen zu vermengen, R. Nachman, daß an diesem Tage wieder erlaubt wurde, den Benjaminiten eine Frau zu geben, R. Jochanan, weil an diesem Tage das Sterben in der Wüste aufhörte, Ulla, weil an diesem Tage die Wachen abgeschafft wurden, welche Jerobeam aufgestellt hatte, um die Israeliten von der Wallfahrt nach Jerusalem abzuhalten, R. Mathna, weil an diesem Tage die Erschlagenen Bethars bestattet wurden; Rabba und R. Josef, weil man an diesem Tage aufhörte, Holz zu fällen für den Altar, weil, wie R. Elieser, der Große, gelehrt hatte, die Kraft der Sonne abzunehmen beginnt und das später gefällte Holz nicht mehr getrocknet haben würde. Man sieht — die Tannaim schweigen — daß die angegebenen Gründe, die alle merkwürdigerweise aus der Zeit der Amoräer stammen, weit auseinander gehen. Ohne Zweifel war aber das Fest uralt. Da nun schon in der letzten Begründung der Tag als Zeit der Sonnenwende angegeben wird, gehen wir vielleicht nicht fehl, wenn wir in diesem Volksfeste, welches man mit den erwähnten Ereignissen verknüpfte, als die natürlich kaum mehr erkennbare Urwurzel, die sich tief in dem Urgrunde der vorangegangenen Jahrtausende verliert, eine Art von Gegenfest. gegen jenes ') Taanith, die letzte Mischna, S. 26 b und 3la. Vgl. dass. xoii Dri nJM *nvx ih* pKtf 'o. Vgl. auch jerusal. Talmud z. St. alle Volksfest erblicken, welches in alter Zeit von allen Völkern zur Zeit des heliakischen Aufganges des Sirius in allzu fröhlicher Ausgelassenheit gefeiert wurde.) Wenn aber irgend etwas geeignet ist, die späte Nachwelt mit Bewunderung für die Lehre Mosis, für die Thorath Mosche, zu erfüllen, so ist es die Art, wie dieses Fest begangen wurde. Welchen Umschwung mußte die Bibel im geistigen und sittlichen Denken und Fühlen eines Volkes hervorrufen, um es von der Tiefe der wilde Sakäenfeste feiernden Menschheit zu jener Höhe der Sittlichkeit zu erheben, auf welcher so reine, liebliche und heilige Feste, wie das des 15. Ab gefeiert werden! Wahrlich, sie hatten Recht, jene Großen der Urzeit, die dieses Fest in der geheiligten Form der Israeliten nicht zur Zeit der Sonnenwende, sondern am heiligsten aller Tage, am Versöhnungstage, feiern lassen wollten. Mag sie auch in erster Linie der naheliegende Gedanke geleitet haben, mit der Verlegung des Festes auf einen andern Tag, auch die letzte Erinnerung an die heidnische Urzeit aus der Volksseele zu tilgen, ein Gedanke der ja so nahe lag, welcher sich vielleich nicht ganz durchzusetzen vermochte — der Versöhnungstag mit seinem heiligen Ernste, mit seiner Reinheit und mit seiner Weihe war der rechte Tag für ein solches Fest. Der Talmud gewährt da einen tiefen Blick in die dunklen Gänge des Altertums und seiner Kulturentwickelung. Man wird den hohen Wert des Talmudstudiums erst dann zu würdigen wissen, wenn man auch seine Bedeutung für die Religions-, Kultur-und Rechtsgeschichte der alten Völker erkennen wird. Der Talmud enthält eine große Anzahl von persönlichen Erlebnissen der Gesetzeslehrer, von Bemerkungen über Personen und Zeitereignisse, über Gewohnheiten und Lebenssitten der alten Völker, die für die Beurteilung des Altertums von unschätzbarem Werte sind.

Wichtig, wie der Talmud als Geschichtsquelle für die damalige Zeit, ist die möglichst genaue Kenntnis der damaligen Zeitgeschichte für das Verständnis des Talmuds. Ja diese ist unerläßlich, denn oft sind es Worte, die der Zeitmoment geboren und welche für die damalige Zeit bestimmt waren, die wir vernehmen; solche können nur im Zusammenhange mit den Zeitverhältnissen begriffen und erklärt werden. Wir stoßen z. B. hie und da auf einzelne lieblose Bemerkungen über Personen und Völker, die mit den sonstigen Ansichten ihrer geistigen Urheber im schroffen Widerspruche stehen. Wir haben eben nur den Spruch, kennen aber nicht die Personen und Ereignisse, auf welche sich die mehr oder minder versteckten Anspielungen bezogen, die aber den Hörern und den ihrer Zeit näherstehenden Nachkommen bekannt waren. Nichts wäre aber ungerechter, als aus solchen einzelnen Stellen eine Waffe gegen denselben zu schmieden. Dies wäre ja schon aus dem Grunde unstatthaft, weil ja solche Äußerungen nur die Ansichten einzelner wiedergeben und gegen jede lieblose zehn andere, vom Geiste der Liebe erfüllte Aussprüche und Gesetzesvorschriften entgegengestellt werden könnten.

Zur Beurteilung des Maßstabes für den Geist des Talmuds können eigentlich nur die angenommenen Gesetze in Betracht kommen, und auch von diesen nur solche, die als allgemeine Norm anerkannt, von der Mehrheit angenommen wurden. Diese sind aber durchweht von dem Hauche der großen Menschheitsideen und Wahrheiten, die in der Thora und in den Propheten niedergelegt sind. Die Verwirklichung derselben im Leben, die harmonische Gestaltung des ganzen Daseins mit denselben, ist der talmudischen Gesetzgebung Zweck und Ziel. Die zahlreichen Gesetze, mit denen er das Leben durchflochten, die Zeremonien, die Gebete und Segensprüche vor und nach jedem Genusse, sollen die Übertretung der ethischen Gesetzvorschriften zur inneren Unmöglichkeit machen. Der Sünde vorzubeugen, die Sünde aus der Welt zu schaffen und den Menschen zum sittlich Guten anzuei-

fern, ist ihr höchster Zweck. Das Talmudjudentum empfiehlt nicht Weltflucht als Mittel der Befreiung von den Banden der Leidenschaft, es lehrt nicht die asketische Moral, die schon wegen ihrer Naturwidrigkeit immer und immer wieder ins Gegenteil umschlägt; es lehrt, das Himmlische mit dem Irdischen verbinden, indem es durch die zahlreichen Verordnungen nicht nur die Natur läuterte und die menschlichen Triebe veredelte, sondern selbst die Befriedigung der natürlichen Begierden (Sabbatmahl, Festfreude) durch die Benützung des in derselben enthaltenen ethischen Gehaltes und durch die dabei zu beobachtenden Vorschriften als Veranlassung zur Betätigung frommer Gesinnung verwertete. Der Talmud hat eben die Grundprinzipien der Bibel weiter ausgebaut, hat die Richtung, die die Sofrim vorgeschrieben, »nur einen Zaun um die Thora zu.machen« eingehalten und als Gegengewicht gegen die Neigung zum Materiellen gewisse Präventivmaßregeln geschaffen. Darum wurden auch die leichteren Gesetze mehr verschärft als die schwereren, der leichtere Festtag mehr-als der Sabbat. »Wo man ein Tal gefunden, sagt der Talmud, wurde ein Zaun aufgeführt«. Hat schon — um «in Beispiel anzuführen — die Bibel den einfachen Diebstahl, der naturgemäß mit weniger Gefahr verbunden ist, strenger bestraft als den Kirchenraub; den Dieb, der sein Handwerk bei Nacht und Nebel übt, strenger als den Räuber, so gingen die Gesetzeslehrer konsequent weiter, indem sie den Beraubten ans Herz legten, das geraubte Gut, welches der Räuber nach dem biblischen Gesetze zurückgeben müsse, in gewissen Fällen, namentlich, wenn derselbe aus freiem Antriebe Buße tun wolle, nicht anzunehmen, um ihm, wie es in der Begründung heißt, die Rückkehr zu erleichtern. (o'awn ropn) Solche Gesetze)

') Einige hat Rabbinowitz (Einl. in d. talm. Oesetzgeb. d. Talm. Deutsche Übers. Trier 1881) 680-86 zusammengestellt.

charakterisieren richtiger den Oeist der talmudischen Gesetzgebung wie die Denkart der damaligen Gesetzgeber als einzelne Aussprüche und Lehren, die nur dem Augenblicke dienten.

»Das jüdische (biblische) Gesetz ist sozial, nicht politisch« — bemerkt mit genialem Tiefblicke Renan — während die Gesetze der anderen Völker darüber wachen »daß die Gerechtigkeit ihren Lauf habe, steigt das jüdische Gesetz bis zu den letzten Einzelnheiten der sittlichen Erziehung herab.« Der Talmud, den Renan leider zu wenig oder gar nicht gekannt, um ihn von dieser Seite würdigen zu können, ist aber in den Grundzügen die konsequente Fortentwickelung des »biblischen Gesetzes«. Wie dieses, ist er bestrebt, dem Verbrechen den Boden zu entziehen, dem Übel durch soziale Einrichtungen entgegenzuwirken. Damit Armut und Elend die Enterbten nicht zur Sünde treibe und sie veranlasse, sich an des Nächsten Gut zu vergreifen, hat er zahlreiche Gesetze zum Schutze des kleinen Mannes erlassen und all die zahlreichen Wohlfahrtsanstalten, Armenkassen, Volksküchen, Kassen zur Auslösung von Gefangenen, zur Bekleidung der Armen und zur Ausstattung armer Bräute ins Leben gerufen, die sich in den einhalb Jahrtausenden hindurch so trefflich bewährt haben und zu jeder Zeit einen Schmuck der jüdischen Gemeinden bildeten. Und wahrlich! wenn das jüdische Volk trotz der großen Not, die oft in seinen Zelten hauste, und in den Ländern, wo sie in großer Anzihl wohnten, noch immer haust, wenn es trotz der Armut, der stetigen Begleiterin seiner Söhne auf der langen Wanderung, zu den Tausenden von groben Verbrechern gegen Leben, Keuschheit und Eigentum stets nur ein geringes, mit der Zahl seiner Bevölkerung in gar keinem Verhältnisse stehendes Kontingent gestellt, wenn es bei aller Zurücksetzung und Zurückdrängung auf allen Gebieten der öffentlichen Tätigkeit doch unter den Ersten zu finden ist, wo es sich um humane und menschenfreundliche Werke handelt, so ist es zum nicht geringen Teil der Erziehung zu verdanken, die ihm der Talmud angedeihen ließ.

Seltsam wie das Werk selbst, ist auch dessen Geschichte. In stürmischer Zeit wurde er zu Papier gebracht, von den 6 Abteilungen konnte ein großer Teil nicht redigiert werden, und nur 3 sind unversehrt auf uns gekommen. Kaum daß er das Land seiner Entstehung verlassen, wurde er mit einer feindlichen Novella eines römischen Kaisers (553) begrüßt). Bannflüche, Bullen, Konfiskationsdekrete wurden gegen ihn geschleudert, lodernde Scheiterhaufen wurden für ihn errichtet; in der zweiten Hälfte des 16. Jahrhunderts allein wurde er nicht weniger als zu 6 verschiedenen Malen verbrannt, aber er scheint gleich dem Volke, das ihn ins Leben gerufen, für die Ewigkeit geschaffen zu sein. Er war das geistige Brot seiner Armut in den 14 Jahrhunderten schwerer Leiden und hat eine Riesenliteratur ins Leben gerufen, die von der Regsamkeit des jüdischen Geistes ein beredtes Zeugnis gibt. Der Laie sieht in derselben nur die endlosen Fäden, die die Nachwelt weiter gesponnen. Nur der Talmudforscher fühlt, daß auch unter diesen Fäden reiches Leben schlummert, welches nur der wärmenden Sonne bedarf, um zum segensreichen, die Kultur befruchtenden, die Menschheit vorwärtsbringenden Dasein zu erwachen. Wann diese Sonne erscheinen wird? — Der Prophet hat es vor Jahrtausenden gekündet: »Am Tage, da die Lämmer bei den Wölfen weiden, die Tiger bei dem Böcklein, und keiner da ist, der ein Leid täte, keiner der Verderben brächte auf meines Gottes heiligem Berge, denn es ist voll die Erde von der Erkenntnis Gottes, wie die Wasser die Meerestiefen füllen.« Note I.

Rabba und Abaji.

Bacher, der über diese Talmudstelle ausführlich in einem Exkurse (die Agada der babyl. Amoräer, S. 149 ff.) handelt, kehrt die Zahlenangaben um. Abaji soll 40 Jahre und Rabba 60 Jahre alt geworden sein. Dagegen spricht aber die Stelle Pesachim 104b, aus welcher hervorgeht, daß Abaji schon zu Lebzeiten R. Judas ein erwachsener Knabe gewesen sei. Da aber Abaji R. Juda um 40 Jahre überlebte — er starb nach Scherira i. J. 338 — so muß Abaji älter als 50 J. geworden sein. Auf diese Stelle hat Doroth ha-Rischonim II, b. S. 476 und Jolles, Beth Waad l'Chachamim, Kra-

kau 1884, Art. Abaji hingewiesen. — Halevy, der dieser Stelle ein ganzes Kapitel widmet (das. 435—440), läßt beide 60 Jahre alt werden. Die Textkorrektur Halevys ist aber unannehmbar. Der Talmud will ja nur sagen, daß Thora und Wohltätigkeit höher stehen als Thorastudium allein. Über diese Tendenz der besprochenen Talmudstelle kann kein Zweifel herrschen. Thorastudium allein — das ist der Gedankengang der Amoräer — verlängert wohl auch das Leben, Thorastudium und Wohltätigkeit tun dies aber in noch weit größerem Maße. Darum ist auch Abaji, der beides vereinigte, älter geworden als Rabba, der ausschließlich das Thorastudium pflegte. Die angeführte Baraitha will dann auch nur sagen, daß die Mitglieder einer von Eli abstammenden Familie, die gewöhnlich im 18. Lebensjahre starben, durch das Thorastudium ihr Leben verlängerten, T'ni»; daß sie auch älter als 40 Jahre geworden, wird nicht gesagt. Der Tieferblickende kann aber in dieser Kontroverse überhaupt keine streng halachische Diskussion erblicken, was ja schon der Natur der Sache nach ausgeschlossen ist. Dem Talmud lag es auch ganz fern, an dieser Stelle biographische Daten über Abaji und Rabba zu geben. Rabba ist gewiß älter geworden als 40 und Abaji älter als 60 Jahre. Der Talmud will nur sagen, daß der letztere, weil er Thora und Wohltätigkeit vereinigte, älter geworden ist als Rabba, der nur dem Thorastudium oblag. Der Talmud tut dies aber in seiner Weise, indem er die schon von Raschi und den Tossaphisten oft als Lieblingszahlen bezeichneten 40 und 60 verwendet. Über die Zahl 60 vgl. Tossaph. Baba m. 107 b s. v. TW, Babak. 92 b, Raschi zu Sabbat 90 b. Über andere Lieblingszahlen, vgl. Raschi Sabbat 119 a, Chullin 95b, Tossaph. Berachoth 20 a und a. St. Die Sprache des Talmud bedient sich mit besonderer Vorliebe solcher runder Zahlen. Es ist ihr nur um die innere Wahrheit zu tun, um die ethische Belehrung. Die Zahlen sind Beiwerk. Daß die großen Halachisten, wie Alfassi und Maimuni, diese Auffassung von den Zahlen in unserer Stelle teilten, geht schon aus der von R. Nissim bemerkten Tatsache hervor, daß die letzteren die ganze Stelle in Aboda sara 19 b: 'lim Kin H31 ».Ti'als späteren Zusatz streichen und halachisch nicht berücksichtigen. S. R Nissim z. St.: /irrom pai fiD rnntj? Osix pa pn *xbi* n"n no rrea *Mb* nana» D'ao-no »in nai «m ars *xbv otbx* "in *by* nion? w 3i Ubb bm vwb pw p1Ba Dm 'HKY. Sie haben eben die Zahl 40 als eine haggadische erkannt und als solche behandelt. Die 40 Jahre als Erfordernis zum Richteramte scheinen aber tief in die Urzeit hinaufzureichen. Vgl. Ex. r. I, 30: vim niUt pj» pHJ 1"? 11DK nPD,T,1 »JB '3 3 1D1K M1W "1 Wri TOP DS1X 3B 'B Uj? BB1Bn 1IP Wlb.

Note IL Das Sirachbuch und der Kanon. Über die Frage, warum das Sirachbuch zu den Apokryphen gehöre, mit welcher sich R. Josef und dessen Schüler so eingehend beschäftigt, haben ältere und jüngere Forscher gehandelt, — vgl. insbesondere die Abhandlung Joels, Blicke in die Religionsgeschichte Bd. I, S. 68—76, der sich genötigt sieht, statt »Sifre b. Sira, Sifre b. Safda zu lesen. Dem eigentlichen Orunde scheint nur Geiger in seinem Aufsatze: Warum gehört das Buch Sirach zu den Apokryphen? (ZDMG. 1858, S. 536—544) nahegekommen zu sein. Dieser bemerkt, daß die Ignorierung der Lehre von der Auferstehung der Toten, daß speziell Sätze wie 17, 30: »Der Mensch ist nicht unsterblich« und andere ähnliche (sie wurden zusammengestellt und behandelt von Gröbler in den Stud. u. Krit. 1879, S. 660), welche die Auferstehung in Abrede stellen, bei der Ausschließung des Sirachbuches neben anderen Dingen eine Rolle gespielt haben. Es ist aber merkwürdig, daß auch Oeiger den Zusammenhang in der Mischna außer acht gelassen, der die »Leugnung von der Auferstehung der Toten« als den Grund für die Ausschließung des Sirachbuches mehr als nahegelegt. Die Mischna lautet: »Folgende haben keinen Anteil an der zukünftigen Welt«. »Wer da sagt, die Thora lehre nicht die Auferstehung, wer da sagt, die Thora sei nicht göttlich, und ein Epikuräer; R. Akiba sagt: Auch wer da liest in den ausgeschlossenen Büchern« (»wie im

Buche Sirach« so jer. Sanhedrin X, S. 28 a). Es unterliegt darum keinem Zweifel, daß für R. Akiba die Leugnung der Auferstehung den Ausschlag gegeben, wie dies aus dem Zusammenhange hervorgeht. Daß aber R. Josef und dessen Schüler trotz heißen Bemühens, Schwächen im Sirachbuche zu entdecken, die von Geiger und Qröbler angeführten Stellen nicht fanden, hat seinen Grund darin, daß diese Stellen in den Sirachexemplaren zur Zeit R. Josefs tatsächlich nicht mehr standen. Schon Geiger hat (das.) darauf hingewiesen, daß der syrische Übersetzer des Sirachbuches der herrschenden Anschauung von der Unsterblichkeif dadurch Rechnung getragen habe, daß er einerseits manche Stellen, die der Lehre von der Unsterblichkeit widersprachen, wegließ und andererseits Stellen einschaltete, welche die Unsterblichkeit lehrten. So z. B. lautet ein Satz im Sirachbuche 18, 9: »Die Zahl der Tage des Menschen (ist wenn) viel, hundert Jahre wie ein Tropfen aus dem Meere und ein Korn des Sandes, so die wenigen Jahre in dem Tage der Ewigkeit«. (Welt) Der Syrer schaltet nach dem Worte »Sand« folgendes ein: KDl "px ion *tmb$ 0* pjB *tbx* KpnJM KDJj3. Noch ein anderes Beispiel bei Geiger das. In den zwei Jahrhunderten zwischen R. Akiba u. R. Josef hat eben das Sirachbuch manche Wandlung erfahren. Nebenbei bemerkt, könnten diese Stellen für die Echtheit der neu aufgefundenen Sirachteile, die mehr mit dem Texte der griechischen Übersetzung übereinstimmen, ein wichtiges Kriterium abgeben. xio-nD *nivan* Iwpd p3 Kmmi... iio?!« Djidj w3i w3i To 3ixp war Ijjt oji Hc *by* imK po-ns mi3ra iwx onx vnw 'bvi... ruroni

Note III. Redaktion des Talmuds. Über die Entstehung und über die erste Redaktion des Talmuds haben wir im ersten Teile S. 90—94 und S. 137—138 gehandelt. Den Anfang hat R. Juda mit der Ordnung Nesikin gemacht; seine Schüler Rabba und R. Josef haben das begonnene Werk fortgesetzt, welches mit Raba zum Abschlusse kam. R. Asche hatte zunächst die seit dem Tode Rabas hinzugekommenen, sehr beträchtlichen Talmudteile zu redigieren,

welche zum Teile durch die neuen Erklärungen, welche die Epignonen zu den Mischnasatnmlungen gaben (vgl. S. 91), zum Teile durch die zahlreichen Traditionen, welche mit den eingewanderten Amoräer nach Babel kamen, entstanden sind. Auch die durch Abnahme der geistigen Aufnahmsfähigkeit bei den späteren Generationen notwendig gewordenen Ausführungen der Citate, welche bei der ersten Redaktion nur angedeutet waren, nehmen im Talmud R. Asches einen breiten Raum ein. (Vgl. oben S. 70.) Hiezu gehören auch die weiteren Ausführungen und Begründungen zu den Sprüchen der älteren Amoräer, welche erst bei der letzten Redaktion aufgenommen wurden. Um dies zu verdeutlichen, seien folgende Beispiele angeführt, deren Zahl aus jedem Talmudtraktate vervielfacht werden kann.

XliDipD *nJtp3 njtip*... ppTiJNsn. R. Asche und Rabina halten also mit dem Abschreiben des Talmuds direkt nichts zu tun. Das taten vielmehr die pp'nyo, die die Traditionen von ihren Lehrern mündlich empfangen und sie durch mnemotechnische Zeichen im Gedächtnisse befestigt hatten.) Korrekturen konnten aus diesem Orunde nur durch Hinzufügung derselben vorgenommen, eingeschlichene Fehler konnten nicht mehr ausgemerzt werden. Sie waren schon in Aller Munde. Um ein Beispiel anzuführen, vergleiche den öfter erwähnten Satz: Mir "11 won '11 31,ai Voi *inv* '31.»Bi'?n *xm* »an '3 *bi* ijjib ho"i 133 uns w3n m njT' (So Sabbath 54b, Megila 7a und Sukka 4b.) Es ist dies auch ein sicherer Beweis für die mündliche Redaktion des Talmuds.

Wie schon R. Nissim in der angeführten Stelle bemerkt, haben Unruhen und Verfolgungen den Anstoß zur Niederschrift des Talmuds gegeben. TWlMll rwUtfl Shid 1k1 1PX3.. Es ist darum naheliegend, an die großen Unruhen zu denken, welche in den letzten drei Jahrzehnten des fünften Jahrhunderts in Persien platzgegriffen. Die großen Gemeinden, die ihre Lehrer nicht mehr zu den Kallaversammlungen schicken konnten, werden darauf bedacht gewesen sein, den Bestand der Lehre durch

Anlegung von Codices zu sichern. Wie die großen süddeutschen Gemeinden im Mittelalter ihre Talmudkommentare (pcitojip) hatten, so werden es die großen Gemeinden, zunächst natürlich die in Sura und Pum Baditha es als ihre Ehrenpflicht erachtet haben, Talmudabschriften zu besitzen. Die Schreiber lernte« den Wortlaut von den Schülern R. Asches, die durch ihre Teilnahme an der Redaktion als die sichersten und verläßlichsten Quellen gelten mußten. Vor Allem von Rabina, dem größten von der Schule R. Asches, der alle seine Mitschüler überlebt zu haben scheint. Er war die letzte, alle anderen hochüberragende Säule, die aus der Zeit R. Asches bis ans Ende des fünften Jahrhunderts hinüberragte. Mit seinem Tode versiegte der reine Strom, der noch mit der Urquelle direkt in Verbindung gestanden. Darum: TiBm nrw *YVW*. Daß trotz des offiziellen Abschlusses eine Reihe von späteren Glossen Eingang in

') Der im Jahre 1801 verstorbene berühmte Kabbaiist und Rabbiner in Boskowitz, R. Nathan Adler, soll seine Bemerkungen noch durch solche Zeichen am Rande seines Mischnaexemplars verzeichnet haben; da er sich aufsein phänomenales Gedächtnis verlassen konnte, glaubte er das Verbot, die mündliche Lehre niederzuschreiben, noch halten zu müssen. (S. Chut hameschulasch 1906, S. 4 b).
den Talmud fanden (vgl. Chajes Igger. Bikkor ed. Pressb. 35b, Rappaport in Kerem Chemed VI 250-253 und Frankel Monatsschrift 1861 S. 261—272), ist darauf zurückzuführen, daß die Kopisten, wie die angeführte Stelle aus R. Nissim betont, nicht nach vorliegenden Exemplaren, sondern aus dem Gedächtnisse schrfeben. So auch z. B. der Exilarch Natronai b. Chaninai (oder Chabibai) für die spanischen Juden. (S. Oraetz Bd. V S. 466). Die Abschreiber konnten darum manche Erklärung und manchen Zusatz aus späterer Zeit als einen Teil des Talmuds betrachten. Übrigens gehören viele Stellen, wie z. B. die Stellen der Traumdeutungen, Astrologie, Krankheitskuren usw., welche die genannten Forscher einer späteren Zeit zuweisen möchten, den ältesten Teilen des

Talmuds an und sind wenigstens ihrem Ursprunge nach vielleicht älter als die Mischna, da wir sie schon zum Teile bei den ältesten semitischen Völkern finden. Auch daß einzelne Traktate sprachlich von den andern abweichen, wie z. B. die Traktate Nedarim (vgl. Schitta das. 6a und 16b, Tosafot 7a u. R. Ascher 16a), Nasir (Schitta zu Nedarim 6a), Temura (vgl. Frankel Einleit. in den jerusal. Talmud S. 45), hat darin seinen Orund, daß die Kopisten nicht nach schriftlichen Vorlagen schrieben, sondern nach dem Gedächtnisse. Unwillkürlich mußten ihnen oft gebrauchte Ausdrücke in die Feder fließen.

Ob sich die Redaktion des Talmuds nur auf die vorhandenen 36 Traktate oder auch auf andere Traktate erstreckt hat, läßt sich nicht mit voller Sicherheit beantworten. Wahrscheinlich ist das erstere der Fall. Es ist nicht anzunehmen, daß redigierte Talmudtei'e in Verlust geraten sein sollten, es sind uns bekanntlich selbst Traktate wie Nedarim erhalten geblieben, die, wie R. Jehudai Qaon (750) und Natronai (860) bezeugen, Jahrhunderte hindurch nicht in den Schulen vorgetragen wurden. 'mVP 31 1DK 21 *mV* HKDD DVTI rW'W W3 IWW pM D'YTJ

Yu *itb* Twito Iidx *ppv* xi Dmj j'do *ab ita mbpi mm* p«o *ftjyav* Kl (Vgl. darüber dusführlich ha-Chaluz VIII, S. 141, Brüll, Jahrbücher U, S. 85—86 und die dort angeführten Quellen). Der Talmud zu Kelim, den noch R. Ascher (Hai) Oaon vor sich gehabt und darin eine Erklärung zum Worte Pirion gefunden haben soll (Kelim XV. Vgl. hierzu Rappaport in Bikkure haittim 1830, S. 88) wird palästinensischen Ursprunges oder ein Bruchstück von dem unredigierten Talmud gewesen sein, wie er in den Schulen vorgetragen wurde. Denn, daß der Talmud zu allen Traktaten gelehrt wurde, unterliegt ja keinem Zweifel. Wie es z. B. ein nm "O cmn« (Sanhedrin 41b) und ein n3i '3 nyn3Br (Schebuoth 28 b und 36b) so gab es auch ein H31,© ndnn (Pesachim 35 a). Nur giengen die, die nicht redigierten, also auch nicht von der Schule Rab Asches anerkannten Talmude, wieder verloren. Es kommt dies bei diesen mitunter auch

formell zum Ausdrucke. Wenn nämlich eine Mischna aus den nichtredigierten Talmudtraktaten, wie aus der Ordnung Taharoth, zitiert wird, so geschieht dies mit dem Stichworte XBU (= Gegenstand). Vgl. Paschi zu Sukka 14a: neniBD *xbi* aiya tnoj Bib B*ho* w Jime d *mva* "m nitro *vtb* na «uu Ibi *vvn irrii-2tb mwon-xV2*. Vgl. auch Tosaphot zu Sukka 4 a Stw. TVO.: nmo 110 *bv* TWVB "Mpb DBH TI1. Demnach scheinen die nichtredigierten Traktate mit Absicht von der letzten Redaktion ausgeschlossen worden zu sein.
Note IV.
Aufstand der babyi. Juden unter Mar Sutrall.
Die Erzählung des Seder Olam Sutta, ein Gemisch von Dichtung und Wahrheit, wurde von verschiedenen Geschichtsforschern zu verschiedenen Zeiten angesetzt Sichergestellt ist nur das. Datum der Auswanderung Mar Sutras III. des Sohnes Mar Sutras II. nach Palästina; dieselbe erfolgte im Jahre 452 nach der Zerstörung Jerusalems 4280 mundi = 520 n. Chr. Ferner wissen wir, daß der Exilarch R. Huna oder Huna II. im Jahre 508 n. Chr. gestorben. Da nun Graetz Bd. V. Note 1, S. 419-422 Mar Sutra II. für den Sohn und Nachfolger dieses Huna II. hält, muß natürlich die Erhebung der Juden zwischen 508 und 520, wie Graetz daselbst näher ausführt, im Jahre 511 erfolgt sein und der jüdische Staat von 511—518 bestanden haben. Mar Sutrall. der im Jahre 496 geboren,, wäre demnach im Jahre 511 als fünfzehnjähriger Jüngling Exilarch und nach siebenjährigem Exilarchate, in seinem 22. Lebensjahre hingerichtet worden. Er hätte sich also sofort nach seiner Ernennung empört und als Fünfzehnjähriger den Aufstand geleitet. Wie unnatürlich! Ganz abgesehen von den Emendationen, die wir nach Graetz vornehmen müßten (711 statt n"11; DW1 D'1PJ? statt an»y; *xrtbi* »n müßte gestrichen werden) fehlt jeder Anhaltspunkt zur Annahme, daß eine Erhebung der Juden unter Robad stattgefunden habe. Von einer Verfolgung der Juden oder von einem Zwange, den Robad auf die Juden nach irgend einer Richtung hin ausgeübt haben soll, wird nirgends

erwähnt.

Auch daß Mar Sutra III. im Jahre 520 als Kind nach Palästina gebracht worden sei, widerspricht dem Wortlaute des S. O. s. "pD1. (Siehe diese und noch andere Einwände in Doroth ha-Rischonim 18. Cap., S. 40—43). Der Verfasser des Doroth ha-Rischonim begeht einen noch größeren Fehler, indem er das Sterbejahr 508 in Scheriras Sendschreiben auf Huna I. bezieht und den Aufstand Mar Sutras und dessen Tod auf das Jahr 557 ansetzt. Er läßt demnach nicht weniger als drei Hunas aufeinanderfolgen. Huna Mar (471), Huna II. (508) und Huna III (523). Diese Annahme ist aber ganz haltlos. Oanz abgesehen von dem an sich schon entschiedenen Umstände, daß unter der kräftigen Regierung Chosro Anoschirvaus (531—578) an einen Aufstand mit 400 Soldaten, — und noch weniger an den siebenjährigen Bestand eines unabhängigen Kleinstaates im Reiche — nicht zu denken ist, fehlte unter demselben auch jeder Anlaß zu einem Aufstande, da Chosro den Juden nicht feindlich gesinnt war. Die schweren Verfolgungen, von welchen Scherira spricht, sind viel späteren Datums (539). Die erwähnten Forscher haben darin gefehlt, daß sie dem Auszuge aus einer älteren Quelle über die Exilarchen zu wenig Beachtung geschenkt, der, wie wirbereits oben Note 4 erwähnt, in vielenBeziehungen den Vorzug vor unserem Seder O.,s verdient. Derselbe weist nämlich Mar Sutra eine Stellung zwischen Huna I. und Huna II. an. Mar Sutra wäre demnach ein Sohn Hunas I. gewesen. Oraetz hätte umso eher auf den Auszug in Jochas. zurückgreifen sollen, da er nach Zunz (Oottesd. Vortr., S. 138) dem Verfasser des S. O.'s die Tendenz zuschreibt, den Nachweis zu erbringen, daß der letzte Sproß des Exilarchenhauses in Mar Sutra III. nach Palästina ausgewandert und die späteren babylonischen Exilarchen nicht Abkömmlinge Jojachims, sondern Usurpatoren seien). S. O.,s hätte demnach guten Orund, Mar Sutra III. als den letzten Ring in der Kette der Exilarchen einzufügen und nach Mar Sutra II. keinen Verwandten berechtigter Erben wie Huna II. folgen

zu lassen. Dem sonst so scharfsinnigen Forscher hätte übrigens das verräterische Vax TIM oder wie es heißen soll: TIM 3 »j,12 "D V3K (vgl. Dor. ha-Rischonim, S. 44, Anm. 13), das bei Huna II. steht, auf die richtige Fährte führen sollen. Huna I. war der Bruder Kahanas und Sohn Mar Sutras; Huna II. Sohn Kahanas konnte also weder Oheim noch Cousin Hunas I., wohl aber Cousin seines Sohnes Sutras II. sein. Dies spricht also für den Auszug in J. nach welchem auch Huna I. (471), Mar Sutra II. und nach diesem Huna II., Sohn Kahanas und Cousin des letzteren folgte (bis 508). Für die Tradition in J. spricht ferner: Anhang.

a) Daß nur in den Wirren, wie sie in den letzten Regierungsjahren des Peroz und nach seinem Tode herrschten ein jüdischer Staat ent-und bestehen konnte. b) Daß unter keinem seiner Nachfolger so blutige Judenverfolgungen stattfanden, die eine Erhebung hätten veranlassen können, wie unter Peroz. c) Der Niedergang des jüdischen Kleinstaates wird mit der Lüsternheit der jüdischen Kriegsschaar begründet, die sich der Lehre Mazdaks oder vielmehr seiner Vorgänger (S. ZDMG. Bd. 23) angeschlossen, — das Wort 'BflJ1, das Qraetz Schwierigkeiten macht, ist natürlich verschrieben und soll 'p"UU Zandik, wie die Anhänger dieser Sekte genannt werden, heißen — und an den Höfen der Fürsten Unzucht getrieben. Der Mazdakismus hatte aber seine eigentliche Blütezeit in den ersten Regierungsjahren Kowads — in den erste« Jahren des letzten Jahrzehnts des fünften Jahrhunderts. Wir werden demnach nicht fehlgehen und auch dem Texte in S. O.,s in keiner Weise Zwang antun, wenn wir annehmen, daß im Jahre 471, nach der Hinrichtung Huna Maris, dessen minderjähriger Sohn Mar Sutra, wie das in Persien üblich ist — zum Exilarchen ernannt wurde). An seiner Stelle und wohl auch in seinem Namen führte ein Verwandter Namens R. Pachda das Regiment, bis der Knabe das 15. Lebensjahr erreichte. Da nun die Zeit des Exilarchais Mar Sutras natürlich inklusive der Jahre, in welchen R. Pachda für ihn regierte IXiV

on»y 'fl1Sj Wi XltOit ib.TAD 20 Jahre währte, 471—491, so fällt die Erhebung Mar Sutras in das Jahr 484.

Auf dieses Jahr weist auch der sagenhafte Zug von dem aufleuchtenden und dann erlöschenden Lichtscheine hin, dem die Sonnenfinsternis im Jahre 484, welche auch von den Persern für ein Vorzeichen großer Ereignisse gehalten wurde, zugrunde liegen mag.) Nach der Hinrichtung Mar Sutras wurde dessen Cousin Huna II. zum Exilarchen ernannt, sein Sohn aber, Mar Sutra III. wandte sich dem Reiche des Geistes zu und kehrte im Jahre 520 der Heimat für immer den Rücken, um in Palästina sich ganz der Thora zu widmen.

Note V

Huldigungssabbath des Exilarchen.

Scherira sagt nirgends, daß man schon z. Z. Asches den Sabbath-p ""? zum Huldigungssabbath des Exilarchen bestimmt habe. Der Passus "Dn... U'pjim V31. ist ein eingeschobener Satz. R. Asche selber spricht nur von dem Glanze der zwei Kallaversammlungen (Berachoth 17 b). Ferner wird von einem Vortrage eines Exilarchen

') Wie alt der Knabe gewesen, läßt sich nicht mehr ermitteln. Die Erzählung von dem Aussterben des Exilarchenhauses wie der Ttaum Mar Chaninas vom Umhauen des Lustgartens (Bostan) paßte, wie schon Graetz V, S. 422 bemerkt, zur Geschichte des späteren Exilarchen Bostanai.
) S. Nöldeke z. Tabari Exkurs S. 425. Funk. 10 am Versöhnungstage erwähnt, zu welchem alle Gelehrten kamen (Joma 68a. Siehe auch Sanhedrin 7 b über Mar Sutra den Frommen und Raschi). Eine solche Einführung, wäre sie vor Abschluß des Talmuds erfolgt, hätte nicht unerwähnt bleiben können; die Einführung ist daher nachtalmudisch. Note VI.

A s p a m j a h.

Unter Aspamjah kann nicht das in der Nähe Mesenes und Babylons gelegene Apamea gemeint sein, wie Kohut (Aruch) und Rappaport Erech Miliin, S. 157 meinen. Man wollte damit eine sehr ferne, entlegene Ortschaft bezeichnen (vgl. Berachoth 62 a Nidda 30 Pesikta d. R. Kahana Kap. 60), nicht aber die nahe, auch als Orenzstadt Babylons bekannte Ortschaft, die einst an Stelle des heutigen Koma erbaut war. Das Targum zu Abadja 1, 20 gibt-neo mit Aspamjah wieder. Da unter Tibd nach den Keilinschriften wahrscheinlich Saparda im südwestlichen Teile Mediens (erwähnt in der Chronik Sargons, des Königs von Assyrien) gemeint ist und Ispahan die Zentrale dieser Gegend auch sonst als uralte Wohnstätte der Juden bekannt ist, werden wir unter Aspamjah oder richtiger Aspanjah (die Verwechslung von M u. N bei Ortsnamen ist sehr häufig) Ispahan verstehen müssen. Nach Zacarya Kazwini (lebte im 13. Jahrhundert) wurde der größere Ort Ispahans (sie bestand aus zwei gesonderten Städten) Jehudia wegen seiner Bewohner genannt »die durch Bakthnassar als die geschicktesten Künstler dahin entführt wurden, wo jetzt Ispahan steht, da sie dort Erde, Wasser und Luft, der ihrer Heimat gleich fanden, beschlossen sie, daselbst sich niederzulassen«. Ritter Erdk. IX, S. 43.

Sie erhielten aber noch einen bedeutenden Zuwachs durch die armenischen Juden, die Sabur II nach Moses v. Chorene dahin übersiedelte (Ritter, das. X, S. 588). Ob die Stadt damals den früheren Namen Djai oder Jei (vielleicht identisch mit 1Jr Cholin 6 a) mit Jehudia verwechselt oder in früherer Zeit, ist ganz gleichgültig. Fest steht, daß Ispahan seit ältester Zeit eine jüdische Kolonie hatte. Wir werden darum mit Recht das Aspanjah im Jebamoth 115 b mit Aspahan identifizieren und diese Stadt oder richtiger Jehudia als Mittelpunkt der damaligen Judenbewegung und des kleinen Judenstaates zu betrachten haben.

Nole VII. Messianische Weissagungen. In dem uns vorliegenden Texte wird zwar die Jahreszahl 4291 mundi = 530 n. Ch. angegeben (Sanhedrin 97 b), die aber, da solche sybillinische Sprüche gewöhnlich auf wichtige Tagesereignisse Bezug nehmen, solche aber im letztgenannten Jahre vollständig fehlen und R. Josef, an den diese Nachricht gesendet wurde, überdies schon im Jahre 520 starb, unwahrscheinlich ist. Schon R. Elia aus Wilna hat in einer Scholie z.

St. (ed. Wilna) die Zahl Bbwi in O'»1te emendiert, wodurch übereinstimmend mit dem S. 198 zitierten Aussprüche der Baraitha (Aboda sara 9 b) die weltbewegenden Ereignisse für das Jahr 5231 = 470 n. Chr., in welchem bekanntlich große Judenverfolgungen verhängt wurden, angekündigt worden wären. Dagegen spricht aber die Jugend R. Josefs, der im Jahre 470 nicht viel älter als 20 Jahre gewesen sein konnte; eine solche Nachricht wäre wohl eher an das damalige Schulhaupt Rabba Tosphaa oder an den letzten Amora Rabbina gesendet worden. Was mich aber veranlaßte, an Stelle der Zahl cya'n das übrigens auch lautlich ähnlich klingende DttB zu setzen, ist die von Hieronymus in seinem Kommentar zur Schlußverheißung des Propheten Joel erzählte Talsache, daß unter den Juden seiner Zeit der Glaube verbreitet gewesen sei, daß Rom wie Ägypten nach 430jähriger Unterdrückung der Kinder Israel, also im Jahre 500 (70-f-430) vom Strafgerichte ereilt werden würde. (... ut scilicet quomodo Pharao et omnis ejus exercitus, qui per quadringentos et triginta annos populum Dei captivum tenuit, in mari rubro submersus est, sie etiam Romani, qui eodem annorum spatio Judaeos possesuri sunt, ultione Domini deleantur) Rahmer, der diese Notiz in der Monatsschrift f. Gesch. u. Wissensch. d. J. (Jahrg. 1897, S. 639) mitgeteilt und mit jüdischen Traditionen verglichen hat, hätte jedenfalls den Ausspruch R. Chaninas (Aboda s. 9b; s. oben S. 198) — der ausdrücklich von nWI pTinS niKD H spricht — zur Vergleichung heranziehen können, da derselbe — freilich mit Bezug auf Genes 15, 13 mV fl1KO J'S1K DniK Uyi — mit der Tradition des Hieson. übereinstimmt. Diese Verheißungen werden vielleicht in etzter Linie auf eine Auslegung der Schriftverse Exodus XII, 41,42 (vgl. Midrasch rabba z. St.) zurückzuführen sein.

Die bedeutendsten Judenstädte im engeren

Babylon.

Es ist ungemein schwierig, all die zahlreichen Orte und Städte, die im Talmud erwähnt werden, auf der Karte nachzuweisen. Abgesehen davon, daß

manche Ortschaften — wie das noch immer in Persien vorzukommen pflegt — nach kurzem Bestande wieder verschwanden, hat auch der Boden eine andere Gestalt angenommen, indem »der Euphrat sowohl als der Tigris mit ihren Armen und Kanälen eine ganz andere Richtung genommen«. (Weil, Gesch. der Chalifen Bd. 1 S. 34 A... 2) Manche Städte haben auch im Laufe der Zeit ihre Namen geändert, oder, wie gewöhnlich bei gemischtsprachigen Bevölkerungen, mehrere Namen zu gleicher Zeit geführt. So hieß die im Talmud erwähnte Ortschaft «mjm «in = Hirtendorf bei den Persern natürlich Göpänän, (Vgl. Nöldecke Tabari S. 6 Anm. 3) und der Fluß pji, richtiger pj« bei den alten Griechen Koxutoc,Ajpwv (Leidensstrom. Vgl. Kohut Aruch v. pJS.)

Ähnlich verhält es sich auch, wenn nicht Alles täuscht, mit der Stadt Schafire («inj o'p-i bm «na n;ijp. kommt öfter statt o vor. Baba mez. 18 a. So punktiert im Kod. Rom vgl. Dikduke Soferim z. St.) unter welcher wir die altberühmte Stadt Edessa vermuten, die zwar nicht zu Persien gehörte, aber zu den babyl. Hochschulen geistige Beziehungen gehabt haben mochte. Plinius (V, 24) versichert nämlich, daß dieselbe den Beinamen

') Bekanntlich haben auch die Gelehrten im Mittelalter Lunel mit TIT bllü und Montpellier mit 1n wiedergeben. Vgl. Einleitung zum 11KBn bV2 Rappaport in Bikkure haittim 1829, S. 110. In Ungarn wird noch heute die Stadt Kreuz Ds5c genannt, Neustadt V1n TJ? u. a. m.

) Daß Edessa von Juden bewohnt wurde, wird durch die Chronik von Edessa bestätigt. Diese berichtet, daß Rabulas (st. 435) eine Synagoge auf Befehl des Kaisers in eine Kirche verwandelt. Auch sollen die Juden den Tod dieses Bischofs beklagt haben. Vgl.

Callirhoe) (die Schönfließende) wegen einer Quelle erhalten habe. »Es fließt daselbst ein kleiner Fluß, der aus 25 Quellen entsteht und wegen seines lebhaften Laufes und seiner öfteren Ergießungen Skirtus »der Hüpfende« genannt wurde; der neuere einheimische Name Daisan hat die nämliche Bedeutung« (Mannert, Geogr. der Gr. u. Römer V. S. 277) Schafire, die Schöne am Strome Rechts, der Hüpfende wäre demnach die Übersetzungdesaltgriechischen Namens. Nebenbei bemerkt ist wahrscheinlich auch das von Isidor Carae p. 3 erwähnte Avirer, welches Mannert (das.) nicht zu erklären vermag, verstümmelt und aus Schavire entstanden. Da wir die Resultate unserer Untersuchungen zur Geographie Babylons in dem Kommentare zur Monumenta Judaica I. Bd. H. 2 (Akadem. Verlag, Wien und Leipzig) veröffentlichen, werden wir uns an dieser Stelle nur auf die wichtigsten, in der vorliegenden Arbeit erwähnten Städte, beschränken.

Zunächst seien hier die Grenzen des engeren Babyloniens angegeben: Ostgrenze nach Rab: ptM ist wohl identisch mit ptrj welches im Talmud mit dem biblischen (VÜ 1n; (II. B. Kön. XVIII, II) identifiziert wird. S. die Anmerkung 1 zu Bd. 1, S. 12. Er wird in der Nähe des Tigris und östlich von diesem bei dem Dorfe el Gausac zu suchen sein.

Nach Samuel: »JfrO inj Naharwan, ein Nebenfluß des Tigris, welcher nach Rawlinsohn ungefähr 11 englische Meilen an Ktesiphon vorbeifloß. (S. Spiegel Eran. Altertumskunde III. S. 250, Anm. 2 und Nöldeke Tabari S. 239 Anm. 5 und S. 502.

Nordgrenze am Tigris (Osten): Nach Rab: KlTigl, &02K Okbara und Awana, Awänä, ein Städtchen mit vielen Gärten

Bickell, Ein!, über Leben u. Schriften Rabulas in der Bibliothek der Kirchenväter. Kempten 1874, S. 158 und 209.

') Eine gleichnamige Stadt lag im Osten des Toten Meeres, mit welchem das biblische SV? identifiziert wird (Genes. 10, 19; Jerus. Targum z. St., Genesis rabba cap. 37, jerus. Megilla III). Die richtige Leseart ist wie schon Rappaport, Bikkure haittim 1829, S. 78 bemerkt nSp mit "1. Vgl. Hieron. in Quaest 3 St. und Bäumen, ein Vergnügungsort am Dugeil (ein Arm des Tigris, welcher auf der westlichen Seite gegenüber Cädisia den Tigris verläßt und bei Bagdad wieder in denselben mündet) 10 Parasangen von Bagdad nach Takrit zu. Dieses wie Okbara lag so nahe zu Carifun, ei-

nem reichen Dorfe am Ufer des erwähnten Tigrisarmes, daß man den Ruf zum Gebete von dort in diesen beiden Orten hören konnte. Wüstenfeld Jacuts Reisen ZDMG. Bd. 18 S. 426-427.

Nach Samuel 'JJO Maskan nahe bei Arwänä, ebenfalls am Dugeil, (Wüstenfeld das.), dem zur Seite von alter Bauart el Oausac. Zwischen Awänä und Maskan liegt das Schlachtfeld, auf welchem der letzte Kampf um das Chalifat zwischen Abd el Malik ben Marwan und Mucab ben el Zubeir im Jahre 71 gekämpft wurde, in welchem der letztere fiel. (Wüstenfeld Jacuts Reisen das.) — Aus der Lage dieser Städte kann man auf die Korrektheit der Leseart fcO?3ISt schließen. Eine Ortschaft N"33 in dieser Gegend ist nicht bekannt. Es wäre denn, daß wir es mit einer Verstümmelung von im (Altbagdad durch die falsche Auflösung von 'T?2 entstanden) oder von Nllfl richtiger JT1? vor uns haben. Ein Dorf Baradan lag nach Jacut (Wüstenfeld das. S. 426) in der Nähe der erwähnten Ortschaften, 7 Parasangen von Bagdad, dessen Name aus dem persischen »barda« = Gefangener abgeleitet wurde, weil Ne.bukadnezar die gefangenen Juden zuerst hierher gebracht habe. (Wüstenfeld das.)

Südgrenze am Tigris: Apamia WÜS-Jrt S. Mannert V b S. 366. Das heutige Korna, der Vereinigungspunkt des Tigris mit dem Euphrat (Kurna, weil sich diese wie zwei Hörner einigen).

In älterer Zeit, und zeitweilig wohl auch noch in talmudischer, flössen noch beide Ströme gesondert ins

') »Das Gebiet von der Mündung der Ströme aber,« bemerkt E. Herzfeld, Untersuchungen über die histor Topogr. der Landsch. am Tigris im Memnon 1907, S. 120, »ist das reichste an Wechsel,

Meer, und Apatnea lag nur am Tigris (darum rbiii rvnn;). Sonst war der Vereinigungspunkt der 2 Ströme als Grenze angegeben.

Nordgrenze am Euphrat: Nach Rab: »ipaim KipK ist natürlich nicht Philbeneane des Ptolemäus, wie Rappaport (Erech Miliin s. v.) annimmt. Dieses lag nach Ptolemäus 78" 30' B. und 35" 30'

Br., also nur / Grad nördlicher als Babylon, daher zu tief im Süden, um als Nordgrenze in Betracht kommen zu können. (S. Berliner, Beiträge zur Geographie und Ethnographie Babyloniens im Talmud und Midrasch S. 191). Es ist aber ohne Zweifel das Philaticomium auf dem Ostufer des Euphrat, bei Theodoret Iiiivi.t. xifiviw. Es ist auch noch lautlich zu erkennen, wenn wir statt des persischen b ein m setzen. Oipa $fl.) Diese Verwechslung kommt bei Städtenamen häufig vor, wie z. B.: Mekka einst Bekka; Balbek syr. Malbek usw. m. Über die Lage dieser Stadt vgl. Ritter Erdkunde X, S. 997 und Mannert V, S. 275. Nach dem letzteren wäre das Dorf und die kleine Bergfestung Charmely, welche nach Tavernier zwischen Orfa und dem heutigen El-Blr liegen und einen Knotenpunkt der verschiedenen Straßen bilden, die gegen den Euphrat hin zusammenlaufen, (das.) b) Nach Samuel: (/TIS »:n &n#a) bildet die Euphratbrücke die äußerste Nordgrenze. Welche von den historischen Übergängen gemeint ist, kann nicht mehr erwiesen werden.

c) Nach dem Palästinenser R.Jochanan erstreckt sich diese bis zur Furt des Zeugma. («am mapa) oder richtiger bei Zeugma, nämlich der Stadt, deren Entstehung dem ersten der Seleuciden von Plinius und von allen alten Autoren zugeschrieben wird und welche diesen Namen von der altberühmten Brücke erhalten hat. (Pausan. X, Phoc. C. 29 TcpoJTo; Se,Eu«ppaT/v (zpvoti:tx.$ TcoTaaov. Zsirft bald mündeten beide Ströme getrennt, bald floß der Euphrat in den Tigris, bald versumpfte der Euphrat.«

TS wvofAicdYi Tcoxis.) S. Ritter X, S. 989 und 993 »Der Übergang am Zeugma dauerte durch mehrere folgende Jahrhunderte fort, er ist dem Ptolem., Amm. Marcell., Steph. Biz. bis zum sechsten Jahrhundert noch wohl bekannt« (das.) und das Verhältnis seiner räumlichen Stellung hat dieselbe Lokalität bis heute als Hauptübergang über den Euphrat erhalten« (das. 994). Die Brücke selbst war wohl.auch z. Z. R. Jochanas, wie schon früher (so 53 vor Chr. und zu anderen Zeiten, Ritter das.

991) zerstört und die Überfuhr mußte durch eine Fähre bewerkstelligt werden. Darum gibt er »avil m2j?D und nicht Kibvj als Grenze an.

Grenze gegen Westen und Süden:

NB' aru Rami bar Abba wollte die südwestliche Grenze mit so' bn bestimmen, da im Süden der Euphrat nicht die natürliche Grenze bildet und, wie auf der Karte ersichtlich, eine ganze Anzahl von bedeutenden, westlich von diesen gelegenen Städten zu Babel gehören oder vielmehr den Kernpunkt des von Juden bewohnten Landteiles bilden. Wir haben darum der zweiten Erklärung des Aruch Kfi3n = Grenze den Vorzug gegeben, obgleich auch die erste, auch von Raschi z. St. gegebene: *rbzn na info btt bv nun« bv mrnia ir "p «ajat? imia, nach welcher n3n = das Beste« in bezug auf Sittenreinheit zu übersetzen wäre, zutrifft. «a 'an, Wüstenreich wird diese Gegend genannt wegen der zahlreichen Seen, die in dieser Gegend jener alte Kanal bildet, den die alten Historiker Naarsáres) (Ptolem. V, 20 fol. 145) oder Marses (Ammian XXIII), der Talmud 2h3 Naresch nennt. Nach manchen Forschern lautete die Bezeichnung ursprünglich när(u) es§u (= ed§u = neu vgl. libn. 453, 1 när e§§u; es wäre demnach i2E3 Nare§su zu lesen und »Neuer Kanal« (Königskanal?) zu übersetzen. R. Papa nennt ihn »Ephraturm von Borsippa«, weil er zu seiner Zeit an Borsippa vorüberfloß. Die Südgrenze wäre demnach bei dem heutigen Semaue, wo sich dieser mit dem Euphrat vereinigt. — Wie im Talmud, so wird diese Gegend noch heute von den Arabern El Buheire = die Seen oder Bahr Nedjef genannt. Vgl. Ritter Erdkunde X S. 44 bis 46, Mannert Geogr. d. Gr. und R. V. 2 S. 346, Z.D. M.G. Bd. 28, S. 93; über die verschiedenen teils natürlichen, teils künstlichen Seen Forbiger, Handb. der alter. Geogr. II S. 617. Die Stätte, wo einst Babylon, die große Weltstadt gestanden, sah schon Julianus in einen Sumpf verwandelt (das. S. 622).

') Die assyrische Bezeichnung für XDD i,1j.

Das geistige Leben der Juden spielte sich auf dem eng begrenzten Raume zwischen Sura und Nahardea ab, der in zwei Kreise eingeteilt wurde. Sura bildete die Südgrenze und war die geistige Zentrale eines größeren Kreises, der von dem in demselben gelegenen Stadt Babel den Namen Babel erhielt, Nahardea lag an der nördlichen Grenze und bildete den Mittelpunkt eines gleichnamigen Kreises. Die Kreise unterschieden sich, wenigstens in den ersten Jahrzehnten, in Bezug auf religiöse Sitten und Gebräuche, wie auch bezüglich der Rechtsprechung. Während der Kreis Babel sich nach den Lehren Rabs richtete, fiel der andere ganz in die Einflußsphäre Samuels. (Vgl. Ketubot 54 a, Pesachim 30 a. Diese Einteilung hörte jedoch durch das Eingreifen R. Hunas auf. S. oben Bd. I, S. 119.)

Nehardea (Naarda) lag an der Stelle, wo der Kanal Narraga, der später Isa-Kanal genannt wurde, vom Euphrat abzweigte, in der Nähe der von Arabern bewohnten Stadt Ambar. S. die Karte. Wie Nisibis, bildete es einen Sammelpunkt für die dem Jerusalem. Tempel zufließenden Gelder. »Es ist dieselbe Gegend, wo einst ein kleiner jüdischer Raubstaat, mit den Brüdern Asináus und Aniläus an der Spitze, unter demselben Namen nach Josephus, an der Spaltung des Euphratlaufes (Joseph. Antiq. Jud. XVIII c. 9) sich auf kurze Zeit festsetzte.« Trotz der wohlbefestigten Verschanzungen zu Nehardea und der Kühnheit der Führer konnte der kleine Staat im Staate den Angriffen der durch den wachsenden Übermut der Führer schwergekränkten benachbarten Babyloner nicht widerstehen, zumal auch Uneinigkeit und Unzufriedenheit rn eigenen Lager seine Widerstandskraft schwächten. Nach dem Tode der Führer wurde Asinai von der Frau Anilais vergiftet, letzterer fiel durch Feindeshand 35—36 n. Chr. — viele mußten nach Seleucia flüchten, wo nach einigen Jahren eine blutige Verfolgung ausbrach, bei welcher 50.000 Männer erschlagen wurden. (Vgl. Joseph. Antiq. Jud. XVIII cap. 9. Ritter Erdkunde X S. 124 und 146—147 Justi Gesch. Persiens S. 166. Rappap. Haschachar V 492 Berliner Beitr. z. Geogr. 1884 S. 43). In Nehardea selbst scheint sich jedoch eine zahlreiche jüdische Bevölkerung erhalten zu haben. Nach kaum 100 Jahren findet R. Akiba daselbst eine bedeutende Gemeinde, in deren Mitte er ein Schaltjahr einsetzt und mit einem Gesetzeslehrer halachische Controverse pflegt. (Jebam 115 a; 122 a;) Zur Zeit der ersten Sassaniden war sie Sitz des Exilarchen und seiner Oberlichter. Als Festung (Erubin 45 a) und Grenzstadt wird sie in den römisch-persischen Kämpfen öfter Ziel und Angriffspunkt feindlicher Einfälle — welchem Umstande sie auch die Ausnahmsstellung, die ihr bei gewissen auf die Verteidigung Bezug habenden Gesetzesbestimmungen eingeräumt wurde, zu verdanken hatte (Baba Kamma 83 a) — bis sie im Jahre 259 von Papa b. Nasr. einem Verwandten Odenaths, zerstört wird. (Scheriras Sendschr. Sed. Olam s.) Sie scheint sich jedoch sehr bald erholt zu haben, da schon nach wenigen Jahrzehnten ein Gesetzeslehrer, Rabba b. Huna, einen Vortrag in derselben hält (Beza 29 b, S. Com. d. R. Chanael. Die richtige Leseart ist mi) und noch zur Zeit Benjamin v. Tudelas (1160) hatte sie eine bedeutende Judengemeinde mit großen Lehrern, deren der letztgenannte ehrenvoll erwähnt. Über Boden, Einwohner und Handel, vgl. Berliner, Beiträge zur Geogr. u. Etnographie Babylons im Talmud und Midrasch S.47—51.

In der Nähe Nehardeas lag die berühmte Stadt Hyra syrisch «rnn Herta, Sitz der arab. Vasallenkönige (Vgl. Tabari Nöldekes Übers. 23—25 und Anm. 1 an 1. St.) wahrscheinlich identisch mit dem wohl verschriebenen siain jerus. Sabbat 1, 14, welche Stadt Samuel ausdrücklich als nahe bei Nehardea bezeichnet und deren Begründer Amr Sohn des Adi, im Talmud nur Bar Adi genannt, die jüdischen Bewohner Babylons be-

drängte (Aboda sara
33 a). Im babylon. Talmud wird die
Stadt inn Sanhedrin
5 b und niNi «mn erwähnt (Sabbat 19 b;
Erubin 63 a)
Argis soll der Name eines Zauberkünst-
lers gewesen sein,)
der die Stadt erbaut haben soll (Raschi).
Ob darunter der
Baumeister des berühmten Schlosses
»Chawarnak« der aber nach einer arabischen Sage Sinimmär geheißen,
gemeint ist, (Vgl. Tab. S. 78 u. Nöld.
Anm. 3. Im Talmud kommt es an 3 Stellen in der Bedeutung von Luftschloß
vor «pm3N Erubin 25 b Vgl. Taanit 14
b wo nur »Laube«
gemeint sein kann, da es mit jtau verbunden ist, ebenso
Megilla 5) muß dahingestellt bleiben.
Ein anderes «mn lag auf dem Wege
nach Tekrit. Monum. Jud. Bd. I, H. 2,
St. «mru
Unterhalb Ambar, also in der Nähe Nehardeas, verließ der bereits erwähnte
Hauptkanal Naarsäres, Maarsäres
(So bei Ptolem.) oder wie ihn Abulfeda
nennt, Narsi,) den
Euphrat und lief an der Westseite parallel mit dem Mutterstrome und vereinigte sich, nachdem er zahlreiche Kanäle der arabischen Wüste zugeschickt,
bei Semane unweit von Borsippa wieder mit dem Mutterstrome. Der von den
zwei Riesenarmen umschlossene, von
zahlreichen kleinen
Kanälen durchnittene Landstrich, auf
welchem auch das alte Babylon gestanden, bildete den Ursitz der Exulanten
Judäas, die Oola Xkt Sxov. Ihr Mittelpunkt war Pum
Badita. (Kjvn Bid wie Scherira"
schreibt.) Sie lag gleich dem nahen 'j'n
= Hille auf dem weiten Trümmerfelde
Babels,
R. Josef konnte darum mit Recht dieselbe als die eigentliche Gola bezeichnen.
(Rosch haschana 23 b.)
Ihre Schule soll noch Chanina, der Neffe R. Josuas gegründet haben. (Sanhe-
der 32 b. Scherir. Sendschr.) Zur
Zeit Rabs bestand noch eine Schule;
(Sabbat 110 a) ob es
    ') Es wire woh! Eragisa sein. S. unse-
re Karte.

) Abulfeda. Siehe Ritter, Erdk. X, S. 46.
Es ist der große
Euphratarm, welcher jetzt Nahr Hindije
heißt und welcher bei den früheren Arabern als Hauptarm des Stromes galt.
(Vgl. Jacut Q3, 10
Nöldeke, Zur orientalischen Geographie, ZDMQ. Bd. 28, S. Q3)
die alte oder eine neugegründete war,
kann kaum mehr bewiesen werden. Ihre
Bewohner, die sich keines besonderen
Rufes erfreuten, (vgl. Chullin 127 a, Baba batra 46 a)
wurden, wie bereits erwähnt, von den
persischen Feldherren und ihren fremden Söldlingen hart bedrängt. (Aboda
sara
33 b) Zur Zeit Benjamin v. Tudelas hieß
sie el Jubar oder
Juba (Itinerar. edit Ascher hebr. Text S.
53; 69; nach Zunz das. II, 133), daraus
mag auch der Zusatz smsb" vielleicht
»yb
= ei Juba entstanden sein (Mond Katar
II a)) Pum Badita war von einem ganzen
Kranze von größeren und kleineren
Ortschaften umgeben: So Hini mit einem Weizenmarkt
(Baba mez. 72 b) das heutige Hille, Ko-
be (Sukka 26 b)
Akra d'agma (Baba mez. 86 a) Be Dura) (Berachot 31 a)
Be Kufa OKDip 3). Dikduke Soferim
das. nicht 'D'J. Die bedeutendste war
wohl die durch ihren bedeutenden
Weinhandel berühmte Stadt Bbbii (Baba mez. 73 b, Baba batra 98 a die richtige Leseart an letzter Stelle, da sie in
Handschriften nur mit a oder 1 geschrie-
benvorkommt. Dikduke Sofr.) vermutlich
Valasabad gesprochen. Es ist das alte
Vologesia. Sie wurde von Vologeses)
im ersten Jahrhundert erbaut (Plinius
VI, 26,
dieser nannte sie Vologesacerta) und
lag an der Stelle der späteren Stadt Kufa, südwestlich von Babylon, 4 geogr.
Meilen von Hille — wie Ptolem. bemerkt — am Flusse
Maarsares. (Mannert, V, 414. Vgl.
Nöld. Tabari S. 184, Anm. 3.)
Der Talmud scheint den Namen richtig
wiederzugeben mit den
Endbuchstaben ta (freilich wäre n kor-

rekter); dies geht auch aus der irrigen
Identifizierung mit Säbät hervor. (Nöld.
das.)
Am selben Strome, weiter unten in der
Nachbarschaft
') Nach der Leseart Alfasis und des
Aruch dir «nna D1D lesen.
Vgl. hingegen Giaetz IV, Note 49.
) Be Dura lag tiefer als Walasfad. In ei-
nem Manuskr. (Wright
Cat. d. Br. Museum 1134) wird erzählt,
daß der heilige Phaetion von
Balasfar (1 statt 1?) über Dura nach Me-
sene zog. S. Nöldeke ZDMO.
Bd. 28, S. 93. Die dort angeführten
Städte lagen am Euphrat.
) Bj1?1, wie er auf Münzen genannt
wird, bei den späteren
Persern und Arabern ist das g ausge-
fallen; Sidra rabba I, 383 hat die Form
Vxb)tl. Ebenso die Syrer. Vgl. Nöld.
ZDMO. Bd. 28, S. 93 ff.
Es ist also wbz oder Bb1 mit dem persischen äpät, äbädh und die
    Suras lag anj Nares (Vgl. Scheriras
Sendschr. und Neubauer S. 365, Berliner Beitr. S. 54) den Namen erhielt sie
wahrscheinlich vom gleichnamigen Kanal, der daselbst
überbrückt war. (Baba mez. 93 b.)
Der Marktplatz lag auf einem Abhange
in der Nähe der Ortschaften «,jmi und
n«3 '3, die auf einem Hügel lagen; zur
letzteren führten Treppen (Sota 10 a
Erubin
56 a). Wahrscheinlich wurden sie der
leichteren Verteidigung wegen teras-
senförmig erbaut. (Vgl. Pollak Persien
Lpz. 1865 II S. 121.) Vgl. Monum.Jud.
zu diesen Städten.
Zu dieser Gegend, welche wie bereits
erwähnt,
Chabil Jamma«. Seekreis oder auch Eu-
phratgegend v.
Borsippa c'Dim mo (Kidduschin 72 a S.
oben S. 2) genannt wurde, gehört auch
das öfter erwähnte wo' iap
(rechte Seite d. Euphrat) nach Wiesner
Scholien z. Talm.
I. S. 119 identisch mit Jamin unterhalb
Kufa, dessen
Umgebung sich durch besondere
Fruchtbarkeit auszeichnete,
weswegen dieser Landstrich im Talmud
Joma 10 a wohl auch mit dem rta in der

Bibel Genes. 10, 2. das Glück, Gedeihen bedeutet, identifiziert wurde. Die Stadt Babel, von welcher im Talmud öfter die Rede ist, (Beza 32 b.; Erubin 63 a; 65 a) war nur nominell die Hauptstadt des großen Kreises, dem sie ihren Namen verlieh und zu dessen Jurisdiktion weite Landstriche mit großen Judenstädten wie Machosa gehörten, (Ketubot 54 a) die eigentliche Zentrale war das ganz unbedeutende Sura am See Essuria, am Westufer des Euphrat. Sie lag nahe zu Babel, l/ Tagereisen entfernt von Kufa, 2 Tagereisen von Nehardea, und wird von Scherira mit Mata Mechasja — welche die engere Judenstadt Suras gebildet haben mag, identifiziert (Berliner Beitr. S. 46, 51 u. 55). Ihre Bedeutung verdankte sie ausschließlich der von Rab gegründeten Hochschule, dem »Hause unseres Lehrers in Babel«, welches wie ein kleines Heiligtum verehrt wurde.

Stadt stand in talmudischer Zeit noch in voller Blüte, was Nöldeke, der es weder im Talmud noch in Neubauers Oeogr. usw. gefunden, hat (ZDMO. 28, S. 98) übersieht. (Megilla 29.) Durch die Autorität ihrer Lehrer führte sie die geistige Herrschaft — die oft mit der politischen verbunden war, über den weitaus größten Teil Babels im weiteren Sinne; ihr Einfluß reichte bis zum südlichsten Grenzpunkte, zum unteren Apamea, welches von dem oberen gleichnamigen Orte zwar nur / geograph. Meile entfernt, inbezug auf Sprache, religiöse Bräuche und sittliche Führung von der Schwesterstadt grundverschieden war. (Vgl. Kidduschin 71 b. Berliner Beitr. S. 19 Mannert V, 2 S. 366. Cassel Art. Juden in Ersch u. Oruber.) Das untere Apamea gehörte sprachlich zu Mesene, dem südlichsten Landstrich Babels; Mesene richtete sich aber auch in religiösen Bräuchen — wie im Gesetzeslehrer aus dieser Gegend bemerkt — nicht nach Rab und nicht nach Samuel, sondern nach Palästina (Sabbat 37 b). Durch die Lockerung des religiösen Bandes, las es an das nahe geistig regsame Babylon geknüpft, verloren seine Bewohner den

religiösen Halt. Sie verschwägerten sich mit Heiden und wurden bald von den babylonischen Glaubensbrüdern gemieden.

Auch an den Ufern des Tigris gab es viele von Juden bevölkerte Städte. Namentlich am unteren Tigris scheinen Juden in großer Anzahl gewohnt zu haben. Dies deutet schon der Name Nehr Jehud, unter welchem noch im 17. Jahrh. ein Fluß bekannt war. Nach Abulfeda war dieser vom Obolla sechs Parasangen entfernt. Vgl. Ritter Erdkunde X S. 194 und 195.

Am mittleren Tigris lag die durch ihre Lage interessante, in der Nähe des später erbauten Wasit gelegene Ortschaft Daucara oder Daraucara) sipm Sabbat 94 b, der Geburtsort R. Hunas, von deren Baumaterial Wasit erbaut wurde. Sie lag demnach in der Nähe der bekannten Sümpfe von Wasit (Ba'tajeh Aruch hat Sanhedrin 38 b die Leseart K1piH «ws) die eine ungesunde Luft erzeugen und daher zeitweilig eine größere Sterblichkeit verursacht haben ') Daraucara, ursprünglich KipnT Daraw-karu (assyr. = Dariusstadt. daher auch die Lesearten mpm Daravkerth, Taanith 21 b und Knp i-iKi Moed katon 27 b, alle in der gleichen Bedeutung. mochten, (Vgl. Taanit 21 Raschi hat auch dort eine Leseart KipiH wohl Daucara wie sie auch von den Arabern genannt wurde; und Nidda 58 b mpn) im Mittelpunkte zwischen Madain, Bacra, Kufa (Gegend Pum Baditas) und el Ahwaz; von all diesen Städten ungefähr 40 Parasangen entfernt. (Wüstenfeld Jacut's Reisen Z.D.M.G. Bd. 18 S. 410).

Da Ahwaz mit der südöstlichen Provinz Chusistan Win '3 im Talmud identisch ist, (Vgl. Gott. Nachrichten 1874 S. 182 Nöld. zu Tabari S. Anm. Kidduschin 72; Kerem Chemed V S. 221 Neubauer La Geogr. du Talmud S. 380) so betrug die Entfernung von Babylon (Kufa) bis Chusistan im Ganzen 80 Parasangen, und bedurfte man keineswegs 12 Monate, um von einer Provinz in die andere zu gelangen, wie aus einer Stelle irrtümlich gefolgert wurde. (Vgl. Baba K 112b Berliner Beitr. 35) Trotz der regen geschäftlichen Beziehungen, in welchen die Babyloner zu ihren in

mancher Beziehung frommen Glaubensgenossen (s. Pesach. 50 b.) standen, (Sabbat 51b, Baba K. 104 b; Ketabot 85 a Berl. Beitr. S. 35) wurden die jüd. Bewohner Chusistans nicht als gleichwertig angesehen und scheuten es fromme Männer, mit Frauen aus Chusistan eine Ehe einzugehen. (Kidduschin das. u. Kerem chemed V S. 220.) Ähnlich verhielten sie sich auch zu den jüd. Bewohnern der an Chusistan grenzenden nordöstlichen Provinz Mediens, des Ursitzes der exilierten 10 Stämme. (S. Note 1) Mesene ist tot — lautete eine alte Tradition — Elam (Chusistan) in den letzten Zügen und Medien ist krank. (Kidduschin 71b.)

Auch der Nebenfluß Naharavan, welcher die Grenze des engeren Babylon im Osten des oberen Tigris bildete und dessen nördlicher (obere) Teil Dijälä oder Tämarrä genannt wurde. (Vgl. Nöldeke zu Tabari S. 239 Anm. 5 und S. 502). Die Furt dieses Stromes, wurde auch von Rab als Grenze Kleinpalästinas — oder »des Landes Israel«) anerkannt (Ber. rabba c. 16 Cassel Art. Juden in Ersch und Gruber

') Auf diese Bezeichnung ist wohl auch die Notiz in Plinus (VI. 127—131) zurückzuführen sein, nach welcher man die Sittacene (Oegend am Tigris zwischen Mesene und Chalonits) auch Palästina nannte. (Vgl. Memnon 1907, S. 141.)

S. 177). Sie umschloß eine ganze Reihe von großen Städten, welche mit Okbara im Norden, 15 Stunden oberhalb Bagdad — welche König Jojachin angelegt haben soll, und die noch zur Zeit Benjamin v. Tudelas 10.000 Juden zählte — (Benjam. Itiner. II 135 Ritter Erdk. X S. 255 Aboda sara 30 a) ihren Anfang nahm und in Farn es Selhi, welche an einem gleichnamigen Flusse, der oberhalb Wasit aus dem Tigris hervortrat, und im Talmud vnr genannt wird, (Gittin 60 b vgl. Scheriras Sendschr. S. 33) ihren Abschluß fand. (Ritter das.) In der Mitte lag der Komplex der Residenzstädte zu beiden Seiten des Tigris, deren wichtigste Ctesiphon (die Handelsstadt vgl. Gittin 6 a) und Be Ardeschir von Juden reichlich bevölkert waren. Der sie trennende Strom war an dieser Stelle 141/ Amma breit (Erubin 57 b). Die für die Gesch. der Juden bedeutendste war auch durch ihre Lage in der Nähe des Nehar Malka und des Tigris strategisch wichtige Stadt Machosa, auch Machosa malka genannt. (Vgl. Baba kamma 30 Berliner Beitr. S. 39). Sie bildete in gewissem Sinne die Vorhut der Hauptstadt und hatte eine ständige Garnison (Sab. 147 b Taanit 21 a). Von Julian zerstört (im J. 363 Ritter X S. 152 Amm. Marc. XV1V) ist sie von Chos-

ran wieder erbaut worden, bei welcher Gelegenheit sie den Namen Rümijä erhielt. (Vgl. Nöld. Tabari S. 16 Anm. 4; 165 Anm. 4; Ritter X S. 171 und Megilla 26 b, wo schon z. Z. Rabas von einer Synagoge der Römer die Rede ist.) Da aus Taanith 24 a hervorgeht, daß "1313 »3K mit einem Teile von Machoza, oder wahrscheinlicher mit Machoza selbst, welches bekanntlich Stadt (= assyr. mahäzu) bedeutet, identisch ist, so ist es ohne Zweifel die neuentdeckte

Ruinenstadt Kal'at-el Gebbär, die die arabische Sage also nach dem Riesen Gebbar bezeichnet. S. darüber Herzfeld im Memnon, 1907, Bd. 1, S. 107—111. Daß die Mehrzahl der Bewohner auch dieser so wichtigen Stadt aus Juden bestand, (Joma IIa) ist ein Beweis für das Vertrauen, welches die Sassaniden in den ersten Jahrhunderten in die reichstreue Gesinnung der jüdischen Bevölkerung gesetzt hatten.

s

CPSIA information can be obtained at www.ICGtesting.com
Printed in the USA
LVOW09s0232110316

478734LV00013B/152/P